U0596566

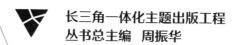

长三角一体化主题出版工程
丛书总主编　周振华

长三角一体化
协同创新产业体系

Yangtze delta Integration:
Industrial System
for Collaborative Innovation

刘志迎　宋艳　汤伟

著

中国出版集团　东方出版中心

图书在版编目（CIP）数据

长三角一体化：协同创新产业体系 / 刘志迎, 宋艳,
汤伟著. —上海：东方出版中心，2022.10
长三角一体化主题出版工程 / 周振华主编
ISBN 978 - 7 - 5473 - 2080 - 8

Ⅰ.①长… Ⅱ.①刘… ②宋… ③汤… Ⅲ.①长江三
角洲－新兴产业－产业发展－研究 Ⅳ.①F269.275

中国版本图书馆 CIP 数据核字（2022）第 187112 号

长三角一体化： 协同创新产业体系

著　者　刘志迎　宋　艳　汤　伟
责任编辑　肖春茂
封面设计　钟　颖

出版发行　东方出版中心有限公司
地　　址　上海市仙霞路 345 号
邮政编码　200336
电　　话　021 - 62417400
印　刷　者　山东韵杰文化科技有限公司

开　　本　710mm×1000mm　1/16
印　　张　24.5
字　　数　347 千字
版　　次　2022 年 12 月第 1 版
印　　次　2022 年 12 月第 1 次印刷
定　　价　99.00 元

总　序

　　中国出版集团东方出版中心策划并组织实施《长三角一体化主题出版工程》是一项有重要意义和重大影响力的出版举措。承蒙出版社的赏识和抬举，让我担任这套丛书的总主编，有点诚惶诚恐，生怕难担此大任，但又感到这是一件非常值得做、必须要去做的事情。为此，欣然作序。

　　长三角一体化发展上升为国家战略后，不仅国家层面及三省一市的各级政府部门积极行动起来，从战略与空间规划、行动方案及专项举措等方面，组织实施和推进长三角更高质量一体化发展，而且学术界、智库及咨询机构的一大批专家学者高度关注和聚焦长三角一体化发展的理论与现实问题，从不同的视角，采用各种现代分析方法和工具开展了全景式、结构性的深入研究。不管是前瞻性的趋势分析、国际比较及其经验借鉴、历史性的发展轨迹描述，还是专题性的深入分析、解剖"麻雀"的案例研究、历史资料的梳理及总结等，都会对我们推进长三角一体化发展有思路性的启发，为决策提供理论依据，有现实指导意义。

　　现在是过去的延续，总有着某种路径依赖。推进长三角更高质量一体化发展，其历史基因、文化传统、发展轨迹、基础条件等构成了这一进程的初始条件及基本出发点。更早的不用说，自改革开放以来，长三角的地区合作就一直在市场作用和政府推动下不断往前发展。

　　20 世纪 80 年代，跨地区的联营企业兴起，这些企业规模不大，并带有一定行政性色彩。例如，沪皖纺织联合开发公司是全国纺织工业第一家跨省市的联营企业。以后，上海和江苏、浙江两省的 10 家纺织厂联合成立了上海康达纺织联合公司（又称"卡其集团"），成为第一个实行统一经营、独立核算、共负盈亏的紧密型经济联合体。长江计算机（集团）联合公司成为推进跨地区、跨行业的科研与生产、应用与服务相结合的高技术经济联合体。另外，通过地区合作，加强商品出口和扩大国际市场，上海发挥口岸的枢纽功能，为长三角提供进出口方便。各地也纷纷在上海投资建造了一批贸易中心、办公楼等设施，设立了相应机构，到上海举办各种洽谈会、商品展览会、技术交流会，在统一对外、联合对外的原则下，开展对外经济贸易。当时，国务院还确定建立上海经济区，使之成为国内第一个跨省市的综合性经济区。20世纪90年代，长三角兄弟省市的企业共同参与浦东开发开放。截至2000年底，全国各地在浦东设立内联企业6 175家，注册资金284.19亿元，其中大部分是长三角地区的。而浦东开发开放，特别是招商引资方面，则对周边地区形成强大的溢出效应。进入21世纪后，随着我国加入WTO，长三角在融入经济全球化过程中，相互之间的经济联系更加紧密，特别是跨国公司地区总部与生产工厂之间的产业链关联、基于出口导向的大进大出的贸易与航运方面形成内在的一体化联系。2010年前后，以举办中国（上海）世博会为契机，长三角地区合作向更广泛的领域发展，在交通、旅游、文化、科技、教育、医疗、生态环境等方面开展了全方位合作。例如，加快推进长三角协同创新网络建设，大型科学仪器设施实现共建共享；产业园区共建，促进"飞地经济"发展；推进区域社会信用体系建设，营造统一市场发展环境；区域环境治理着力联防联控；推进公共服务联动保障和便利化。随着交通网络发达，长三角同城化半径不断趋于扩展，为区域一体化提供了良好基础。这一系列区域合作的成效，不仅促进了当时各地经济社会发展，而且不断产生放大和延续效应。在此过程中，长三角逐步形成了合作与协同的长效性机制。三省一市建立了以主要领导为决策层、常务副省（市）长为协调层、联席会议办公室和重点专题合作组为执行层的"三级运作、统分结合"区域合作机制，并从三省一市抽调工作人员组建了长三角区域合作办公室，在上海联合集中办公，积极开展新一轮的务实合作。

总之，对长三角过去及现在的审视，我们可以得出一个基本判断：长三角一体化发展有着深厚的基础及良好势头。长三角地区已进入后工业化阶段，经济总量达3.1万亿美元，占全国20%，人均GDP 1.4万美元，三产比重超过50%，城镇化率超过65%，而且区域内市场化程度较高、产业配套能力较强、同城化程度较高、城市结构合理、差异化特色明显、互补性较好等。长三角在国内区域一体化程度是最高的，并具有典型意义；在国际上具有较大的影响力，跻身世界第六大城市群。

在此基础上，长三角一体化发展上升为国家战略，顺应了世界百年之大变局的发展潮流。在当代全球化条件下，随着全球化领域的拓展，经济、科技、文化的融合发展，合作与竞争的多元化等，巨型城市区域越来越成为参与全球合作与竞争的基本单元，改变了过去以企业、城市或国家为基本单元的格局。这种巨型城市区域主要是由两个或两个以上的城市系统结合成一个更大的、单一的城市系统，从而基本特征之一是有若干核心节点城市存在。例如，在世界上最大的 40 个巨型城市区域中，有 24 个是通过两大城市联合命名来标志一个巨型区域的。巨型城市区域作为更大、更具竞争力的经济单元，正在取代城市成为全球经济的真正引擎。世界上最大的 40 个巨型城市区域，只覆盖了地球表面居住的小部分及不到 18%的世界人口，却承担了 66%的全球经济活动及近 85%的技术和科学创新。因此，巨型城市区域作为人类发展的关键性空间组织，在一国的政治经济生活中发挥着日益巨大的作用。为此，这已引起各国政府及学界的高度重视，他们开始研究和促进这一关键性空间组织的发展。例如，欧盟专门立项研究 9 个欧洲巨型城市区域，美国在"美国 2050"规划研究中确定了 11 个新兴巨型城市区域。长三角一体化发展，包括粤港澳大湾区发展、京津冀协同发展等，正是这种巨型城市区域的空间组织构建，旨在打造对外开放新格局的新型空间载体，以更高效率、更具竞争力地参与全球合作与竞争，在中国崛起及走向世界舞台中心过程中发挥重要作用。

　　与此同时，长三角一体化发展是我国进入高质量发展新时代的必然要求。出口导向发展模式的转换，基于创新驱动的高质量发展的科技引领、文化融合、国家治理及社会治理能力增强、生态环境优化等，意味着外生的经济空间发散性转向内生的经济空间集中收敛性。构建现代化经济体系，在增强自主核心关键技术和完善强基工程（基础零部件、基础材料、基础工艺、技术基础）的基础上实现产业链升级，增强产业链韧性和提高产业链水平，打造具有战略性和全面性的产业链，意味着各自为战的空间分割转向合作协同的空间集约。这些新的变化势必带来区域政策重大调整和空间布局重构，即从一般区域发展转向以城市群为主体的区域发展，从忽视效率的区域均衡发展转向人口、资源、要素向高效率地区集中和优化配置，从宽泛的区域发展转向重点区域发展。最终，形成以城市群为主要形态的增长动力源，让经济发展优势区域成为带动全国高质量发展的新动力源。长三角是城市群密集、经济发展优势明显和配置效率较高的区域，推进长三角一体化发展势必能带来人口、资源、要素的集中和优化配置，成为带动全国高质量发展新动力源之一。

长三角一体化发展是一个巨大的系统工程，涉及众多领域、各个层面、诸多方面内容。在实际工作中，这很容易引起一体化发展的泛化，不分轻重缓急，"胡子眉毛一把抓"，甚至"捡了芝麻，丢了西瓜"；也很容易把一体化发展扩大化，似乎什么都要一体化，什么都可以一体化。更有甚者，把一体化等同于一样化、同质化。因此，要牢牢把握区域一体化发展的本质，抓住一体化发展的核心问题，才能纲举目张。

长三角一体化发展的本质是市场化，是区域统一市场的问题。区域一体化发展的内在动力在于市场，核心主体是企业，政府的职责主要在于提供公共产品，打造基础设施和载体平台。长三角一体化发展的核心问题有：第一，促进资源要素在区域内的充分流动与合理配置。这是一体化发展的基本前提条件。这要求克服资源要素流动的物理性障碍（如交通等基础设施）、削弱行政性边界障碍（如各地不同政策、管制、执法等）、消除市场准入障碍（国民待遇、竞争中性、权益保护等）。第二，这种资源要素流动的主要空间载体是城市，所以区域内城市之间要形成基于网络连接的合理功能分工。这是一体化发展的显著标志。巨型城市区域呈现出来的强大生命力和活力，关键在于城市间全球生产（价值）网络的高度功能连接与集成，形成所引领的全球范围内"产业都市集中"的扩张和扩散，而不是邻近距离。例如，伦敦通过在英国、欧洲和全球的生产者服务业务流动显示出高度功能连接，在英格兰东南部地区呈现一种功能多中心的城市间关系。相反的案例是，英国的利物浦和曼彻斯特相隔不到 50 千米，但它们没有群聚效应来形成城市区域。这种城市间高度功能连接与集成的基础，在于区位功能专业化分工。第三，形成有效的区域治理结构，特别是利益协调机制，这是一体化发展的根本保障。行政边界对物理运输模式、基础设施管理、融资的有效性和环境可持续等形成高度挑战性。因此，需要一种区域层面的战略与规划、政策集成以及利益协调机制。第四，促进落后地区平衡发展，促进发达地区充分发展，增强区域整体实力和竞争力。这是一体化发展的目标。区域一体化发展更多地是差异化发展，发挥各自优势和所长，充分放大"借用规模"效应、溢出效应以及网络效应，形成各自功能特色，实现互补共赢。

区域一体化发展的本质及核心问题是共性的，但区域一体化发展的战略定位及模式则不同，具有明显的个性色彩。这需要我们结合时代特征、中国特色、长三角特点进行深入研究，特别是从国家战略的角度，明确长三角一体化发展的战略定位及模式。我个人初步看法是：第一，长三角一体化发展要面向全球，以全球化为导向，成为我国对外开放的新高地，代表国家参与全球合作与竞争。也就是，长三角一体化发展并不限于以区域内联系或国内联系为主导的区域发展，也不仅仅是成为国内高质量发展的一个重要增长极或带动全国高质量发展的动力源，而是要深度融入经济全球化，成为跨国公司全球产业链离岸或近岸布局的理想地区，成为世界经济空间版图中的一个重要发展区域。因此，上海全球城市发展的四大功能（全球资源配置功能、科技创新策源功能、高端产业引领功能、对外开放枢纽门户功能）应该延伸和覆盖到长三角一体化发展之中。第二，长三角一体化发展要有国际高标准的制度创新，营造有利于全球资源要素集聚、流动和配置的良好营商环境，创造能使创新创业活力强劲迸发的各种条件。也就是，长三角一体化发展不仅要有打通区域内资源要素流动与合理配置的制度创新，而且更要有打通区域与全球之间资源要素双向流动与有效配置的制度创新；不仅要营造区域内协调一致的良好营商环境，而且更要营造适应全球化资源配置的良好营商环境。因此，长三角一体化发展的制度创新要有统一的与国际惯例接轨的高标准，以及营造良好营商环境的集体性行动。第三，长三角一体化发展在重点领域、重点部门、重要方面要有高度的系统集成，尽快形成具有重大国际影响力的区域核心竞争力，打造长三角世界品牌。

这种区域一体化发展的战略定位及其模式，意味着长三角不只是三省一市区域，也不只是中国的长三角，而且还是全球的长三角。因此，在我们推进长三角一体化发展进程中必须引入新理念、抱以新胸怀，具有不同于传统做法的落笔手势和手法。

（1）过去，我们只着眼于行政区划内的发展规划，依据自身的自然禀赋和比较优势，在行政边界"一亩三分地"上配置资源，谋求各自发展。区域之间的合作与协同只是作为地方发展的一种外生性补充。这已在我们日常工作中形成了根深蒂固的内向化观念。在长三角一体化发展背景下，我们必须树立起外向化发展的新理念，将地方发展寓于区域一体化之中，将区域一体化发展寓于全球化进程之中。在此过程中，寻求自身发展机遇，发挥各自独特优势，在增强长三角区域的全球竞争力的总体要求下来规划自身发展蓝图，并形成地方发展的内生性需求。

（2）过去，我们都立足于资源要素与大规模投资驱动，从而对资源要素与投资的争夺成为地方政府的一个主题，地方之间的政策竞争成为区域发展的主要动力之一。因此，形成了区域内竞争大于合作的基本格局，合作只有在不影响既有资源要素分配格局的情况下才得以开展。在长三角一体化发展背景下，我们必须树立起以创新发展作为区域一体化发展基本动力的新理念，形成"合作大于竞争"的新格局。区域内的竞争，主要是创新发展方面的竞争。这种竞争将促进更广泛的创新扩散，形成更多的创新群集。而在创新发展中，则可以寻找到更多的合作机会，构筑更多的合作平台，打造更多的合作载体，促进更多的合作项目，形成更多的合作成果，从而也促进区域一体化发展。

（3）过去，我们是在"零和博弈"中追求地方利益最大化，造福一方，保一方平安，"各扫门前雪"已成为一种潜意识。尽管在基于地方利益最大化的目标追求中，一些正的外部性对区域发展有积极作用，但作用相当有限；而更多负的外部性，甚至往往以邻为壑对区域发展产生消极影响。在长三角一体化发展背景下，必须树立起"非零和博弈"的地方利益最大化的新理念，在区域共享收益最大化中获得更多地方利益。这就要求我们服从和服务国家战略，顾全长三角一体化发展的大局，更好地协调发展和做大"蛋糕"，从而在分享更多共赢成果中实现自身发展。

在上述新的发展理念指导下，我们在推进长三角一体化发展的实际操作中，要着手打破传统格局，力争塑造新的发展格局。

首先，要打破沿袭已久的传统中心—外围的区域发展格局。长期以来，上海作为首位城市，在长三角处于中心位置，而周边城市及地区则作为外围。在这样一种等级制的空间结构中，外围的资源大量向中心集聚，而中心对外围的扩散和辐射则相对有限。推进长三角一体化发展，必须构建基于网络连接的区域一体化发展格局，即以城市为载体的各种各样节点相互连接的网络体系。这些节点之间是一种平等关系，只不过是因连通性程度不同而有主要节点与次要节点之分，各自在网络中发挥着不同的作用。而且，节点之间有着多层次的网络连接，存在不同类型的子网络，并非都向首位城市进行连接。因此，在长三角区域中，除上海之外，还应该有以杭州、南京、合肥等为核心的子网络发展。

其次，要打破三省接轨、融入上海的单向关联格局。在这种单向关联格局中，所谓的接轨、融入上海只是单方面、被动地承接上海的溢出效应、产业梯度转移等，同时这也不利于上海有效疏解非核心功能和提升核心功能等级。推进长三角一体化发展，必须构建双向连通的关联格局，特别是上海也必须主动接轨、融入其他城市和地区。这样，才能增强长三角网络连通性并发挥网络化效应，才能促进区域内更多的资源要素流动和合理配置，呈现出区域一体化发展的强大生命力和活力。

最后，要打破长期以来形成的功能单中心和垂直分工的空间格局。以上海独大、独强的功能单中心以及与周边城市及地区的垂直分工体系，不仅不利于增强区域整体竞争力，而且也不利于上海自身发展，因为世界上没有一个城市是全能、超能的。推进长三角一体化发展，必须重构功能多中心及水平协同分工的空间格局，即核心城市发挥龙头带动作用，各地扬其所长，形成专业化功能分工。这就要求上海按照建设卓越全球城市的要求，集中力量提升城市能级和核心竞争力，充分发挥全球资源配置的核心功能，南京、杭州、合肥、苏州等城市依据比较优势和特长发展某些特定功能及产业，形成各具特色功能的中心，甚至在某些功能的发展水平上超过核心城市，从而形成不同城市间的功能互补及相互之间功能水平分工，包括诸如航运、贸易、金融功能的区域水平分工，科技创新功能的区域水平分工以及区域产业链的水平分工等。这样，才能有效整合城市群的资源，形成城市间高度功能连接，从而充分提升长三角地区的国际竞争力和影响力。

为构建长三角一体化发展的新格局，首先需要打造相应的基础设施。这种区域一体化发展的基础设施，既是推进各项长三角一体化发展措施及其工作的基石，又是对长三角一体化发展产生深远影响的硬核。然而，人们通常关注的是交通、能源、信息等硬件的基础设施，这固然是非常重要的，但对于推进区域一体化发展来说是不够的；推进区域一体化发展，还应打造商务的基础设施、政策平台的基础设施。从长三角的现实情况看，在交通、信息等硬件基础设施方面已经有了较好的基础，目前的建设力度也很大，关键是后两个基础设施，目前还比较薄弱。

（1）健全互联互通的交通、信息基础设施网络。围绕建设畅行快捷长三角、安全高效长三角的目标，组织编制和实施各专项规划，以全面提升长三角交通、信息设施互联互通水平和能源互济互保能力。组织编制《长三角区域城际铁路网规划》，统筹都市圈城际铁路规划布局，着力加强地县级主要城镇间快捷交通联系，推进技术制式和运营管理一体化，实现运营管理"一张网"。组织编制《长三角民航协同发展战略规划》，统筹指导区域民航协同发展，科学配置各类资源，全面提升长三角世界级机场群的国际竞争力。率先建设高速泛在信息网络，重点推进5G、数据中心、量子通信等新一代信息基础设施协同建设。实施长三角打通省界断头路专项行动，尽快形成跨省交通网络化，更好发挥同城效应。按照开工一批、竣工一批、储备一批的要求，加快推进建设高铁、高速公路、国省道、天然气管网、电力等基础设施项目。

（2）完善统一高效的商务基础设施。以构建统一开放有序透明的市场环境为目标，重点从促进商务活动互联互通、优化营商环境等方面入手，以重点领域供应链体系、标准体系建设为重点，实现规则对接，进一步消除市场壁垒和体制机制障碍。进一步加强各地信息系统、征信系统建设以及相互衔接和连通，推进实施跨区域联合奖惩，率先在国内形成"失信行为标准互认、信用信息共享互动、惩戒措施路径互通"的跨区域信用联合奖惩模式。打造信用长三角一体化平台，实现三省一市信用信息的按需共享、深度加工、动态更新和广泛应用。在市场监管的基本信息、数据内容互联互通的基础上，共建监管标准衔接、监管数据共享、监管力度协同的合作机制，强化日常监管工作联动，健全市场监管合作体系，提升区域综合监管执法水平。建立长三角城市群间互联互通的工业互联网平台，促进基于数据的跨区域、分布式生产和运营，深入推动长三角智慧应用。建设一批跨区域的技术研发和转化平台，构建区域性的紧密互动的技术转移联盟。

（3）构建政策平台的基础设施。尽管目前长三角已形成了合作与协同的机制，三省一市的相关机构也逐步建立了情况通报机制，比如加强各地方立法的相互沟通，商议立法新增项目、立法的标准等，但这方面的基础设施总体上是薄弱的，甚至某些方面是欠缺的。要在已经形成的决策层、协调层和执行层"三级运作"机制的基础上，进一步深化完善常态长效体制机制，构建协调推进区域合作中的重大事项和重大项目等政策平台，加强跨区域部门间信息沟通、工作联动和资源统筹，推动人才资源互认共享、社会保障互联互通、食品安全监管联动等方面的合作。要构建公众参与区域政策的新型平台，形成公众参与政策制定与实施的作用机制，增强区域合作政策协调机制的有效性。

在构建三大基础设施的基础上，推进长三角一体化朝着四大集成的方向发展。一是经济集成。区域内各类城市之间具有潜在差异化的产业分工，形成开放型的区域产业链，特别是全球城市中的现代服务业与二级城市中其他类型服务活动的分工。二是关系集成。区域内不同城市之间信息、思想、人员、资本的强烈流动，包括由现代服务业日常活动引起的有形和无形流动。三是组织（网络）集成。通过现代服务业网络、产业价值链网络、创新及技术服务网络、交通网络、信息网络、政府网络、非政府组织网络、社会网络等，以不同方向、不同尺度连接区域内城市，并实现其互补性。四是政策集成。在区域层面存在着战略与规划、政策，乃至协调机制。

除了一体化的基础设施外，推进长三角一体化发展还需要有相应的载体。因为在区域一体化过程中，这种资源要素流动与配置并不是随机、无序、发散性的，而是基于相对稳定、固定的组织载体，从而是持续、有序、收敛性的。但这种资源要素流动的组织载体并不仅仅是我们过去通常所说并所做的具体项目，例如周边城市和地区承接上海外移或溢出的具体项目，或跨地区共建的合作项目，包括产业项目、科技项目、文化创意项目、部分社会项目（养老）、教育培训项目、医疗保健项目等。如果把项目比喻为水池子里的鱼，以项目为载体无非就是把这一水池子里的鱼放到另一个水池子里，或者把两个水池子合并为一个水池子来养鱼。这是有一定局限性的。一是从一个水池子放到另一个水池子，并没有增加鱼的数量，反而造成大家"抢鱼"的过度竞争现象；二是强行把鱼换到另一个水池子，有一个能否存活和良好生存的水土服不服的问题；三是鱼换水池子只是"一锤子买卖"，有一个合作可否持续问题。我认为，长三角一体化发展的主要载体是连接各大小水池子的接口（管道及龙头），首先是水的流动，然后是鱼的流动。这一接口越大，水池间有越多的活水，水池里的鱼就越多，鱼也就越能找到自己最理想的栖息地，鱼在水池间的流动也就越可持续。因此，关键在于构建这种基于网络的接口，作为长三角一体化发展的主要空间组织载体。具体来说，有以下主要类型。

（1）大都市区。这是长三角一体化发展的基础性空间组织载体。区域一体化发展的逻辑顺序通常是从大都市区走向城市群，而不是倒过来。这种大都市区由于地理上的毗邻，具有同城化程度高、联系较紧密、经济社会等方面联系的综合性较强、借用规模效应较明显、功能互补性较强等特点。因此，长三角地区各大都市区建设是当前一体化发展的重中之重。长三角一体化示范区建设在某种程度上是缩小版的大都市区建设，主要为大都市区建设提供可借鉴的经验及示范。大都市区建设主要解决城际轨交、不同城市功能定位、资源统筹使用、人员流动自由便利化、大都市区管理机构等问题。

（2）各种类型的廊道。这是长三角一体化发展的专业性空间组织载体。这种专业性的廊道，通常既源于大都市区，又超越大都市区向外延伸，作为一种城市群的中介，诸如目前的 G60 科技走廊，以及今后需要发展的专业化产业走廊、贸易走廊、生态廊道等。这种空间组织载体的特点是专业性强、以水平分工为主导、集聚密度高、关联紧密、具有品牌形象等。专业性廊道建设重点在于构建共享平台、标准化平台、交易平台，推进联盟化集聚和网络化运作。

（3）双向飞地。这是长三角一体化发展的重要空间组织载体。这种双向飞地主要基于产业链构造的基本逻辑，母地与飞地之间存在较强的产业关联，诸如在母地进行成果孵化，到飞地进行产业化，或者在飞地进行初级加工，到母地进行深加工等。这种空间组织载体的特点是上下游关联性强、共同参与度较高、经济联系紧密、运作管理较统一等，通常采取不同类型的园区形式。双向飞地建设的重点在于建立产业链分工、发挥园区集聚效应、形成合理的财税分享机制、实行园区统一管理体制等。

最后，特别要指出的是，如何形成有效的区域治理结构，特别是利益协调机制。这是推进长三角一体化发展的重要制度保障。在区域治理中，国内外都共同面临一个重大难题，就是如何处理好地点空间与流动空间之间的关系。因为在区域发展中，同时存在着地点空间与流动空间，除非在一个行政管辖区内。作为地点空间，有明确的各自行政管辖区边界和物理边界；作为流动空间，则是无边界的，是交集的、渗透的。这两个并存的空间具有天生结构性的"精神分裂症"。特别是在我国目前分税制的条件下，难以实行一些跨地区的基本统筹，更加凸显了这一"分裂症"，严重影响资源要素的充分流动和合理配置。因此，这关系到长三角一体化发展能否有实质性推进、能否达到战略定位的目标以及能否取得预期成效。

从国外经验来看，区域治理越来越趋向于既不是一种没有政府的纯粹"民间"治理，也不是政治性地构建一个单一区域空间的政府治理，而是一种国家、地方政府、企业等共同参与的混合治理结构。在这一混合治理结构中，根据各国和各地不同情况，又有所侧重，呈现不同协调模式。

一是以英国英格兰城市群、日本太平洋沿岸城市群为代表的中央政府特设机构主导协调模式。政府主导规划法案的制定和实施，并运用产业政策、区域功能分工、大交通、自然环境等许多专项规划与政策进行协调。二是以欧洲西北部城市群的市（镇）联合体为代表的地方联合组织主导协调模式。其明确了政府不干预规划的具体内容，市（镇）联合体可以对基础设施、产业发展、城镇规划、环境保护以及科教文卫等一系列活动进行一体化协调。三是以美国东北部城市群和北美五大湖城市群为代表的民间组织为主、政府为辅的联合协调模式。其由半官方性质的地方政府联合组织"纽约区域规划协会"（RPA）、跨区域政府机构"纽约新泽西港务局"等和功能单一的特别区共同协调。随着市场化趋势加速，民间组织在区域协调中的地位和作用越来越突出。长三角一体化发展的区域治理结构及其协调模式，可借鉴国际经验，并结合中国特色及长三角特点进行探索和实践。目前，主要是地方政府主导协调模式，成立长三角联合办公室是这方面的一个重要尝试。在保持现有行政区划的条件下，也可构想设立跨地区专业管理局，统筹管理区域某些如港口运输、环境治理等特殊专业事项，类似于跨区域政府机构"纽约新泽西港务局"。另一方面，要积极推进长三角行业协会、智库、企业家联合会、金融公会、教育联盟等跨地区民间组织发展，搭建区域内各种平等对话的平台，让更多的企业和民间组织参与到区域治理中来，形成多种利益集团、多元力量参与、政府组织与非政府组织相结合、体现社会各阶层意志的新公共管理模式。

在区域治理中，规划引导是一种重要的协调机制。除了国家层面的长三角一体化发展战略和国土空间方面的规划，解决区域的发展定位、城市体系、轴带模式等宏观问题外，区域协调更为关注城市生态发展、环境保护、技术手段等实际的细节问题，更多发挥专业技术的沟通与协调角色，以专项规划研究和引导为重点。这种更容易促成不同利益主体达成共识。这些专项规划研究通常采取大型化策略，即兼顾多种管辖性、考虑多个目的性和强调多种相关问题的综合性（包括环境、经济、生物群落等）、引入多方利益相关者、注重多尺度操作性（在不同的地理尺度采用不同的管制措施和政策）。因此，特别要指出的是，不能单纯由政府部门来研究这些专项规划，而要由利益相关者成立一个多部门的联合机构，包括协会、专业委员会等民间力量，关键是聚焦各方关注的问题，重在建立一个对话和信息交换的有效平台，能够用先进的科学和技术辅助决策，找准各方利益结合点和平衡点，协调多方面利益，就相关问题达成共识。这些专项规划研究要有十分严谨细致的科学方法，保证基础数据的准确性和翔实性，提高研究的细致和深入程度，得出应该如何治理，应该如何进行资源集成的结论，从而具有很强的权威性。但这不是政府权力的权威性，而是技术的权威性。这些专项规划研究的数据和结论都要真实详尽地在网上公布，对全社会开放，供政府、企业和公众随时取用。

在区域一体化发展中，地方利益最大化是客观存在的，地方政府"屁股指挥脑袋"也是一种常态。我们不能忽视这一现实，更不能刻意淡化这种利益存在，而是要建立起一个有效的利益协调机制。其前提是，在各项区域合作中，必须把涉及的不同利益诉求摆到桌面上来，使各地利益及其相关者利益显性化、明晰化、格式化，运用科学的评判标准及方法对利益链进行合理切割，对各方利益诉求进行评估，形成利益识别机制。在此基础上，寻求利益共享和共赢的最大公约数，形成利益分配机制。对于一些可交换的利益，例如水务、碳排放权、排污权、用地指标等，探索建立事权交易制度。对于一些明显受损的利益，建立相应利益补偿机制，诸如生态保护补偿等。为保证合作中的各方正当权益不受侵犯，要探索建立权益保护及解决利益争端机制。目前，这方面工作是比较薄弱的，但也是难度很大的，不仅是硬件建设的问题，而且更是制度、软件建设的问题，甚至会触及深层次的体制机制改革。

长三角一体化发展，是时代的要求，国家战略的需要。它既要有深入的理论研究，找出规律性的东西；又要有创新的实践，走出自己的道路。但愿这套丛书能在理论指导与实践总结中发挥应有的作用。

上海市经济学会会长

上海全球城市研究院院长

首届长三角一体化发展专家咨询委员会委员

2020 年 5 月

序

　　长三角一体化发展是习近平总书记亲自谋划、亲自部署、亲自推动的国家战略，自 2018 年 11 月 8 日习近平总书记在首届中国国际进口博览会上宣布支持长江三角洲区域一体化发展并上升为国家战略以来，长三角一体化国家战略已实施三年。恰在此时，我喜阅了中国科学技术大学刘志迎教授领衔的专著《长三角一体化：协同创新产业体系》清样，很受启发。因为中共中央、国务院颁发的《长江三角洲区域一体化发展规划纲要》明确指出，长三角地区的首要战略定位是"全国发展强劲活跃增长极"，而要实现这个战略定位的关键举措之一，是长三角一市三省要推进协同创新产业体系建设。对沪苏浙皖而言，这既是一道事关全局的必答题，又是一道前所未有的难答题。三年来，上海发挥龙头带动作用，苏浙皖各扬所长，对这道必答难答题已有破题之举、解题之效，在推进协同创新产业体系建设方面取得了许多重大进展，也出现了一些有待突破的新问题，需要梳理分析，尽快解决这些新问题，更好地推进协同创新产业体系的建设。本书正是分析回答了这些让人们关心的问题，在长三角一体化国家战略实施三周年时出版问世，正当其时。

　　通览本书，有三个显著特点给我的印象尤为深刻：

　　第一，思路清晰，客观科学。如何建设长三角一体化协同创新产业体系、如何评价长三角一体化协同创新产业体系的建设效果，是长三角一市三省政界、业界、学界都普遍关心的基本问题。《长江三角洲区域一体化发展规划纲要》专列第四章，对如何建设协同创新产业体系已作了方向性的部署。本书即以此章为依据，对方向性的部署进行了细化分析，既丰富了人们对长三角一体化协同创新产业体系如何建设的认识，又以大量的实例和数据对建设成效作出了有信服力的专业评价，包括在各方面所取得重大进展的全面总结，也包括对有待突破问题的学理剖析。显然，这样的谋篇布局思路清晰，这样的分析评价客观科学，方便长三角地区的政界、业界、学界对三年来协同创新产业体系的建设状况及成效和存在的问题，有全面而清醒的认识。

第二，研究深入，极具启发。正因为协同创新产业体系建设是长三角地区面临的事关全局的必答题和前所未有的难答题，应从何处入手破题，又应如何操作解题，都是人们尤为关心的重要问题。虽然《长江三角洲区域一体化发展规划纲要》的第四章对这些问题都有涉及，但作为中共中央、国务院颁发的规划纲要文件，只作出了方向性的部署，还有许多问题需要在实践中发现、探索化解之策。本书正是把这些问题作为研究重点，从如何构建区域创新共同体、加强产业分工协作和推动产业与创新深度融合三个方面，各列若干专章，从理论和实践、从长三角整体和沪苏浙皖各省市，作出全面而专业的梳理和分析，全书对长三角协同创新产业体系研究深入，对沪苏浙皖各省市如何更好地建设协同创新产业体系极具启发。

第三，给出方案，适用解惑。本书坚持以发展为目标、以问题为导向的智库研究路线，理论和实践相结合、研究问题和解决问题相结合，对长三角地区在协同创新产业体系建设中出现的新问题，都注意抓住突破口，从不同层面、不同程度给出了解决方案，能解惑而适用，甚为难得。值得一提的是，本书给出的解决方案，并不是如当下在我国学界流行的那种学院式的模型化处理办法，而是对存在问题及其原因的深入剖析，着眼于深化改革、体制创新，提出一目了然又可试可行的解决方案，体现了中国特色。比如，就沪苏浙皖各省市而言，创新产业体系建设都进展顺利、各有亮点，但如何使一市三省协同起来，就存在不少问题，而"协同"又正是长三角一体化发展对创新产业体系建设的新要求，对此，本书特别注重从深化改革方面提出解决方案，强调体制对接、政策协同。显然，这样的解决方案就具有可试性、可行性。

党的十九届六中全会通过的《中共中央关于党的百年奋斗重大成就和历史经验的决议》，在总结我国经济建设重大成就时明确指出"创新成为第一动力"。把长三角建设为全国发展强劲活跃增长极，必须发挥创新的第一动力作用。长三角一体化国家战略实施三年来，长三角地区生产总值占全国比重从 2018 年的 24.1% 提高到 2021 年前三季度的 24.5%，呈现出明显的强劲活跃增长特征，其中就有协同创新产业体系建设的重要贡献。在新发展阶段开拓长三角更高质量一体化发展的新格局，必须充分发挥创新的第一动力作用，进一步推进协同创新产业体系建设，在化解新问题上有新的突破。刘志迎教授是中国科学技术大学工商管理创新研究中心主任，又兼任作为省级重点培育智库的安徽省发展战略研究会的会长、安徽省科技创新综合智库负责人，长期从事产业经济学、区域经济学和创新管理等的教学与研究，对长三角地区产业发展情况尤为熟悉，在这些方面已贡献出许多高水平、有影响的研究成果，有的对策建议得到安徽省主要领导的重视和批示，他与团队几个成员出版的这部新著，又对长三角一体化协同创新产业体系作出深入研究，尤其是凸显的上述三个特征，对长三角的一市三省政界、业界、学界都会有新的启迪。当然，在百年变局中世界产业链供应链的不断重组，会对长三角地区协同创新产业体系建设提出许多新挑战，期待刘志迎教授及其团队在应对新挑战方面有新的研究成果问世，在推进长三角更高质量一体化发展中，作出智库的更多贡献。

程必定　研究员

（原中国区域经济学会副会长、中国区域经济学会高级顾问）

2022 年 10 月

目　录

第十章 加强创新链与产业链跨区域协同

第十一章 共同培育新技术新业态新模式

第十二章 沪苏浙皖推进一体化行动建议

第一章

长江三角洲区域一体化
发展背景

长江三角洲区域地理位置优越，自然资源丰富，自古以来就是经济富庶，文化繁荣，人文荟萃，人民勤劳善良，百姓安居乐业。为加快长三角一体化高质量发展，2018 年 11 月 5 日，国家主席习近平在首届中国国际进口博览会（China International Import Expo，简称 CIIE）开幕式上发表主旨演讲，明确提出将"支持长江三角洲区域一体化发展并上升为国家战略"。这是继 1982 年以来，长江三角洲区域经历的自下而上、自上而下的多次演化升级的最高战略布局，成为中国改革开放空间布局上的重要一环。

第一节　长三角一体化的历史基础

一、长三角一市三省范围

长江三角洲区域研究，首先要界定区域范围，因时间不同、规划不同，范围也在不断变化。从狭义的地理概念上讲，长江三角洲区域主要包括江苏省南部、浙江省北部和上海市全域。广义的长江三角洲区域将远大于上述的地理范围。早在 1982 年 12 月，国务院就计划成立上海（长江三角洲）经济区，于 1983 年正式成立并召开规划工作会议。1984 年"上海经济区"就扩展为"一市三省"。之后一直在地方政府层面推进长三角一体化，范围一直持续在变。2010 年 6 月 22 日，国家发展和改革委员会公布的《长江三角洲地区区域规划》①，将长江三角洲界定为上海市、江苏省和浙江省共两省一市，区域面积共 21.07 万平方千米。规划以上海市和

---

① 2010 年 6 月，国家发展改革委批复的《长江三角洲地区区域规划》。

江苏省的南京、苏州、无锡、常州、镇江、扬州、泰州、南通，浙江省的杭州、宁波、湖州、嘉兴、绍兴、舟山、台州共 16 个城市为核心区，统筹两省一市发展，辐射泛长三角地区，规划期为 2009—2015 年，展望到 2020 年。2016 年，国家发展和改革委员会公布了《长江三角洲城市群发展规划》①，将安徽省囊括在内，长三角城市群包括上海市和江苏省、浙江省、安徽省部分城市，区域面积共计 21.17 万平方千米，以上海为核心，以及联系紧密的江苏省南京、无锡、常州、苏州、南通、盐城、扬州、镇江、泰州，浙江省杭州、宁波、嘉兴、湖州、绍兴、金华、舟山、台州，安徽省合肥、芜湖、马鞍山、铜陵、安庆、滁州、池州、宣城共 26 个城市组成，主要分布于国家"两横三纵"城市化格局的优化开发和重点开发区域。规划期为 2016—2020 年，展望到 2030 年。2019 年，中共中央和国务院公布《长江三角洲区域一体化发展规划纲要》（下称《纲要》），明确将上海市、江苏省、浙江省、安徽省一市三省全域计入②，共 35.8 万平方千米。其中，以上海市，江苏省南京、无锡、常州、苏州、南通、扬州、镇江、盐城、泰州，浙江省杭州、宁波、温州、湖州、嘉兴、绍兴、金华、舟山、台州，安徽省合肥、芜湖、马鞍山、铜陵、安庆、滁州、池州、宣城共 27 个城市为中心区，区域面积共计 22.5 万平方千米，辐射带动长三角地区高质量发展，规划期至 2025 年，展望到 2035 年。

二、长三角一市三省历史

上海，简称为"沪"，曾简称为"申"。春秋时期属于吴国，战国时期先后属于越国、楚国。上海是春秋战国时期四大君子（魏国信陵君魏无忌、赵国平原君赵胜、齐国孟尝君田文、楚国春申君黄歇）之一黄歇的封邑，故被称为"申"。据历史记载，公元前 241 年，春申君所处时代的楚国都城迁至安徽寿县，当时的黄浦江尚未命名，但由于长期泥沙淤积，导致河床过高，常常水灾泛滥，百姓深受其害。因此，楚国国王派黄歇带领百姓进行疏浚，疏通了河道，筑起了堤坝，使之向北直接入长江口进东海，使这条河两岸的百姓，不怕旱涝，安居乐业。百姓十分感激黄歇的恩德，为了纪念他，便将这条江河称作"黄歇江"，后又称"黄浦江"。

---

① 2016 年 5 月，国务院发文批复的《长江三角洲城市群发展规划》。
② 2019 年 12 月，中共中央和国务院印发的《长江三角洲区域一体化发展规划纲要》。

"浦"一字意为水边或河流入海的地区。后来黄歇被封为春申君，这条江河便又名"春申江"，简称"申江"。所以，"黄浦江"并不是因为其江水是黄色而命名的，而是因为由春申君黄歇领导开埠，才被称为"黄浦江"。黄浦江因此在历史上留下了痕迹，成为了最早的人工修凿疏浚的河流之一。长期以来，人们还以"申"作为上海的简称。追溯历史，在公元4至5世纪时，晋朝以捕鱼为生的百姓创造了竹制的捕鱼工具，并称为"扈"。在当时，江流入海处被称为"渎"。因此，松江下游被称为"扈渎"，以后又改"扈"为"沪"，沿用至今①。

经历秦汉后，在唐天宝十年（公元751年），上海地区属于华亭县（今松江区）。在北宋淳化二年（公元991年），因为松江上游不断地淤浅，海岸线逐渐向东移，给大船出入造成不便，使得外来船舶只能停泊在松江的一条支流，称为"上海浦"（其位置在今外滩至十六铺附近的黄浦江）。到了南宋咸淳三年（公元1267年），开始在上海浦汪西岸设置市镇，被称为"上海镇"。在元朝至元十四年（公元1277年），华亭县升为府。至元十五年（公元1278年）改称为松江府，仍置华亭县隶之。至元二十九年（公元1292年）中央政府才把上海镇从华亭县辖区中单独划出，批准设立"上海县"，辖于松江府，此举是上海开始建城的标志②。明清时期，后金天聪四年（公元1630年）建立"南直隶"，清朝顺治二年（公元1645年）设立"江南省"，范围包括上海市、江苏省、安徽省以及江西省婺源县、湖北省英山县、浙江省嵊泗列岛等地。到清顺治十八年（公元1661年），又将江南省拆分为"江南右"与"江南左"两部分。清康熙六年（公元1667年），"江南右"取江宁府（今南京）、苏州府首字，改称为"江苏省"；"江南左"则取安庆府、徽州府（今黄山）首字，改称为"安徽省"，是如今江苏省和安徽省的雏形。

徽商有长达八百年的历史，而明清三百年间是我国商品经济较为发达的时期，已经出现了资本主义的萌芽，此时也是徽商鼎盛发展的时候。徽商最早发源于安徽省徽州，遍布江南大大小小各镇，民间有"无徽不成镇""无徽不成商"的说法，可见徽商涉及范围之广。在当时全球交通极其不发达的情况下，徽商足迹却能遍布大半个地球。徽商在乾隆朝迎来巅峰之际，直到

---

① 上海市人民政府［EB/OL］．（2016－11－30）https：//www.shanghai.gov.cn.
② 上海市人民政府［EB/OL］．（2019－01－18）https：//www.shanghai.gov.cn.

晚清开始衰落。在封建统治日趋没落的同时，徽商的处境越来越困难。赋税重担不断增加，帝国主义的逐渐入侵，外资的层层渗入，国外商品的大面积倾销，徽商经营的行业大多都能被替代。广东、江浙财阀因为与帝国主义、军阀官僚联系密切，有了一定的支持，开始逐渐兴起。相比之下，只掌握传统商业知识、传统技能的徽商，在商业领域逐渐失去地位。清末和民国时期，虽有个别徽商仍然崭露头角，但整体上挽救不了徽商衰落的趋势。

上海特殊的地理位置，使得它见证了中国部分关键的历史发展进程。民国二十六年（公元 1937 年）11 月，上海彻底沦陷。经过风雨飘摇，时光变迁，上海于 1949 年 5 月 27 日解放后，正式成立了上海市人民政府，上海的郊县则被划入苏南、苏北行署，后由江苏省管辖。1949 年 10 月 1 日，中华人民共和国成立，设置上海为直辖市，成为中国重要的工业中心。

简要概括历史演化，是为了说明两点：其一，繁华与落后是相对的，是历史变迁的结果。在过去的历史上，安徽寿县是楚国首都，是最繁华的都城，而上海只是小渔村；经过历史演化，现在上海是繁华大都市，安徽寿县则是落后的小县城。其二，安徽一直处于长江三角洲区域范围内。不存在融入不融入的"伪概念"，安徽本来就属于长江三角洲区域的重要组成部分，处于全国经济发展的战略腹地之一，也是国内几大经济板块南北和东中西的对接地带，经济和文化与长江三角洲其他地区有着深厚的历史渊源和天然的地理联系。

三、改革开放前一市三省历史渊源

1933 年 1 月，最早的中共中央上海局成立，1934 年改名为"中共上海临时中央局"，1935 年又合并入中共顺直省委机关，这意味着上海临时中央局暂时结束。1945 年 10 月 25 日，最早的华东局由华中局和山东分局合并组成，并于临沂设立，该局负责领导山东地区、华中地区的工作，华中地区包括苏中、苏北、淮南、淮北。1947 年 5 月，中共中央上海分局升级为中共中央上海局。随着革命形势发展和南方大城市的接管，华东局驻地逐渐南移，后来迁至江苏丹阳，1949 年 5 月迁至上海[①]。同时上海地区解放，中共中央上海局再次短暂结束。中华人民共和国成立初期，我国

---

① 中共中央组织部，中共中央党史研究室，中央档案馆.中国共产党组织史资料（过渡时期和社会主义建设时期 1949.10 — 1966.5）（第五卷）［M］.北京：中共党史出版社，2000：138.

施行党政军一体化管理的"大行政区"体制，全国被划分为东北（驻沈阳，辖黑、吉、辽）、华北（驻北京，辖京、津、冀、晋、内蒙古）、华东（驻上海，辖沪、苏、浙、皖、闽、鲁）、中南（驻武汉，辖豫、鄂、湘、粤、桂、琼、赣）、西北（驻西安，辖陕、甘、青、宁、疆）、西南（驻重庆，辖渝、川、贵、云、藏）共六大行政区，其中长江三角洲区域一般被划分在华东地区内部，共同属于一个行政区划内。各大中央局之间形势变动，迁转并出，以华东局的演化最为复杂，前后经历二十余载。华东地区包括山东、江苏、安徽、浙江、福建、台湾六个省，包括上海、南京（两个直辖市）、杭州、青岛、济南等大城市①。后于1954年4月，中共中央为平衡中央与地方间的关系，撤销六大区一级党政机关，各省党委直接对党中央负责，各中共中央地方局至此全部结束。

　　为了在一定程度上弥补华东局的职能的空缺，保持对上海、江苏、浙江的工作，上海局随即成立，此时的管辖范围即为狭义的长三角地区。1957年，上海局为满足当时我国的生产发展需要，牵头召开涉及上海市、江苏省、浙江省、安徽省、福建省、江西省共五省一市的经济协作会议。后于1958年推行以大城市为中心，协调周边省级政区经济发展的"经济协作区"体制。此时，七大经济协作区之一的"华东经济协作区"又成为了长三角协作发展的基础。我国经过一段艰难的岁月后，为弥补损失，尽快走上发展的正轨，1960年又开始实行由中共中央派出的、具有全面指导区域党政工作职能的"中央局"体制。此时的"中央局"体制，结合了此前"大行政区"体制和"经济协作区"体制的共同优点，同时华东局也再次成立。而此次成立的华东局与最早的华东局相比，有着较大的区别：管辖范围变小，职能被弱化，但仍然起着协调长三角地区行政的功能。在两个不同的华东局之间，用一个上海局连接，其实是为了让华东局的职能承接，以此保持对华东地区工作的连续性②。纵观华东局与上海局的发展演变，可以看出上海局起着华东局的替补作用，两者交替运作。尤其是在局势紧张、战略收缩时期，上海局就应势而立，华东局暂时退位。如今，华东局已经不存在，但是其历史影响仍然存在，并持续至今。在"文革"动荡期间，一大批上海知识青年下放到江浙皖农村。从微观层面来看，虽

---

① 中国人民解放军华东军区，第三野战军政治部.华东军政委员会（首次会议）文献［M］.1950：3.
② 张永杰.中共中央华东局的"姻缘谱系"［J］.上海党史与党建，2016（5）：8-10.

然，上海知青在某种程度上，难以适应当地的生产和生活，但毕竟也将大上海的一些思想意识带到了农村，还有不少知识青年成为当时江浙皖农村小学的教师和文化活动的领头人，有的成为地方集体经济的技术骨干，在一定程度上，促进了当地农村的教育文化水平的提高。

到了改革开放初期，苏南地区乡镇经济发展迅猛，上海工程师对苏南经济发展起到了重要的技术支撑作用。苏南地区接受上海辐射最为直接，效果也最为明显。浙江经济发展也得益于上海的辐射，绍兴纺织服装行业是在早期接受上海产业转移的基础上发展起来的，其他产业也享受到了上海的辐射带动。安徽一直与上海有着频繁的经济往来。1955—1956年开始上海逐渐向安徽内迁企业以支持安徽发展，到1958年全省共计从上海内迁企业108家，成为安徽轻工业发展的基础。在"三线建设"时期，有从东部向安徽皖南山区和大别山区迁入了不少军工企业。改革开放以后，安徽与上海对接，上海对口支持了安徽不少企业，促进了安徽经济发展。特别是近二十年来，沪苏浙诸多企业投资安徽，形成了一大批沪苏浙在皖企业或者制造基地。

第二节　长三角一体化发展的艰难探索

长三角一市三省山水相连、地缘相近、人文相似、人缘相亲、产业相融，有一体化发展的深厚基础和历史底蕴。长江三角洲地处长江下游入海口与东海交汇处，这里既是"黄金水道"又是"黄金海岸"，地势平坦、土壤肥沃、航运畅通、腹地广阔，具有极佳的地理区位优势和自然条件，因此自古以来长江三角洲就是一块富饶之地。近代以来，这里也是最先接触到西方先进工业技术与文明的地方，孕育了我国近代的工商业文化，奠定了我国近代工业发展的基础。新中国成立以来，长江三角洲地区更是凭借独特的区位优势与长期以来积淀的人文素养走在了全国发展的前列，引领经济发展的潮流，为新中国的经济发展壮大不断贡献着强大的力量。

一、上海经济区（1982—1988年）

1976年，法国地理学家戈特曼在《世界上的城市群体系》中将以上海为中心的长三角城市群，列为世界六大城市群之一。1980 年代，中国开始改革开放，上海作为中国大陆经济中心的地位受到南方许多城市尤其是经济特区的挑战。1982 年 12 月 22 日，国务院发出《关于成立上海经济区规划办公室和山西能源基地规划办公室的通知》，上海经济区由此成立。1983 年 3 月，上海经济区规划办公室正式挂牌。长江三角洲地区就以此次上海经济区的设立为契机，迎来了一次合作的高峰时期。成立上海经济区的原因和主要任务：一是解决条块矛盾，解放生产力。二是走依靠中心城市发展的路子。三是成立规划办，专门进行研究工作。四是规划办是试验性质的。通过试验，在全国逐步形成以大、中城市为依托的，不同规模的，开放式、网络型的经济区①。上海经济区最初的范围是 10 个市，分别是上海市、苏州市、无锡市、常州市、南通市、杭州市、嘉兴市、湖州市、宁波市和绍兴市，以上海为中心。第一次扩区，1984 年 10 月，由原来的 10 个市调整为上海市、江苏省、浙江省和安徽省（就是现在的长江三角洲区域）；第二次扩区，是 1984 年 12 月，由一市三省扩大为一市四省，江西省加了进来；1985 年 3 月 20 日至 23 日，在南京市召开了上海经济区省市长会议，要求制定上海经济区战略纲要来指导工作。1986 年 7 月，在杭州市召开上海经济区省市长会议，通过了《上海经济区发展战略纲要》。此次纲要的制定起着承上启下的作用，既将以往工作的实践作出了总结，又为未来工作的进一步开展指明了方向。第三次扩区，是在 1986 年 8 月，国家计委同意福建省加入，变为五省一市。虽然山东省没有在内，但是，每次开会都邀请山东省参加，这是长江三角洲区域最为广阔的范围界定。1988 年 6 月 1 日，国务院开始进行机构大改革，国家计委办公厅发文，通知"撤销国务院上海经济区规划办公室"。1988 年 7 月，上海经济区规划办最后一次省市长会议在上海市召开。会议主要通报了国家计委"撤销国务院上海经济区规划办公室"的通知。从现在来看，上海经济区规划办公室共计存在 5 年左右，为后来的全国改革开放工作的展开提供了借鉴的意义，推动了我国经济体制的改革。当然，也在一定程度上加快了长三角洲地区的经济融合，促进了该区域经济的发展。从上海经济区的实践中，明确了中心城市的带动作用，学会运用商品经济的基本规律，逐

---

① 李立军.20 年前的"长三角"试验——关于上海经济区规划办公室的历史考察[J].今日浙江，2008（15）：28 - 29.

层递进，纵横交错，形成网格式的区域经济综合体，更好发挥区域优势，促进社会生产力的发展，为最终达成建设具有中国特色的社会主义区域经济新体制探索了一定经验。

二、浦东开发开放（1992 — 2007 年）

早在 1987 年，上海市政府就决定成立开发浦东联合咨询小组。1989 年 10 月，上海市规划局的《浦东新区总体规划初步方案》编制完成。1990 年，邓小平在上海过完春节回到北京后说："上海是我们的王牌，把上海搞起来是一条捷径。"改革开放初期，邓小平指导下建立起来的深圳、珠海、汕头、厦门四个经济特区均已发生巨大变化，经济飞速发展，而上海的发展则显得有些缓慢，这使得上海的地位受到了经济特区的巨大挑战。1991 年 2 月 18 日，邓小平再次来上海过春节，对时任上海市委书记、市长朱镕基和其他上海负责同志说："浦东如果像深圳经济特区那样，早几年开发就好了。开发浦东这个影响就大了，不只是浦东的问题，是关系上海发展的问题，是利用上海这个基地发展长江三角洲和长江流域的问题。"①他嘱咐："抓紧浦东开发，不要动摇，一直到建成。"1992 年 1 月 31 日，邓小平乘专列抵达上海语重心长地说："浦东开发是晚了，这是件坏事，但也是好事。"②1992 年 10 月 11 日，中央批准设立浦东新区，并要求带动长江三角洲和整个长江流域地区经济的新发展。自此，浦东的开发开放从地方战略上升为国家战略，上海被定位为"一个龙头，三个中心"。1992 年，中共十四大报告中详细指明上海的最新定位："以上海浦东开发开放为龙头，进一步开放长江沿岸城市，尽快把上海建成国际经济、金融、贸易中心之一，带动长江三角洲和整个长江流域地区经济的新飞跃。"1994 年，考虑到上海特殊的地理位置，航运的发展将会起到重要的作用，于是上海重新被定位为"一个龙头，四个中心"，增加了"国际航运中心"的定位。

自进入 1990 年代以来，上海重新成为中国最重要的经济、金融、贸易和国际航运中心，大量国内外资本开始先后流向浦东，促进了上海新一轮的发展。安徽省十分重视此次机会，随即提出"呼应浦东，开发皖江"

---

① 邓小平文选（第三卷）［M］.北京：人民出版社，2001.
② 同上.

的口号，成为第一个进入浦东新区投资开发的省份，起到了一定的带领作用。上海在发展的过程中也逐渐认识到，仅凭借浦东，上海是不可能有更好的发展的，要把握好上海各个辖区之间的关系，以点带面，有的放矢。1992 年建立的长江三角洲 15 个城市（上海、无锡、宁波、舟山、苏州、扬州、杭州、绍兴、南京、南通、泰州、常州、湖州、嘉兴、镇江）协作部门主任联席会议制度，2003 年台州加入。此次浦东的开发开放，再次加快了上海市的发展速度。虽然浦东最开始是为了缓解紧张的住房需求，拥挤的交通，不足的发展空间。但是也很快认识到，浦东的发展应该以高标准、国际化的视野进行建设。因此，将其发展规划推向了一个高起点，提出了"站在地球仪旁边，思考浦东开发"的口号，被赋予了能够在全球竞争中脱颖而出的使命。至 2005 年 6 月，国务院办公会议批准浦东新区为中国大陆第一个综合配套改革试验区。经济实力飞速发展，城市对外展现全新形象，对内对外扩大开放，社会性事业跃上新台阶，形成一个虽小但全的功能大聚集的区域。纵观历史的发展，每一个世界级的中心城市的发展，都会带动周围城市，甚至是全国经济的飞速发展。上海浦东的开发开放，在可以展望的未来里，必然能够成为长三角城市发展的强大的引擎。

三、泛长三角发展分工与合作（2008 — 2012 年）

早在 2004 年，江苏省的一位学者在浙江嘉兴召开的首届长三角城乡一体化论坛上就已经提出，长三角的一体化进程不能仅停留在"15+1"的框架内，而应该进一步扩大发展，将上海市、江苏省、浙江省以及属于长江中下游地区的安徽省、江西省也囊括在内，即"3+2"模式。这就是"泛长三角"最初的概念。究其原因，首先，安徽省和江西省到上海市、江苏省和浙江省的航路十分发达，有着优良的交通条件；其次，安徽省和江苏省都有大比例的浙商资本存在，占据一定的优势，沪商和苏商同时也具有强大的经济实力。当主流资本在长三角领域内不断流动，将为长三角区域一体化进程加快速度；最后，安徽省和江西省与上海市、江苏省和浙江省从历史上看，有共属于江南地区的历史，因此有着相似的地缘文化，在未来的经济发展中能起到共通的作用。伴随着经济社会发展的客观需求，长三角应该从现有的空间走向泛长三角，应该建立起"泛长三角经济共同体"①。"泛长三角经济共同体"中应该囊括除了沪苏浙以外的江西省、安徽省和福建省三个省份以及台湾地区。要将"泛长三角"从地理区位概念演变成经济地理区位概念，并变成实际的经济利益，仍然需要多方的共同的努力。泛长三角概念的出现，反映了在长三角区域合作过程中的问题，尤其是在合作进程中出现项目停滞不前，各子区域沟通不畅、协调不顺的现象，更有诸多要素流动壁垒的存在，使得由行政区经济向经济区经济的转变难以顺利进行。纵然存在机遇和竞争，但合作和共赢也应该值得追求。2008 年初，时任中共中央总书记的胡锦涛同志在安徽省视察工作时指出，安徽省要充分发挥区位和资源优势，积极参与泛长三角区域的发展分工，主动承接沿海地区产业的转移，不断加强同兄弟省份的横向经济联合与协作，从而揭开了泛长三角地区发展分工与合作的序幕②。此后，2008 年 9 月 16 日，国务院印发《关于进一步推进长江三角洲地区改革开放和经济社会发展的指导意见》，正式明确了长江三角洲地区包括上海市、江苏省和浙江省共一市两省全域范围。2010 年 6 月，我国首个跨省级行政区区域发展规划《长江三角洲地区区域规划》公布。区域规划对长三角发展的战略定位是：亚太地区重要的国际门户、全球重要的现代服务业和先进制造业中心、具有较强国际竞争力的世界级城市群。加快长江三角洲地区改革开放和促进经济社会发展的意义重大，逐步将长三角发展到泛长三角，是我国区域内部发展的需要，是我国未来战略发展的需要，是我国实现现代化发展的需要，是我国融入全球化的需要，是实现中华民族统一复兴的需要。区域内的协作交流是长三角区域一体化发展的重要基础，提高长江三角洲区域两省一市的自主创新研发能力，加快产业结构的战略性调整，使产业链从低端逐渐走向高端是亟待解决的问题。长江三角洲区域作为全国经济发展的龙头区域，首先要能够带动安徽省和江西省的发展，在泛长三角区域有带动作用，然后才能辐射带动全国的协调发展。长江三角洲区域作为改革开发开放的领头羊，为全国经济的改革发展首先进行了探索。进一步的深化改革，将进一步发挥其探路的作用并能够真正起到带头示范的作用。

---

① 杨建华.从长三角到泛长三角[J].南通大学学报（社会科学版），2008（5）：1 - 7.
② 殷君伯，刘志迎.泛长三角区域发展分工与合作[M].合肥：安徽人民出版社，2008.

四、长江经济带（2013 — 2018 年）

2013 年，"如何让胡焕庸线以西也能住上人口，也能够发展经济的问题"提出，紧接着国家发改委开始谋划长江经济带建设。2014 年 9 月 25 日，国务院印发《关于依托黄金水道推动长江经济带发展的指导意见》，该指导意见部署将长江经济带建设成为具有全球影响力的内河经济带、东中西互动合作的协调发展带、沿海沿江沿边全面推进的对内对外开放带和生态文明建设的先行示范带①。同时，《长江经济带综合立体交通走廊规划（2014 — 2020 年）》一并发布，只有先加强长江经济带沿江省市的交通基础设施建设，才能为经济发展提供支撑，促进我国东部、中部、西部地区协调发展，缩小差距。党的十八大以后，党中央和国务院谋划新的区域战略，于 2016 年 3 月 25 日，中共中央政治局召开会议，审议通过《长江经济带发展规划纲要》，随后，2016 年 6 月 3 日国务院发文批复《长江三角洲城市群发展规划》，批复的长江三角洲城市群范围包括上海市、江苏省 9 市、浙江省 8 市和安徽省 8 市，区域面积 21.17 万平方千米，占国土面积的 2.2%。上海市，江苏省的南京、无锡、常州、苏州、南通、盐城、扬州、镇江、泰州，浙江省的杭州、宁波、嘉兴、湖州、绍兴、金华、舟山、台州，安徽省的合肥、芜湖、马鞍山、铜陵、安庆、滁州、池州、宜城等 26 市被纳入②。

2018 年 6 月 1 日，在上海召开了长三角地区主要领导座谈会，会议审议并原则同意《长三角地区一体化发展三年行动计划（2018 — 2020 年）》，三年行动计划覆盖 12 个合作专题，7 个重点领域，形成了一批项目化、可实施的工作任务，重点是推进"六个一批"。

五、长三角一体化的提出（2018 年 11 月 5 日）

2018 年 11 月 5 日，国家主席习近平在中国国际进口博览会开幕式上发表演讲，提出"支持长江三角洲区域一体化发展并上升为国家战略"，标志着长江三角洲区域发展，进入了国家层面的区域战略，同"一带一路"建设、京津冀协同发展、长江经济带发展、粤港澳大湾区建设相互配合，完善中国改革开放空间布局。当下，长三角城市群已经成为世界经济

---

① 2014 年 9 月，国家发展改革委批复的《关于依托黄金水道推动长江经济带发展的指导意见》。
② 2016 年 6 月，国务院批复的《长江三角洲城市群发展规划》。

群中的重要一员，长三角一体化发展是时代发展进程中的必然成果。面对行政区域的沟壑所带来的低效率竞争，可以寄托希望于差异化较小的人文交流，再带动要素自由流动，促进经济发展，突破行政界线的各种壁垒，实现一体化发展。

随后，沪苏浙皖一市三省人大常委会先后作出《关于支持和保障长三角地区更高质量一体化发展的决定》，并于 2019 年 1 月 1 日起施行（见表 1-1）。国家发改委启动编制《长江三角洲区域一体化发展规划纲要》，此外交通部也启动编制长三角区域交通一体化发展相关规划。一市三省开始深入研究，进一步谋划和细化长江三角洲区域一体化发展的路径、策略和政策；并且，这次的地域范围是沪苏浙皖全域范围，即将一市三省的行政区域全部包括在内，系统谋划发展战略。

表 1-1 长三角一市三省先后发布《关于支持和保障长三角地区更高质量一体化发展的决定》

省市	时　间	决定部分主要精神
上海	2018 年 11 月 22 日	强调全面贯彻新发展理念、推进制度供给。进一步发挥龙头带动作用，汇通江苏、浙江、安徽把长三角地区建设成为我国发展强劲活跃的增长极，成为全球资源配置的亚太门户，成为具有全球竞争力的世界级城市群
江苏	2018 年 11 月 23 日	加快建设自主可控的现代产业体系，发挥区域科技创新资源密集优势，加快区域创新协同网络建设，深化科技创新资源共享共用，努力将长三角地区建成具有全球影响力的科创高地和产业高地
浙江	2018 年 11 月 30 日	推进嘉兴全面接轨上海示范区建设，其他设区的市和有关方面发挥各自优势，积极主动融入，深化务实合作，拓展现有成果，打造协作发展新亮点；加强与上海、江苏、安徽的专题合作，聚焦交通、能源、产业、信息、环保、公共服务、市场融合等重点领域。高标准推进大湾区大花园大通道大都市区建设，强调以"最多跑一次"改革为突破口撬动各领域各方面改革，率先在长三角地区形成更多可复制推广的浙江经验

续 表

省市	时 间	决定部分主要精神
安徽	2018 年 11 月 23 日	加强与上海、江苏、浙江在重点领域的合作，推动科技创新联手、基础设施联通、产业发展联动、公共服务联网、区域市场联建、生态环境联治，加快形成信息服务平台互联互通、大型科学设施协作共享、异地就医直接结算、公共交通异地扫码通行、民生档案异地查询等合作成果，不断提升长三角地区人民群众的获得感、幸福感、安全感

资料来源：各地人大网站，安信证券研究中心。

　　长三角地区更高质量一体化发展，这里涉及两个关键词：高质量和一体化。区域发展有四象限，即高与低、速度与质量，即高质量高速度、高质量低速度、低质量高速度、低质量低速度，因此，高质量发展只能是前两者。一体化发展（integrative development）内涵丰富，涉及领域和地域，有很高的复杂性。从地域来看，行政区划不同造成的非一体化；从经济来看，发展水平差异所造成的非一体化。如何实现长三角地区高质量一体化发展，是具有挑战性的难题，新的规划必须围绕着这两大难题展开，推进一体化发展，只有在高质量上做足文章，才能达到最终目的。

　　2019 年 1 月 3 日，沪苏浙皖一市三省在上海签署长三角地区市场体系一体化建设合作备忘录。同月，一市三省政府工作报告中均提出支持长三角一体化的意见（见表 1-2）。2019 年 3 月，中央政府工作报告中提出将长三角区域一体化发展上升为国家战略，编制实施发展规划纲要。

表 1-2　长三角一市三省 2019 年政府工作报告中政策态度

省市	时 间	政 策 态 度
上海	2019 年 1 月 27 日	全力实施长江三角洲区域一体化发展国家战略，合力推进长三角区域一体化发展示范区建设。继续推进长三角地区基础设施、科技创新、产业协同、生态环境、市场体系等合作项目建设，健全区域养老服务、医疗卫生、人力资源、社会保障等公共服务合作机制

续 表

省市	时 间	政 策 态 度
江苏	2019 年 1 月 24 日	认真实施长三角一体化发展三大国家战略，加快推进宁镇扬、苏锡常地区一体化发展，扎实推进苏南、苏北共建园区建设。加快构建现代综合交通运输体系，以交通技术设施的互联互通促进区域更高质量一体化发展
浙江	2019 年 1 月 27 日	制定浙江推进长三角一体化发展行动纲要，共同打造长三角一体化发展示范区。加快推进嘉兴全面接轨上海，提升舟山群岛新区建设水平，合作共建 G60 科创走廊，共同实施长三角一体化发展三年行动计划，牵头好数字长三角、世界级港口集群、油气贸易中心建设，推动重点任务落到实处
安徽	2019 年 1 月 18 日	推进长三角科技创新共同体和产业合作示范基地建设。推动 G60 科创走廊宣芜合段建设，打造实体化科创合作示范平台。加快基础设施、公共服务、市场监管一体化进程，推进世界级机场群、城际轨道圈、国省干支线、油气管网统一规划和建设。深化大气、水污染联防联治，共建生态廊道和生态屏障

资料来源：各省政府网。

第三节 新时代长三角一体化发展战略

一、长三角一体化发展纲要

2019 年 5 月 13 日，习近平总书记主持召开中央政治局会议，审议了《长江三角洲区域一体化发展规划纲要》，由中共中央、国务院于 2019 年 12 月印发实施。规划期至 2025 年，展望到 2035 年。规划面积为上海市、江苏省、浙江省、安徽省一市三省全域共 27 个城市，35.8 万平方千米，经济总量约占全国的四分之一，年研发经费支出和有效发明专利数均占全国的三分之一左右，进出口总额、外贸直接投资、对外投资分别占全国的 37%、39% 和 29%。规划坚持创新共建、协调共进、绿色共保、开放共赢、民生共享的五大基本原则。定位于全国发展强劲活跃增长极、全国高质量发展样板区、率先基本实现现代化引领区、区域一体化发展示范区、新时代改革开放新高地的战略目标。到 2025 年，实现城乡区域协调发展格局基本形成、科创产业融合发展体系基本建立、基础设施互联互通基本实现、生态环境共保联治能力显著提升、公共服务便利共享水平明显提高、一体化体制机制更加有效的发展目标。到 2035 年，长三角一体化发展到较高水平。其中，高水平建设长三角生态绿色一体化发展示范区，高标准建设上海自由贸易试验区。同时，推进规划实施需要加强党的集中统一领导，强化组织协调，健全推进机制，建立 1+N 规划政策体系，抓好督促落实①。

二、长三角一市三省行动计划

2018 年 6 月，长三角地区主要领导座谈会在上海举行。沪苏浙皖一市三省就《长三角地区一体化发展三年行动计划（2018 — 2020 年）》纲领性文件达成充分共识。计划囊括了 12 个合作专题，覆盖范围包括上海市、江苏省、浙江省和安徽省全境的 41 个城市。该行动计划目标为到 2020 年，计划实现长三角地区基本形成经济充满活力、创新能力跃升、空间利用高效、高端人才汇聚、资源流动畅通、绿色美丽共享的世界级城市群框架。

共建互联互通综合交通体系、提升能源互济互保能力、强化创新驱动、共建高速泛在的信息网络、合力打好污染防治攻坚战、共享惠普便利的公共服务、共创有序透明的市场环境，建设畅达便捷、安全高效、协同创新、数字指挥、绿色美丽、幸福和谐、开放活力的长江三角洲区域。

自 2019 年 5 月《长江三角洲区域一体化发展规划纲要》发布后，沪苏浙皖一市三省分别制订了各自的行动计划（见表 1 - 3），积极推进一体化发展。

---

① 2019 年 12 月，中共中央、国务院印发的《长江三角洲区域一体化发展规划纲要》。

表 1-3 长三角一市三省关于《长江三角洲区域
一体化发展规划纲要》行动计划

省市	时间	方案主要内容
上海	2019 年 7 月 22 日	抓好"七个重点领域"合作，就是围绕区域协调发展、协同创新、基础设施、生态环境、公共服务、对外开放、统一市场等重点领域，加快与苏浙皖三省对接，把《规划纲要》中明确的重大项目和重大事项尽快落实落地。做好"三个重点区域"建设，就是长三角生态绿色一体化发展示范区、上海自贸试验区新片区和虹桥商务区
江苏	2019 年 7 月 22 日	把握"先手棋"的历史使命、"一体化"的核心内涵、"高质量"的目标取向、"一盘棋"的实践要求，重点推进产业创新一体化、基础设施一体化、区域市场一体化、绿色发展一体化、公共服务一体化、省内全域一体化等"六个一体化"，努力实现共性与个性相得益彰、合作与竞争辩证统一、集聚与辐射相辅相成的一体化发展
浙江	2019 年 6 月 21 日	启动实施高水平建设大湾区、高品质建设大花园、高标准建设大通道、高能级建设大都市区、高质量发展民营经济、高层次扩大对外开放、高起点发展数字经济、高普惠共享公共服务、高效能深化"最多跑一次"改革九项重点任务，围绕数字经济、基础设施、文化旅游等领域，启动了近 200 个重大项目，投资 1 万多亿元
安徽	2019 年 7 月 15 日	按照创新共建、协调共进、绿色共保、开放共赢、民生共享基本原则，坚持上海龙头带动，联手苏浙，扬皖所长，打造具有重要影响力的科技创新策源地、新兴产业聚集地、绿色发展样板区，推动制造业高质量发展，推进城乡深度融合，建设长三角联通中西部的重要开放枢纽

资料来源：各省政府网。

三、长三角一体化发展大事记

第一阶段：2018 年 11 月 5 日至 2020 年 8 月 20 日

2018 年 11 月 5 日，国家主席习近平在首届中国国际进口博览会开幕式演讲中宣布，将长江三角洲区域一体化发展上升为国家战略。

2018年11月29日，首届长三角国际文化产业博览会主旨论坛在上海展览中心举行。

2018年12月13日，第十届长三角教育一体化发展会议在上海召开，一市三省签署《长三角地区教育更高质量一体化发展战略协作框架协议》《长三角地区教育一体化发展三年行动计划》。

2019年4月17日，一市三省消保委负责人在上海签署《长三角地区消费者权益保护委员会消费维权一体化合作协议》。

2019年4月24日，长三角G60科创走廊新能源和网联汽车产业联盟大会暨创新成果发布会在安徽合肥举行。

2019年5月20日，第一届"绿色长三角"论坛在上海举行，以"绿色引领，助力长三角一体化示范区高质量发展"为主题。

2019年5月22日，第一届长三角地区主要领导座谈会在安徽省芜湖市举行，同时举办首届长三角一体化发展高层论坛，主题为"共筑强劲活跃增长极"。

2019年5月23日，"第一届长三角一体化创新成果展"在安徽芜湖开幕。

2019年5月28日，长三角G60科创走廊生物医药产业联盟在杭州正式揭牌成立。

2019年5月30日，《长三角一体化发展2019年电力行动计划》正式发布，标志长三角一体化发展电力行动正式开启。

2019年6月12日，沪苏浙皖一市三省民政部门在上海签署合作备忘录，共同促进区域养老资源共享，激发养老服务市场活力，实现长三角养老一体化。

2019年6月24日，长三角G60科创走廊联席会议上，上海松江，浙江嘉兴、湖州、杭州、金华，江苏苏州，安徽宣城、芜湖、合肥九地之间签署了86项区域一体化重大合作项目，总投资额达2 192亿元。

2019年8月6日，国务院印发《中国（上海）自由贸易试验区临港新片区总体方案》。

2019年8月20日，上海自贸试验区临港新片区正式揭牌。

2019年8月30日，上海发布《关于促进中国（上海）自由贸易试验区临港新片区高质量发展实施特殊支持政策的若干意见》。

2019 年 10 月 15 日，长三角城市经济协调会第十九次会议在安徽芜湖召开。

2019 年 11 月 5 日，第二届中国国际进口博览会在中国上海国家会展中心举行。

2019 年 11 月 17 日，由一市三省电影局等相关单位发起的长三角电影发行放映联盟，在浙江国际青年电影周的第五届中国电影新力量论坛上成立。

2019 年 11 月 19 日，国家发展改革委网站对外发布《长三角生态绿色一体化发展示范区总体方案》。

2019 年 12 月 1 日，中共中央、国务院印发《长江三角洲区域一体化发展规划纲要》，给长三角一体化发展指明了方向，明确了指导思想、基本原则、战略定位、发展目标、重点任务。

2020 年 1 月 3 日，一市三省的人工智能联盟、学会和经济信息化研究机构等代表共同倡议，发起长三角人工智能发展联盟。

2020 年 1 月 7 日，长三角人工智能产业链联盟成立大会在合肥召开。

2020 年 4 月 1 日，江苏省政府正式向社会公布了《〈长江三角洲区域一体化发展规划纲要〉江苏实施方案》。

2020 年 5 月，长三角生态绿色一体化发展示范区执行委员会、上海市经济和信息化委员会、江苏省工业和信息化厅、浙江省经济和信息化厅联合发布《长三角生态绿色一体化发展示范区先行启动区产业项目准入标准》。

2020 年 5 月 21 日，全国两会顺利召开，长三角一体化在政府工作报告和代表委员的议案提案中占据着重要的地位。在交通运输、科技创新、金融、民生和信息共享等多个领域，一市三省统筹各自优势，协调推进区域间合作。

2020 年 6 月 5 日，长三角地区主要领导座谈会在浙江湖州举行。

2020 年 6 月 6 日，第二届长三角一体化发展高层论坛、长三角一体化（网上）创新成果展在浙江湖州举行。

2020 年 7 月，长三角生态绿色一体化发展示范区执行委员会、上海市经济和信息化委员会、江苏省工业和信息化厅、浙江省经济和信息化厅联合发布了《长三角生态绿色一体化发展示范区产业发展指导目录（2020年版）》，聚焦"五大经济"，推动三二一产业融合创新发展。

2020年8月1日，第二十三届上海国际电影节期间，上海市影视摄制服务机构与长三角首批17家影视拍摄基地共同宣布成立"长三角影视拍摄基地合作联盟"。

第二阶段：2020年8月20日至今

2020年8月20日，习近平总书记在安徽合肥主持召开扎实推进长三角一体化发展座谈会并发表重要讲话，赋予长三角一体化发展新的使命。

2020年9月12日，世界制造业大会江淮线上经济论坛举办以"深化创新链产业链协同赋能一体化高质量发展"为主题的长三角一体化发展论坛。

2020年9月16日，长三角环境产业协同创新发展论坛在江苏省连云港市举行。

2020年10月19日，第三届长三角国际文化产业博览会新闻发布会在上海举行。

2020年11月19日，长三角一市三省市场监管局在安徽绩溪共同签署《长三角产品质量安全监管合作备忘录》。

2020年11月19日，长三角一市三省企业联合会共同发布2020长三角一市三省企业"百强榜"。

2020年11月19日，第三届长三角国际文化产业博览会在国家会展中心（上海）正式开启。

2020年12月16日，以"融合共创，擎动未来"为主题的长三角数字联盟成立大会暨首届长三角数"智"未来百人峰会在上海举行。

2020年12月26日，13所联盟成员高校代表在成立大会上签署《长三角高水平行业特色大学联盟合作协议》，并联合发布《长三角高水平行业特色大学联盟杭州宣言》。

2020年12月30日，长三角垦区协同合作首次联席会议在合肥举行，沪苏浙皖签订《长三角垦区一体化发展协同合作意向书》。

2021年1月1日，在一市三省卫生健康委等支持下，国内首个"长三角公共卫生（网络）电台"正式上线。

2021 年 1 月，由安徽省科协发起，上海市科协、江苏省科协、浙江省科协参加的长三角科技志愿服务联盟正式成立，一市三省科协共同签署了《长三角科技志愿服务联盟协议》。

2021 年 1 月 20 日，"建党百年·初心如磐——长三角红色档案珍品展"在上海市档案馆外滩馆揭幕。本次展览展示了一市三省 20 多家档案部门珍藏的近 500 件革命历史档案文献和影像资料。

2021 年 3 月，沪苏浙皖八家智库机构联合发起成立长三角高端智库联盟。

2021 年 3 月 30 日，长三角地区体育一体化发展推进会在上海举行。

2021 年 4 月 2 日，第一届长三角国际金融科技论坛在上海召开。

2021 年 4 月 13 日，首届长三角城市戏剧节发布会暨主题论坛在上海举办，来自长三角一市三省的十大演艺集团、全国七大演艺联盟以及高校、院团等艺术机构代表等出席会议。

2021 年 4 月 23 日，沪苏浙皖在上海市签署了《长三角区域工程建设标准一体化发展合作备忘录》。

2021 年 5 月 10 日，长三角自由贸易试验区联盟在上海成立。

2021 年 5 月 24 日，长三角新能源汽车产业链联盟成立大会在杭州举行。

2021 年 5 月 26 日，长三角地区主要领导座谈会在江苏无锡举行，会议审议了《长三角地区一体化发展三年行动计划（2021 — 2023 年）》等重点文件，一市三省领导人进行了深入讨论，形成了广泛共识。

2021 年 5 月 27 日，第三届长三角一体化发展高层论坛在无锡举行，长三角一市三省的领导共同揭牌长三角集成电路、生物医药、新能源汽车、人工智能四大重点领域产业链联盟，签约五项重大合作事项。

2021 年 6 月 7 日，国家发展改革委发布《长江三角洲地区多层次轨道交通规划》，沪苏浙皖将衔接一体高效的现代轨道交通系统，支撑区域一体化发展。

2021 年 6 月 10 日，由司法部组织推动，沪苏浙皖共同参与发起的长三角区域行政规范性文件合法性审核机制一体化建设合作协议签约仪式在安徽芜湖举行。

2021 年 6 月 11 日，长三角城市公共卫生应急协同治理创新专题研讨会、第一届长三角感染精准诊疗研讨会同期在杭州召开，现场解读了《长三角城市公共卫生应急协同治理创新研究》报告，并正式启动长三角感染精准诊疗联盟建设。

2021 年 6 月 12 日至 20 日，第二十四届上海国际电影节"一带一路"电影周系列相关活动举办。

2021 年 6 月 19 日，长三角城市群党建联建会议暨"迎百年华诞、促一体发展"共建共育共享党建资源发布仪式在沪苏浙皖一市三省会场以视频连线方式举行。

2021 年 6 月 23 日，长三角地区纪检监察机关区域合作会议在上海举行，一市三省共同签署《关于建立长三角纪检监察工作协作机制的协议》。

2021 年 6 月 29 日，推动长三角一体化发展领导小组办公室正式印发《长江三角洲地区民航协同发展战略规划》。

2021 年 7 月 1 日，沪苏浙皖信用办联合印发《2021 年长三角区域信用合作工作计划》，将进一步深化长三角区域信用建设合作。

2021 年 7 月 7 日，主题为"发展经济林产业，助推乡村振兴"的第十八届长三角科技论坛经济林产业发展分论坛在上海辰山植物园举行。

2021 年 7 月 8 日，推动长三角一体化发展领导小组办公室印发了《长三角一体化发展规划"十四五"实施方案》，方案明确了 22 项重大政策，104 个重大事项，16 类重大项目"三张清单"。

2021 年 7 月 8 日，沪苏浙皖一市三省在上海联合签订蔬菜协会产业联盟框架协议，宣布"长三角蔬菜协会产业联盟"正式成立。

2021 年 7 月 9 日，以"美好长三角，因 AI 而能"为主题的长三角产业智能论坛在上海世博中心举行。

2021 年 7 月 10 日，"长三角普惠医疗健康发展联盟"在上海正式成立。

2021 年 8 月 5 日，沪苏浙市场监管局、长三角生态绿色一体化发展示范区执委会联合发布《关于支持共建长三角生态绿色一体化发展示范区的若干意见》。

2021 年 8 月 23 日，"2021 年上海市公共机构节能宣传周"开幕式举行，以长三角公共机构节能工作一体化主题，发布《长三角区域公共机构绿色低碳循环一体化发展"十四五"规划行动纲要》，一市三省将促进区域绿色低碳发展。

2021 年 9 月 17 日，长三角文化和旅游联盟第二次联席会议在嘉兴召开。

2021 年 10 月 20 日，长江三角洲城市经济协调会第二十一次全体会议在江苏徐州召开。

2021 年 11 月 4 日，长三角市场监管联席会议在扬州召开。

2021 年 11 月 5 日，长三角出版发行一体化发展论坛在合肥举办。论坛旨在深化区域出版发行业交流合作，加快构建长三角出版发行高地。

2021 年 11 月 13 日，首届长三角高质量一体化发展论坛在上海举办。

2021 年 11 月 18 日，世界制造业大会长三角一体化发展论坛在合肥开幕。

2021 年 11 月 25 日，长三角一体化应急管理协同发展暨第二届长三角国际应急博览会新闻通气会在上海举行。

2021 年 12 月 8 日，长三角医药创新发展联盟在上海正式揭牌成立。

2021 年 12 月 12 日，一市三省市场监督管理局联合印发《长三角市场监管一体化发展"十四五"规划》。

2021 年 12 月 24 日，推动长三角一体化发展领导小组办公室发文推广示范区第二批制度创新经验。

2022 年 3 月 7 日，长三角文化和旅游联盟联席会议在安徽省黄山市召开，一市三省旅游部门就长三角文化旅游更高质量一体化发展进行深入交流会商，推出长三角文化旅游 50 多项工作清单。

2022 年 5 月 26 日，长三角生态绿色一体化发展示范区理事会举行第六次全体会议，会议审议并原则通过示范区碳达峰实施方案，方案提出 2025 年区域内能耗强度和碳排放强度"双降"目标，并将展开重点片区集中引领、重点领域分类示范、绿色低碳政策赋能、绿色低碳技术支撑等四大行动。

2022 年 5 月 27 日，第二届长三角体育节云启动仪式在南京举行。本次赛事活动面向长三角地区所有热爱运动的人群，自 5 月起到 12 月陆续展开。

2022 年 6 月 8 日，《关于长三角生态绿色一体化发展示范区试点异地租赁提取住房公积金的通知》印发，创新试点在长三角示范区内支持职工提取住房公积金支付异地房屋租赁费用。

2022 年 6 月 20 日，长三角专精特新企业发展促进联盟成立仪式暨企业专精特新发展论坛举办，联盟旨在推动资源集聚、要素汇集、产业联动，构建长三角地区专精特新企业生态群体，促进长三角地区企业优势互补、资源共享、合作共赢。

2022 年 7 月 6 日，上海、江苏、浙江、安徽一市三省科协和安徽省芜湖市共同主办的第十九届长三角科技论坛暨 2022 长三角一体化院士论坛在芜湖开幕，24 位院士同台共话，为长三角地区高质量发展集智聚力。

2022 年 7 月 13 日，第十八届长三角气象科技论坛在上海开幕，论坛主题为"聚焦城市群气象服务保障，助力长三角一体化发展"。

2022 年 7 月 13 日，长三角生态绿色一体化发展示范区开发者大会暨首届示范区全链接大会在嘉善县举行。本届大会以"跨域一体、共享未来"为主题，突出数字经济赋能示范区高质量发展。

2022 年 7 月 20 日，首届长三角金融司法论坛在上海金融法院举办，以"金融司法功能的创新与探索"为主题。

2022 年 8 月 11 日，长三角 G60 科创走廊科技成果拍卖会在湖州德清莫干山举行。

2022 年 8 月 15 日，长三角区域空气质量预测预报正式向公众发布，未来每周将公布沪苏浙皖一市三省的空气质量情况，这是国内首次由地方层面共同公开发布跨省级行政区域空气质量预报。

2022 年 8 月 16 日，以"共担新使命、同谱新篇章"为主题的长三角地区主要领导座谈会在上海举行。

2022 年 8 月 17 日，长三角一体化发展高层论坛在上海举办，论坛发布了 2022 年长三角"一网通办"示范应用成果并上线银行自助终端，长三角碳中和产学研联盟揭牌，分别签署了协同推进上海苏北农场高质量发展合作备忘录、协同推进上海皖南农场高质量发展合作备忘录、加强优质特色农产品产销对接合作备忘录、长三角一体化危险货物道路运输联防联控协议、合作推进宁杭铁路二通道框架协议、推动长三角一体化和"一带一路"建设深度融合共同打造长三角"一带一路"综合服务平台框架协议、共同推动长江三角洲区域公共资源交易一体化发展合作协议、"国和一号"产业链联盟共建协议、共同发起设立长三角产业链"强固补"基金框架协议、关于深化小洋山区域合作框架协议等重要文件。

2022 年 8 月 20 日，在首届上海科技传播大会上，"长三角科技传播联盟"正式成立。

2022 年 8 月 22 日，长三角《三省一市共建长三角科技创新共同体行动方案（2022－2025 年）》发布，目标到 2025 年，初步建成具有全球影响力的科技创新高地。

2022 年 9 月 7 日，长三角市场监管联席会议在上海召开，签署了长三角地区"市场准入体系一体化""预制菜生产许可审查一体化"两项合作协议。同时，揭牌成立"长三角绿色认证联盟"，创新试点"绿色服务认证"。

2022 年 9 月 9 日，推进长三角高质量一体化发展工会工作联席会议以远程连线方式召开。2022 年沪苏浙皖工会将共同开展首届"长三角大工匠"选树命名活动，进一步深化新时期产业工人队伍建设改革，助力长三角地区高技能人才队伍建设，推动加快构建长三角一体化发展新格局。

2022 年 9 月 16 日，第四届长三角江南文化论坛在安徽芜湖召开，旨在合作加强江南文化的研究传播，携手推动江南文化的传承创新。

2022 年 9 月 22 日，上海市十五届人大常委会第四十四次会议表决通过《推进长三角区域社会保障卡居民服务一卡通规定》，自 2022 年 10 月 1 日起施行。

第四节　长三角区域经济发展及地位

一、长三角一市三省在全国的地位

对于长江三角洲区域的具体划定在历史上有过许多次的变动，根据国务院 2019 年批准的《长江三角洲区域一体化发展规划纲要》，长江三角洲包括上海市、江苏省、浙江省、安徽省，区域面积达 35.8 万平方千米，占国土面积的 3.72%。长江三角洲除安徽省外的其他一市两省都位于东部沿海地区，安徽省则位于中部地区，濒江近海，有八百里的沿江城市群和皖江经济带。一市三省都是中国人口密集区，总人口占全国的 16% 以上，一直呈上升趋势，大量的人口为长江三角洲经济的发展提供了充足的劳动力，是经济发展的坚实的劳动力要素基础。

长江三角洲地区 GDP 总量在 2021 年达到了 27.6 万亿元，贡献了全国 GDP 总量的 24% 左右，人均 GDP 在 11 万元以上，远超全国平均水平，大约是全国人均 GDP 的 1.45 倍，这一数据反映出长江三角洲地区人民的富庶（见表 1-4）。长江三角洲的经济发展水平不仅仅远高于我国的中部地区、西部地区及全国的平均水平，在东部沿海地区之中也是最发达的一片区域，长江三角洲地区的经济总量远大于珠江三角洲等其余东部沿海地区的经济总量。随着高铁时代的来临，跨海、跨江大桥的建设逐渐完成，越来越多的城市与长江三角洲地区的交通时空距离大大缩小，各类生产经济要素的流动将变得更加频繁，长江三角洲地区对中部地区乃至全国的经济发展都起到了积极的辐射带动作用。2019 年，经党中央国务院批准，长江三角洲地区资本市场服务基地正式开启，其在金融市场的地位进一步提升。长江三角洲地区仅利用全国不到 4% 的土地面积创造出了全国近四分之一的 GDP，经济发展活跃、开放程度高、创新能力强，是国家经济发展的重要战略核心，有极大的区域带动作用和示范作用。

表 1-4　2016—2021 年长三角基本经济指标

年份	面积占全国/%	人口占全国/%	地区生产总值		人均 GDP/元	人均 GDP 与全国人均 GDP 比例/%
			总量/亿元	占全国/%		
2021	3.72	16.76	276 054	24.26	116 735	144.73
2020	3.72	16.66	244 714	24.09	104 036	144.49
2019	3.72	16.61	235 952	23.92	100 761	143.27
2018	3.72	16.56	221 233	24.07	95 072	145.07
2017	3.72	16.51	200 874	24.14	86 898	145.82
2016	3.72	16.49	180 800	24.22	78 769	146.46

资料来源：国家统计局。

二、上海市在全国和长三角中的地位

上海，简称"沪"或"申"，是中华人民共和国省级行政区、直辖市、国家中心城市、超大城市、上海大都市圈核心城市，国务院批复确定的中国国际经济、金融、贸易、航运、科技创新中心，上海更因为特殊的地理位置而成为国家重要的物流枢纽，"进博会"所在地，对外开放高地。《上海市城市总体规划（2016—2040）》预计到2040年左右，上海将建设成为综合性的全球大城市，成为国际经济、金融、贸易、航运、科技创新中心和国际文化大都市。截至2021年，上海市全市共下辖16个市辖区，总面积达6 340.5平方千米，仅仅占据全国国土面积的0.07%。根据2021年数据，上海市为国家创造出了4.32万亿元的GDP，贡献了全国GDP总量的3.80%。上海市2021年末常住人口2 489万人，占全国总人口的1.76%，人口密度十分巨大，人均GDP是全国平均水平的一倍之多，是全中国经济最为发达的地区，利用较少的土地创造出了大量的经济财富。上海市占据了长江三角洲1.77%的面积与10.53%的人口，但是贡献了长江三角洲地区16%左右的GDP产出，人均GDP水平是长江三角洲地区平均水平的1.5倍左右（见表1-5），以上数据表明上海市为长江三角洲地区和全国的经济发展作出了重大贡献。

表 1-5   2016—2021 年上海市基本经济指标

年份	面积		人口		地区生产总值			人均 GDP		
	占全国/%	占长三角/%	占全国/%	占长三角/%	总量/亿元	占全国/%	占长三角/%	数量/元	与全国比例/%	与长三角比例/%
2021	0.07	1.77	1.76	10.53	43 215	3.80	15.65	173 630	215.27	148.74
2020	0.07	1.77	1.76	10.57	38 701	3.81	15.81	155 768	216.34	149.73
2019	0.07	1.77	1.76	10.59	37 988	3.85	16.10	156 587	222.65	155.40
2018	0.07	1.77	1.76	10.64	36 012	3.92	16.28	148 744	226.97	156.45
2017	0.07	1.77	1.76	10.67	32 925	3.96	16.39	136 109	228.40	156.63
2016	0.07	1.77	1.77	10.75	29 887	4.00	16.53	123 628	229.86	156.95

资料来源：国家统计局。

上海市在解放前，因为最早接触西方先进工业技术与文明，自然而然地成为了中国现代工人阶级的摇篮和现代工业的中心，集中了大量的民族资本企业，工业能力相对于全国其他区域十分明显。中华人民共和国成立后，在国家推进社会主义建设道路上作出过巨大贡献。改革开放以来，特别是浦东开发开放以后，龙头带动作用和向腹地辐射作用逐渐彰显，一些重点行业如电子信息产品制造业、汽车制造业、石油化工及精细化工制造业、精品钢材制造业、成套设备制造业和生物医药制造业，都在全国前列。第三产业也十分发达，上海是中国的金融中心，上海证券交易所、中国金融交易所、中国外汇交易中心、四大行总部等全都齐聚上海，正在建设世界金融中心。上海在对外经济方面不仅仅处于中国前端，更处于世界前端。改革开放初期上海的贸易伙伴有20多个，发展到今天上海已经与世界上200多个国家和地区建立了贸易合作伙伴关系，上海已经是世界上最重要的贸易港口之一，连续8年进出口量位于世界之首。有30%左右的中国出口商品是经由上海对外发出，相应的30%左右的中国进口商品通过上海进入中国市场。中国国际进口博览会的成功举办更是进一步证明与发展了上海对外贸易的核心地位。

上海"十四五"规划已经明确确立了新的发展目标，到2025年，贯彻落实国家重大战略任务取得显著成果，要求城市数字化转型能够取得重大进展，国际经济、金融、贸易、航运和科技创新中心核心功能迈上新台阶，人民城市建设迈出新步伐，谱写出新时代"城市，让生活更美好"的新篇章。上海在五大中心功能上的优势，影响着整个长三角地区乃至全国的方方面面，辐射带动着长三角地区以及全国其他区域的经济发展，所以上海是全国与长三角经济带中的先锋队、探路者、带动者。

三、江苏省在全国和长三角中的地位

江苏，位于中国大陆东部沿海，地处长江三角洲经济带，与上海市、浙江省、安徽省、山东省接壤，下辖13个地级市、55个市辖区、21个县级市、19个县，是唯一一个所有地级市都跻身百强的省份。南京市是副省级市、特大城市、南京都市圈核心城市，是国务院批复确定的中国东部地区重要的中心城市、全国重要的科研教育基地和综合交通枢纽。如表1-6所示，江苏省总面积达10.72万平方千米，占国土面积的1.11%，人口数量占据全国总人口的6%左右，是中国人口密度最大的省份，高密度的人口为江苏省提供了充足的人力资本来支撑其经济的快速发展。2021年，江苏省创造GDP总量达11.64万亿元，占据全国总量的10%左右，2021年人均GDP 13.70万元左右，是全国人均GDP水平的1.7倍左右，省域经济综合竞争力居于全国前列，是中国经济最发达的省份之一，按照国际衡量标准已经步入"中上等"发达国家水平。从长三角内部来看江苏省利用不到30%的面积和36%左右的人口创造出了42%左右的GDP数量，对于长三角地区的贡献巨大，经济地位居于一市三省的三省首位。

表1-6　2016—2021年江苏省基本经济指标

年份	面积		人口		地区生产总值			人均GDP		
	占全国/%	占长三角/%	占全国/%	占长三角/%	总量/亿元	占全国/%	占长三角/%	数量/元	与全国比例/%	与长三角比例/%
2021	1.11	29.94	6.03	35.97	116 364	10.23	42.15	137 039	169.91	117.39
2020	1.11	29.94	6.00	36.03	102 719	10.11	41.98	121 231	168.38	116.53
2019	1.11	29.94	6.01	36.17	98 657	10.00	41.81	122 398	174.04	121.47
2018	1.11	29.94	6.01	36.30	93 208	10.14	42.13	115 930	176.90	121.94
2017	1.11	29.94	6.02	36.44	85 870	10.32	42.75	107 150	179.81	123.31
2016	1.11	29.94	6.02	36.51	77 351	10.36	42.78	96 840	180.06	122.94

资料来源：国家统计局。

改革开放初期，在江苏经济发展的过程中，乡镇企业发挥了十分关键的作用，在党的十一届三中全会之后，江苏省经历了乡镇企业崛起、外向型经济突飞猛进、创新驱动等几个阶段，江苏全省始终坚持创业、创新、创优，争先、领先、率先，经济建设不断取得巨大成就。"十四五"规划已经明确了高质量发展迈上新台阶、高品质生活取得新成果、高效能治理实现新提升、美丽江苏展现新面貌、社会文明达到新水平、改革开放形成新优势等六个"新"目标，在改革创新、推动高质量发展上争当表率，在服务全国构建新发展格局上争做示范，在率先实现社会主义现代化上走在前列。江苏省产业结构在持续不断优化，相比于同为长三角地区的浙江省、安徽省等地，江苏省高新技术产业发展十分迅速，服务业水平也在稳步上升，拥有众多百强企业。2021 年最新全国县域经济百强县评价中，江苏百强县（市）数目达 25 个，居第一位，充分彰显了江苏在长三角区域的力量和地位。

四、浙江省在全国和长三角中的地位

　　浙江，位于中国东南沿海，东临东海，南接福建，西与安徽、江西相连，北与上海、江苏接壤。杭州是副省级市、杭州都市圈核心城市，长江三角洲中心城市之一。2021 年 6 月 10 日，中共中央、国务院《关于支持浙江高质量发展建设共同富裕示范区的意见》发布后，浙江将成为全国最早实现共同富裕的省份。如表 1-7 所示，截至 2021 年，全省共辖 11 个地级市、37 个市辖区、20 个县级市、32 个县、1 个自治县。浙江省总面积10.55 万平方千米，占国土面积的 1.10%，在长三角一市三省中土地面积占比约为 30%。2021 年末浙江省常住人口 6 540 万人，占全国总人口的4.64%，在长三角总人口中占比 27.66%。2021 年，浙江省生产总值为 7.35万亿元，全国占比 6.46%，贡献了长三角地区 26.63% 的生产总值，人均生产总值 11.30 万元，是全国平均水平的 1.4 倍。

表 1-7　2016—2021 年浙江省基本经济指标

年份	面积		人口		地区生产总值			人均 GDP		
	占全国/%	占长三角/%	占全国/%	占长三角/%	总量/亿元	占全国/%	占长三角/%	数量/元	与全国比例/%	与长三角比例/%
2021	1.10	29.47	4.64	27.66	73 516	6.46	26.63	113 032	140.14	96.83
2020	1.10	29.47	4.57	27.45	64 613	6.36	26.40	100 620	139.75	96.72
2019	1.10	29.47	4.52	27.22	62 462	6.33	26.47	107 814	153.30	107.00
2018	1.10	29.47	4.46	26.96	58 003	6.31	26.22	101 813	155.36	107.09

续 表

年份	面 积		人 口		地区生产总值			人均 GDP		
	占全国/%	占长三角/%	占全国/%	占长三角/%	总量/亿元	占全国/%	占长三角/%	数量/元	与全国比例/%	与长三角比例/%
2017	1.10	29.47	4.41	26.69	52 403	6.30	26.09	93 186	156.37	107.24
2016	1.10	29.47	4.36	26.45	47 254	6.33	26.14	84 921	157.90	107.81

资料来源：国家统计局。

浙江省 GDP 总量排行全国第四，是全国省内经济发展程度差异最小的省份之一，省内各个地区经济发展相对平衡，杭州市、宁波市、绍兴市、温州市是浙江的四大经济支柱城市。其中杭州市和宁波市经济实力长期位居全国城市的前 20 位。城镇与农村居民的可支配收入处于全国首位，是国内外所公认的民富第一省，浙江省内民营经济相对发达，全国百强县占比较高，2021 年最新全国县域经济百强县评价中，浙江百强县（市）数目达 23 个，居全国各省第二名。浙江省"十四五"规划强调，聚焦聚力高质量、竞争力、现代化，发挥制度优势、转化治理效能、打造硬核成果、形成发展胜势，率先破解发展不平衡不充分问题，基本建成国内大循环的战略支点、国内国际双循环的战略枢纽，共建共治共享共同富裕先行先试取得实效，形成忠实践行"八八战略"、奋力打造"重要窗口"的系统性突破性标志性成果，争创社会主义现代化先行省。提出了打造经济高质量发展高地、打造三大科创高地、打造改革开放新高地、打造新时代文化高地、打造美丽中国先行示范区、打造省域现代治理先行示范区、打造人民幸福美好家园等美好愿景目标[①]。东部沿海的浙江省在全国范围内经济一直处于领先水平，也是民营经济最为发达的省份。

五、安徽省在全国和长三角中的地位

安徽，居于长三角和中部地区的叠加区域，全境进入长三角一体化发

---

① 2021 年 1 月，浙江省第十三届人民代表大会第五次会议通过的《浙江省国民经济和社会发展第十四个五年规划和二〇三五年远景目标纲要》。

展战略空间，省会合肥是国务院批复确定的中国长三角城市群副中心城市之一，国家重要的科研教育基地、现代制造业基地和综合交通枢纽，是安徽省政治、经济、文化中心。安徽濒江近海，有八百里的沿江城市群和皖江经济带，内拥长江水道，外承沿海地区经济辐射，是长三角的重要组成部分，处于全国空间布局的叠加地带，东连江苏，西接河南、湖北，东南接浙江，南邻江西，北靠山东。下辖 16 个地级市、45 个市辖区、9 个县级市、50 个县，总面积 14.01 万平方千米，占全国的 1.45%，长三角地区的39.11%。2021 年末常住人口数量 6 113 万人，占全国总人口的 4.33%，占长江三角洲总人口的 25.85%。2021 年经济总量达 4 万亿元，占据全国 GDP总量的 3.78%，贡献了长三角地区 15.56% 的 GDP。但是人均 GDP 安徽省始终弱于全国平均水平，约为长三角地区人均 GDP 水平的 60%，是长三角一体化发展中最需要加快发展的省份（见表 1-8）。

表 1-8　2016—2021 年安徽省基本经济指标

年份	面积		人口		地区生产总值			人均 GDP		
	占全国/%	占长三角/%	占全国/%	占长三角/%	总量/亿元	占全国/%	占长三角/%	数量/元	与全国比例/%	与长三角比例/%
2021	1.45	39.11	4.33	25.85	42 959	3.78	15.56	70 321	87.19	60.24
2020	1.45	39.11	4.32	25.95	38 681	3.81	15.81	63 426	88.09	60.97
2019	1.45	39.11	4.32	26.02	36 846	3.73	15.62	58 072	82.57	57.63
2018	1.45	39.11	4.32	26.11	34 011	3.70	15.37	54 078	82.52	56.88
2017	1.45	39.11	4.33	26.20	29 676	3.57	14.77	47 671	80.00	54.86
2016	1.45	39.11	4.33	26.28	26 308	3.52	14.55	42 641	79.28	54.13

资料来源：国家统计局。

安徽是中国重要的农产品生产、能源、原材料和加工制造业基地，汽车、机械、家电、化工、电子、农产品加工等行业在全国占有重要地位。其中，合肥是目前国内最大的家电生产基地。近些年来安徽不断发展高新技术产业，以京东方为代表的高科技显示屏和芯片行业正在迅猛发展。

2021 年安徽省经济总量在全国排名第 11 位，整体经济水平在长江三角洲地区处于末尾，低于上海市、江苏省和浙江省。"十四五"规划已经明确地提出，深入贯彻习近平总书记考察安徽提出的强化"两个坚持"、实现"两个更大"的目标要求，努力塑造科技创新策源新优势、打造区域协调发展新样板、谱写全面绿色转型新篇章、构筑高水平改革开放新高地、绘就山水人城和谐相融新画卷，坚定地朝着经济强、百姓富、生态美的新阶段现代化美好安徽进军。最近，进一步明确了加快建设经济强、格局新、环境优、活力足、百姓富的现代化美好安徽的宏伟目标①。

长江三角洲地区是位于长江入海之前的冲积平原，是全国经济紧密联系的中心区域，在我国的经济发展进程中具有极其重要的战略地位，改革开放以来长三角地区经济在较高基础水平上得到了充足发展，产业结构不断优化，对外开放和对外贸易不断深入，取得了令全球全国瞩目的成就，在自身发展的同时带动着全国经济的繁荣，是我国经济最发达的地区。内部空间格局上看，长三角内部经济之间具有一定的差异，各自产业的侧重也不尽相同，这是由各省原本具备的自然条件、经济基础、资源分布、政策导向、交通等多方面因素综合作用下形成的。在经济地位上，以上海市为首，江苏省次之，之后是浙江省，最后是安徽省。习近平总书记曾强调过，一体化最重要的一个目的是要解决区域间发展的不平衡问题。发展落差往往是发展空间。安徽省要主动抓住此次机遇，努力解决发展的不平衡问题。当然，安徽省加快发展首先要符合客观的经济规律、自然规律，因地制宜、承认差异，找到长期以来形成差距的问题症结，着力解决阻碍发展的因素，推动安徽又好又快地发展。沪苏浙作为率先发展区域要遵照习近平总书记"海纳百川，有容乃大"的嘱托，积极推进一体化的同时，考虑到安徽省及各省中发展相对落后的城市或区域，真正找出解决区域发展不平衡问题的良策。

总之，长三角一体化上升为国家战略三年来，逐步推进一体化进程，取得了明显进展，发挥长三角对全国高质量发展的核心支撑作用明显，已经成为我国乃至全世界具有强竞争力和战略地位的地区。长三角一体化的提出有其固有的历史基础，有前人的不断探索，这一区域发展上升为国家

---

① 2020 年 12 月，中共安徽省委十届十二次全会通过的《中共安徽省委关于制定国民经济和社会发展第十四个五年规划和二〇三五年远景目标的建议》。

战略以来，取得了令人瞩目的成绩。2021 年 11 月 4 日，根据国家发展改革委相关数据显示，长三角地区生产总值占全国比重已经从 2018 年的 24.1% 提高到 2021 年前三季度的 24.5%，呈现出明显的强劲活跃增长特征，长三角地区对全国经济影响力带动力不断增强，对全国经济贡献率持续提高。在长三角一体化的发展过程中，要遵循习近平总书记的重要讲话精神"解决发展不平衡问题，要符合经济规律、自然规律，因地制宜、分类指导，承认客观差异，不能搞一刀切"；"有关部门要针对欠发达地区出台实施更精准的举措，推动这些地区跟上长三角一体化高质量发展步伐"。国家级战略需要有国家层面的力量，来解决发展不平衡问题。长江三角洲区域已经成为全球最重要的城市群之一，长三角一体化高质量发展要紧紧抓住"一体化"和"高质量"两个关键词，坚持目标导向，坚持问题导向，深入推进一体化进程。

第二章

长江三角洲区域一体化
发展理论基础

法国作家乔治·伯尔那诺（Georges Bernanos）说："思想倘若未引发行动，则意义不大；而行动倘若不是源于思想，则毫无意义。"区域一体化思想在学术领域有丰富的文献，区域经济地理学与区域经济学、新经济地理理论、经济一体化理论、重塑经济地理理论等都涉及区域之间的关系和一体化发展的相关思想理论。要充分认识长江三角洲区域一体化发展，首先要在理论基础上阐述清楚"区域一体化"理论内涵和各个学派的主要观点。这些理论可为实现长三角区域高质量一体化发展提供理论依据和实践指导作用。

第一节　区域经济地理学与区域经济学

区域经济地理学和区域经济学属于经济地理学的两个分支，分属地理学派和经济学派，两者是一体化理论的重要基础。区域经济地理将区域作为研究核心和研究落脚点，研究经济地域和经济地域系统形成发展机制、条件、机构、类型与区域关系；区域经济学将区域作为研究的地域框架，研究区域发展、区域关系与区域政策等①。

长三角包含江苏、浙江、上海、安徽四个行政区域，其中江苏、浙江、上海资源禀赋相似，经济发展水平接近，加之地方政府的主导，江苏、浙江、上海之间的产业同构比较明显②，而安徽产业层级较低，与江苏、浙江、上海互补优势明显，长三角区域发展战略实施可以扩大各自区

---

① 陈才.区域经济地理学[M].2版.北京：科学出版社，2009.

② 殷君伯，刘志迎.泛长三角区域发展分工与合作——泛长三角区域经济发展研究报告[M].合肥：安徽人民出版社，2008.

域的经济活动空间并进行一体化产业布局，是一市三省更好地进行分工合作，实现新经济增长的现实需要。随着长三角区域经济合作的不断拓展和产业分工的不断加深，充分发挥长三角一市三省产业互补的优势，构建长三角新型技术—劳动型分工，形成地区专业化产业集群分工模式，推动区域经济新平衡系统的形成，这些属于区域经济地理学和区域经济学的理论范畴。本节介绍区域经济地理和区域经济学的研究对象，并对区域经济学的发展演变进行总结，为长三角区域分工协作一体化发展奠定理论基础。

一、区域经济地理理论的研究对象

区域经济地理学属于经济地理学科，经济地理学是研究生产力的地理分布规律的社会科学。生产力的地理分布规律随着物质财富的生产方式的改变而改变，也受到地理环境和人口密度的影响。经济地理学研究各种社会经济制度所特有的生产分布规律，以及在国家及区域中因社会物质生活条件的影响而产生的生产分布的特点。经济地理学在区域层次的研究形成了区域经济地理学。与经济地理学的研究对象一样，区域经济地理学研究对象也存在诸多不同的角度。对经济地理学，主要有地域人地关系、生产发展条件和特点、生产分布（布局）的科学、地域生产综合体、经济活动区位等几个方面。随着生产力发展、地域分工的深化、经济联系的加深、生产要素的加速流动，区域经济地理的研究对象从生产发展条件、特点、生产分布演变为地域系统、结构、网络等视角。区域经济地理学是研究经济地域及其系统的学科，也可以说，区域经济地理学是研究经济地域及其系统的发展机制、条件要素、结构网络、构造类型、系统调控及其运动规律的科学①。

对经济地域及其系统的研究基于劳动地域分工理论和经济地域运动理论。不同地区的自然、社会经济技术等条件的不同，使区域有了不同的经济专业化发展方向，地域分工的不断深化推动了社会生产的持续发展，最终形成了基于地域结构的产业生产系统，产业系统日益高级化及复杂化发展，形成今天如此错综复杂的世界经济地域系统。劳动的地域分工、生产力的发展、区域之间的极化与扩散、经济利益的驱动等因素共同影响着经

---

① 陈才.区域经济地理学[M].2版.北京：科学出版社，2009.

济的地域运动现象。具体来说，即人类经济活动始终伴随着物质要素和非物质要素的流动，由于要素的流动组合，形成企业、城市乃至区域的经济地域及其系统。高技术园区、现代物流园区、跨国公司、循环经济园区等是物质要素和非物质要素流动组合的最新形式。显然，人类经济活动在劳动地域分工和经济地域运动的共同作用下，形成了我们所讲的经济地域及其系统。

二、区域经济学的研究对象

20世纪50年代，区域经济学以宏观区位论为基础发展起来，是研究经济活动的空间分布与协调，以及与此相关的区域决策的科学，主要解决经济活动空间分布问题、经济活动协调问题、区域决策问题[①]。

经济活动空间分布解决产业、劳动力以及公共设施的区位选择问题。合理的产业区位选择可以形成某行业的区域专业化部门或者形成某一区位的多元化发展格局。劳动力和公共设施的合理区位选择可以为区域提供充足的劳动力和良好的公共服务。区域的产业发展、较多的就业机会和良好的公共服务促进人口集聚，加快区域的城市化进程。

经济活动协调解决的是区域内部、区域间、区域内外经济活动的匹配与协调问题。合理的区域经济结构需要区域内主导产业、基础产业、辅助产业、区内市场、咨询机构、各种法规以及良好的基础设施等部门与经济活动规模形成比例。区域之间的分工与合作、价值链共享、都市经济圈或者区域经济合作是区域间经济活动匹配的协调方式。区域内外的经济活动的匹配和协调是指区域的自组织能力，既组织和稳定区域内经济活动，又组织和协调同区外的经济联系。区域拥有自组织能力的前提是必须具有由金融服务业、贸易和批发业、信息产业、现代工业和服务业等组成的循环系统，这种循环系统一般集中在较高等级的中心城市里。最终，区域内外形成网络状的经济组织系统，发达地区形成的较完整的生产和交易系统可以将区内外的经济活动指令迅速传递到各个子系统，调整区内的经济活动和区外的经济联系。

区域决策问题解决的是如何组织区域经济和选择配套支持系统的问

---

① 安虎森，等.新区域经济学[M].大连：东北财经大学出版社，2010.

题。区域经济发展问题首先是根据区情确定经济的增长模式问题，然后搭建支持该种经济模式增长的支持系统。区域经济的支持系统包括保障区内经济正常运行需要的政策支撑，引导区内外企业向某一部门或者某一地区投资的激励性政策或政府的示范行为，纠正市场失灵的政策支持等三个方面的内容。区域决策在确定经济发展模式的基础上，通过增加（或减少）某些要素（或集中要素）的投入，可以改变区域经济的均衡状态，实现新的经济增长或者经济转型。

三、区域经济理论的历史演化

美国区域经济学家胡佛指出，区域经济学或空间经济学要解决"何事在何地、为何，以及应该如何"的问题，"何事"即每一项经济活动，"何地"是指与该活动有关的区位①。区域经济理论的形成过程是分析经济活动的空间分布和空间联系的过程，区域经济学的理论渊源最早可以追溯到19世纪初的区位理论，其演变历经占典区位、近代区位论、现代系统化的区域经济理论流派，具体包括以下几个理论。

（一）杜能的农业区位论

区位论的鼻祖杜能于1826年在《孤立国对于农业及国民经济之关系》中提出了区位论。杜能的区位论对农业生产的合理布局进行阐述，认为在一个围绕城市的均质平原上，地租是农业生产布局的决定性因素，地租的大小受到生产成本、农产品价格和运费三个因素共同影响，在生产成本、农产品价格既定的情况下，农产品生产地与消费中心的距离大小是农业生产空间布局的决定性因素。杜能的农业区位论最早对生产空间分布规律进行研究，"首次将空间摩擦对人类经济活动的影响加以理论化和体系化，这一理论体系和研究方法被推广到了其他的研究领域，即他的研究不仅仅停留于农业的土地利用上，而且也对城市土地利用的研究具有重要的指导意义"②。

（二）韦伯的工业区位理论

韦伯的工业区位论是经济区位论的重要基石之一。以杜能的农业区位

---

① 胡佛.区域经济学导论[M].王翼龙，译.北京：商务印书馆，1990.
② 张文忠.区位论[M].北京：科学出版社，2000.

论为基础，韦伯于 1909 年在《工业区位论》一书中第一个对工业区位论进行系统地研究，提出了决定工业区位的最小成本原理和一系列有关区位分析的概念和工具，属于古典区位论中的成本派代表。韦伯提出"区位因子"的概念，将影响工业区位的因子抽象为运费、劳动力成本和集聚效益，综合分析运费、劳动力费用和集聚效应，把由此所决定的最小生产成本作为厂商选择最优区位的标准。

（三）克里斯塔勒的中心地理论

以克里斯塔勒为代表的区位论学者认为生产成本最低点并不能带来利润的最大化，他们的区位论以市场为中心、以取得最大限度利润为目的。克里斯塔勒于 1933 年在《德国南部的中心地》一书中提出了中心地理论，认为中心地的空间分布形态，受市场因素、交通因素和行政因素的制约，形成不同的中心地系统空间模型，以中心城市为中心，联合不同的多级市场区形成的网络体系是组织财富生产与流通的最有效的空间结构。

（四）马歇尔的产业集聚论

马歇尔于 1890 年在《经济学原理》一书中提出产业集聚、内部集聚和空间外部经济的概念。马歇尔从新古典经济学的角度，将产业区的集聚归结为企业追求外部规模经济。外部规模经济是指企业利用地理接近性，通过规模经济使企业生产成本处于或接近最低状态，使无法获得内部规模经济的单个企业通过外部合作获得规模经济。外部经济给集聚企业带来市场规模扩大的外部性、有规模的劳动力市场、信息的交流与扩散等好处。马歇尔的产业集聚从企业组织的外部探讨外部规模经济，局限于物质上的投入产出关系，信息、创新和文化等非物质联系几乎不存在，这是它产生的背景决定的，具有时代局限性。

（五）佩鲁的增长极理论[1][2]

"增长极"概念是法国经济学家弗朗索瓦·佩鲁（Francois Perroux，1903—1987）在 1950 年发表的《经济空间：理论与应用》一文中首先提出来的，后经完善，形成了系统的增长极理论。增长极是综合

① 佩鲁.经济空间：理论与应用[J].经济学季刊，1950，64.
② 佩鲁.增长极概念[J].经济学译丛，1988（9）.

性的经济活动中心，由主导部门和有创新能力的企业在某些地区或大城市聚集发展形成，包括生产、贸易、金融、科技、人才、信息、交通运输、服务、决策等经济活动。增长极在自身发展的同时带动其他部门和所在地区以至周边地区的经济增长，使人口、资本、生产、技术、贸易、信息等要素高度聚集，形成趋于"城市化"的经济区域。增长极理论的核心有三个问题：占支配地位的企业的支配效应、支配企业与其他企业之间的连锁效应、这种连锁效应形成乘数效应，占支配地位的企业通过乘数效应带动其他产业和周边地区的发展，最终实现经济均衡①。基于增长极理论的推进型产业—集聚—经济增长研究表明，一个地区要加快经济增长，关键是培育和发展一系列推进型产业，而推进型产业的发展又依赖于当地政府的力量，这在一定程度上肯定了政府在产业集聚和发展中的作用。

（六）丁伯根的一体化理论

一体化发展（integrative development）来源于产业组织理论，为了节约交易成本、提高技术效率和资源利用效率，把若干分散企业联合起来，组成一个统一的经济组织。1954 年，荷兰经济学家丁伯根（J. Tinbergen）正式提出"经济一体化"概念，认为经济一体化是将有关阻碍经济有效运动的人为因素加以消除，通过相互协作与统一，创造最适宜的国际经济结构，并将经济一体化分为消极一体化（negative integration）和积极一体化（positive integration）②。前者是消除歧视和管制制度，引入经济变量自由化，即消除对有关各国的物质、资金和人员流动的障碍；后者是运用强制的力量改造现状，建立新的自由化政策和制度，纠正自由市场的错误信号，强化自由市场正确信号的效果，从而加强自由市场的一体化力量③。

（七）新经济地理理论

以克鲁格曼、藤田等学者为代表的新经济地理学理论为产业集聚的产生提供了新的解释。新经济地理学主要围绕经济活动的空间集聚和区域经济增长收敛的动态变化两个方面进行研究。区别于传统的经济增长理论，克鲁格曼以规模报酬递增和不完全竞争的市场结构为假设前提，以 D－S 模型为基础，认为产业集聚是由企业的规模报酬递增、运输成本和生产要

---

① 刘志迎.现代产业经济学教程［M］.2 版.北京：科学出版社，2021.

② Tinbergen, J. International Economic Integration［M］. Amsterdam：Elsevier, 1954.

③ 同上.

素移动通过市场传导的相互作用而产生的。新经济地理学认为，经济活动的空间聚集核心内容主要集中于三个方面：报酬递增、空间聚集和路径依赖。保罗·克鲁格曼将地理因素纳入到经济学的分析中，提出"核心—周边"模型[1]。这一模型是区域经济学的最新突破性进展，是新经济地理学派的主要贡献。由于外在环境中存在贸易保护、地理分割等限制性因素，产业区集聚的空间格局既趋于多样化又具有历史依赖性，而产业空间集聚建立后倾向于具有自我延续性，这为产业政策扶持提供了理论依据。

（八）迈克尔·波特产业集聚论

1990年，迈克尔·波特（M.E.Porter）在《国家竞争优势》一书中首次提到产业集群（Industrial Cluster）一词，并对集群现象进行了分析[2]。集群或者是产业集群（cluster），它指的是在一个产业区中，企业或者经济组织在一定的相对小的空间范围内集中，这些集中的区域，有某种外部性关系或知识溢出联系，形成产业群落。产业聚集带往往分布有多个集群区，集群总是发生在产业聚集带的某些区位上。波特认为国家竞争优势主要不是体现在比较优势上而是体现在产业集群上，产业集群是国家竞争的主要来源，国与国在经济上的竞争主要表现在产业集群上的竞争。产业集群所产生的持续竞争优势源于特定区域的知识、联系及激励，是远距离的竞争对手所不能达到的。集群在企业间既促进竞争又促进合作，企业间长期稳定的竞争合作关系能够带来成本的降低和创新能力的持续提高。

第二节　新经济地理理论

空间因素对经济活动的影响一直以来被主流经济学忽略。然而，现实中，普遍存在不同规模、不同形式生产的空间集中现象，而且经济活动空间分布的差异是区域经济差距的原因。经济活动的空间分布规律是什么？经济活动空间分布的差异原因是什么？形成机制是怎样的？经济活动空间分布是如何带来经济增长的？新经济地理学将空间因素纳入一般均衡理论

---

[1] Krugman P. Increasing Returns and Economic Geography[J]. The Journal of Political Economy, 1991, 99 (3)：483–499.

[2] 波特.国家竞争优势（中文版）[M].北京：华夏出版社，2002.

的分析框架中，对以上问题进行了分析探讨。

在经济全球化的浪潮中，伴随世界发达国家产业转移到长三角，长三角参与到全球供应链的国际分工及区域分工中，以出口为导向形成了以上海为中心，浙江、江苏为外围的区域经济结构。随着产业转移的推进，沪苏浙经济发展水平日益提高，地区专业化产业集群得到了长足的发展。然而，上海市作为核心区受到了空间和资源的掣肘，出现了交通拥堵、环境恶化、城市运营成本过高等问题，生态环境也受到严重破坏。同时，面临共同的国际市场，上海、浙江、江苏经济发展水平接近、资源禀赋相似，基于各地政府经济利益的考量，三省市的产业分工协作呈现同质化竞争的格局。目前，中美贸易摩擦、RCEP的签署、"一带一路"战略等重塑了世界经济格局，同时，长江经济带及长三角一体化战略奠定了长三角在国家经济高质量发展中的核心地位。长三角如何更高水平地参与国际合作？如何发挥其对国内经济的引领作用？从经济活动的空间分布规律出发，突破地域分割治理和经济协作式治理的传统模式，扩大长三角经济空间范围，改变产业空间分布结构，形成新的人口经济活动的空间布局，新经济地理理论可以为我们提供理论参考。

一、新经济地理理论的提出

新经济地理理论的开创人是经济学家保罗·克鲁格曼，他的《收益递增、垄断竞争与国际贸易》（1979）蕴含了新经济地理学的思想雏形，1991年，他在论文《递增收益与经济地理》中建立了具有里程碑意义的核心—边缘模型，是开辟新经济地理学的奠基之作。克鲁格曼为新经济地理学的发展奠定了基础，二十多年之后，新经济地理学已经声名鹊起。

二、新经济地理理论的核心思想

新经济地理学首先把经济空间高度抽象为同质性的平面，从没有任何外生差异的前提条件出发讨论经济空间的内生演化，但它不否认外生差异的存在[①]。因此，外生差异的存在必然导致经济空间的演化，而且偶然的

---

① 殷广卫，吴柏均.新经济地理学的魅力和缺陷刍议[J].南京社会科学，2011（1）：14-20.

历史事件等外生差异在经济空间的演化过程中经常起重要作用。在地区初始条件相同的情况下，无论是怎么样的历史偶然，一旦在一个地区形成产业集聚，循环累积的自我实现机制就发挥作用锁定地区产业分工的格局，进而形成产业空间差异。

新经济地理视角下的集聚效应主要由三方面构成：地方市场需求、产业关联引致的专业化分工所导致的规模经济、产业地方化[①]。同时，由于土地的空间不可移动性、土地租金、其他不可流动或部分流动的生产要素、运输成本、市场拥挤导致的负面效应或不经济等因素的存在，在经济空间中产生了分散力，分散力与集聚力的相互作用或权衡导致现实世界经济空间的复杂多变的格局。新经济地理学认为，当贸易自由度较低时，集聚力小于分散力，对称结构是稳定结构；当贸易自由度处于中等水平时，产业空间结构跟预期因素有关；当贸易自由度较高时，集聚力大于分散力，此时中心—外围结构是稳定结构；当贸易自由度很高时，产业活动又倾向于分散布局[②]。

三、新经济地理理论集聚效应的主要结论[③]

（一）存在三种市场效应

第一种是本地市场放大效应。随着本地市场规模的扩大，更大比例的企业会集中于该地区。如果有某种外生冲击扩大了某一区域的需求，导致原有需求空间分布改变，大量的企业将改变原来的区位，向需求扩大的区域集中。新经济地理学特别强调本地市场效应在产业集聚中的作用。本地市场效应就像物理学中的重力吸引力一样，一旦一个地区的市场稍微有所增大，就会导致该地区的企业数量不断增加，从而初始微小的差异导致持久的经济发展的巨大不平衡。第二种是生活成本效应。市场规模扩大带来企业的集中，而企业的集中会影响当地居民的生活成本。企业越集中，当地生产的产品种类和数量就越多，减少了外地输入的产品种类和数量，进而降低了运输成本，这带来了本地商品价格的降低，消费者只需支付较低

---

① 何雄浪，郑长德.新经济地理学的反思与展望[J].上海财经大学学报，2013，15（6）：48-55.
② KRUGMAN P. Increasing returns and economic geography[J]. Journal of Political Economy, 1991, 99 (3): 483-499.
③ 克鲁格曼.发展、地理学与经济理论[M].北京：北京大学出版社，2000.

的生活成本。第三个效应是市场竞争效应，也叫市场拥挤效应。对企业来说，不完全竞争性企业趋向于选择竞争者较少的区位。市场放大效应和生活成本效应形成聚集力，市场竞争效应形成分散力。

（二）存在循环累积因果链

新经济地理理论认为集聚力和分散力共同作用影响宏观的经济活动空间分布结果。聚集力由本地市场效应与生活成本效应形成，分散力由市场拥挤效应形成，而本地市场效应与生活成本效应相互作用，就形成了循环累积因果关系。简单来讲就是，本地市场效应带来企业的集中，企业的集中带来工人的迁移，工人的迁移促进了消费，进一步带来市场规模的扩大，市场规模的扩大又会带来企业的集中。

（三）内生的非对称性

新经济地理学大多数模型显示，随着生产要素流动的增强、贸易自由度的提高，空间集聚力提高，进一步加剧区域间的初始差异，最终所有产业都集中在一个区域。即使外生力量消失，由于循环因果链的存在，集聚力始终存在带来产业集中，这就是内生的非对称性。

（四）突发性聚集

新经济地理理论认为，当贸易自由度较低时，对称结构是稳定结构，在贸易自由度提高到某一临界值后，自由度稍微增加，就会带来突发性聚集，打破对称结构，形成中心—外围结构。即随着贸易自由度的提高，可流动要素的流动性逐渐增强，但由于某种约束力的存在，集聚力慢慢发挥作用，直至贸易自由度达到某一临界值，集聚力与约束力相等，再提高贸易自由度，则产生质变，突发性聚集形成。

（五）区位的黏性

现在是过去的延续，总有着某种路径依赖。历史上选择了某种产业分布模式或发展路径，各种经济活动就会"黏上"这种产业分布模式或发展路径，要改变这种模式或路径需支付很高的成本，或需要较强的外生冲击，这就是区位的黏性。

（六）聚集租金

聚集租金是指当完全聚集是稳定均衡时，工人从核心区转移到边缘区时所遭受的损失。在大多数新经济地理学模型中，聚集租金是贸易自由度的下凹函数，即随着贸易自由度的提高，聚集租金曲线先升后降，显示出驼峰状。聚集租金变化规律告诉我们，当整个经济系统处于稳定的中心—外围均衡结构时，政策的边际变动对经济状况的变化没有任何影响。

（七）预期的自我实现

当贸易自由度介于持续点与突破点之间时，对称结构和中心—外围结构都是局部的稳定均衡结构。当人们的预期发生变化时，人们将根据变化后的预期，任意选择对称结构或中心—外围结构作为其工作和居住区位。因此，预期因素的单一变化，也能改变产业的空间分布结构。

第三节　区域经济一体化理论

区域一体化最早起源于世界范围内的经济贸易一体化，一些发达国家为了寻求经济发展之路，通过关税、贸易协定等形成生产交换分工、要素自由流动并具有协调机制的联盟，即区域经济一体化的最初形式。至今，区域经济一体化提供畅通的交通网络、跨区域自由贸易往来的统一市场，能为区域分工协作带来更高水平经济效益。

构建以国内大循环为主、国内国际双循环相互促进的新发展格局，是我国进入新发展阶段，面临世界新竞争合作形势的战略选择，新循环战略的提出为长三角区域一体化发展带来了新的机遇。长三角发展模式从出口导向转变为创新驱动的高质量发展模式，经济空间演化亦从外生的经济空间发散性转向内生的经济空间集中收敛性。推进长三角经济一体化发展，打破原来各自为战的空间分割，集中并优化配置要素资源，塑造长三角区域内协调互补的产业分工格局，形成区域内统一开放市场，是畅通国内大循环、构建基于城市群的现代化经济体系的时代要求。

一、区域经济一体化的内涵

国内外对经济一体化尚无统一定义。20 世纪 50 年代初，"经济一体化"一词开始被用来表述各个国家之间在经济上结合并逐步形成一个经济联合体的过程，即区域经济一体化。1954 年，荷兰经济学家丁伯根（J. Tinbergen）第一个正式提出"经济一体化"概念，并将经济一体化分为消极一体化（Negative Integration）和积极一体化（Positive Integration）①。1961 年，美国经济学家巴拉萨发展了丁伯根的定义，建议将经济一体化定义为既是一个过程，又是一种状态，就过程而言，主要指消除各国经济单元之间差别的种种举措；就状态而言，则表现为各国间各种形式的差别待遇的消失②。随着世界贸易经济的发展，关税同盟理论、自由贸易区理论、共同市场理论完善并发展了区域一体化理论。国内，随着长三角、珠三角、环渤海等区域经济的发展，我国学者展开了一国内部区域经济一体化的探索。孙大斌认为国内区域经济一体化是指在一个主权国家范围内，具有地缘关系的省区之间、省内各地区之间、城市之间为谋取发展，而在社会再生产的某些领域实行不同程度的经济联合调节，形成一个不受区域限制的产品、要素、劳动力及资本自由流动的统一区域市场的动态过程③。孟庆民将区域经济一体化定义为：不同的空间经济主体之间为了生产、消费、贸易等利益的获取，产生的市场一体化的过程，包括从产品市场、生产要素市场向经济政策的统一逐步演化④。

长江三角洲一体化发展的最新规划范围包括上海市、江苏省、浙江省、安徽省全域。对长江三角洲一体化的理论争论和现实协调由来已久，刘志迎教授在《长三角一体化面临的"剪刀差"难题及破解对策》一文中对长江三角洲一体化的相关理论进行了综述，认为诸多学者的观点是强调破除制度因素制约，让产品、要素市场化，推进基础设施、公共服务和政策一体化。基于此，刘志迎教授认为长三角一体化不是均等化，而是政府消除区域之间行政性壁垒的各要素市场一体化、产品市场一体化、基础设施一体化、公共服务（政策）一体化、公共福利一体化的过程，也是政府纠正市场错误信号，强化自由市场一体化的过程，是消极一体化和积极一体化并举的过程⑤。

---

① Tinbergen，J. International Economic Integration［M］. Amsterdam：Elsevier，1954.
② Balassa，Bela. The Theory of Economic Integration［M］. Homewood：Richard Irwin，1962.
③ 孙大斌.由产业发展趋势探讨我国区域经济一体化动力机制［J］.国际贸易探索，2003，19（6）：71－74.
④ 孟庆民.区域经济一体化的概念与机制［J］.开发研究，2001（2）.
⑤ 刘志迎.长三角一体化面临的"剪刀差"难题及破解对策［J］.区域经济评论，2019（4）：54－62.

二、区域经济一体化的理论观点

（1）区域经济一体化带来"成本降低效应"，降低生产成本的同时为消费者带来福利。当高效率成员在参与了区域经济一体化协定或组织以后，其低成本的产品就会大量进入一体化内部市场，贸易量的增加所带来的生产量的扩大，会使得高效率成员的边际生产成本递减，这种得以以较低生产成本供给市场的现象，就是所谓的"成本降低效应"①。生产效应和消费效应带来成本降低效应。生产效应是指原先销售的商品现在得以以较低成本进行生产，消费效应是指消费者可以以较低价格购买到更多的产品。

（2）区域经济一体化通过建立统一大市场，促进成员和非成员提高生产效率。例如，关税同盟等一体化组织的建立，意味着一个比原来大得多的市场就会随之出现，只有生产成本相对较低的生产者，才能在这个大市场中占有比较多的市场份额，从而在同盟内部获得较多的收益②。显然，一体化组织的建立促进了同盟内部成员生产效率的提高。对于非同盟成员来说，要想与一体化组织内部成员进行贸易往来，必须同样提高自身的生产效率。因为关税同盟的建立，必然减少非同盟成员与同盟内成员之间的贸易量，要想获得或者保持其贸易利益，非同盟成员必须通过改进生产工艺，或者加强生产管理等手段来提高生产效率赢得市场份额。所以，非同盟成员的生产效率也得到促进提高。

（3）区域经济一体化所实现的产品和要素的自由流通，可以实现区域和谐性发展。区域经济一体化强调破除制度因素制约，让产品、要素市场化，形成共同市场。以劳动力为例，如果我们消除了阻碍或者限制劳动力自由流动的措施，劳动力将由单位报酬低的经济体向单位报酬高的经济体转移，对于单位报酬高的经济体来说，国外移民的进入将会拉低其工资水平，而国内劳动力的流出同时也会抬高单位报酬低的经济体的工资水平③。而允许劳动力和资本等生产要素在共同市场内自由流动，其直接结果是劳动力和资本等生产要素的价格在一体化区域内各成员间趋于或者完全达成一致；而这

---

① W. M. Cordon. Economics Of Scale and Customs Union Theory[J]. Journal of Political Economy, 1972 (3).

② Balassa, Bela. The Theory of Economic Integration[M]. Homewood: Richard Irwin, 1962.

③ Peter H. Lindert. International Economics[M]. 8th edition. Illinois: IRWIN Publishers, 1986.

种要素价格的均等化趋势，还会导致不同行业收入分配的变化；实现均等化前，要素收入较高的行业的收入会下降，反之则上升①。

（4）区域经济一体化带来的要素和产品市场一体化，产生规模经济效应。区域经济一体化产生扩大市场范围的效应。一体化消除产品和生产要素流动的障碍，可以实现国内或者区域范围的统一大市场。市场范围的扩大带来规模经济效益，同时加剧企业之间的竞争，有助于规模经济效益的实现，同时提高企业技术水平。

（5）区域经济一体化的高级阶段是经济管理体制一体化、制度构架一体化②，可以使区域内资源得到更有效的配置。以政策一体化为例，产业政策、货币政策、社会政策、财政政策和汇率政策等一体化会提高产品和生产要素的资源配置效率。通过一体化成员形成自愿的、非强制性的统一政策，来打破区域分割，引导区域经济战略布局，建立统一、开放、公平竞争的产品和要素市场，建设一体化区域基础设施，联合保护生态环境等。

（6）经济一体化发挥地区比较优势，加强区域产业分工合作，提高区域产业集中化、专业化水平。美国产业的地方化程度比欧洲产业的地方化程度要高，或者说，欧洲国家之间的专业化程度低于美国各区域之间的专业化程度③。克鲁格曼认为，当运输成本下降、规模经济上升会产生产业集中。但是，在欧洲，关税的提高、汇兑管制的限制抵消了运输成本的下降。即使在欧盟成立以后，国家的边界仍然是阻碍贸易发展的一个重要障碍。所以，欧洲的经济地方化程度要比一体化程度较高的美国这个主权国家内部差很多。克鲁格曼认为，欧洲经济一体化的发展必将会加速其产业地方化和专业化的进程。

（7）发展中国家参与南北型经济一体化有利于经济增长，而尚无证据可以表明，南南型的区域一体化能够有效地促进经济增长④。与发达国家走南北型一体化道路，一方面通过制度变革可以推动发展中国家的经济增长，另一方面通过实行对富国无差别对待的单边贸易自由，增强本国对发

---

① Deniau, J. F. The Common Market: Its Structure and Purpose[M]. New York: Frederick A Praeger, 1960.
② 王忠宏.国务院发展研究中心调查研究报告——长三角区域经济一体化的演变及其发展趋势[R]. http://www.cqvip.com.
③ P. Krugman. Development, Georaphy and Economic Theory[M]. Cambridge: MIT Press, 1995.
④ Maurice Schiff, L. Alan Winters.区域一体化与发展[M].北京: 中国财政经济出版社, 2004: 12 - 13.

达国家溢出的科技知识和技术的利用。而与其他发展中国家走南南型区域一体化道路，企业倾向于集聚到一个更加繁荣的国家，而其产出维持在其他国家销售，最终区域经济一体化的产业集聚效应会加大成员之间的贫富不均。上海、江苏、浙江、安徽之间的一体化恰好是南北型经济一体化的道路，有利于促进区域内部的经济增长并提高整体的科技发展水平和空间。

三、区域经济一体化的意义

首先，区域经济一体化可以减少参与主体之间的交易成本。各个经济体之间普遍存在的交易成本，如国内法规（或地方性法规）通过阻碍区域内外企业之间的竞争而将市场分割，增加企业的交易成本，进而抬高消费者价格和降低社会福利水平。国家与国家之间边境手续、标准认证和管理程序及其规定等给企业贸易带来摩擦性交易成本；在国内区域之间的贸易中，存在对外地企业和产品的种种歧视性措施。因此，一体化措施强调的政策的一体化，可以降低交易成本，为区域内的民众和企业带来最大的受益。

其次，区域经济一体化促进规模经济产业高效率运行。通过市场一体化，区域内的经济体贸易量加大，促进经济体本身的联合以及区域内的生产要素的优化整合，形成外部经济，最终使每个经济体都更好地实现规模经济。

最后，区域经济一体化有利于发挥市场引导作用，通过竞争提高资源利用效率。经济一体化打破区域内部存在的市场进入壁垒和各种地方政府保护政策，有利于行业竞争的优胜劣汰。市场的开放和竞争性的增强，进一步加快区域内生产要素的流动，提高了生产要素的利用效率，这种贸易效应和生产效应反过来又会促成和加深区域经济一体化的进程。

第四节　重塑经济地理理论

世界各国发展区域经济都经历了从交通孤立到互联互通、从市场分割到市场统一的一体化过程。2008 年 11 月 6 日，世界银行发布的年度发展报告《重塑世界经济地理》为"区域一体化"现象提供了理论发端。提高密度、缩短距离、减少分割三个基本手段可以重塑经济地理格局，有利于地理集中和经济一体化，促进经济长期增长。虽然经济增长会扩大地区差距，但是不平衡的经济增长与和谐性发展可以并行不悖，相辅相成。

长三角是我国经济最发达的地区之一，在新的国家战略定位中，既充当对外开放的桥头堡，又充当对内开放的牵引器，对内对外充当"双引擎"的重要角色。据统计，2019 年，上海市城镇化率为 88.10%，江苏省城镇化率为 70.61%，浙江省城镇化率为 70.00%，安徽省城镇化率为 55.81%。安徽与上海、江苏和浙江经济发展差距较大，但产业结构及资源禀赋存在互补。长三角一体化发展是过程，实现长三角创新驱动高质量发展是目的。一市三省经济一体化发展需要从提高经济密度、缩短经济距离、消除分割三个方面出发，发挥政府和市场的共同作用，实现要素市场和产品市场一体化、产业结构和产业布局一体化、经济运行和管理体制一体化以及基础设施建设一体化，让长三角在创新驱动、产业分工协作及转型升级、高质量发展方面取得突破性进展。

一、新的经济地理分析框架：三个基本特征[1]

（一）经济密度

密度指每单位面积的经济总量，或者说每单位土地经济活动的地理密度，是每单位土地经济产出水平及收入的记录，密度用来反映一个地方经济的集中程度，经济越集中的地方，越富裕。提高经济密度的政策措施，是在分割不严重的情况下，通过市场力量促进经济集中和生活水平趋同来实现合理的密度。

（二）经济距离

距离指商品、服务、劳务、资本、信息和观念穿越空间的难易程度，由此落后地区应重新定义为相对于经济聚集区的偏远地区，这不单指空间距离，更重要的是由于基础设施落后和制度障碍造成的经济距离。加大基础设施投资力度，降低交通运输成本，从而促进劳动力的流动等政策措施可以帮助公司和工人缩短与经济密集区的距离。

---

① 世界银行.2009 年世界发展报告：重塑世界经济地理[M].北京：清华大学出版社，2009.

（三）分割问题

分割是指国家之间、地区之间商品、资本、人员和知识流动的限制因素，简而言之，就是阻碍经济一体化有形和无形的障碍。

二、塑造经济地理原理[①]

（一）规模经济和集聚

规模经济和集聚带来经济增长。当一个国家从农业生产转向工业生产再转向服务业生产时，公司和人口就会产生集聚，从而产生规模经济效应。对一个地区的经济增长来说，需要不同组合的集聚经济：市镇集聚农产品销售和分配的规模经济；中等城市发展地方化的制造经济，特大城市促进企业、政府和教育服务领域的创新集聚。政策制定者要充分发挥市场的力量，作为城市发展的协助管理者，加快促进集聚经济合理发展，实现集聚经济的最大效益。

（二）要素流动和移民

劳动力移民的实际情况显示，世界上最大的移民流是一国内部从经济落后地区流向先进地区的移民流。集聚效益带来资本和劳动力的流动，同时，劳动力的移动加速推动集聚的形成。因此，促进经济增长的政策是鼓励正确移民，提高移民的质量，让人们加快向有选择机会的地区集中，从而产生集聚效益。

（三）运输成本和专业化

降低相邻地区之间的交通成本可以促成更大规模的贸易，大规模的贸易促进规模经济的发展，形成高效生产的专业化模式，基础设施互联互通会加速集聚经济的形成带来经济增长。对发展中国家或者地区来说，还需要加强运输通信管理，以降低运输和贸易成本。

三、促进落后地区和先进地区一体化的政策框架[①]

（一）政策框架内容

经济一体化的政策框架由以下几个部分组成：

公共制度（无空间区别的政策），以无空间区别的制度建立密度。制度是

---

① 世界银行.2009 年世界发展报告：重塑世界经济地理[M].北京：清华大学出版社，2009.

一范畴，即制定时没有明确考虑地区，但其影响和结果却可能因地区不同而变化。政策范畴制度包括所得税体制、政府间财政关系、土地治理和房地产市场以及教育、医疗健康、基本的水和卫生服务、其他政府行为等国家政策。

基础设施（连接空间的政策）。以连接空间的基础设施建立密度并缩短经济距离。基础设施是所有连接不同地区和提供公共运输和设备等公共商业服务的投资的简称。这包括为促进商品交易而建设的地区间高速公路和铁路，为加强信息和观念的交流而改进信息通信技术。

干预措施（针对地区的政策）。干预措施指为促进落后地区的经济增长而采取的地区针对性措施。干预措施主要包括投资补贴、退税、地方管理规章、地方基础设施发展，以及出口加工区的特殊管理条例等针对地区的投资环境改革。

制度、基础设施和激励措施等一体化工具横跨从普适性到地区针对性的政策。每一种工具都可能包括税收、公共支出和规章管理。

（二）以一工具对一特征

使用距离、密度和分割等地理空间特征对不同国情的国家进行分类，包括三种类型：落后地区人口稀疏的国家；落后地区人口稠密无分割的国家；落后地区人口稠密存在分割的国家，分别运用以制度克服距离问题，以制度和基础设施克服距离和密度问题，制度、基础设施和干预措施克服距离、密度和分割问题三种合理组合来实现国内落后地区和先进地区一体化政策选择，具体框架如表2-1所示。

表2-1 "以一工具对一特征"经验法则为地区或区域制定发展政策提供了框架①

项 目		落后地区人口稀疏的国家	落后地区人口稠密的无分割国家	落后地区人口稠密的、存在分割问题的国家
国家类型	范例（国家）	智利、中国、加纳、洪都拉斯、巴基斯坦、秘鲁、俄罗斯、斯里兰卡、乌干达、越南	孟加拉国、巴斯、哥伦比亚、埃及、墨西哥、泰国、土耳其	印度、尼日利亚

---

① 世界银行.2009年世界发展报告：重塑世界经济地理[M].北京：清华大学出版社，2009.

续　表

项　目		落后地区人口稀疏的国家	落后地区人口稠密的无分割国家	落后地区人口稠密的、存在分割问题的国家
国家类型	造成一体化挑战的特征	经济距离（一特征）	经济距离落后地区的高密度人口（二特征）	经济距离高密度人口内部分割（三特征）
	应当推行何种政策	劳务和资本流动	劳务和资本流动；商品和服务的市场一体化	劳务和资本流动；商品和服务的市场一体化；落后地区的选择性经济活动
政策重点	无空间区别的"公共制度"	流畅的土地和劳务市场；安全、教育和健康规划；安全的饮用水和卫生设施	流畅的土地和劳务市场；安全、教育和健康规划；安全的饮用水和卫生设施	流畅的土地和劳务市场；安全、教育和健康规划；安全的饮用水和卫生设施
	连接空间的"基础设施"		地区间的交通基础设施；信息通信服务	地区间的交通基础设施；信息通信服务
	针对地区的"干预措施"			对农业和农业工业的干预措施；灌溉体系；劳动力培训

　　综上所述，理论的指导意义应直接作用于长三角一体化发展的各种措施和政策制定，忘记理论的指导，就会事倍功半，有科学的理论指导，就能够事半功倍。我们需要拿起理论的武器，来指导长三角一体化实践，在科学理论指导下，科学推进长三角一体化。习近平总书记关切长三角一体化发展的进程，长三角一市三省和国家相关部委要以习近平总书记相关指示精神，依据已有理论的指导作用，进一步理清思路，特别注意"符合经济规律、自然规律"。政府各层级和实践工作者要注重理论学习，学习理论，用好理论，遵循经济规律，不能盲目行动，各项政策和举措要符合经济规律，不能够违背经济发展规律而作为，否则，就会事与愿违，影响长三角一体化战略的顺利实施。既有的理论就是对经济规律的系统总结，是

人类智慧的结晶，在推进长三角一体化过程中，要注意对区域经济理论和相关经济理论的学习，借助理论的力量，来指导长三角一体化的伟大实践。同时，理论界要进一步发展一体化的经济理论，特别是在中国这样一场伟大的区域经济发展实践中注重理论创新，讲好中国故事，提炼出具有中国特色的区域经济学理论。

第三章

联合提升原始
创新能力

原始创新，是指首次提出的重大科学发现、新兴技术发明、原理性的主导技术等一系列创新性成果。它是在研究和开发中作出独有的发现或发明，尤其是在基础研究和高技术研究领域。原始性创新是最本质最智慧的创新，也是一个民族对人类文明发展作出贡献的重要体现。原始创新能力源于基础科学研究，基础科学研究是决定科技发展高度、深度和可持续的源泉①。党的十八大以来，中国基础研究发展加速，从量变到质变的飞跃逐渐凸显，局部突破向系统进阶的成果不断涌现。但基础研究薄弱仍是科技领域的一块短板，重大原创成果偏少、顶尖人才和团队缺乏、科研环境不够优化等问题依然突出。放眼全球，纵观历史，创新之路从来荆棘丛生。长期以来，中国科学研究原始创新能力不足，纵然近年体量增长迅速，终无法回避顶尖人才不足、尖端技术偏少的困境，在本土孕育引领国际科技发展的原创性学术思想和培养独创性技术体系仍然任重而道远。从长期来看，国家原始创新能力的提升离不开创新文化、制度及人才的培养，着力栽培兴趣创新之花；从中短期来看，遵循科学规律的期望设定、项目任务问题导向、国际开放交流、官产学研等各界对基础研究的资金与政策支持，是孕育使命创新之果的有效路径。

　　本章首先回顾了世界科学中心的发展规律及影响因素，结合世界科技发展的新趋势，探讨中国建成世界科学中心面临的机遇和挑战，并对中国牵头组织国际大科学计划和工程的现状进行分析。其后，归纳了长三角原始创新能力现状及问题，介绍了上海张江、安徽合肥综合性国家科学中心的设想、进展及未来计划。最后，从制度保障、平台建设、共享趋势等角度探讨了科技资源共享服务平台优化的方向。

---

① 贾利军，杨静.基础创新研究中政府与市场的作用[J].学术交流，2015（2）：111-115.

第一节　世界科学中心及其转移规律

一、世界科学中心

1929 年，"世界科学中心"一词首先出现在英国科学史大咖 W.C.丹皮尔的著作《科学史及其与哲学和宗教的关系》中①。

1954 年，英国科学学重要奠基者——贝尔纳（J. D. Bernal）在其出版的《历史上的科学》这一科学史巨著中，首次提出了世界科学活动中心的思想，认为科学活动的发展及进步在时空规律上存在非均衡性。从时间维度上看，科学活动在时而蓬勃发展和长久停滞不前之间伴随着偶尔的退步衰微。从空间维度上看，科学活动中心往往枝附影从于经济活动中心的转移和变迁。此外，贝尔纳还认为在世界范围内科学中心存在非单一性②。

1962 年，受贝尔纳研究思想的启迪，日本著名科学史家汤浅光朝从定量的角度定义了"世界科学中心"——科学成果占同时代全世界科学成果 25% 以上的国家。汤浅光朝称这种状态持续的时间为科学兴隆期，同时指出这一时间跨度平均为 80 年。此外，他认为世界科学中心形成与转移很大程度上会受到社会革命、科学家群体老化等因素影响。此后，学术界多次深入讨论后普遍接纳了汤浅光朝对"世界科学中心"的界定：占同时代全世界科学成果 25% 以上的国家。

一般地，意欲成为世界科学中心，该国必须具备以下基本条件：

其一，国民思想高度解放。民众勇于打破习惯势力和主观偏见的束缚，社会求真务实之风盛行，尊重科学技术、谋划经济发展的思想文化氛围浓厚。

其二，先进的教育科研环境。在教育科研相关的法律、政策和国家发展战略等各方面，有系统化的机制设计，使教育科研活动蔚然成风，教育科研人才如雨后春笋，硬件软件环境得到全球人才青睐。

其三，科技转化应用能力突出。政府、企业、科研院所、中介服务、

① 王晓文，王树恩."三大中心"转移与"汤浅现象"的终结[J].科学管理研究，2007（4）：36-38.
② 刘则渊.贝尔纳论世界科学中心转移与大国博弈中的中国[J].科技中国，2017（1）：18-24.

资金融通等多方力量高度协同，科技创业、合作研究、转化交流、咨询服务等各种直接及间接转化活动高效开展，高新技术产业化有序进行，物质基础积累雄厚。

其四，自由探索的学术氛围浓厚。具备独创的科学发展战略和配套的科技探索政策，可以有效鼓励原始创新，学术氛围浓厚而自由。

二、世界科学中心的五次大转移

纵观科学发展史，不难发现：在不同的历史时期，总有（至少）一个国家成为世界科学中心，在世界科技发展方面执技术之牛耳、引时代之潮流，并经过一百年左右转移他国。

汤浅光朝（1962）[1]和我国学者赵红州（1974）[2]通过统计调查分别独立揭示了近现代世界科学中心转移的现象，即其经历了意大利—英国—法国—德国—美国的历史变迁。王晓文（2004）根据自然科学大事年表中的科学成果项目数对近现代世界科学中心国家的科学成果比例进行了统计，如图 3-1 所示[3]。

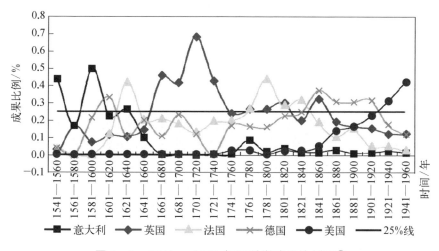

图 3-1　1541—1960 年间科学成果比例图[4]

①　姜春林，周磊，唐悦.科学活动中心转移现象的再测度和新解读——基于利萨·罗斯纳科学年表的数据[J].科学学研究，2010（4）：500-507.
②　赵红州.科学能力学引论[M].北京：科学出版社，1984：192.
③　王晓文.世界科学中心的转移研究与我国科学发展状况分析[D].天津大学，2004.
④　同上.

图 3-1 显示，在某些时段内，存在某两个主要国家科学成果占比均超过 25% 的情况，故科学多中心说、主中心和副中心说的提法学界亦有所见。然而，从历史大势和科学成果比例起伏特征看，世界科学单中心说仍然是被广为接受和认可的。现将 16 世纪以来世界 5 个主要科学中心的划分依据及时段、主要突破领域、重要科学活动/成果及代表人物情况作如下梳理，如表 3-1 所示。

表 3-1　世界科学（单）中心转移情况简介

次序	世界科学中心	划分依据		主要突破领域	重要科学活动/成果	代表性人物
		汤浅光朝：平凡社年表	赵红州：自然科学大事年表			
1	意大利	1540 — 1610 年	1540 — 1620 年	天文学、解剖学、力学、数学、博物学	文艺复兴运动、《关于托勒密和哥白尼两大世界体系的对话》、天文望远镜、空气湿度计、摆振规律、落体定律、行星运动三大定律、《人体的构造》	但丁、达·芬奇、维萨里、卡尔达诺、布鲁诺、伽利略、开普勒、托里拆利
2	英国	1660 — 1730 年	1660 — 1750 年	力学、化学、生理学	《磁石论》《怀疑派化学家》、真空泵、《微物图志》《自然哲学的数学原理》、经典力学、《南天星表》、光行差、《苏格兰海岸和岛屿概况》《心血运动论》	威廉·吉尔伯特、波义耳、牛顿、胡克、哈雷、布拉德莱、阿代尔、哈维
3	法国	1770 — 1830 年	1760 — 1840 年	数学、热力学、化学、天体力学	《关于双重曲率曲线的研究》《几何原理》《弦振动研究》《数学手册》《分析力学》《柯西全集》《概率论的解析理论》和《化学纲要》	克莱罗、达朗伯、狄德罗、拉格朗日、柯西、拉普拉斯、拉瓦锡

续 表

次序	世界科学中心	划分依据		主要突破领域	重要科学活动/成果	代表性人物
		汤浅光朝：平凡社年表	赵红州：自然科学大事年表			
4	德国	1810 — 1920 年	1840 — 1910 年	细胞学说、有机化学、量子力学、经典物理学	合成尿素、《论植物发生》、能量子、X射线、相对论	维勒、施莱登、普朗克、伦琴、爱因斯坦、李比希、赫兹
5	美国	1920 年至今	1910 年至今	天文学、地质学、物理学、分子生物学、信息技术	哈勃定律、地壳均衡理论、弱相互作用与电磁统一理论、蓄电池、"夸克"粒子理论、染色体遗传理论、DNA分子结构模型、信息论、《控制论》	哈珀、达顿、爱迪生、盖尔曼、摩尔根、沃森、申农、维纳

三、世界科学中心转移的影响因素

一个世界科学中心的形成，不是一蹴而就的，而是一个复杂的历史演进过程，它必然涉及众多因素。然而，世界科学中心的历史女神为什么依次选择了意、英、法、德、美，而不是别的国家，其规律何在？从16世纪的意大利到20世纪的美利坚，穿过岁月的重重迷雾，纵观世界科学中心形成的历史演变，可以管窥一二。

其一，思想文化的繁荣。文艺复兴、人文主义、宗教改革、启蒙运动、实用主义、人本主义等运动在各国深入开展，但丁、达·芬奇、培根、伏尔泰、康德、黑格尔、富兰克林、詹姆斯等思想家相继出现，人们的思想得到极大解放，哲学思想也逐渐总结和吸收自然科学的成果。自然科学从哲学中日渐独立，唯物主义思想愈受推崇，思想文化的繁荣为科学的发展扫清了精神障碍。

其二，生产方式的变革。16世纪前后，意大利资本主义生产方式和工场手工业迅速兴起；17世纪前后，英国开始出现纺织机器，工场机械化逐渐盛行，后来瓦特改良蒸汽机，工业革命爆发；18世纪，法国完成从封建社会向资本主义社会过渡后，确立了资产阶级政权，工业革命进程加快；19世纪上半叶，德国颁布了《调整法令》《帝国宪法》，资本主义生产关系迅速发展；19世纪下半叶，美国逐渐废除奴隶制度，依托第二次工业革命，很快成为发达资本主义国家，新技术应用深入各行各业。各国资本主义生产方式的确立和成熟，促进了工业的高速进步，为科学的发展奠定了良好的制度和经济基础。

其三，高等教育的发展。学者姜国钧（1999）通过研究发现，世界教育中心与世界科学中心两者的发展内部存在紧密的逻辑联系，一国教育的兴盛是其成为世界科学中心的重要保障[1]。至16世纪初，意大利已建成以大学为代表的高等教育机构逾20所（家），在当时全欧高等教育资源总量中约占40%。意大利长期领先的教育质量和环境，孕育了哥白尼、维萨里、伽利略等划时代的科学巨匠和研究成果。以牛津大学、巴黎综合理工学院、柏林大学、斯坦福大学为代表，英国高等教育、法国"大学校"、德国新型大学、美国创业型大学的繁荣，源源不断地为科学界输送高质量的新鲜血液，有力支撑英、法、德、美相继成为世界科学中心。

其四，科学巨匠的集聚。在成为世界科学中心之时，各国分别集聚了一批划时代的伟大科学家，其中以伽利略、开普勒、牛顿、波义耳、拉格朗日、拉普拉斯、维勒、普朗克、爱因斯坦、贝尔、爱迪生、费米为典型代表。顶级科学家在一国的集聚，吸引着全球顶尖人才的流动，使得该国长期占据世界科学中心地位，并在引领世界科学发展方向和掌握顶级科学话语权方面逐渐形成良性循环甚至马太效应。

四、世界科技发展的新趋势

第一，技术创新迭代加速。近年来，随着集成电路领域的摩尔定律逼近极限，以大数据、云计算、物联网、区块链、人工智能为核心的数字技术迅猛发展，5G网络、自动驾驶、生物科学、量子计算、超导、纳米新材料等技术研究取得空前进展，科技创新层出不穷加速迭代，新兴技术群体

---

[1]　姜国钧.论教育中心转移与科技中心转移的关系[J].科学技术与辩证法，1999（1）：43-46，54.

涌现，新一轮技术革命方兴未艾。

第二，学科交叉融合深化。以纳米生物医学、DNA 计算机、量子计算、类脑技术的发展为缩影，全球科技创新发展明显呈现出多学科交叉融合的态势，许多重大科学问题的发现和突破，都离不开学科的跨界协同和技术集成，学科越交融，科学越开阔。

第三，国际交流合作广泛。经济全球化的发展，使得地球村内成员面对的共性问题越来越多，如环境、能源、食品安全、网络空间、疾病防治等，相关科技创新的国际交流合作也愈加重要。据基本科学指标数据库ESI（美）统计，近年来国际共著论文比例不断上升，纳米科技、生物医学、粒子物理与宇宙学、合成与应用化学等领域尤为明显。打破地域、组织、技术的藩篱，开放和融合日益成为世界重大科技创新发展的内在要求①。

第四，创新中心格局多极化。21 世纪以来，中国、巴西、印度、俄罗斯、南非、土耳其等新兴经济体持续快速发展，并积极参与到新技术革命中。全球创新版图发生变化，OECD 国家的全球研发支出比重下降，中、土、印、新（加坡）等新兴经济体优势技术领域增多，西方发达国家领先优势相对下降，世界技术产出多极化趋势日益凸显。在洲际层面，2015年，亚洲地区的企业研发支出全球最高，亚洲已成为全球研发重心，亚洲创新地位迅速上升②。

五、中国建成世界科学中心面临的机遇和挑战

其一，全球新一轮科技革命和产业变革蓄势待发。这一形势变化与我国发展方式转变的深入推进形成历史性交汇。世界主要国家在信息通信、人工智能、大数据、量子信息、生物技术等方面的技术研究经过数十年的积累，近几年纷纷提出了工业 4.0、智能制造等国家战略行动纲领，一批重大创新趋近产业化突破的临界点。一方面，孕育演化中的科技和产业变革有可能彻底颠覆传统的技术路径、产品形态和商业模式，给中国等新兴经济体带来弯道赶超的机会；另一方面，新科技革命和产业变革对一国原始创新、关键技术创新和系统集成能力的要求奇高，制度条件严苛，中国

---

① 世界科学发展的新趋势和新特点[N].光明日报，2017－10－28（10）.
② 马名杰.全球创新格局变化趋势及其影响[N].经济日报，2016－11－03（015）.

面临巨大挑战。

其二，全球经济中心向全球科技创新中心转型①。全球科技创新中心在主导国际产业分工体系、带动经济增长模式转变方面有着不可替代的战略意义。21世纪以来，美、英、日、法等国竞相谋划依托其拥有的国际经济中心城市打造世界科技中心，竞争日益激烈。在2thinknow（澳）近几年发布的"全球创新城市排行榜"前20名中，美国占据半壁江山，统治地位有所下降，伦敦、纽约、东京交替夺魁，巴黎、新加坡位居前十。中国的北京、上海、深圳等城市创新实力稳步跃升，但与欧美国家差距明显②。

新兴经济体积极参与到新技术革命中，着重在新能源、新材料、生物技术、节能环保等新兴产业展开重点突破，促进国际科技及产业秩序重塑。一方面，国际创新格局面临调整，是中国发展的机遇；另一方面，创新中心格局的多极化则使中国面临空前激烈的全球竞争。

其三，数字化制造、智能制造将颠覆传统生产组织方式和要素成本格局。近半个世纪，中国幸运地赶上了第三次工业革命的末班车，得益于低成本要素和超大规模市场的优势，中国在经济、科技方面取得了举世瞩目的成绩③。然而，数字化制造、智能制造技术的兴起，消费者需求的精细化，必将推动产品和服务向个性化、定制化转变，快速响应市场需求成为企业成功的关键，企业制造设施的空间布局将向消费市场靠近，生产组织方式变化，劳动力、土地等要素成本的影响力下降。

其四，中国部分科技领域核心技术受制于人的局面亟待突破。近五年来，为了扼制中国发展，以美国为首的西方国家分别从科技、贸易、金融等多方面对中国发起攻击或封锁，尤其是美国联合其盟友对中国的"卡脖子"技术实施全球禁运，影响深远。大到卫星导航系统，小到芯片，种种关键核心技术均关系着国家安全、产业升级，是要不来、买不来、讨不来的。针对西方国家的技术封锁，中国也制定了相应的反制方略。中国已经将美国"卡脖子"清单变成科研任务清单进行布局，着力从关键共性技术、前沿引领技术和颠覆性技术等方向进行突破，努力实现关键核心技术

---

① 杜德斌.全球科技创新中心：世界趋势与中国的实践[J].科学，2018，70（6）：15-18，69.

② Gielen D, Boshell F, Roesch R, et al. Innovation Driving the Energy Transition [M]// Global Innovation Index 2018, 2018.

③ 金辉.新一轮技术革命对中国挑战大于机遇——访国务院发展研究中心产业经济研究部部长冯飞[N].经济参考报，2012-06-25（008）.

自主可控，紧紧掌握创新和发展主动权。中国突破卡脖子技术封锁的过程，也是整个国家科技创新体系、关键核心技术走向完全独立自主自强的涅槃之旅。

其五，世界科学研究对国际交流的开放性与全球新冠疫情防控需要的反开放性矛盾交织。一方面，世界科学研究的巨系统呈现更加复杂性、更大开放性、更多交叉性，各种学科、技术呈现交叉融合的趋势明显。中国必须以全球性的格局和视野深化国际科技交流，强化国际创新合作，提高国际科技创新开放水平，主动融入并积极引领国际创新网络，走既开放又独立自主的世界科技创新之路。另一方面，新冠肺炎疫情自 2019 年年底开始在全球蔓延以来，伊朗、意大利、西班牙、法国、美国、巴西、印度等国先后爆发大规模严重疫情，医疗系统濒临崩溃。迄今，新冠病毒已经经过多次基因突变，对全球疫苗研发及接种使用形成阻碍及威胁。这给世界经济带来巨大伤害，全球劳动力市场、全球产业链、供应链深度重构。新冠疫情的肆虐，让世界真正进入所谓的 VUCA 时代①。国际环境日趋复杂，国际力量对比深刻调整。国际经济、科技活动的不确定性和不稳定性成为常态，任何国际重大决策活动对此都需要慎重对待。疫情使得民族主义和孤立主义显著抬头，经济及科技创新全球化面临重大挑战。

此外，技术、管理模式及科技成果转移转化体制机制等方面的创新仍是我国科技创新能力崛起的绊脚石，教育质量及规模、顶尖人才及团队数量等问题依然棘手，全社会鼓励创新、包容创新的机制和文化环境有待深度优化。

第二节　国际大科学计划和大科学工程

一、我国国际大科学计划的提出

二战后，以美国、欧盟为代表的西方国家（地区）或国际组织，在生物、资源和环境等诸多领域主导发起了数十个国际大科学计划或工程，带

---

① 注：VUCA 指的是不稳定（volatile）、不确定（uncertain）、复杂（complex）、模糊（ambiguous）。

领全球科技精英携手解决人类社会共同面临的威胁和挑战并取得卓有成效的成绩。借此，他们在提升自身国际地位和影响力的同时，也推动了世界科技的创新和进步。

作为全球科技创新领域最拔尖也最重要的公共产品，国际大科学计划和大科学工程，已经成为各科技强国整合全球科技核心力量、锻造本土创新及产业转化能力的重要平台，有科技雄心之大国无不欲得其牛耳而执之①。

2016年7月28日，国务院出台了《"十三五"国家科技创新规划》，号召以科技创新为引领开拓发展新境界，加速迈进创新型国家行列。为确立科技创新发展新蓝图，增强原始创新能力、培育重要战略创新力量②，该规划要求科技领导层全面谋划、科学布局、面向未来，鼓励科技工作者持续加强基础研究，支持科技精英团队或机构提出并牵头组织国际大科学计划和大科学工程，力争在更多基础前沿领域引领世界科学方向，在更多战略性领域实现率先突破。2018年3月14日，国务院正式颁发《积极牵头组织国际大科学计划和大科学工程方案》（以下简称《方案》）③，提出要按照《国家创新驱动发展战略纲要》总体要求，坚持中方主导、前瞻布局、分步推进、量力而行，以全球视野谋划科技开放合作，以共商、共建、共享作为基础，结合"一带一路"倡议，积极牵头组织实施大科学计划，着力提升战略前沿领域创新能力和国际影响力，打造创新能力开放合作新平台，推进构建全球创新治理新格局和人类命运共同体，为建设创新型国家和世界科技强国提供有力支撑。

《方案》明确了指导原则——"国际尖端、科学前沿，战略导向、提升能力，中方主导、合作共赢，创新机制、分步推进"。明确了我国牵头组织国际大科学计划和大科学工程的"三步走"发展目标——面向2020年、2035年以及21世纪中叶。擘画至21世纪中叶，形成一批具有国际

---

① 冯华."大科学"来了——科技部有关负责人解读《积极牵头组织国际大科学计划和大科学工程方案》[N].人民日报，2018-04-04（006）.
② 国务院.国务院关于印发"十三五"国家科技创新规划的通知（国发〔2016〕43号）[EB/OL].http：//www.gov.cn/zhengce/content/2016-08/08/content_5098072.htm.
③ 国务院.国务院关于印发积极牵头组织国际大科学计划和大科学工程方案的通知（国发〔2018〕5号）[EB/OL].http：//www.gov.cn/zhengce/content/2018-03/28/content_5278056.htm.

影响力的标志性科研成果，全面提升我国科技创新实力，增强凝聚国际共识和合作创新能力，提升我国在全球科技创新领域的核心竞争力和话语权，为全球重大科技议题作出贡献。

《方案》提出我国牵头组织国际大科学计划和大科学工程的四个重点任务——其一，制定战略规划，确定优先领域。其二，做好项目谋划培育，科学论证、精心遴选、广泛培育、高效实施。其三，优化项目管理机制，实事求是，确立切合项目实际特点的机制。其四，积极参与国际合作，广泛深入地参与外国发起项目，学习先进模式及经验。

二、我国牵头组织国际大科学计划和工程的现状

总体上看，数十年来，国际大科学计划主要由欧美国家牵头开展，中国疲于积极参与、弱于牵头主导[1]。在全球变化计划方面，中国是研究发起者之一，参与了 19 个核心项目中的 16 个，是两个子项目全球气候研究计划（WCRP）和国际地圈—生物圈计划（IGBP）的重要贡献者；在地学方面，中国较早加入了美日主导的综合大洋钻探计划（IODP）、国际大陆科学钻探计划（ICDP）；在生命科学方面，中国对人类基因组和水稻图谱研究参与度较高，在其他项目中发挥的作用较小；在空间天文学方面，美欧主导了国际空间站、空间红外观测卫星等近 20 项计划，中国仅参与了空间科学计划，进行对地观测系统的监测，略感欣慰的是中国"神舟"系列的航空领域突破，将增加我国参加其他空间天文学合作的机会；在空间物理方面，中国开展了首个大型国际化的空间探测类型项目——双星计划，首次形成了地球空间的"六点探测"，作为首个非欧成员参与了伽利略计划；在高能物理与核物理方面，欧洲主导的大型强子对撞机（LHC）项目是世界粒子物理研究的能量最前沿，中国参加建立 LHC 上的两个探测器。

在中国参与国际大科学计划的形式方面，多样化特征明显，科学家个人及其团队、科研机构、政府组织、企业等多种角色均有参与[2]。主要有

---

[1]　孙冬柏.高校参与组织国际大科学计划和大科学工程的思考[J].北京教育（高教），2017（2）：71-73.
[2]　李强，李景平.中国参与国际大科学计划的路径研究[J].科学管理研究，2016，34（5）：115-119.

以下几种形式：其一，政府直接参与带动的政产学研用立体合作；其二，国内外不同科研机构之间的对等合作；其三，国内外科学家个人团队之间的合作。

一方面，以我国为主牵头组织的国际大科学计划凤毛麟角，获益较少；另一方面，艰辛的参与和探索也让我们接触和学习了国际大科学计划的组织模式，对提高我国科技的国际影响力有一定积极意义，也为期望开展的牵头组织工作积累了一定经验。

严格地说，我国牵头主持开展的大科学计划（工程）屈指可数。据不完全统计，目前正在积极探索的以我国为主牵头的国际大科学计划有 9 项，涉及科技长远发展的关键领域和重点学科基本覆盖[1]。以中国顶级科研重镇上海为例，一方面迅速对接《方案》，出台上海市科创"22 条"、科改"25 条"等配套完善政策；一方面积极引进和建设代表世界科技前沿发展方向的重大科技基础设施，如脑与类脑研究中心、量子科学中心、上海人工智能实验室、树图区块链研究院等；政策环境、基础设施、经验总结多管齐下，从公开渠道获悉的其正在谋划启动大科学计划也仅有"基因组标签计划"（GTP 计划）[2]。

我国牵头国际大科学计划也有一些难得机遇。随着数字化技术、信息技术、新能源、5G 等新兴产业的发展，国际产业结构及分工布局面临调整，经济全球化促进知识和技术在区域间扩散和溢出，带动科技创新资源在全球转移配置[3]。中国是全球唯一拥有完整工业体系的国家，同时拥有广阔的消费市场，具备孕育国际科技创新中心所需的资源丰度和市场深度。

就总体现状来看，我国的国际大科学计划（工程）较欧美发达国家基础研究实力薄弱、领跑领域偏少、原创成果不足、规模偏小。牵头国际大科学计划（工程）任重道远，不是朝夕之功，不可一蹴而就。我国科技创造产出的能力效率、高精尖科研成果、科技人才数量质量较发达国家差距明显，各领域、各层次均面临一系列空前挑战。

---

① 周小林，任孝平，武思宏，南方，杨云.我国大科学研究的现状与关键因素[J].科技智囊，2020
  (1)：19-24.
② 杨凯.协同全球创新 国际大科学计划上海"交答卷"[J].华东科技，2020（11）：70-72.
③ 孙冬柏.高校参与组织国际大科学计划和大科学工程的思考[J].北京教育（高教），2017（2）：
  71-73.

第三节 长三角原始创新能力现状及问题

1978 年中共十一届三中全会召开，1992 年小平同志南方谈话发表，在改革开放深入开展的历史契机之中，长三角一市三省屡屡领风气之先，立大潮之头，勇于探索、勤于开拓，社会经济发展硕果累累，科技创新实力独步全国。然而，放眼全球，长三角原始创新能力仍不可与欧美发达国家同日而语。认清形势，找准差距，是提升原始创新能力万里长征的第一步。

一、基础研究方面，投入积淀弱强度低

根据 OECD 发布的统计数据分析，中国基础研究投入总量大，但历史积淀较弱，与美国相去甚远；增速快，但是相对投入强度低，基础研究占研发总投入比重始终徘徊在 5%，与发达国家 10%—25% 的水平差距巨大①。（见图 3‒2、图 3‒3）

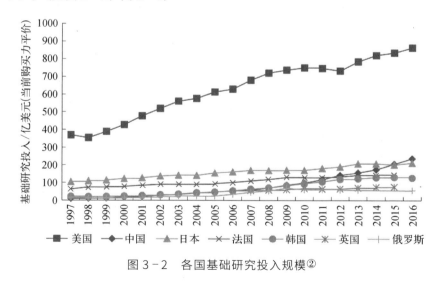

图 3‒2 各国基础研究投入规模②

---

① 姜桂兴，程如烟.我国与主要创新型国家基础研究投入比较研究[J].世界科技研究与发展，2018，40（6）：537‒548.

② OECD. Main Science and Technology Indicators[EB/OL].[2018‒02‒14].http：//stats. oecd. org/Index.aspx？Data Set Code＝MSTI_PUB#b Popular.

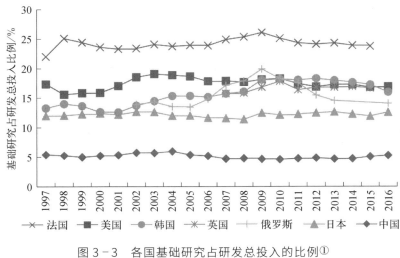

图 3－3　各国基础研究占研发总投入的比例①

同时，我国基础研究经费来源单一，对国家财政资金依赖性过强；执行部门结构严重不合理，高度依赖高校和政府研发机构等公共部门；相比发达国家，国内企业基础研究总体薄弱，其经费仅占全国基础研究总支出的 3.2%，远低于美英日韩企业②。

二、人才队伍方面，顶尖人才链群缺位

据统计，自诺贝尔奖设立以来，截至 2019 年底，美国籍获奖者达 308 人，约占世界诺贝尔科学奖获得者的一半。美国的原始创新及新兴产业发展能力之强，使其在近现代信息及网络、空间、生物、纳米新材料等新兴技术产业始终占据绝对主导地位。究其根本原因，主要在于美国能够不断吸引全球最顶尖的科技人才，牢牢掌握人才这一科技资源的核心③。

根据 2017 汤森路透"高被引科学家"数据，我国顶尖人才数量位列世界第三，但与英国、美国差距明显，各学科顶尖人才水平呈现"四跑并存"局面，大量顶尖人才仍滞留海外④（见图 3－4）。

① OECD. Main Science and Technology Indicators[EB/OL].[2018－02－14].http：//stats.oecd.org/ Index.aspx? Data Set Code＝MSTI_PUB#b Popular.
② 姜桂兴，程如烟.我国与主要创新型国家基础研究投入比较研究[J].世界科技研究与发展，2018，40（6）：537－548.
③ 徐冠华.中国科技发展的回顾和几点建议[J].中国科学院院刊，2019，34（10）：1096－1103.
④ 尹志欣，朱姝，由雷.我国顶尖人才的国际比较与需求研究[J].全球科技经济瞭望，2018，33（8）：70－76.

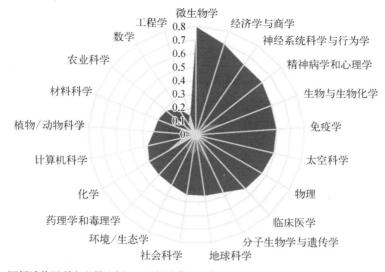

■同领域美国所占世界比例 ■同领域英国所占世界比例 ■同领域中国所占世界比例

图3-4 美英中三国各领域顶尖人才数量占全球比例①

简而言之，目前我国科技发展的"阿喀琉斯之踵"仍然是顶尖人才问题②。科技工作者数量的庞大，掩盖不了世界级技术和战略科学专家严重匮乏的尴尬。诺贝尔科学奖中国获得者的数量寥寥正是国家原始创新能力薄弱、顶尖人才严重缺乏的真实写照。

三、制度文化方面，藩篱重重束手束脚

在科研管理服务方面，不合理的繁文缛节和陈规旧章仍然存在，繁冗的报表审批、经费报销等手续，耽误科研人员的许多精力，人才评价四维现象仍然存在，不利于科研业务开展，不利于激发创新活力。2019年7月，《关于扩大高校和科研院所科研相关自主权的若干意见》等政策相继出台，实际效果如何尚待观察。

在科研诚信建设方面，学术腐败之风仍然存在，许多青年人才成天忙于写本子、找关系、戴"帽子"，申请项目；评审评奖浮夸、造假、拉关系，以及"家族式"科研模式等风气蔓延，科研寻租和腐败滋生③。

---

① 尹志欣，朱姝，由雷.我国顶尖人才的国际比较与需求研究[J].全球科技经济瞭望，2018，33（8）：70-76.

② 徐冠华.中国科技发展的回顾和几点建议[J].中国科学院院刊，2019，34（10）：1096-1103.

③ 徐冠华.促进自主创新，要抓好五个关键点[J].科学中国人，2019（18）：38-39.

在科研人员待遇方面，允许失败、鼓励冒险的文化氛围尚不成熟。一方面，科研人员待遇及社会地位相对偏低，难以潜心、安心、专心研究；2018 年 10 月 29 日，科技日报头版头条刊登了一篇意味深长的新闻——《FAST 验收在即，已启动新一轮招聘，"中国天眼"10 万年薪难觅驻地科研人才》，引起广泛激烈的讨论。科研人员固然要有科技报国的情怀，但其收入至少也应与其安心奉献的程度匹配才合理。另一方面，科研成果收益分配制度有待完善；科研间接费用比重低、劳务费比例限制严格，科研人员分配科研成果转化收益的法律风险高，绩效激励不足，让科研人员的智力、劳务投入得不到充分体现，不利于营造创造自由宽松的创新环境。

第四节　张江综合性国家科学中心建设

一、建设规划设想

2014 — 2015 年，习近平总书记多次视察上海，强调创新的引领作用，要求上海要加快向具有全球影响力的科技创新中心进军。2016 年 4 月 12 日，国务院批准《上海系统推进全面创新改革试验加快建设具有全球影响力的科技创新中心方案》，明确其重点内容之一为建设上海张江综合性国家科学中心。

上海在借鉴国际经验的基础上，广泛吸取各方科研机构及专家意见，统筹部署，提出了构建"三位一体""四大支柱"的体系架构，其主要内容如表 3 - 2 所示。

表 3 - 2　张江综合性国家科学中心体系架构

体　系	架　构	具　体　内　容
"三位一体"	定位	大科学设施相对集中、科研环境自由开放、运行机制灵活有效的综合性国家科学中心，国家创新体系基础平台

续　表

体　系	架　构	具　体　内　容
"三位一体"	目标	到 2020 年，基本形成综合性国家科学中心基础框架，基本建成自由开放的科学研究和技术创新制度环境、科学合理的组织管理架构和运行机制，形成围绕重大科技基础设施群的国际化前沿科学研究和技术研发机构群，产生一批初具全球影响力的科技成果，为上海建设具有全球影响力的科技创新中心提供基础支撑，成为提升区域科学技术创新能力、带动区域经济社会发展的科技创新高地
	主要任务	1. 建立世界一流重大科技基础设施集群，为前沿科学技术和经济社会重大需求问题提供长期、关键的科学技术支撑； 2. 推动设施建设与交叉前沿研究深度融合，推动实现重大原创性突破； 3. 构建跨学科、跨领域的协同创新网络，汇聚培育全球顶尖研发机构和一流研究团队； 4. 探索实施重大科技基础设施管理新体制，加快建立符合科学规律的多学科交叉前沿研究管理制度
"四大支柱"	"四大支柱"具体行动	1. 张江综合性实验室。以重大科技基础设施群为依托，是建设国家科学中心的核心力量和基础支撑； 2. 创新单元、研究机构与研发平台。重点开展系统性强、开放协同程度高的研发活动，是建设国家科学中心的重要主体和载体； 3. 创新网络。从点、线、面上布局网络化协同创新，是建设国家科学中心的放大器和倍增器； 4. 大型科技行动计划。积极组织、主导、参与全球科技竞争与合作计划，成为建设国家科学中心的巨大推动力

　　张江综合国家科学中心的建设既是使上海加速成为具有全球影响力的科技创新中心城市的关键举措和核心任务，也是国家科技创新战略的重要支撑，是进军具有全球影响力的科技创新中心的排头兵，意在提升我国在交叉前沿领域的源头创新能力和科技综合实力，使命光荣，任务艰巨。

二、中心发展进程

　　张江综合性国家科学中心，坚持为其他各类创新主体提供支撑、开放与协同服务，力争成为具有广泛国际影响的引领型、突破型、平台型的科技创新基地①。在我国蛋白质科学研究（上海）设施以及上海光源设施平台服务支持的前提下，用户的近百篇文章被《自然》《科学》《细胞》等世界顶级学术期刊刊出，更诞生了一批举世瞩目的创新型成果。

2017年9月，张江实验室正式于上海成立；

2017年10月，10拍瓦超强超短激光放大输出首次在中科院上海光机所及上海科技大学超强激光光源联合实验室实现，成为现下已知的最高激光脉冲峰值功率，一跃成为国际同类研究领域的领跑员；

2018年11月，李政道研究所开设了暗物质与中微子、实验室天体物理、拓扑超导量子计算三大实验平台，成功吸引20多位国际顶尖的物理学家和天文学家加盟；

2018年11月2日，上海光源二期首条光束线站顺利出光；

……

近些年来，上海市坚持科技创新和体制机制创新"双轮"驱动，坚持创新需求与创新供给"双向"发力，围绕"1+N"的主要构架，着力建设大科学设施群，力争突破光子科学与技术、生命科学、能源科技、类脑智能、纳米科技、计算科学等研究领域，更在张江综合性国家科学中心建设方面做了大量扎实细致的工作，现将主要建设内容的进展情况梳理如表3-3所示。

表3-3　张江综合性国家科学中心建设进展情况

支柱行动内容	已建成资源	在建计划或项目	正积极筹备争取落地
张江综合性实验室	上海光源、蛋白质设施、超级计算机	超强超短激光用户装置、软X射线自由电子激光用户装置、活细胞结构和功能成像平台、上海光源二期、海底长期科学观测系统、转化医学等大设施、高效低碳燃气轮机试验装置	硬X射线自由电子激光装置、高效低碳燃气轮机实验装置、国家生物医药大数据

---

① 张坚，黄琨，李英，齐国友，迟春洁，刘璇.张江综合性国家科学中心服务上海科创中心建设路径[J].科学发展，2018（9）：11-19.

续　表

支柱行动内容	已建成资源	在建计划或项目	正积极筹备争取落地
创新单元、研究机构与研发平台	上海科技大学张江校区、复旦大学（张江校区）、上海交通大学（张江校区）等、中科院上海高等研究院、中科院上海生命科学研究院、中国航空研究院上海分院	李政道研究所、国际人类表型组创新中心、国内著名高校及其研发机构踊跃集聚张江、量子信息与量子科技前沿卓越创新中心、张江干细胞产业基地和中美干细胞研究中心、机器学习与虚拟现实平台和多时空尺度生物影像平台①	
创新网络		长三角区域科技创新网络	构建创新链、产业链、资金链、政策链相互支撑的创新网络
大型科技行动计划		能源领域科技行动计划、类脑智能科技行动计划、纳米科技行动等大型科技行动计划	

　　截至 2020 年底，张江示范区已成为上海创新能力最前沿的区域，集聚了 330 家国家级研发机构，李政道研究所、朱光亚战略科技研究院等顶尖科研机构加速建设，复旦大学、上海交大、清华大学、浙江大学等在张江示范区加快布局新型研发机构，张江药物实验室、脑科学与类脑研究中心、量子科学研究中心等高水平实验室加快推进。包括上海光源在内的上海市 14 个国家重大科技基础设施齐聚张江示范区，设施数量、投资额和建设进度领先全国，服务用户遍布全球。基础研究和关键核心技术领域取得了一批标志性成果，墨子号、黑洞照片、超强超短激光等科学新发现频出，C919 首飞成功，超导、石墨烯等关键技术取得突破②。2020 年全年，上海光源、蛋白质中心等设施组织完成年度用户课题申请 1 500 余

① 钱智，史晓琛.上海科技创新中心建设成效与对策[J].科学发展，2020（1）：5-17.
② 中国经济新闻网.高质量推进长三角一体化发展 乘风破浪向未来[EB/OL].（2021-05-24）http://www.cet.com.cn/dfpd/dfjj/2861495.shtml.

份，用户 2 634 人次，支持在国际顶级期刊《Nature》《Science》《Cell》发表论文达 29 篇，已成为多个学科领域前沿研究和高技术发展不可或缺的实验平台①。

目前，张江综合性国家科学中心正成为高端创新资源集聚的新地标，为各国科学家探索世界前沿课题提供前所未有的便利，同时也成为助推中国科研从"跟跑"向"并跑"和"领跑"转变的重要引擎。

三、未来发展计划

上海张江综合性国家科学中心是上海科创中心建设的关键举措和核心任务，其本质是科学能力的建设，而不局限于地域范围的概念②，其主要目的是提升科技创新策源能力，代表国家在更高层次上参与全球科技竞争与合作。

根据上海市"十四五"规划，张江综合性国家科学中心将以张江科学城、张江示范区作为上海科创资源的重要承载区，进行机构职能整合，统筹联动发展。为进一步完善中心的塑造功能，特别是科技创新策源功能，上海将重点做好以下几个方面的工作。

其一，科创政策机制方面，持续深化改革。落实上海科创中心建设条例，推进科改"25 条"细化落实和升级，完善健全科技奖励、人才评价、科研诚信等"政策链"与"工具箱"；对"揭榜挂帅""赛马制"等试点进行充分扩张，并积极挖掘科研任务和项目组织实施的新模式，充分调动创新主体的积极性以及其在研发过程的动力。

其二，打造科技力量方面，聚焦国家战略。以国家实验室、长三角国家技术创新中心等高能级新型研发机构的孵化培育建设为抓手，在集成电路、生物医药、人工智能三大领域取得关键核心技术突破。瞄准世界科技前沿，在基础研究方面重点支持数理化等基础学科以及脑科学、量子科技、新材料、生命科学等领域，在相关投入方面坚持"战略导向""统筹组织"与"自由探索"三结合的原则。营造匹配基础研究规律的氛围，尽

---

① 上海市人民政府新闻办公室.上海市就张江国家自主创新示范区建设发展情况召开发布会［EB/OL］.（2021－03－30）https://www.xuexi.cn/lgpage/detail/index.html？id＝9771063784156269491&amp；item_id＝9771063784156269491.

② 张坚，黄琨，李英，齐国友，迟春洁，刘璇.张江综合性国家科学中心服务上海科创中心建设路径［J］.科学发展，2018（9）：11－19.

快推出《关于加强基础研究高质量发展的若干意见》，推动更多"从 0 到 1"的重大原创成果涌现。

其三，创新人才集聚方面，培引刚柔并举。在人才培育方面，优化计划体系，以重大创新项目、创新基地为依托，完善耦合机制；在引才引智方面，刚柔并举，完善服务政策，解决其工作、生活之忧；在社会氛围方面，大力提升科学家地位、弘扬科学家精神，营造尊重科技人才的环境①。

其四，科技交流合作方面，融入国际网络。深化国际科技交流合作，围绕公共卫生和疫情防控科技攻关、碳达峰碳中和等方面发起和参与一批国际大科学计划与大科学工程，提升自身的科技创新能力。

其五，重大基础设施方面，优化布局建设。上海建成及在建的国家重大科技基础设施已达 14 个，包含光子、物质、生命、能源、海洋等多个前沿科技范畴。2021－2022 年期间，张江科学城地区共创建了 3 个设施，其中包括软 X 射线自由电子激光用户装置、活细胞结构与功能成像等线站工程以及上海光源线站工程暨光源二期②，预估在 2025 年将成功建设硬 X 射线自由电子激光装置。在上海同步辐射光源、蛋白质科学研究（上海）设施、软 X 射线自由电子激光试验装置和超强超短激光实验装置构成的基础上，张江科学城地区即将孕育出全世界范畴最大、种类最全、综合能力最强大的光子大科学设施集群。除此之外，嘉定区、临港地区、黄浦区和闵行区分别对神光Ⅱ激光实验装置、国家肝癌科学中心、国家海底科学观测网和高效低碳燃气轮机试验装置以及转化医学国家重大科技基础设施进行布局③。

未来，上海张江综合性国家科学中心的建设将坚持面向世界科技前沿、面向经济主战场、面向国家重大需求、面向人民生命健康④，持续推进重大设施项目建设，完善投资和运行管理体制机制，推动服务国家重大

---

① 张慧玲（科学新闻）.探索科研院所的科学传播之道［EB/OL］.（2020－12－17）http://www.sciencenet.cn/skhtmlnews/2021/1/4422.html.

② 澎湃新闻.上海建成和在建国家重大科技基础设施 14 个，全在张江示范区［EB/OL］.（2021－03－30）https://baijiahao.baidu.com/s? id=1695645564694027487&wfr=spider&for=pc.

③ 上海市政府新闻办.市政府新闻发布会问答实录（2021 年 3 月 30 日）（下午）［EB/OL］.（2021－03－31）https://www.shanghai.gov.cn/nw9820/20210331/5322c75b7f634913bbb6d4445155f626.html.

④ 人民网官方账号.如何理解"十四五"时期经济社会发展主要目标？人民日报理论解读来了［EB/OL］.（2021－01－18）https://baijiahao.baidu.com/s? id=1689187406705230849&wfr=spider&for=pc.

战略科技任务、基础研究和产业技术攻关。

第五节　合肥综合性国家科学中心建设

一、建设规划设想

2017 年 1 月，合肥综合性国家科学中心获得正式批准，是正式获批成立的第二个综合性国家科学中心。这意味着在全国创新大局下，安徽省将占据重要地位，成为我国在全球科技竞争与合作中的重要支撑①。

合肥能够从全国众多城市中脱颖而出，获批综合性国家科学中心，主要得益于其雄厚的基础研究实力。

一是拥有顶尖高校、科研机构的支撑。虽然合肥的高等教育资源相对不算丰富，但拥有中国科学技术大学这所擅长基础研究的顶尖高校，其物理学全国第一，数学、生物、化学等数理实力也均位于全国前五。此外，位于科学岛的中国科学院合肥物质科学研究院，在稳态强磁场、超导核聚变、大气立体探测等基础研究领域世界闻名。

二是国家重大科学装置的密集分布。合肥现已拥有同步辐射、超导托卡马克和稳态强磁场三个大科学装置，并且拥有全国第一个国家实验室国家同步辐射实验室和微尺度国家实验室。同步辐射装置是国内唯一以真空紫外和软 X 射线为主的同步辐射光源；全超导托卡马克是国际首个、国内唯一全超导托卡马克装置，是国际热核聚变实验堆（ITER）稳态物理最重要的前期实验平台；稳态强磁场装置是国内唯一、指标参数达国际先进水平的强磁场实验装置②。合肥凭借丰富的基础科研设施对国际人才汇聚有强大吸引力。

三是拥有全球一流的基础科研成果。中国科学技术大学主导的"墨子号"量子卫星、京沪量子通信网络、光量子计算机等研究成果在量子信息领域引领全球；合肥在超导核聚变、高温超导、语音技术、类脑研究等方

---

① 罗红，黄浩.以创新引领安徽转型发展［J］.安徽行政学院学报，2017，8（6）：40‐44.

② 汪永安.合肥大科学装置研究成果全球瞩目［EB/OL］.（2017‐02‐22）http：//ah.anhuinews.com/system/2017/02/22/007566819.shtml.

面也是独领风骚；合肥分别于 2013 年基于高温超导和 2015 年基于量子研究获得两次基础研究最高奖项的国家自然科学一等奖，基础研究实力首屈一指。

2017 年 9 月，《合肥综合性国家科学中心实施方案（2017 — 2020年）》发布，明确了"2+8+N+3"的建设体系框架。"2"表示争创量子信息科学国家实验室，积极争创新能源国家实验室。"8"表示新建聚变堆主机关键系统综合研究设施、合肥先进光源（HALS）以及先进光源集群规划建设等 5 个大科学装置，提升拓展全超导托卡马克等 3 个大科学装置性能①。"N"表示依托大科学装置集群，建设合肥微尺度物质科学国家科学中心、人工智能、离子医学中心等一批交叉前沿研究平台和产业创新转化平台，推动大科学装置集群和前沿研究的深度融合，提升我国在该细分领域的源头创新能力和科技综合实力②。"3"表示建设中国科学技术大学、合肥工业大学、安徽大学 3 个"双一流"大学和学科。

合肥综合性国家科学中心主要围绕能源、信息、材料、生命、环境、先进制造六大板块，处理重要的科学问题、提高原始创新能力、推进变革性技术，以成为我国科技长远发展和创新型国家建设的强有力支撑③。

二、中心发展进程

自 2017 年 1 月合肥综合性国家科学中心获得批准成立至今，安徽全省上下紧紧抓住尖端引领、多方推动、协同创新、体制突破的基本性原则，以高起点、高标准、高质量全方位推动科学中心建设。工作主要根据以下几个方面开展：一是建立健全"三位一体"的组织架构；二是完善创新政策支撑体系；三是加强高端人才培养引进；四是加快重大创新平台建设；五是开展重大基础前沿研究；六是深化科技体制机制创新④。经过近三年的建设，成效显著，总体情况梳理如表 3-4 所示。

---

① 孙刚.安徽聚焦聚力建设合肥综合性国家科学中心成效显著[J].安徽科技，2018（5）：5-6.
② 魏路.安徽省科技厅副厅长罗平：作为全国三大综合性科学中心之一，合肥综合性国家科学中心的格局与使命[J].华东科技，2017（10）：47-48.
③ 合肥物质科学研究院.合肥综合性国家科学中心建设方案论证会召开[EB/OL].（2016-03-22）http://www.cas.cn/yx/201603/t20160322_4550315.shtml.
④ 孙刚.安徽推进合肥综合性国家科学中心建设 引领创新发展[J].安徽科技，2019（2）：10-11.

表 3-4 合肥综合性国家科学中心建设成效梳理

成效分类		具体内容
原始创新成果	顶刊论文	《自然》《科学》《细胞》三大顶级期刊论文 10 余篇
	信息领域	量子科学实验卫星"墨子号"发射升空；世界首条量子保密通信干线"京沪干线"正式开通
	能源领域	全超导托卡马克装置屡创世界纪录，先后实现 101.2 秒稳态长脉冲高约束等离子体运行及等离子体中心电子温度达 1 亿摄氏度
	健康领域	建成世界上规模最大的以激酶为靶点的全细胞筛选库
	环境领域	大气环境监测三台载荷搭载"高分五号"卫星成功实现在轨运行，首次获取全球二氧化氮、臭氧柱浓度分布图，提升了我国参与全球气候治理话语权
	其他方面重要成果	首次在实验上观测到超低温度下基态分子与原子之间的散射共振
		攻克氢燃料电池汽车推广应用关键难题
		首次实现动物裸眼红外光感知和红外图像视觉能力
		开创性地将超导量子比特应用到量子行走的研究中
建成/在建的重大平台/项目	国家实验室	量子信息科学国家实验室；国家同步辐射实验室；磁约束核聚变国家实验室
	大科学装置	中国聚变工程实验堆 CFETR；全超全导托卡马克核聚变实验装置 EAST；稳态强磁场实验装置 SHMFF；合肥先进光源（HALS）及先进光源集群；大气环境立体探测实验研究设施预研 AEOS；反场箍缩磁约束聚变实验装置 KTX
	转化平台	人工智能中心；天地一体化信息网络合肥中心；超导核聚变中心；合肥微尺度物质科学国家实验室 HFNL；能源创新中心；联合微电子中心（UMEC）；国家大基因中心（合肥）
	工程实验室	类脑智能技术及应用国家工程实验室 NEL - BITA；大气环境监测国家工程实验室

续 表

成 效 分 类		具 体 内 容
人才集聚情况	人才引进制度创新	《关于实施新时代江淮英才计划全面夯实创新人才基础的若干意见》，建立国家科学中心首席科学家制度，首批实施外国人才签证制度
	培养引进人才数量	新增院士 10 人；新增万人计划、海外高层次人才计划、长江学者等高端人才 190 余人，其中杰出青年、国家优青等超过一半；青年海外高层次人才近 40 人①

合肥综合性国家科学中心在实施重大科技计划、组织开展高水平研究方面，取得一系列重大原创性突破，近三年共有逾 70 个项目列入国家重点研发计划，获得国拨资金逾 20 亿元。聚焦信息、能源、健康、环境等重点领域，布局搭建量子信息研究院、智慧能源创新平台、离子医学中心等一批引领性重大创新平台，集中突破一批关键核心技术，科学中心重大科研成果已超过 230 项②。

根据合肥市人民政府报告，截至 2021 年 3 月，合肥市与中科大、中科院、清华大学等大院大所大学合作，已经共建平台 26 个。以量子信息科学、深部煤矿采动响应与灾害防控等"一室一中心"、人工智能研究院等为代表的大科学装置建设加速，原始创新策源能力不断加强。合肥滨湖科学城实质运行，安徽创新馆建成使用。合肥市基础科研能力位居全国第三，合肥跻身全球科研城市榜前 20 强③。

自成立以来，合肥综合性国家科学中心聚焦原始创新，在项目建设、科研攻关、成果转化、体制机制创新等方面取得一系列重大成果，正朝着世界一流的综合性国家科学中心迈进。

三、未来发展计划

"十四五"期间，合肥市将坚持创新驱动发展，打造具有国际影响力

① 孙刚.安徽聚焦聚力建设合肥综合性国家科学中心成效显著[J].安徽科技，2018（5）：5-6.
② 刘志迎，张勇.安徽 13 个五年规划（计划）期发展与"十四五"发展对策[J].理论建设，2019（6）：37-43.
③ 合肥市人民政府.国家点名大力推进合肥综合性国家科学中心建设[EB/OL].（2021-03-10）http://www.ah.gov.cn/zwyw/jryw/553964181.html.

的创新高地。坚持以创新作为现代化建设全局中的核心，深入贯彻创新驱动、人才强市战略，为我国科技自主提供重大支撑①。

其一，科创平台方面。短期内，2021年合肥市将完成大科学装置集中区规划，力争合肥先进光源等装置纳入国家重大科技基础设施规划；协同亳州、蚌埠、淮南、芜湖等地市资源，整合中国科学技术大学、中科院合肥研究院、安徽医科大学、安徽中医药大学等建设单位，组建大健康研究院。中长期内，将全心建设环科大知识经济创新带；以超高水准推动能源、人工智能、环境科学等重大综合研究平台建设；促进建成国家级实验室，力争国家布局基础学科研究中心。增强前瞻性基础研究和关键核心技术攻关，力争在量子科学、磁约束核聚变、类脑科学、生命科学、生物育种、空天科技等前沿基础范畴，创造更多引领性原创成果②。

其二，人才集聚方面。就《合肥综合性国家科学中心实施方案（2017—2020年）》《合肥综合性国家科学中心项目支持管理办法（试行）》等文件积极配套人才驱动政策，出台合肥"科学中心人才20条"、合肥"人才新政8条"等具体制度③。以科技创新制度的供给侧改革，打造合肥的科技创新人才高地。先行先试首席科学家制度，出台《关于实施新时代"江淮英才计划"全面夯实创新发展人才基础的若干意见》，首席科学家全权负责，充分赋予其更大的资源调配自主权，量身定制研发创新平台机构。

其三，成果转化方面。润滑创新链条，推动科技成果从"书架"走上"货架"。凝心聚力融通"平台建设—科技攻关—成果转化"的创新链条，培育科技创新策源地，打造供应链、创新链上中下游贯通的"创新丛林"，促进科技创新与产业发展升级融合，推进国家科学中心重大科技成果熟化转化。具体地，涉及承接NK细胞靶向免疫药物开发、大口径高阈值光栅制造技术、高性能双极膜制备及应用等一批影响力大、技术成熟的重大科技成果在省内转化落地，加快落实国家科学中心重大科技成果项目入库。重视学科交叉影响，开发利用衍生技术，围绕全超导托卡马克、聚

---

① 澎湃新闻.合肥市2021年《政府工作报告》（全文）[EB/OL]. (2021-01-27) https://www.thepaper.cn/newsDetail_forward_10964910.

② 同上.

③ 央广网官方账号.坚定下好创新"先手棋" 打造世界一流综合性创新平台[EB/OL]. (2021-01-06) https://baijiahao.baidu.com/s? id=1688100375680092022&wfr=spider&for=pc.

变堆主机、稳态强磁场等大科学装置，在质子医疗、轨道交通、空间推进等领域进行技术开发，研发 SC200 超导回旋加速器、超导涡流制动、超导磁悬浮、大功率微波等一批新技术新装备，催生一批基于大装置及衍生技术发展壮大的企业，带动行业技术进步和相关产业发展①。

第六节　科技资源共享服务平台优化升级

科技基础条件资源是国家创新体系的重要组成部分，其优化配置、开放共享有利于促进科技协同创新、提高科技发展效率②。科技基础条件资源基本上均具有战略性、基础性和公益性，具体涉及科技信息资源、大型科学仪器、自然科技资源等③。

科技基础资源开放共享是指在一定制度条件束缚下，为适于科技创新活动需要的一种资源配置方式。在该配置方式中，不同主体间共享科技基础资源使用权，共担创新成本以及风险，并共同分享创新收益④，随着其水平的不断提升，创新资源配置不断升级优化⑤。

一、长三角科技资源共享政策

发达国家科技资源共享模式成熟、经验丰富，其成效显著的深层原因在于国家对科技资源开放共享保障体系的重视，普遍制定了系统完善的法律法规，对重大科研基础设施设备、科学数据等科技资源的开放共享进行引导和规范。如美国的研究设施法、日本的《促进特定尖端大型研究设施共享的相关法律》、韩国的协同研究开发促进法等⑥。

---

① 郑莉.我省坚定下好创新"先手棋"，高标准建设合肥综合性国家科学中心——打造世界一流综合性创新平台[N].安徽日报，2021-01-06.
② 赖一飞，雷慧，覃冰洁.湖北省科技基础条件资源开放共享体制优化研究[J].决策与信息，2017（2）：51-58.
③ 郭鹰，何世伟，吴晓玲.PPP 模式在科技基础资源共享服务中的应用探索[J].科技与经济，2016，29（1）：11-15.
④ 郑长江，谢富纪，姜晨.科技资源共享的效益提升路径分析[J].科技管理研究，2009，29（12）：44-45，48.
⑤ 郭鹰，何世伟，吴晓玲.科技基础资源开放共享对创新资源配置效率的影响[J].浙江树人大学学报（人文社会科学版），2013，13（6）：45-48.
⑥ 曾晓思，陈祺.实验室开放共享与自主创新能力的关联度[J].实验科学与技术，2012，10（6）：164-167.

国际横向比较，我国推进科技资源共享的法治保障体系建设总体上起步较晚，还处在探索学习阶段①。现行的《科学技术进步法》《促进科研成果转化法》等科技法律，多原则指导、少具体规范，管理保障机制、权责利益分配、科研成果转化、知识产权保护等方面亟待细化丰富。

长三角科技资源共享的政策，目前主要还依赖国家和长三角区域发展战略层面的框架性文件进行指导和规范，其主要内容梳理如表 3-5 所示。

表 3-5   国家及区域层面科技资源共享相关政策文件梳理

类　别	文　件	文　号
顶层政策纲领性文件	《2004—2010 年国家科技基础条件平台建设纲要》	国办发〔2004〕55 号
	《国家中长期科学和技术发展规划纲要（2006—2020）》/《实施〈国家中长期科学和技术发展规划纲要（2006—2020 年）〉的若干配套政策》	国发〔2005〕44号/国发〔2006〕6 号
	《关于深化科技体制改革加快国家创新体系建设的意见》	中发〔2012〕6 号
	《国家创新驱动发展战略纲要》	国务院 2019 年 12 月发
	《"十三五"国家科技创新规划》	国发〔2016〕43 号
	《"十三五"国家技术创新工程规划》	国科发创〔2017〕104 号
	《国务院关于全面加强基础科学研究的若干意见》	国发〔2018〕4 号
	《关于推动产业技术创新战略联盟构建的指导意见》/《关于推动产业技术创新战略联盟构建与发展的实施办法（试行）》	国科发政〔2008〕770 号/国科发政〔2009〕648 号

---

① 周宏虹，伍诗瑜.我国科技信息资源共享平台建设现状[J].科技管理研究，2019，39（5）：174-178.

续　表

类　别	文　件	文　号
顶层政策纲领性文件	《长江三角洲城市群发展规划》	国务院 2016 年 5 月批复
	《长江三角洲区域一体化发展规划纲要》	国务院 2019 年 12 月批复
	《科技部关于开展国家重点研发计划"十四五"重大研发需求征集工作的通知》	国科发资〔2020〕1 号
科研设施和科研仪器开放共享政策	《国务院关于国家重大科研基础设施和大型科研仪器向社会开放的意见》	国发〔2014〕70 号
	《国家重大科研基础设施和大型科研仪器开放共享管理办法》	国科发基〔2017〕289 号
	《纳入国家网络管理类平台的免税进口科研仪器设备开放共享管理办法（试行）》	国科发基〔2018〕245 号
科技创新基地开放共享政策	《国家科技创新基地优化整合方案》	国科发基〔2017〕250 号
	《"十三五"国家科技创新基地与条件保障能力建设专项规划》	国科发基〔2017〕322 号
	《国家技术创新中心建设工作指引》	国科发创〔2017〕353 号
	《促进国家重点实验室与国防科技重点实验室、军工和军队重大实验室设施与国家重大科技基础设施的资源共享管理办法》	国科发基〔2018〕63 号
	《科技部 财政部关于加强国家重点实验室建设发展的若干意见》	国科发基〔2018〕64 号
科学数据、生物种质和实验材料开放共享政策	《"十三五"国家科技创新基地与条件保障能力建设专项规划》	国科发基〔2017〕322 号
	《国家科技资源共享服务平台管理办法》	国科发基〔2018〕48 号
	《科学数据管理办法》	国办发〔2018〕17 号

当前，在长三角区域层面，涉及科技创新资源共享的政策体系主要由规划、纲要和实施方案三层文件构成，即 2016 年国务院批复的《长江三角洲城市群发展规划》、2019 年国务院批复的《长江三角洲区域一体化发展规划纲要》和 2020 年沪苏浙皖各自发布的本省/市《规划纲要实施方案》。

以上相关文件，或偏重国家宏观战略锚定，或偏重项目微观技术管理，与长三角这一特定地区的科技创新资源共享配套的引导、管理及激励的系统性、针对性不足①。

上海市方面，意识觉醒最早。2007 年 8 月 16 日即已出台《上海市促进大型科学仪器设施共享规定》，成为上海市科技资源共享领域的纲领性文件；针对大型科学仪器设备范畴，首次创立共享法规，创建共享保障体系，构建跨机构协作机制，实施信息报送制度，清除信息不对称阻碍，联合实行新购评议，以避免重复购置的出现②。2013 年 3 月颁布《上海市大型科学仪器设施共享服务评估与奖励办法》；2018 年印发该办法实施细则，以贯彻落实前述共享规定，增加大型科学装置设备的共享利用率，提升科技创新能力。除了评估奖励，上海在大型仪器信息报送、联合评议等方面也制定了明确的文件规定，即《上海市大型科学仪器设施信息报送办法》（沪科规〔2019〕10 号）和《上海市新购大型科学仪器设施联合评议管理办法》（沪科规〔2019〕10 号），在促进设备服务信息共享、科技创新资源优化配置、使用效率提高和减少重复购置方面卓有成效。此外，在协同长三角区域科创资源共享方面上海也敢为人先。在全国率先实施科技资源开放共享双向激励政策。2009 年开始，上海对科技资源拥有单位的共享服务和中小企业使用公共科技资源开展科技创新均进行奖补③。2018 年 11 月，首创推出《上海市科技创新券管理办法（试行）》，引领长三角域内 30 个城市推出了科技创新券，并协同苏浙两省八地（嘉兴、长兴、海宁、慈溪、南通、宿迁、苏州、无锡）实现创新券跨区域互认互用，成效显著。

---

① 凌岚.国外大型科研仪器设备开放共享机制及启示[J].安徽科技，2019（9）：29 - 31.

② 赖一飞，雷慧，覃冰洁.湖北省科技基础条件资源开放共享体制优化研究[J].决策与信息，2017（2）：51 - 58.

③ 上海市科学技术委员会.大型科学仪器设施开放共享系列｜二、上海市科技创新券政策[EB/OL].（2020 - 08 - 13）https://mp.weixin.qq.com/s/el3eBoTEpfYATnm3cgVsyQ.

苏浙皖方面，共享各有特色。江苏加快建设科技资源开放共享线上线下平台，汇聚整合人才、设施、成果等多个板块的资源，仪器设备逾 1 万台/套，文献逾 6 万份，相关数据逾 3 亿条，重大疾病生物样本逾 120 万份；江苏通过强化线上云平台建设，积极绘制域内科技资源地图，推进线上科技商城开设运营①。浙江先后出台《浙江省人民政府办公厅关于进一步推进我省重大科研基础设施和大型科研仪器设备开放共享的实施意见》《浙江省大型科研仪器设备开放共享绩效评价办法（试行）》等政策，完善激励及约束机制，重视共享绩效；启动建设基于物联网技术的大型仪器设备管理服务平台，实现数据跨部门共享，帮助科技及财政管理部门解决在大型科学仪器设备底数及共享绩效、财政资金购置等方面信息不对称问题，实现从采购、服务、共享到报废的闭环管理②。

长三角科技资源的高效开放共享，需要国家和地方各级各方面配套优质完善法律法规体系进行。鉴于此，做好科技资源开放共享法治建设，需要自上而下逐层规范，中央和地方相互配套，协同完善法治体系，全国人大制定国家专门法律、国务院及相关职能部门出台匹配的行政法规，明确原则和权责利益分配；地方各省市立法配套制定相关技术与管理规范，依法保障科技资源开放共享工作顺利开展。

宜借鉴国际科技资源共享策略，完善科技基础条件资源开放共享的法律政策保障，在完备的法律体系下规划共享战略，指引并鼓励科技中介机构积极参与到共享管理工作中，对财政不断投入、坚持丰富社会投资，并通过信息化共享平台支持跨地区、跨学科的资源共享。

针对大型科学仪器设备范畴，制定并明晰仪器开放共享管理办法，要求政府经费所购置的仪器设备均需向政府部门开放，针对公益和私营部门的不同科研需要进行免费或收费共享，并明晰大型科学仪器设备归属权。在大型科学仪器设备领域，建立明确的仪器开放共享管理办法，规定政府经费购置仪器设备，要向政府部门开放的义务，同时区分公益和私营部门的科研需要实行免费或收费共享，并明确了大型科学仪器设备的产权

① 上海科技人才公众号.长三角推进科技资源开放共享，积极打造跨区域协同创新样板区［EB/OL］.（2020－10－19）https：//mp.weixin.qq.com/s/XVn2NyH6MCpGWLahWeeTcA.

② 创新浙江公众号.浙江省大型科研仪器设备开放共享有了绩效评价办法！［EB/OL］.（2020－12－30）https：//mp.weixin.qq.com/s/YI1bcaqygl3VtClHjnqy5A.

归属。

针对科技信息资源范畴，通过法律政策的指引，构建完备的跨地区科技信息资源开发战略，创立和完善相关的管理部门，创立完备的信息服务网络，对其实行政府和民间管理模式并存的多元化管理模式。

针对自然科技范畴，一市三省政府部门以科学技术基本法和科技基本计划作为支撑条件，同步加大财政投入比例，创建自然科技资源相关设施，逐步创立了完备的自然科技资源共享体系。

二、长三角科技资源共享现状

其一，组织协调方面，实行联合会议制度。2003 年，上海、江苏、浙江三地科技主管部门共同签订了《关于沪苏浙共同推进长三角创新体系建设协议书》，并成功制定长三角区域创新体系建设联席会议制度。2008 年，安徽省的正式加入使得三省一市轮番主持的四方协调机制正式形成。长三角区域创新体系建设联席会议制度已成为协调推进长三角区域科技创新领域一体化发展的重要平台①，但联席会议工作机制在落实推动区域内科技资源开放共享仍缺乏有效的抓手。

其二，共享载体方面，搭建区域开放平台。2006 年始，由上海市科委牵头，沪苏浙皖科技部门共同建立了"长三角区域大型科学仪器协作共用网"。2018 年，其升级为"长三角科技资源共享服务平台"，在长三角产业与区域共性发展需求基础上，聚集长三角科技"资源、服务、政策、成果"，在政府管理与市场运营的双轮驱动模式下，突破区域边界，推进跨区域科技资源的共享共用；构建成长三角区域创新共同体建设的强有力支撑。2019 年 4 月，该平台一期建设完成后正式开通。主要聚焦大科学装置与仪器设备、文献、成果、专家、机构等资源建设，开展需求发布、产学研对接、特色服务等服务，提供政策、新闻资讯，并以可视化模式发布数据分析报告②。

其三，共享工具方面，实行创新券通行通兑。2017 年 8 月，长三角合作与发展共同促进基金推动形成了《长三角地区科技创新券通用通兑操作规程（试行）》。2018 年 12 月，《G60 科创走廊九城市科学仪器开放共享和创新券互认互通试点方案》出台，域内城市资源共享、创新券互认在组织机构层面取得保障。理想的丰满难挡现实的骨感，三省一市的资源互通和创新券通用通兑在主体、机制及标准方面仍缺乏有效协调，推进缓慢。

其四，利益机制方面，尚未成熟成型。在科研系统内部，各大高校或科研院所等科研主力单位普遍存在绩效工资封顶制度，极大限制大型仪器奖励政策在该类重要部门的推进和落实。其所辖的技术服务人员所对应的职称评价制度中，忽视或者轻视开放共享服务贡献的问题仍然突出，技术团队的长期稳定与发展受限。在域内各地之间，促进科技资源跨区域开放共享的利益分配机制不明，制度框架地域差别明显，诸多奖补措施囿于地域限制，利益诉求和共享等机制未能充分有效统一。

其五，技术标准方面，难以高效统一。技术欲共享，标准必先行。在数据采存、接口建设、操作规程等方面融合一致的技术及共享服务规范，有利于科技资源管用分离与切换、有利于科技资源跨区域跨行业跨主体共享协同。如今，在长三角区域各个省级平台之间存在诸多该类问题，如在资源建设、技术接口等方面标准不统一，三省一市资源无法达到跨区域的高效流动等。各省级平台与已建成的长三角大仪网之间亦存在此问题。

三、科技资源共享服务平台概况

随着 2004 年国家"科技基础体系平台"建设项目的正式启动，当前我国多级科技资源共享平台体系已经基本建设完成，该体系范围从国家、省、市延伸到高校、科研院。当前，长三角地区影响力较大的平台有上海研发公共服务平台（http: //www.sgst.cn/）、江苏省科技创新平台（http: //www.kjpt.net/）、浙江省科技创新云服务平台（http: //www.zjsti.gov.cn/）、安徽省"科技路路通"（http: //www.kjllt.com/）等。在各地区各方面平台的建设过程中，"信息孤岛"问题、缺乏规划协作、资源建设失衡等问题较为突出，平台建设重行政轻市场、共享资源单一同质、服务功能不足等现象普遍存在。

因此，科技资源共享平台的建设要坚持问题导向，落实规范化、标准化实施，构建覆盖广、功能强、网络化的管理服务体系。

其一，要促进统筹协调，完善管理规范、统一技术标准，尊重科技部门主导作用，将所有符合开放共享条件的科技资源统一纳入平台管理，形成具有专业特色的跨部门、跨领域、多层次的网络服务平台体系。

其二，要强化专业标准，统一数据采集、存储、接口等技术标准等，及时发布所有符合条件的科技资源服务相关信息，建立平台管理专业化团队，实现平台网络化、动态化和信息化管理。

其三，要更新服务意识，将市场以及行业需求作为服务导向，构建更加完备的社会化服务体系，对平台各个网络节点进行对接，引入数据文件资源、元数据集合及描述数据关系等链接，以达到平台数据库之间相互兼容的效果，并对用户提供服务咨询、专家答疑等实时在线服务，对服务进行细分及层级分析，从而进一步提升平台的服务质量。

2019 年 4 月，"长三角科技资源共享服务平台"正式启用。在长三角产业与区域共性发展需求基础上，聚集长三角科技"资源、服务、政策、成果"；在政府管理与市场运营的双轮驱动模式下，突破区域边界，推进跨区域科技资源的共享共用；构建成长三角区域创新共同体建设的重要支撑以及国家跨区域科技创新共享共建的示范型平台。

四、长三角科技资源共享趋势

其一，加强组织保障促进协调。2020 年 12 月 29 日，科技部公布《长三角科技创新共同体建设发展规划》，明确坚持成果共享的基本原则，力图推动优质科技资源和科技成果普惠共享，完善区域一体化技术转移体系，促进科技与经济社会深度融合，支撑长三角高质量一体化发展①。2021 年 5 月 27 日，由科技部与沪苏浙皖共建的长三角科技创新共同体建设办公室正式揭牌，将为高质量推进长三角科技创新共同体建设展开各项具体工作，包括组织长三角智库，制订三年行动方案；制订联合攻关实施方案及细则；建设长三角科创共同体"云"平台等②。

其二，创新制度供给推动融合。2020 年 12 月发布的《长三角科技创

---

① 科技部.科技部关于印发《长三角科技创新共同体建设发展规划》的通知（国科发规〔2020〕352 号）［EB/OL］.（2020 - 12 - 29）http：//www. most. gov. cn/xxgk/xinxifenlei/fdzdgknr/fgzc/gfxwj/gfxwj2020/202012/t20201229_160423.html.

② 全琳珉，翁杰，金梁，何冬.长三角科技创新共同体建设办公室正式揭牌[N].浙江日报，2021 - 05 - 27.

新共同体建设发展规划》在具体举措部分明确提出要共塑一体化科技创新制度框架，鼓励三省一市加强科技创新规划协商机制、促进创新要素跨地流动制度、支持创新券融通兑用等。接下来，三省一市即将从跨区联合评议、考核激励机制、联合监管等多个方面，积极推进法律、政策及管理办法在区域间协调配合的共享机制建立。

其三，完善平台功能优化配置。2019 年 5 月，长三角科技资源共享服务平台开通以来，从财政奖补等途径逐步完善利益分享机制，推动科技资源共享服务机构联盟发展，助力重大科研仪器、文献、数据等软硬件科研资源合理共享流动，促进域内省市之间资源优化配置优势互补。此外，三省一市的各大高校、科研院所、创新基地和专业化服务机构等科技创新资源逐步统筹整合，同时引入国家科技资源共享平台优质资源，形成数据池。①

其四，探索市场运营持续发展。当前，沪苏浙皖探索引入市场化运营机制，积极总结市场化主体负责科技资源共享服务运营经验，着力培育多种市场主体，激发资源共享活力，用市场调节机制弥补和完善官方管控在灵活性方面的不足。重构科技资源所有者、管理者、需求者的利益关系，大力培育具备经营管理科技资源、提供专业服务、增值服务等能力的市场经营主体，采用市场化方式推动区域的开放共享，广泛开设专业化、标准化的工作站或者分支机构，发展网格化科技资源共享服务体系。总体来看，长三角科技基础设施逐步打破地区壁垒，公共服务部门对要素流动自由的垄断式管控逐步放松，地区间产业连接逐渐紧密，高校科研院所间无序竞争态势得到缓解。长三角科技资源共享的思想和制度创新供给提升明显，三省一市寻找区域共同需求、共同利益逐渐成为主旋律。

综上可见，原始创新能力的提升，需要长期的科学技术研究基础。从基础科学研究到应用基础研究，到新技术的开发，到工程技术验证，再到技术市场化，成为新兴产业，是一个非常复杂的过程。既有线性模式，也有交叉模式，既有并行模式，也有网络模式，不同的领域，不同的基础研究，有很大差异，不是一种模式能够概括的。综合性国家科学中心建设重

---

① 俞灵琦.长三角科技资源共享正"升温"[J].华东科技，2020（7）：28–32.

点在于基础科学研究和应用基础科学研究，只有当这两大基础奠定扎实了，后面的技术创新才会有持续不断的源泉。原始创新也不完全是依赖基础研究的，这一点在认识上需要达成共识，不能够把原始创新等同于基础研究，也不能够把基础研究作为原始创新的唯一源泉，这是两个不同层面的概念，需要加以澄清。当然，只要基础研究做得深入，会大大提高原始创新的可能性。原始创新是一个市场化或者经济化的概念，基础研究是一个科学研究的概念，不能够将两者混为一谈，更不能够简单画等号。长三角区域基础科学研究力量强，基础好，要高度重视基础研究工作，但是另一方面，长三角区域经济发达，高层次人才聚集，原始创新的可能性大，需要从两个层面推进，既要大力发展基础研究，推进基础研究驱动的原始创新，也要注重基于市场洞见的原始创新，为国家、为人类作出更大的贡献。

第四章

协同推进科技
成果转移转化

习近平总书记指出，当今全球科技革命发展的主要特征是从"科学"到"技术"转化，基本要求是重大基础研究成果产业化①。"科研和经济始终是'两张皮'，科技创新效率就很难有一个大的提高。"②《纲要》中指出，协同推进科技成果转移转化，但是，从实质上来看，这种表达似乎不够准确，准确的表达应该是"协同推进科研成果转化和技术转移"，科研成果转化是指实验室的成果如何实现商业化；技术转移是从区域和行业两个层面转移，也就是技术扩散，或者说是技术外溢。既然写进《纲要》，本章就按照这一说法，首先对科技成果转移转化基本理论作梳理，分析长三角科技成果转移转化的现状，从驱动模式、转化动力、人才资金等角度探讨其面临的主要问题。其后，从政府、企业和市场协同的角度梳理了长三角共性技术研发平台的建设思路。最后，从统筹机制、法律法规、平台体系、科技金融等角度阐述了长三角科技成果转移转化体系的建设思路。

第一节　科技成果转移转化基本理论

一、科研成果转化和技术转移的内涵

国内针对科技成果及其转化概念方面辨析讨论较为丰富。贺德方（2011）认为我国的定义从狭义角度出发较多，往往强调科技成果的学术意义或实用价值需经过权威人员的评审和鉴定③。李爱雄等（2018）的研

---

① 习近平：《在中央财经领导小组第七次会议上的讲话》（2014 年 8 月 18 日）。
② 习近平：《在十八届中央政治局第九次集体学习时的讲话》（2013 年 9 月 30 日）。
③ 贺德方.对科技成果及科研成果转化若干基本概念的辨析与思考[J].中国软科学，2011（11）：1－7.

究表明科技成果应是科学研究产生、被公众认可的、且富有学术和经济价值的成果，在定义上则认为科技成果需同时拥有学术价值和经济价值①。

科研成果转化，一般指的是为增加生产力水平而对科学研究以及技术开发所产生的具有实用价值的科技成果所进行的后续试验、开发、应用、推广直至形成新产品、新工艺、新材料，发展新产业等活动。

科研成果转化的概念包括广义和狭义两种。广义的科研成果转化理应涵盖不同类别成果的应用，劳动者素质的加强，技能的提升，效率的提高等等。因为科学技术是第一生产力，它包含人、生产工具以及劳动对象。于是，科学技术这种潜在的生产力，必须通过提高人的素质、改善生产工具和劳动对象才能实现向直接生产力的转化。从生产力角度出发，广义的科研成果转化指的是将科技成果从创造地转移至使用地，同时使得使用地劳动者的素质、技能以及知识得到提高，劳动工具得以改进，劳动效率相继提高，经济取得发展。狭义的科研成果转化仅仅指技术成果的转化，即将具有创新性的技术成果从科研单位转移至生产部门，使新产品数量得以增加，工艺获得改进，效益得到提升，最终经济获得大幅度进步。

科研成果转化的途径，主要包括直接和间接两种转化形式，并且这两种形式也并非泾渭分明，而往往是相互包含的。

一般地，直接转化的形式包括：① 科技人员自己创办企业高校；② 科研机构与企业开展合作或合同研究；③ 高校、研究机构与企业开展人才交流；④ 高校、科研院所与企业沟通交流的网络平台。

科研成果的间接转化最主要是由不同中介组织来实施开展的。机构类型和活动方式多种多样。在体制上，有官办的、民办的，也有官民合办的；功能方面，存在大型多功能机构（如既充当科技中介机构，又从事具体项目的开发等），也有小型单一功能机构。

间接转化的主要途径包括：① 通过专门机构实施科研成果转化；② 通过高校设立的科研成果转化机构实施转化；③ 通过科技咨询公司开展科研成果转化活动。

科研成果转化的过程可用图 4 - 1 来表达和呈现。

---

① 李爱雄，贾长林.科技成果及科研成果转化若干基本概念的辨析与思考[J].产业创新研究，2018（3）：60 - 62.

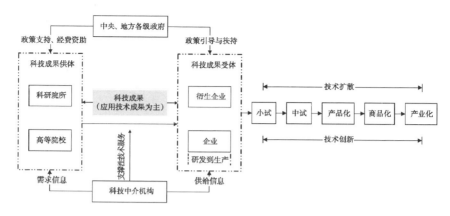

图 4－1　科研成果转化的过程①

科研成果转化是一个世界级的难题。《Between Invention and Innovation: An Analysis of Funding for Early-Stage Technology Development》提出了"死亡谷"和"达尔文海"的基本思想②，明确了科研成果转化的艰难和需要解决的问题。针对"死亡谷"需要建立"孵化器"来防止科研工作者利用科研成果创业失败；初步实现商业化以后，针对"达尔文海"需要政府建立"加速器"以防止在企业弱小的情况下竞争失败。（见图 4－2）

图 4－2　科研成果转化过程的"谷""海""沟"难题

在企业已经成功实现商业化后，还需要防止企业因科技带来了可观利润而进入"舒适区"，减弱科技进一步开发动力，而掉进"衰退鸿沟"③，因此，需要有新的激发机制。这一衰退鸿沟是布兰斯科姆（Lewis M.

① 杨善林，郑丽，冯南平，彭张林.技术转移与科研成果转化的认识及比较[J].中国科技论坛，2013（12）：116－122.
② Branscomb L M，P E Auerswald. Between Invention and Innovation：An Analysis Standards and Technology [R]. Gaithersburg，MD：National Institute of Standards and Technology，2002.
③ 刘志迎的学术报告《科研成果转化的难题及其对策》（2015 年 10 月）。

Branscomb）和奥斯瓦尔德（Philip E. Auerswald）等没有认识到的，我们从科研成果商业化的角度，也是从科技型企业成长规律角度，提出这样一个鸿沟的存在。

技术转移不同于技术转化，而是从区域的角度，在区域与区域之间转移，也有不少在行业与行业之间的转移，但总体上是发达区域经济体向落后地区的技术转移。

技术转移的基本模式归纳如表4-1所示。

表4-1 技术转移的基本模式

分类依据	基本模式	具体内容及特征
技术内容的完整性	"移植型"技术转移	是指技术的全部内容。常见于跨国公司的海外扩张，对技术吸纳主体原有技术系统依赖性极小，而成功率较高，是"追赶型"国家或地区实现技术经济跨越式发展的捷径，但转移的支付成本较高
	"嫁接型"技术转移	是指技术的部分内容，如某一单元技术，或关键工艺设备等流动而实现的技术转移。它以技术需求方原有技术体系为母本，与外部先进技术嫁接融合，从而引起原有技术系统功能和效率的更新。对技术受体原有技术水平的依赖性较强，要求匹配的条件较为苛刻，支付成本较低，但嫁接环节风险较大。一般为技术实力较为均衡的国家、地区、企业之间所采用
技术载体的差异性	"实物型"技术转移	是指由实物流转而引起的技术转移。从技术角度看，以生产手段和劳动产品形态出现的实物，都是特定技术的物化和对象化，都能从中反观到某种技术的存在，是所谓"硬技术"转移的基本形式
	"智能型"技术转移	是指由一定的专门的科学理论、技能、经验和方法等精神范畴的知识传播和流动所引发的技术转移。它不依赖实物的转移而进行。通常把这种技术转移称为"软技术"转移，如市场上的专利技术、技术诀窍、工艺配方、信息情报等知识形态的商品交易
	"人力型"技术转移	是由人的流动而引起的技术转移。如随着人员的迁徙、调动、招聘、交流等各种流动形式，皆可引发技术的转移。因为任何形态的技术的存在，都以人为核心。如"二战"期间，欧洲尤其是德国大批科学家逃往美国，就曾使许多领先技术特别是核技术转移到美国开花结果

续 表

分类依据	基本模式	具体内容及特征
技术功能	工艺技术转移	从具体生产过程看，工艺技术是产品技术形成的技术前提和物质手段，直接决定着产品的技术性能和生产能力。当技术侧重于影响生产流程，具有提高效率和扩张产量作用时，把这种技术的转移称为工艺技术转移。农业、采掘业领域的技术转移多属此类
	产品技术转移	从社会生产总过程看，产品技术往往又构成工艺技术的单元技术（广义上说，工艺技术的实体本身就是特定的产品），它又影响着工艺技术的总体水平和效率。当技术侧重于影响生产过程的结果，有助于提升产品的技术含量及功能拓展时，把这种技术的转移称为产品技术转移。制造业、信息产业、建筑业等领域的技术转移多属此类

从比较宽泛的意义上看，技术转移的方式主要包括商品贸易、技术贸易、直接投资、战略联盟、产学研结合、创办新企业、科技合作、科技交流、技术援助、技术情报。

二、科研成果转化和技术转移的异同

技术转移和科研成果转化两者在主体、客体及运动的过程上存在很多相似之处。

其一，微观层面上的技术及其载体在技术受体内不断融合和再开发，直至产品化、商品化、产业化等过程，无异于科研成果转化[1]。

其二，成果转化关联着的技术应能流向特有的受体之内，成果转化指代着微观架构内的技术转移[2]。一般地，所有权或使用权发生转移变更的科研成果转化，无异于技术转移；而对于企业内部科技成果从研发到生产，则只属于科研成果转化。

技术转移和科研成果转化之间在许多方面也存在较大区别，归纳如表4-2所示。

---

① 杨善林，郑丽，冯南平，彭张林.技术转移与科研成果转化的认识及比较[J].中国科技论坛，2013（12）：116-122.

② 张浩.对技术转移与科研成果转化的比较分析[J].科技创新导报，2016，13（1）：99-100.

表 4 - 2　科研成果转化与技术转移的区别

	科研成果转化	技 术 转 移
主客体 范畴	偏重垂直架构内的变更，供体具有特定指向性，特指科研院所、高等院校等机构，一般不包括自然人和一些私人组织；受体多指企业或科研机构的衍生企业，不包括政府投资的国家实验室、科研院所、高等院校等科研机构	主客体范畴更广，涵盖受体及供体，涉及法人及自然人，宏观上还可以包括国家
角色 转变	供体受体角色很少转变	供体受体可互换，可彼此互动，角色可频繁变更
传递 空间	更多地表现为一个国家内部科技成果再分配和转化的活动，一般集聚于内部，在较窄的范畴内调配进程。是在一个相对较小的范围内对科技成果进行专业化和实用化提升的过程	更多地表现为一种贸易形式，包括有偿的和无偿的、非法的与合法的，都表现为一种交易活动。市场主导调配，是引导和调节的主要杠杆
时空 轨迹	侧重于垂直方向上的变化。在空间位置上的变化只是前提和手段，实现时间序列上从一个阶段到另一个阶段的不断跨越和具体化的过程才是其最终目的	含有时空双重的层级。可跨越不同国家，或在一国之内。在时间变更上，它凸显为产品化情形下的技术变更，整合了双重的维度（张浩，2016）

第二节　长三角科技成果转移转化现状及问题

一、长三角科技成果转移转化现状

（一）总体水平稳居全国前列

综合国家知识产权局发布的《中国知识产权发展状况评价报告 2019》及受到业内广泛认可的《中国知识产权指数报告 2019》（高文律师事务所组织编写）等相关资料显示，在中国区域知识产权指数排名方面，长三角三省一市自 2015 年至 2019 年连续多年稳居全国前十，其中上海、江苏与北京、广东并驾齐驱，领舞第一集团，如表 4-3 所示。

表4-3　中国区域知识产权指数 2018 总体排名（前 10 名）[①]

省份	综合实力		产出水平		流动水平		综合绩效		创造潜力	
	指数	排名	指数	排名	指数	排名	指数	排名	指数	排名
北京	0.593	1	0.634	1	0.594	2	0.649	1	0.497	3
广东	0.536	2	0.425	3	0.661	1	0.532	4	0.525	2
江苏	0.509	3	0.487	2	0.415	4	0.491	6	0.644	1
上海	0.466	4	0.415	4	0.485	3	0.620	2	0.344	6
浙江	0.422	5	0.391	5	0.264	6	0.565	3	0.468	4
山东	0.321	6	0.213	11	0.297	5	0.368	13	0.405	5
安徽	0.286	7	0.348	6	0.170	12	0.364	14	0.262	9
天津	0.282	8	0.215	10	0.161	15	0.494	5	0.258	10
湖北	0.279	9	0.203	12	0.204	7	0.391	9	0.318	7
重庆	0.251	10	0.160	15	0.170	11	0.467	7	0.206	15

（二）技术转移体系初步形成

2015 年 8 月 29 日最新的《中华人民共和国促进科研成果转化法》修订通过，2016 年 2 月 16 日国务院出台《实施〈中华人民共和国促进科研成果转化法〉若干规定》。2016 年 4 月 21 日，国办印发《促进科技成果转移转化行动方案》。国家层面的科技成果转移转化政策体系"三部曲"正式形成。

随即，各地促进科技成果转移转化行动方案接踵颁布，形成了从修订法律条款、制定配套细则到落实具体任务的科技成果转移转化"三部曲"。长三角三省一市响应迅速。以上海为例，2015 年 11 月 5 日，市人民政府办公厅印发《关于进一步促进科技成果转移转化的实施意见》的通

---

① 王正志.中国知识产权指数报告 2018[M].北京：中国财政经济出版社，2018.

知；2017 年 4 月 20 日，市人大通过《上海市促进科研成果转化条例》；2017 年 5 月 29 日，上海市政府办公厅印发《上海市促进科技成果转移转化行动方案（2017—2020）》。至此，"意见""条例""方案"系统构成上海促进科技成果转移转化"三部曲"。其中，《行动方案》以形成国内科技成果转移转化的示范高地、打造国际国内科技服务机构和人才的汇聚中心、建设国际国内有影响力的技术交易中心为主要目标，创新体制机制，重点解决科研成果转化能力问题，促进科技成果资本化、产业化，支撑经济转型升级和产业结构调整。

在整套政策机制的革新中，技术创新和转化有了相对完善的服务支撑体系，高校、科研院所、企业的创新和转化活力被激发，各行业各层级的科技成果转移转化示范区、区域中心、创新驿站及相关的科研成果转化专项基金、孵化器、众创空间等如雨后春笋，欣欣向荣。

（三）技术交易市场潜力可观

上海技术交易所 1993 年 12 月成立，2018 年完成公司制改制，是我国首家国家级常设技术市场，国家级技术转移示范机构。截至 2019 年 9 月，已收录高校院所、全国科技计划成果项目、海外成果等约 98 万余条，汇聚 1 230 家科技企业，276 家科技中介服务机构；建成海外分中心 10 个，48 个海外渠道。

2018 年 12 月 12 日，为助力长三角高质量一体化发展，推动枢纽型技术交易市场创设，建造有全世界影响力的技术交易型平台，长三角地区 11 家技术市场运营组织联合发起构建了长三角区域技术市场联盟。当天，在浙江杭州举行的成立仪式上，发布了《长三角区域技术市场联盟倡议书》。联盟将致力于建立高效的合作模式和机制，加快创新资源开放共享，主要通过联合开展技术市场人才队伍培养、建立区域技术转移服务统一规范，开展针对中小企业的综合性服务，抱团开拓国际交流与合作，加速创立全球技术交易中心。

据科技部火炬中心数据（见表 4-4），江苏、上海、浙江合同成交金额连续多年稳居全国前十，2019 年江苏、上海技术成交额均超过 1 000 亿元，总量可观，增幅也明显。2019 年 1—12 月上海经认定登记的技术合同 36 324 项，成交额 1 522.21 亿元，分别比上年同期增长 67.9% 和 16.8%。

表 4-4　2019 年全国技术合同登记情况（前 15 名）

地区	项数	成交额/亿元	其中：技术交易额/亿元	成交额排名
合计	484 077	22 398.39	15 711.28	—
北京	83 171	5 695.28	4 389.04	1
广东	33 796	2 272.78	1 960.76	2
其中：深圳	10 217	705.02	697.41	—
江苏	49 622	1 675.589 049	1 132.822 424	3
上海	36 324	1 522.21	1 449.21	4
陕西	53 004	1 467.83	1 120.04	5
湖北	39 511	1 449.63	808.76	6
四川	13 232	1 216.20	510.22	7
山东	35 505	1 152.21	939.19	8
浙江	19 220	974.43	777.71	9
天津	13 977	922.63	508.13	10
辽宁	16 914	571.16	329.96	11
湖南	9 023	490.69	191.71	12
吉林	4 549	474.13	137.52	13
安徽	19 563	452.72	289.70	14
河北	7 270	382.46	133.50	15

资料来源：根据科技部火炬中心官网（http://www.chinatorch.gov.cn）公布的《2019年全国技术合同登记情况表》整理而得。

　　2018 年上海技术合同流向长三角的交易额超过 170 亿元，占输出总额比例为 14%，交易额增长幅度同比超过 263%[1]。2019 年长三角输出和吸纳技术规模占全国比重均稳定在 20% 左右，技术交易市场潜力可观（见表 4-5）。

---

[1]　钟源，李荣.长三角科技创新一体化发展加快推进［N］.经济参考报，2019－9－26.

表 4-5　2019 年长三角技术流向情况

地　区	输　出　技　术			吸　纳　技　术		
	项数	成交额/亿元	其中：技术交易额	项数	成交额/亿元	其中：技术交易额
全国	484 077	22 398.39	15 711.28	484 077	22 398.39	15 711.28
北京	83 171	5 695.28	4 389.04	65 137	3 223.78	2 550.77
上海	35 928	1 422.35	1 350.02	34 252	880.69	771.50
江苏	49 210	1 471.52	1 069.48	45 941	1 767.37	1 113.27
其中：南京	28 509	588.41	495.15	17 789	576.90	388.28
浙江	18 996	888.01	691.60	25 302	1 115.16	854.22
其中：宁波	2 966	87.76	81.19	4 399	171.62	154.38
杭州	10 462	267.51	261.71	10 448	367.22	305.09
安徽	19 538	449.61	286.58	20 297	610.01	392.56
长三角合计	123 672	4 231.49	3 397.68	125 792	4 373.23	3 131.55
长三角占全国比重	25.55%	18.89%	21.63%	25.99%	19.52%	19.93%

资料来源：根据科技部火炬中心官网（http://www.chinatorch.gov.cn）公布的《2019 年全国技术流向情况》整理而得。

二、长三角科技成果转移转化面临的主要问题

其一，驱动模式单一低效。站在产业发展的角度，科技成果转移转化最有利的模式是由市场需求拉动企业研发，进而带动技术创新和科学研究。然而，中国的经济与科技"两张皮"问题没有从根本上得到解决。政府财政及相关科技经费预算是我国科技投入的主要来源，论证编制科技计划的主体多为官方或半官方组织，不免较少考虑市场和产业实践需求。以政府主导的科研组织和高校为研发主体的"推式"科研成果转化模式，其产出多为实验室研究成果，是否能够产业化，具有很大的不确定性，能够直接进行产业化的有效成果仍然偏少。科技资源配置行政化，"重经费争

取、轻成果产出"，难免导致资源"寻租行为"和"规制俘虏"，行政化主导的资源分配机制难以促进科技与经济的融合。

其二，转化动力不足（供给）。囿于主要经费来源于国有单位，我国科研机构尤其是高等院校产出的科技成果，使用权、处置权和收益权存在长期僵化管理问题。国家资助的科技项目的知识产权，在定价、使用、处置及收益分配方面的程序过于严格和繁琐，许多有重要贡献的科技工作者在技术转让和成果转化过程中得不到足够的物质和精神激励，严重制约该群体对科技创新和科技成果转移转化的积极性①。此外，高校研究人员申报专利的直接目的和原因在于完成科研项目任务和职称评审需要，对产业化缺乏直接动力；真正好的有明确市场价值的成果，研发人员往往不愿意公开，很快就成为过时技术。科技成果应用阶段存在的非法模仿和抄袭也对科技人员的创新动力造成极大消极影响。

其三，有效需求有限（需求）。从需求角度来看，大多数企业希望从高校或科研院所买来技术就能够直接应用，急功近利的"拿来即用"的意识较强。

其四，转化人才（主体）缺乏。很多是公办研究机构和大学的成果转化部门的工作人员，缺乏市场化经验；很多科技转化机构本身盈利能力较差，难以招揽到高水平的科研成果转化方面的人才，从而也在某种程度上制约了科研成果转化。

其五，转化资金短缺（科技金融）。科技人员研发出来并拥有知识产权的科技成果，但是苦于没有产业化资金，难以直接将其产业化。况且，科技人员并不一定具有企业家才能，是否可以成功地将技术转化为市场价值尚存疑问。

其六，中介服务体系落后。科研成果转化是一个复杂的系统工程，其中涉及很多机制性问题，技术成果产业化机制国内也有，但运行中偏差较大。科技成果本身价值在为获得产业化经济效益之前，其潜在价值难以评价，需要成熟的评估中介，帮助预判成果市场价值、成果产业化后的企业化、市场化运营能力等。中介服务机构对官产学研打通科研成果转化存在阻塞的各个环节至关重要。纵览全球科技成果中介服务实践，功能整体化

---

① 霍国庆.我国科技成果转移转化的根本症结及其解决策略[J].智库理论与实践，2016，1（2）：119-125.

和活动多元化是大势之趋，具体涵盖技术、人才、资金、政策、法律、管理等多个方面的中介和咨询服务。

其七，成果转化风险（死亡谷和达尔文之海）。很多很有价值的科研成果，在走向市场的过程中，不能跨越"死亡谷"，有少数走出"死亡谷"的成果转化初步成功企业，还要在优胜劣汰的"达尔文之海"中接受洗礼，能够存活并做大做强的企业微乎其微。

第三节   共性技术研发平台建设思路

科技部在 2017 年末颁布《国家技术创新中心建设工作指引》，认真落实十九大关于"建立以企业为主体、市场为导向、产学研深度融合的技术创新体系"重大决策部署，全方位贯彻全国科技创新大会关于"支持依托企业建设国家技术创新中心"重要指示精神，未来将加速推进国家技术创新中心建设，优化国家科研基地布局。

作为"竞争前阶段"的技术，共性技术具备准公共物品的性质，能够应用在一个或多个领域，是产业技术进步及发展的重要基础[1]。

共性技术平台指的是进行共性技术（合作）研发的研究实体，对在推动共性技术的研发和技术成果转化方面起到关键性作用；成为推动行业共性技术突破及产业技术变革的关键之一；对于中国城市打造全球科创中心、吸引全球高技术企业、提升新兴产业的发展水平均具有重大的战略性意义。

他山之石可以攻玉。欧美国家经过近四十年的探索，在共性技术平台的建设方面成效显著，典型如美国国家标准与技术研究院（NIST）、欧盟的框架计划等，其成熟模式有许多值得借鉴之处。

共性技术可分为三类：关键的产业共性技术、基本的产业共性技术、一般的产业共性技术。借鉴世界其他国家成熟模式，结合我国科技研发及产业发展具体情况，建议关键的产业共性技术，由国家、地方财政在预算内直接支持；基本的产业共性技术以企业、教科院所为主体，由政府建立

---

[1] 朱健，王蓓.PPP 模式推进共性技术研发创新平台建设研究[J].产业经济评论，2015（5）：66-72.

引导机制，采取较为灵活多样的方式进行支持；对一般的产业共性技术，发展各色产业技术创新联盟，更多给予政策性的引导，营造创新氛围，培育产业命运共同体和规模优势。

一、整合政府研究机构，主导战略性基础性共性技术领域

关键的产业共性技术具有应用基础性、技术溢出效应明显、研发风险高等特征[①]。在其研发过程中，存在较为严重的市场失灵、组织失灵等多重失灵，私人部门对参与共性技术研发的动力不足。政府介入、政府作用的高效发挥在共性技术创新发展中具有关键作用[②]。

其一，明确责任主体。由三省一市政府联合牵头，组织科技、财政、工信等部门，协同长三角地区内各科研院所、各专业领域顶尖专家团队、实验室及部分重点高校联合搭建官方的共性技术研发创新平台，整合各省已有的产业技术研究院、数字信息研究院等科研机构和相关资源，成立长三角共性技术创新研究院，统一筹划，专门负责承担国家战略性基础性共性技术领域研究板块的主要任务。

其二，瞄准关键技术领域。此类研究机构的重点研究领域的选择应该密切契合国家和地区的战略性产业发展方向，应该集中在新一代信息技术、新能源与节能、电子信息、生物与医药、新材料、资源与环境、智能制造等高新技术。针对这些距离市场应用或者消费远的、涉及国家发展战略及安全的、关键的产业共性技术，结合中国被卡脖子的 35 项关键技术清单，如芯片制造、操作系统开发、航空发动机、燃气轮机、触觉传感、激光雷达、核心工业软件、核心算法等，重点锚定在长三角地区有一定研究基础的领域，组织官方力量实现集中突破。

其三，简化组织结构及运作流程。学习美国国家标准与技术研究院（NIST）运作模式，在研究院分领域下设若干实验室，组织科技力量对特定细分的共性技术进行研发；同时，充分发挥其平台作用，以管理主体的

---

① 刘洪民.协同创新背景下中国产业共性技术研发组织模式创新[J].科技进步与对策，2013，30（13）：59-66.
② 李慧，聂银菊.共性技术创新发展中的政府作用研究述评[J].科技管理研究，2018，38（17）：88-92.

身份适时发布政府与社会合作计划，吸引和鼓励有实力的社会联合主体申请项目开展研究。政府拨款全额资助，实施项目化运作管理，研究成果及时与社会各界共享，促进科研成果的产业化。

其四，组建"三三制"评估委员会。组建由顶尖学术研究者、专业重点实验室管理者和产业界技术专家负责评估研究项目运行情况，学术评估与产业经济评估并重，对政府主管方和长三角共性技术创新研究院负责。

二、完善政企合作机制，双核投资合作驱动城市产业发展

经济学历史规律告诉我们，政府这只"看得见的手"不是万能的。当单纯的政府财政投入不足以产出符合质量和效率要求的公共产品及服务时，就必须适当借助技术企业、私人投资等市场力量的独特优势。企业要解决产业共性技术供给双重失灵现象，也必须采取合作研发的方式①。只有政产学研用各方明确了自身在合作研发中的角色，才能充分发挥各自特色和优势，从而消解产业共性技术供给的双重失灵。

政企资本合作研究计划，也称政府和社会资本合作模式，即 PPP（Public Private Partnerships）模式，是政府与私人资本通过合作来提供公共品或服务。在该模式下，社会资本主要承担设计、建设、运营、基础设施维保等工作，其投资回报则主要通过"使用者付费"及必要的"政府付费"取得；政府部门主要负责公共基础设施服务质量及价格监管，保障公共利益②。

作为产业化、城镇化水平全国领先的长三角地区，在驱动城市产业发展的重要方面，如基础设施建设、生命健康、绿色技术、智能交通等公共服务产品等，发展政企资本合作研究计划，在共性技术领域发挥有效的主导作用，并形成与市场化研发力量的补充机制，意义深远。发展政企资本合作研究计划，要做好以下工作。

其一，妥善处理政府介入程度。在目标为提供公共产品或服务（基础

---

① 纪占武，王庆.产业共性技术供给双重失灵及其消解——以美国 SEMATECH 为例[J].科技与经济，2012，25（3）：11-15.

② 朱健，王蓓.PPP 模式推进共性技术研发创新平台建设研究[J].产业经济评论，2015（5）：66-72.

设施）的前提下，对基础性强、市场应用距离远、行业技术开发能力弱、市场外部性显著的共性技术，政府应该加大投资和干预力度。反之，则降低介入程度。

其二，采用严格现代管理模式。以合作为前提，政企地位平等，市场化、公司制运作。组织形式方面倡导以法人为主，少量包容协会、合伙制等法律形式，平台实体与虚拟相结合。在组织管理方面，执行、理事、监事等权责明确，监督制衡有效，事务财务公开透明，规范进入退出机制，利益共享，风险共担，确保合作稳定持续。

其三，灵活政府投资形式比例。政府采取较为灵活多样的方式参与支持，如采取项目资助、研发服务、业务分包和技术合同等方式；政府作为合作方的投资比例视具体情况灵活调整，一般不超过50%，不占主导地位，但也不宜偏低。中央及地方政府均可参与投资合作，鼓励吸纳科研机构、有条件的高校，出资形式可以包括但不限于现金、财政补贴、税收政策优惠、研发及经营空间供给、技术供给、公共资源调配政策倾斜、行业统计信息等。

其四，保护共性技术规模效应。在确保研发合作成员利益共享的前提下，减少或杜绝技术成果独占，鼓励建立发展线上线下多种技术信息交流共享平台，促进技术知识合理流动甚至溢出，保护技术知识和成果的规模效应。

三、发展各色技术联盟，聚集专业优势营造自主创新氛围

"技术联盟主要依赖政府政策的引导和支持，一般由区域内企业共同投资组建，确立产业技术创新战略规划，明晰成员间的合作准则，以实现协同创新和资源共享的目标。"[1]针对一般的产业共性技术，其距离市场应用和消费较近，研发难度和技术突破要求相对较低。快速形成联盟合力，研发使用产业共性技术，可以实现降低研发成本，共享研发成果，避免过度竞争。

其一，激发成员内外动力。加强联盟的顶层策划和宏观组织与协调，

---

[1] 李捷，霍国庆.我国战略性新兴产业技术创新模式初探[J].科技管理研究，2017，37（23）：31-39.

落实企业市场需求、资源集聚与配置、研发项目等方面的主体地位。出台相关政策刺激企业对共性技术研发的外在动力，加大"政产学研"互动力度，鼓励和保护企业通过合理的共性技术扩散获利，刺激联盟成员企业技术需求、维持竞争优势等内在动力；通过国家及地方科技推广政策积极吸引风险投资、中介服务等机构参与科技型中小微企业技术联盟项目及活动，多元驱动，营造良好的财税制度供给环境助力共性技术联盟创新活动。

其二，规范组织管理制度。组织形式可实现多元化发展，例如联合实验室、合资研究企业、研发合作产业联盟、技术中心、产业链合作产业联盟等等，但必须设立理事机构，制定明晰的合作目标以及期限，共同遵守契约列出的规定的合作行为规则、成果分配规则以及风险承担规则等。创立以企业主导的市场化"联盟"运行机制，增强"联盟"的顶层策划以及宏观组织与协调。确保企业在创新中的主导地位，让市场决定资源配置，构建完善成员间人员交叉任职机制、联盟内知识产权共享、成员间市场化的利益分享机制等。规范成员企业的退出机制，保证组织的稳定性和合作研发的持续性。

其三，完善资金智力保障。发挥政府的政策协调功能，鼓励联盟构建多层次多渠道资金配置平台，在联盟企业自有资金基础上，依托共性技术研发可行性及经济性，合理合法争取国家及地方的科技经费支持，以组建（项目）公司等多种形式引入天使基金、风险投资基金等股权投资，稳定化、多元化保障共性技术创新资金长久支持；提高科研人员社会地位，鼓励和引导企业加强研发人员工资和福利待遇，稳定人才队伍，保障共性技术创新的智力支持；引导行业企业通过联合实验室、技术中心等渠道提供共性技术知识和经验交流平台，实现技术知识汇集，优化人员流动机制，鼓励行业内独角兽企业、瞪羚企业的技术和管理人才适度参与联盟内部企业间的流动，加快双向多边共性技术智力资源的溢出和扩散。

其四，引导企业有序竞合。联盟以合作创新为目的，基于共同利益，重视优势资源互补，尊重契约以约束联合行动。建设灵活且有弹性的知识产权保护机制，一方面有利于确保成员企业的利益，另一方面有利于预防技术成果的垄断，能够促进技术成果在行业内分享共用，实现其规模效应①。此外，预防竞争关系引起个别企业的道德风险，杜绝对产业共性技术创新的负面影响，也至关重要。

第四节　长三角科技成果转移
转化体系建设思路

一、密切组织联系建立统筹协调机制

就科技转化政策和管理归口制度进一步加强横向协调和纵向联动，十分必要且紧迫。当前，我国新的科技成果转移转化制度体系已经确立，但是沪苏浙皖促进和落实科研成果转化的政策法规体系建设仍有先后②。加强中央与地方统筹联动、形成合力意义重大。

长三角三省一市在认真贯彻落实《成果转化法》及各地关于深化科技体制改革的同时，宜积极主动加强与中央政府各部委的协调沟通，密切组织联系，建立统筹协调机制，强化各级科技、财政、投资、税收、人才、产业、金融、政府采购、军民融合、知识产权等政策协同③。要加速建立完善技术转移目标和绩效评估制度，简化行政程序，促进地方和区域伙伴合作，加强各级科技管理部门在技术转移中的统筹协调作用。

中央与地方政府各部门宜在技术转移上有所分工，地方政府宜关注其支持的机构以及中央在本地市支持的技术转移，注重有利于吸引科技成果在本地市转化的创新环境营造。各地不管是创新生态良好还是创新生态亟须完善，都应在中央科技成果转移转化政策的基础上，积极弥补政策制度空白，强化中央和地方政策协同的效果，使得更多的成果在本地转化。重视中央与地方统筹的同时，宜鼓励地方之间在适度有序竞争的基础上，建立有效协作。

宜在省际层面联合组建长三角科技成果转移转化领导小组，由各省级

---

① 朱健，王蓓.PPP 模式推进共性技术研发创新平台建设研究[J].产业经济评论，2015 (5)：66 - 72.
② 张换兆，秦媛.美国国家技术转移体系建设经验及对我国的启示[J].全球科技经济瞭望，2017，32 (8)：50 - 55.
③ 汝绪伟，李海波.国家级科技成果转移转化示范区建设管理——以山东省示范区建设为例[J].科技管理研究，2018，38 (23)：33 - 37.

政府领导任轮值组长，各省级有关部门主要负责人、各相关地市主要领导任小组成员。加强组织领导和统筹协调，定期磋商解决重大问题，建立和完善省部、省市协同工作机制。对于重点建设任务，由部省会商指导、各厅市协调推进分工负责，切实加强重点区域间科技成果资源共享，充分利用优势互补，提升示范区及龙头机构的辐射带动水平。

二、健全科技成果转移转化法规体系

美英德日等西方发达国家科研成果转化的高效，从根本上来源于其完备的技术转移法律体系。典型如美国于 1980 年连续出台《专利与商标修正法案》（即著名的《拜杜法案》）、《史蒂文森—威德勒技术创新法》，准许联邦资助各个高校的研究成果和专利以多种方式和程度授权转移给产业界，将奠立保护知识产权的法律作为起点，标志着美国加强技术转移法律体系建设的开端，并由此掀起了美国技术转移的浪潮。

长三角各省市宜围绕科技成果转移转化的关键环节，完善政策供给。在中央科研成果转化"三部曲"的基础之上，加速完善地方配套政策法规体系，为促进科技成果转移转化提供系统保障。

在现有科研成果转化的法规体系基础之上，及时修正、合理细化。涉及主体方面，宜对区域内科研机构（含国家实验室、国有科研院所、大学及私营企业科研机构）在科研成果转化中的定位、作用、成效进行规范；分配机制方面，宜对科技转化与科研机构考核制度、技术转移与科研人员职称评定的关系等进行优化；转移环节方面，宜对知识或技术产权归属、授权许可、合作开发等活动进行明确界定；财政支持方面，宜对经费支持、专项计划、税收奖惩等进行规范细化。如围绕国家科技成果转移转化示范区创建，出台宁波、浙江、上海闵行和江苏苏南等各示范区建设规划方案和专门的政策文件及其配套政策；结合合肥和南京都市圈自身资源禀赋及优势产业筹建新的示范区，不断完善促进科技成果转移转化政策落地的相关配套细则；以国家技术转移东部中心、苏南中心为依托，加强各项先行先试改革措施的集成，并抓好具体落实及实施督查，完善有利于科技成果转移转化的政策环境。

要善于抓住关键精准施策。宜重视激发中小科技企业创新，活跃其成果的转移转化，就强化企业技术创新主体地位、推动中小科技企业快速发展制定专门政策措施；宜关注技术经纪人发展状况及问题，规范技术经纪人管理办法、奖励制度及相关专项资金管理，全面推进科研成果转化为现实生产力；宜围绕研发费用加计扣除、高新技术税收优惠等重点科技政策，加大政策宣传力度，支持企业加大研发投入；宜强化政策实施评价反馈调整机制。

增强政策执行效果。中央科技成果转移转化"三部曲"的颁发，已经从技术创业及评估、技术投融资、服务人才建设等框架体系角度多维度打破科技成果转移转化藩篱①。各地市宜针对已经出台的政策文件和具体配套实施方案，根据政策实施的效果，建立政策成效的量化机制和动态评估机制。形成科技成果转移转化政策的论证研究、决策实施、监督控制、反馈调整的科学闭环管理制度。

三、完善科技成果转移转化平台体系

加强和拓展科技成果转移转化区域高地建设。在科技部批准建设的宁波、浙江、上海闵行和江苏苏南这四大国家科技成果转移转化示范区的基础上，统筹规划，结合战略定位需要和产业发展基础，支援安徽申报建设国家科技成果转移转化示范区，实现国家示范区的三省一市全覆盖，拓展示范区辐射覆盖范围；推进示范区之间定期和不定期开展业务合作和建设经验交流，建立健全协同联动机制；鼓励各地市结合自身资源禀赋和产业优势打造特色明显的国家科技成果转移转化示范区。（见表4-6）

表4-6　长三角地区国家科技成果转移转化示范区目标定位比较

示范区名称	获批时间	所属地区	主要目标或战略定位
宁波国家科技成果转移转化示范区	2016年9月19日	浙江	以激发民营经济活力为核心，发挥科研成果转化对产业和企业创新发展的支撑作用。要突出市场需求导向，根据宁波产业技术需求旺盛、民营经济活跃、创新资源相对不足等特点，探索科技创新资源薄弱地区开展科研成果转化的路径与模式

---

① 郭曼.国家技术转移区域中心发展评述[J].中国科技产业，2017（12）：72-75.

续　表

示范区名称	获批时间	所属地区	主要目标或战略定位
浙江国家科技成果转移转化示范区	2016 年 11 月 24 日	浙江	加强体制机制创新，健全省市县三级联动机制，鼓励先行先试，以完善科研成果转化市场机制为核心，探索"互联网＋"科研成果转化的有效模式，构建互联互通的全国性技术交易网络，构建面向全球开放共享的成果转化平台，以点带面带动全社会成果转化与创新创业
上海闵行国家科技成果转移转化示范区	2017 年 10 月 10 日	上海	围绕国家创新驱动发展战略要求和上海市经济社会发展迫切需求，探索高校科研成果转化分配机制、引入专业科技服务机构、优化科技创新环境等方式，推动重大创新成果转移转化，支撑引领上海市供给侧结构性改革和经济转型升级与产业结构调整，为加快推动上海建设成为具有全球影响力的科技创新中心发挥积极作用。努力建设成为国家技术转移体系的辐射源和全球技术转移网络的重要枢纽
江苏苏南国家科技成果转移转化示范区	2017 年 10 月 10 日	江苏	努力建设成为全国科技成果集聚区和辐射源，为促进江苏省乃至全国先进制造业创新发展提供重要支撑。引领江苏省供给侧结构性改革和经济转型升级与产业结构调整，加快推进创新型省份建设

资料来源：科塔学术网，国家科技成果转移转化示范区，十三五期间建设 10 个，已批建 9 个［EB/OL］.（2018 - 09 - 29）https://www.sciping.com/20483.html.

夯实国家技术转移中心的示范引领作用。国家技术转移东部中心和苏南中心由科技部和江苏、上海等地方政府共同推进协调设立，集聚了技术转移基础功能平台、全国高校技术市场平台、国际创新收购平台、技术转移渠道网络平台，辐射国际、国内两大技术转移市场渠道，在提供技术交易、科技金融、产业孵化全链条服务，打通高校、科研机构、企业间科研成果转化通道方面已经取得较好效果，影响力覆盖全球。应该继续加大投入力度，优化中心的全球布局及源整合；吸引国际优秀人才，促进技术及管理知识溢出；加强国内及海外分中心的建设及拓展，密切各分中心之间的信息资源互通与交流；提升政策引导质量，优化中介及增值服务环境；与国际知名的技术转移机构接轨，如：德国的史太白技术转移中心、英国的技术集团（British Technology Group）、美国的联邦实验室技术转移联盟、犹他州的"硅坡"、加州的硅谷等，加速学习和引入先进制度、模式和经验，打造为科技创新创业服务的"政、产、学、研、金、介、用"融通创新平台，引育孵化服务，构建国内一流的科研成果转化创新生态体系。

鼓励各层次各类别专业化科研成果转化平台的发展，完善长三角多层次的技术转移体系。如打造高精尖产业研究平台，依托长三角高校和科研院所的科技项目，提供对接高精尖产业发展的技术转移服务。构建各类平台和技术转移机构的数据共享机制，以国家技术转移东部中心、苏南中心为核心，以区域内各个国家级科研成果转化示范区为支点，建设成科技成果转移转化的基础数据平台。构建多层次的技术转移机构，既有中央和地方政府资助和支持的机构，也有私营部门和非营利组织建立的机构，构成覆盖国家实验室、国立科研机构、高校和大中小微企业的技术转移体系①。（见表4-7）

表4-7 国家技术转移东部中心、苏南中心与其他重要中心的定位与进展比较

名　称	定　位	政　策	突出成效
国家技术转移集聚区（北京）	打造具有全球影响力的国际技术转移大平台	2016年12月，北京市人民政府办公厅印发《北京市促进科技成果转移转化行动方案》	形成国际技术转移合作网络。集聚国内外技术转移及创新创业服务机构150余家，形成了覆盖40多个国家的全球合作网络。同时，设立近10亿元引导基金吸引社会资本共同参与技术转移相关投资

① 张换兆，秦媛.美国国家技术转移体系建设经验及对我国的启示[J].全球科技经济瞭望，2017，32（8）：50-55.

名　称	定　位	政　策	突出成效
国家技术转移南方中心（深圳）	与国家技术转移集聚区（北京）共同承担全球性技术转移枢纽的重要使命	2016 年 10 月，深圳市人民政府办公厅印发《深圳市促进科技成果转移转化实施方案》（深府办〔2016〕30 号）	制定深圳技术转移指数。依托第三方机构，通过完善技术转移数据库，对深圳的技术转移现状进行定量定性分析，对科技、产业政策效果进行评估，借鉴北京技术市场发展指数和朗润-龙信创新指数，并加入其他可衡量技术转移的指标，逐步形成深圳技术转移计算公式，生产技术交易指数，每季度发布。2016 年，PCT 国际专利申请数累计 1.96 万件，同比增长 47.63%，占全国的 46.59%
国家技术转移东部中心（上海）	探索技术资本化路径	通过创新券"企业支付一部分、创新券补贴一部分"的方式，以业务培优服务机构，引导一大批市场化、专业化科技成果转移转化服务机构汇聚在东部中心服务平台	形成"3+3"服务模式。三块业务：一是建设基础网点服务平台的中心主体；二是打造海外收购最优质的全要素平台；三是建设全国高校技术市场。同时，东部中心初步建成体系化、资本化、国际化、集成化及提供技术转移创新业务示范的第四方平台；主动全球布局，设立波士顿分中心、伦敦分中心等海外分中心
国家技术转移中部中心（武汉）	打造国家级技术转移机制完善和模式创新示范区	研究制定了《知识产权融资票据交易管理办法（试行）》和 14 个配套细则。《技术市场与技术转移丛书》编写完成初稿	打造"6+2+1"技术转移服务模式。重点做好中部中心技术转移服务平台及分中心建设。截至目前，共计采加工入库各类资源 1 580 余万条，涉及科技成果、企业技术需求、企业融资需求、技术专家、科技机构、省级及以上工程技术研究中心、重点实验室及科技企业孵化器等 10 余种资源。2016 年，平台完成知识产权转让项目 73 宗，金额 4.59 亿元

续 表

名 称	定 位	政 策	突 出 成 效
国家技术转移苏南中心（苏州）	以苏州市为核心打造国家级技术转移平台	制定了《苏州市科研成果转化专项资金管理使用细则》《苏州市技术经纪人管理办法》及其奖励实施细则，《苏州市大型科学仪器设施共享服务管理办法（试行）》及实施细则。苏州市每年安排资金1亿元左右支持科技成果转移转化等项目，江苏省科技厅累计4 000万元支持苏南中心建设	以服务科技型企业为核心。每年为科技型中小企业开展大量活动，已累计举办线上线下成果对接和难题招标活动113余场，征集企业技术需求2531条，解决企业技术难题521项；登记技术合同11 962份，合同成交总金额196亿元。同时，借助苏南中心平台，苏州每年都有近200项科研成果转化获市财政资金资助，30项科技成果获省科技重大成果转化资金项目支持，获省财政资金达2亿元以上

资料来源：郭曼.国家技术转移区域中心发展评述[J].中国科技产业,2017(12):72-75.

四、加强公私合作健全科技金融体系

科研成果转化投入高、周期长、风险大，科技与金融的紧密结合就显得尤为关键。科技成果转移转化提速增效，政府与市场两者缺一不可。长三角各省市宜设立专门机构、专项基金，同时吸引和发挥社会资本的力量，加强公私合作，建立全社会参与的科技金融体系，具体从以下几个方面着手：

其一，完善科技金融政策体系。加速协调和完善科技金融结合的区域政策意见，制定科技融创、信贷、保险等具体操作办法，形成趋于协调一致的科技金融的完整政策体系。

其二，搭建科技金融服务平台。统筹成立长三角科技金融服务中心及各地市分支机构，搭建科技金融网上服务平台，整合银行、创投、担保、保险等金融机构业务，创新科技金融服务渠道及模式，如苏州的"网上科技金融超市""科贷通"等，大力提升科技金融供给。

其三，繁荣科技金融专营机构。创造宽松的科创环境，鼓励和引导科技创业投资、科技支行、科技小贷公司等科技金融专营机构。

其四，鼓励社会资本积极参与。引领激励长三角地区社会资本在促进成果转化、创新创业中发挥的积极作用，创造环境激发风投、私募资金积极性，与政府投资或合作或分工，形成合力。优化地区技术转移体系的政策环境，畅通社会力量参与技术转移的渠道，如依托各级科技成果转移转化示范区和技术转移中心等重点资源，积极引导社会资金成立专业性强、领域明确的相关基金，带动民间资本和金融资本共同参与科技成果转移转化并分享产业利益。

概括来说，从概念来看，我们一致认为"科研与经济两张皮"的说法欠妥当，应该是科研和经济始终是"两张皮"，内在联系不够。很多实验室的科研成果没有能够转化为现实的生产力，也就是说，实验室成果没有向技术开发和技术商业化推进，仅仅满足于发表论文或申请专利，至于如何在国民经济主战场得到应用，缺乏应有的机制和激励措施。一方面，很多研究者没有能够很好地面向国民经济主战场开展研究。在当今中国众多行业关键核心技术受制于人的大背景下，既需要加快科研成果转化，又需要科研工作者面向社会需要开展研究。长三角地区积聚了大量的科研人员和科技研发试验装置，具有良好的硬件条件、人才团队和研究基础，要进一步发挥协同研发作用，要面向长三角国民经济发展的迫切需要，找准国家需要解决的重大科技难题，作为自己的研发命题，开展集中攻关研究，为国分忧，为产业解决问题。另一方面，要大力推进实验室成果向产业化迈进，加快科研成果市场化转化。再一方面，就是要通过区域内的技术合作，推进技术跨区域转移，通过创新全面提升长三角产业发展质量。

第五章

共建产业创新
大平台

产业创新平台是一个非常模糊的概念，既然长三角一体化发展纲要中写上了"产业创新大平台"，需要我们从"如何"解释或理解开始。共同搭建产业创新大平台是指长三角一体化发展中的产业需要高水平创新作为支撑。有学者认为，产业创新平台是区域创新要素集成、"政产学研金创"链接和资源网络化的概念，是创新要素集成并引起产业变革，导致创新成果外溢及产业化的系统性形态①。长三角创新资源丰富，创新要素云集，产业发达，通过共建产业创新平台完善长三角区域协同创新生态，将产业创新平台作为瞄准世界科技前沿和产业制高点整合创新资源的核心载体，打通原始创新、技术创新和产业创新协同链条，是支撑长三角产业创新、开展关键技术突破的战略选择。本章从产业创新大平台的内涵及特征、长三角产业创新大平台发展现状及问题、打造长三角科技创新共同体、强化长三角双创示范基地联盟、建设产业研究基地及交流平台几个方面进行研究，提供共建产业创新大平台的思路。

第一节　产业创新大平台概念界定

一、平台及产业创新平台界定

平台是一种系统化的思想，据研究，20 世纪初，亨利·福特最早使用"平台"一词来描述组成汽车的各个子系统。随后，"平台"理念逐步从汽车领域扩展到航空领域，后来被引入到管理思想和实践中。20 世纪 70 年

① 许正中，高常水.产业创新平台与先导产业集群：一种区域协调发展模式 [J].经济体制改革，2010（4）：136 - 140.

代，日本将"创新平台"思想在产业政策层面进行应用，以在半导体产业中实施超大型集成电路项目（Very Large Scale Integrated Circuits）。此后，以美国、欧盟为代表的发达经济体政府积极将创新平台的系统思想应用到国内产业创新体系的构建中。同时，英特尔、微软等在产业中居于主导地位的企业也尝试运用平台理念进行创新，引领本产业的技术进步并取得成功。1998 年，美国竞争力委员会在其《走向全球：美国创新形势》的研究报告中首次提出了"创新平台"的概念。"创新平台"包括创新所需的基础设施以及在创新过程中不可或缺的要素的集合：创新人才及前沿研究成果，促进创新理念向创造财富的产品和服务转化的法规、会计准则和资本条件，使创新主体能够有效收回其投资成本的市场准入机制和知识产权保护体系①。1999 年，美国竞争力委员会提出创新平台是最有价值但未被充分认识的国家资产。英国商业、企业和管理改革部在 2008 年的一篇研究报告中提出，创新平台就是一种能鼓励合作创新努力、促使创新观点的开发并向商业机构转移的机制，其关键特征在于实现企业和科研机构的有效对接、联合相关政府部门和研发资助机构、找到适当的功能杠杆、设法从分散的资源中不断地获得运作资金、利用采购机会连接研发与市场等②。综上，平台与产业创新结合是为了形成有效的产业创新系统。

对产业创新系统，相关学者已有系列研究成果，马雷尔巴（Malerba）最早将产业创新系统定义为由相互关联的产品群，以及为这些产品群提供一系列关于市场和非市场的相关服务的产业机构共同组成的一个多层面、综合、动态交互的复杂系统③。系列研究之后，马雷尔巴认为，产业创新系统是一个灵活变动的框架，其中的各要素可随实际需要相应地进行更改，它重点表现为框架内这些和产业创新相关的要素博弈、合作以及协同发展的动态过程。我国学者对产业创新系统从不同视角进行了多角度研究，倾向于将产业创新系统定位为一个网络系统，可以是国际的，也可以是本国的、区域的，还可以是超越国家边界的，构成网络节点的是产业链企业、高校、研究机构、用户、金融机构、政府，通过平台治理机制创新，集聚创新资源（包括科研设

---

① US Council on Competitiveness. Towards the World：Theniew Form of American Innovation[R]. USA，1999.

② 陈波.我国生物医药产业创新平台运行与治理研究[D].复旦大学，2014.

③ Malerba F. Sectoral systems of innovation and production[J]. Research Policy，2002，31（2）：247 - 264.

备、现有研究成果、创意、信息、人才、资金、政策等），加强节点之间的知识互动和技术创新，以提高产业创新能力和竞争能力。国家发展改革委发布《国家产业创新中心建设工作指引（试行）》（发改高技规〔2018〕68号），提出在战略性领域组建产业创新中心，服务关键共性技术、前沿引领技术、现代工程技术、颠覆性技术创新，促进科研成果转化，育成新产业、培育新动能①。国家产业创新中心是整合联合行业内的创新资源、构建高效协作创新网络的重要载体，是特定战略性领域颠覆性技术创新、先进适用产业技术开发与推广应用、系统性技术解决方案研发供给、高成长型科技企业投资孵化的重要平台，是推动新兴产业集聚发展、培育壮大经济发展新动能的重要力量②。《长江三角洲区域一体化发展规划纲要》提出瞄准世界科技前沿和产业制高点，共建多层次产业创新大平台③。重点是联合围绕国家产业创新中心的建设任务来搭建长三角创新网络系统，解决产业内部普遍存在的实验室技术与实际产品转移转化之间的"两张皮"问题。

二、国家产业创新中心的建设任务④

根据《国家产业创新中心建设工作指引（试行）》，对国家产业创新中心的建设任务明确如下：

其一，推动产业链、创新链、资金链和政策链深度融合，打造"政产学研资"紧密合作的创新生态；

其二，深化与国内外创新主体合作，整合联合国家和地方创新平台，构建长期稳定的协同创新网络；

其三，开展实验室技术熟化、产业前沿技术研发和竞争前商品试制，创制产业技术标准，推动产业技术变革；

其四，开展知识产权集中运营，整合利用高校、科研院所和企业等的专利技术，综合集成为系统解决方案；

---

① 国家发展改革委.关于印发《国家产业创新中心建设工作指引（试行）》的通知［EB/OL］. http：//www.gov.cn/xinwen/2018－01/20/content_5258777.htm.
② 国家发展改革委.国家产业创新中心建设工作指引（试行）［EB/OL］. http：//www.gov.cn/xinwen/2018－01/20/content_5258777.htm.
③ 中共中央国务院.长江三角洲区域一体化发展规划纲要［EB/OL］. http：//www.gov.cn/zhengce/2019－12/01/content_5457442.htm？tdsourcetag＝s_pcqq_aiomsg.
④ 国家发展改革委.国家产业创新中心建设工作指引（试行）［EB/OL］. http：//www.gov.cn/xinwen/2018－01/20/content_5258777.htm.

其五，推动技术创新成果转移转化，扩散新技术、新模式，培育新业态、新产业，促进区域产业集群发展、创新发展；

其六，深化创新体制机制改革，先行先试成果转化、人才激励、科技金融等改革举措；

其七，开展军民科技协同创新，推动军民融合产业前沿技术、共性技术联合攻关，促进科技成果双向转移转化。

三、共建多层次产业创新大平台（中心）

长三角共建产业创新大平台是多方协同跨行政区域共建的多层面、综合、动态交互的复杂系统。综合国家产业创新中心的建设任务和马雷尔巴的产业创新系统的灵活框架思想，对长三角共建多层次产业创新大平台作如下思考。

首先，创新平台建设强调资源协同、创新协同，长三角产业创新大平台要跨越地域限制，集聚创新资源，构建长三角科技创新共同体，联合组织重大科技攻关、打造科技创新走廊、构建长三角科技创新联盟，形成区域内原始创新、技术创新和产业创新的跨区域协同链条。

其次，创新平台建设强调创新观点的开发并向商业机构转移。因此，强化长三角双创示范基地联盟建设，打造双创基地平台，加强双创合作、共建国家级科技成果孵化基地以促进创新成果向创造财务的产品和服务进行转化。

最后，发挥企业的创新主体作用，从企业需求出发集成区域研究机构，加强产业共性技术研发、中试、应用示范，建设产业研究基地及技术转移转化交流平台，打造与产业链配套的共性技术研发平台体系和科技成果转移交流平台，增强产业的整体竞争力。

第二节　长三角产业创新平台现状及问题

一、长三角产业创新平台（中心）发展基础

（一）科技创新资源丰富，科研合作网络密度广度增强

长三角地区科研基地及人才资源丰富，各类技术平台密集，科研基础

雄厚。长三角科技资源共享平台统计显示，长三角共有国家级科研基地315个，占全国21.0%。具体来说，上海市科研基地总数116个，科研人员总数19 097人，其中，高端人才有院士175名，高被引科学家65名；江苏省科研基地总数111个，科研人员总数17 791个，其中，高端人才有院士86名，高被引科学家53名；浙江省科研基地总数61个，科研人员总数9 119个，高端人才有院士36名，高被引科学家22名；安徽省科研基地总数27个，科研人员总数6 071个，其中，高端人才有院士39名，高被引科学家14名。"十三五"以来，沪苏皖浙加速在区域内外布局应用研究和技术研发载体。上海加强功能性平台建设，整合各类重点实验室、工程技术研究中心等研发基地开放融合向功能型平台拓展；建立产业技术院跨区域协作机制，建立健全与产业链相配套的共性技术研发平台体系，增强产业的整体技术竞争力。江苏省技术创新合作项目思路广、模式多，地方政府、园区、企业与知名高校共建南京先进激光技术研究院、浙江大学苏州工研院等40多家新型研发机构，为区域产业协同创新提供技术创新支撑。安徽省加快推进新型研发机构建设。2018年，安徽省首批认定新型研发机构20家；2019年，认定安徽省新型研发机构25家。其中，中科大先研院建设联合实验室53家，孵化企业238家，累计引进集聚各类人才627人；清华公共安全院承担国家"十三五"重点研发计划课题11项，加快推动城市生命线示范应用；合肥技术创新工程院孵化企业70家。以丰富的基础研究和技术创新平台为支撑，长三角各地区加速推动协同创新，科研合作网络不断深化，科研合作网络的构成密度和节点联结广度不断增强。已形成上海、杭州、南京、合肥为核心节点的长三角科研合作，以上海为"首位城市"，形成从上海出发沿G42贯通南京，沿G60贯通杭州的科研合作主干线，以及"上海—合肥""南京—杭州"的次级干线。

（二）良好的区域协同创新实践基础

协同创新是以知识增值为核心，企业、政府、知识生产机构（大学、研究机构）、中介机构和用户等为了实现重大科技创新而开展的大跨度整合的创新组织模式[①]。经济全球化环境下，创新越来越具有开放性，协同

① 陈劲，阳银娟.协同创新的理论基础与内涵[J].科学学研究，2012，30（2）：161-164.

创新平台是国家创新体系的重要组成部分。国家层面，教育部和财政部于
2012 年启动的"高等学校创新能力提升计划"，长三角地区高校共牵头搭
建 8 个面向行业和区域的协同创新中心（见表 5-1）。2018 年，教育部启
动了省部共建协同创新中心工作，搭建新型科研平台。2018 年首批省部
共建协同创新中心认定 59 家（不含军民融合类 6 个），上海（3 家）、浙
江（3 家）、江苏（3 家）、安徽（1 家），占比 17%。2019 年省部共建协
同创新中心认定 64 家，其中上海（2 家）、浙江（2 家）、江苏（3 家）、
安徽（2 家），占比 14%。

表 5-1　长三角地区"2011 协同创新中心"①

序号	中心名称	主要协同单位	类别
1	长三角绿色制药协同创新中心	浙江工业大学、浙江大学、上海医药工业研究院、浙江食品药品检验研究院、浙江医学科学院、药物制剂国家工程研究中心等	区域
2	苏州纳米科技协同创新中心	苏州大学、苏州工业园区等	区域
3	江苏先进生物与化学制造协同创新中心	南京工业大学、清华大学、浙江大学、南京邮电大学、中国科学院过程工程研究所等	区域
4	无线通信技术协同创新中心	东南大学、清华大学、电子科技大学、北京邮电大学、重庆邮电大学等	行业产业
5	煤炭分级转化清洁发电协同创新中心	浙江大学、清华大学、华东理工大学、中国华能集团公司、中国国电集团公司、神华集团有限责任公司、中国东方电气集团有限公司等	行业产业
6	高新船舶与深海开发装备协同创新中心	上海交通大学、中国船舶工业集团公司、中国海洋石油总公司等	行业产业

---

① 根据中华人民共和国教育部发布的信息整理。

续　表

序号	中心名称	主要协同单位	类别
7	智能型新能源汽车协同创新中心	同济大学、上海汽车集团股份有限公司、清华大学、湖南大学、天津大学、国家信息中心、潍柴动力股份有限公司、中国电力科技集团公司52所、中科院电动汽车研发中心等	行业产业
8	未来媒体网络协同创新中心	上海交通大学、黑龙江大学、北京大学等	行业产业

区域层面，长三角正在加强上海张江、合肥综合性国家科学中心大科学装置建设，开展关键共性技术联合攻关，强化区域内重大创新布局。2019年度，上海市政府支持长三角区域创新共同体领域项目经费900万元，拉动社会总投入1 048万元。江苏省拨款1.2亿元，支持企业和长三角地区高校院所联合攻关22项关键核心技术攻关项目和9项重大科研成果转化项目。浙江省备案45项长三角联合攻关项目。安徽省支持长三角合作重点研究与开发计划项目15项。2020年6月，一市三省科技厅联合签署《共同创建长三角国家技术创新中心的框架协议》，打造大协作、网络化的创新联合平台，作为全球创新资源配置枢纽、产业技术创新枢纽、人才价值转化枢纽，进一步提升区域协同创新能力，为长三角成为全国科技创新中心和未来产业高地提供支撑。

（三）产业创新相关服务平台共建迈上新台阶

从产业创新服务方面为创新主体提供研究开发、技术孵化等8+1科技服务的载体平台有各类功能型平台、科技服务综合体、科技孵化器、双创基地、众创空间、大学科技园等等。沪苏浙皖创新服务平台建设各有特色，各地政府加快推动相关服务平台跨区域发展，区域创新相关服务平台建设进入区域合作共赢阶段。例如，创新创业示范基地联盟搭建跨地区、跨行业的创新资源共享平台，在科技成果促进转化、科技项目联合申报、科技人才联合培养、科技创新企业联合培育、创新创业生态营造等领域开展全面深化合作。

（四）长三角产业链条完备，产业创新主体实力雄厚

2020 年，长三角一市三省 GDP 达 24.47 万亿元，占全国 24.09%，其产业体系完备、配套能力强，构建产业创新中心具备先发优势。《2021 上海产业技术创新发展报告》显示，企业创新成效显著，截至"十三五"末，企业研发费用支出 1 057 亿元，规上企业创新产品开发项目数达 22 755 项。《浙江省科技创新发展"十四五"规划》显示，"十三五"以来，浙江区域创新能力居全国第 5 位、省区第 3 位，企业技术创新能力居全国第 3 位。据官方媒体报道，"十三五"时期，江苏省科技综合实力接近创新型国家和地区中等水平，高新技术企业总数超过 3.2 万家，跃居全国第 2 位。沪苏浙三省创新型企业质优量多，注重研发，具备雄厚的优质主体资源基础。

二、长三角产业创新平台（中心）存在的问题

（一）创新资源丰富亟需统筹规划，发挥资源协同互补优势

众所周知，长三角地区拥有丰富的科教资源，复旦大学、上海交通大学、浙江大学、南京大学、中国科技大学均属顶尖大学高校联盟（C9 League）成员，全国 1/5 以上的 985 高校和 1/4 的 211 高校驻扎长三角，为长三角产业创新和升级提供了丰富的人才储备和智力支持。其次，合肥及张江国家综合性科学中心集聚国家大科学装置，合肥、上海和南京三城拥有全国 1/3 以上的国家大科学装置（包括建成的和正在新建），长三角国家级科研基地数量占全国总量的 21%，为长三角提升原始创新能力，集聚高端研发人才，打造科技创新策源地提供了优越的平台。借鉴发达国家成熟创新区域的建设经验，区域创新一体化要形成既分工又协同、充分发挥各城市创新禀赋优势互补的城市功能分工格局。从市场驱动和相关政府、科技和产业部门积极推动两个方面整合创新资源，构建围绕创新链、产业链高度分工协同的一体化产业创新平台是下一步需要解决的问题。

（二）区域壁垒制约创新资源开放共享，创新要素资源流动不通畅

长三角三省一市在区域一体化合作发展、产业创新要素与创新资源的跨地区配置方面有一定基础。但是，基于行政区划的利益分配格局的存

在，让各省市之间的政策协调始终存在藩篱，跨区域的创新人才无法自由流动，科技成果转移转化、金融资本投资等创新资源开放渠道不够顺畅，其他创新要素的区际自由流动存在各种体制机制的障碍。此外，区域创新要素的自由流动需要构建一体化科技信息基础设施，改变创新活动主体信息沟通不畅及信息不对称的现状，以提升资源配置效率。

（三）跨区域协同创新不足，区域创新链与产业链融合发展不充分

虽然长三角区域合作由来已久，但是，受传统发展思维以及政府政绩考核导致的地方保护主义影响，一市三省在各自行政区域内较为重视产学研合作及科技成果在本地的转移转化，各省市牵头的跨区域产学研合作主要以服务各自区域为主。跨区域协同平台无论是规模、能力，还是管理机制均没有在长三角区域产生较大的影响力和带动力，资源相对分散。区域内科研机构的技术供给信息和产业（企业）的技术需求信息不能有效对接，科技成果不能有效转移转化，产学研合作及区域内创新链和产业链融合发展未完全突破行政壁垒和地域限制，不利于产业创新共同体的形成。

第三节　打造长三角科技创新共同体

从理论上讲，只有科学共同体，没有科技创新共同体。科学共同体是一个既有的概念，是有特定内涵的专用名词。如果以此提出科技创新共同体这样一个概念，从理论上来讲，是不太合适的。既然将此名词写进了《纲要》，那就针对性地作一些解释，以便于科学准确理解。

一、支持 G60 科技创新走廊成为科技创新高地

创新走廊打破行政区划概念，通过一条或多条高速公路作为主连接轴，依托发达的立体化交通网络，将核心城市和周边地区紧密联结起来，形成一个创新资源与要素自由流动的创新网络体系和创新连绵带[1]。以美

---

[1] 段艳红，何悦，胡品平.基于广深港科技创新走廊的区域创新协同发展新探索[J].广东科技，2018，27（8）：70-72.

国"硅谷"、德国法兰克福、韩国京畿道、日本筑波等为代表的知名创新走廊，将科研机构、产业组织在走廊范围内集聚，进行协同创新活动，集聚创新人才、创新资源，营造良好的创新创业氛围，最终都形成了优质的区域创新生态系统。

G60 科创走廊源于上海协同创新实践的探索，从 1.0 到 2.0 到 3.0，覆盖上海、嘉兴、杭州、金华、苏州、湖州、宣城、芜湖、合肥 9 个城市，两小时通勤圈已经建成，已成为长三角先进制造业基地和实体经济高地、长三角更高质量一体化的"引擎"。G60 科创走廊协同创新建设提升了地区间的协同程度和绩效水平，3.0 版的 G60 科创走廊聚焦人工智能、集成电路、生物医药、高端装备等先进制造业产业集群，形成了"核级引领、圈层递进、点带联动"的创新生态①。G60 科创走廊总体空间布局"一廊一核多城"，一体化创新进入深度对接阶段，需要重新聚焦规划对接、战略协同、专题合作、市场统一、机制完善等五个着力点，利用政府推动和市场引导的双重力量，实现区域产业分工新格局下的协同创新新生态，围绕创新链与产业链协同、资金链协同、政策链协同从以下几个方面提出建议。

（一）集聚整合创新资源，加强区域协同创新

其一，依托现有国家高新区、经开区及品牌产业园区，鼓励先进水平的企业进行"一体多翼"的空间布局，跨区域建立产学研基地，产业技术创新联盟。其二，依托 G60 沿线知名研究型高校、研究院、产业技术中心等跨区域联合共建实验室、技术中心。其三，充分发挥上海作为"国际联络人"的作用，支持国际高端创新机构、跨国公司、国际科技组织、科学家和科研团队在创新走廊建立研发中心、孵化器、转移中心，建设全要素科技成果对接转化平台。

（二）推动产业链深度合作，促进产业链、创新链融合

企业是产业创新的主体，政府的产业谋划的主体。跨区域的产业链深度合作需要政府部门协同谋划产业定位，从各地产业发展基础出发，跨区域布局产业发展，形成要素成本梯度，发挥市场力量驱动要素跨行政区流

---

① 伍爱群，周洪春.全面提升长三角科技创新能级，在新发展格局中体现使命担当.上观新闻网，2020 - 10 - 18.

动，既促进人口、资本、生产、技术、贸易、信息等要素高度聚集，又避免各园区产业同质化造成资源浪费和恶性竞争。支持嘉兴、湖州等市县到上海虹桥国展中心建设城市展示中心、招商中心、营销中心，积极开展 9 城市产业园区合作共建，优化重点产业布局和统筹发展。完善"科创飞地"模式，支持制造业基础雄厚的 G60 节点城市到上海建立产业协同创新中心，引导相关优势产业企业在产业协同创新中心设立研发机构，借助上海高端人才和科研机构集聚优势，加快项目孵化、技术研发、科技成果产业化。轮值定期主办创新创业大赛、科技成果拍卖会、两院院士走进 G60、工匠技能大赛等活动，推动科技成果产业化。

（三）加强政府引导，完善走廊金融服务支持

国内外的科创走廊发展经验告诉我们，政府的财政研发投入对科创走廊的引导和推动力量是成长期的关键力量。财政科技计划是政府统筹资源的导引力量，联合设立 G60 科技创新走廊专项基金，为科技创新走廊沿线的科技型企业提供研发资金支持，引导企业加大研发投入的同时，协同高校、产研院等创新机构，联合攻关关键技术、重大装备、关键环节，突破一批卡脖子关键技术，提升产业发展的核心竞争力。发挥九城市财政资金引导作用，吸引社会资本设立长三角 G60 科创走廊战略投资母基金，重点围绕战略性新兴产业、高端制造业等领域进行投资。以央行"金融支持 G60 科创走廊先进制造业高质量发展"15 条政策措施为依托，创新企业融资模式，依托线上 G60 综合金融服务平台、线下上交所资本市场服务 G60 基地，为企业提供全方位金融服务。

（四）完善政策机制创新，形成协同创新政策支撑

对标世界知名创新走廊的政策环境，建立一体化制度、服务和文化环境，协调创新走廊内的资金政策、人才政策、产业政策、科技政策等，打造先行先试的一体化"科创+产业"深度融合示范区域。加强政策探索，聚焦平台建设、聚焦不同生命周期产业的"放管服"差异改革、精准实施政策创新，实现政策有效供给。实践高新技术企业异地跨区域互认机制，促进走廊内高科技企业开展跨区域合作并合理流动。深化 G60 科创走廊政务服务"一网通办"试点，提高企业的感受度和便利度。推动实施鼓励企业研发的普惠性政策，支持企业建设应用导向性研发机构。制定跨区域科

技成果转移转化政策，建立统一技术交易市场。完善长三角科技创新券在走廊内通用通兑制度，实现企业异地购买科技服务。完善跨区域产业协同创新平台产业合作、税收分享、一体化统计机制，建立合作双方土地指标统筹共享机制。

二、构建长三角区域科技创新联盟

区域科技创新联盟是推动科技创新的重要手段。区域科技创新联盟是由区域内两个及以上的企业、研究机构、高校或政府部门，为了实现共同的利益或目标，有效利用各自创新资源，通过各种契约而组织形成的复杂网络系统①。《中国区域创新能力评价报告2019》显示，江苏区域创新能力居全国第三，上海区域创新能力居全国第四，浙江区域创新能力居全国第五，安徽区域创新能力居全国第十，长三角一市三省各区域创新能力均居全国前列，充分整合利用长三角区域内的创新能力资源，实现联盟内的各个主体（企业、研究机构、高校或政府部门）创新能力互补或相长，促进创新资源双向或多向流通，可以发挥区域最大创新集聚效应。

由于创新活动的正外部性、非排他性、信息不对称等特征，无法使用市场机制对创新资源进行有效配置，需要政府发挥制度创新的主体作用。长三角构建区域科技创新联盟的关键是政府协同构建跨区域的科技创新联盟管理体制机制，打破区域之间、单位之间、学科专业之间的界限，统筹区域科技创新资源，提高科技创新资源配置效率，解决创新公共资源建设的市场无效问题，完善区域科技创新体系。

其一，设立区域科技创新联盟专题组，负责联盟组织管理工作。区域科技创新联盟专题组协调成立专门的联合委员会和专职研究机构，负责科研政策协调和研发活动协调。科研政策协调从两个层面进行，一是科技创新联盟成员制定的长三角整体科研发展政策，例如出台专门的区域研发框架计划进行科技创新顶层设计和战略规划，二是各区域成员根据自身的科研优势、传统、基础而制定的省市科研政策。政策协调的一个方面是建立长三角共同科技政策及长远规划论坛，另外一个方面是区域内部能够分享省市科研政策的信息和统一的科研活动统计数据。专职研究机构负责从区

① 陈雄辉，谭春华.基于区域科技创新联盟的创新资源耦合模式研究[J].科技管理研究，2013，33（13）：16-19，28.

域共同利益出发对研发活动进行协调，主要包括三个方面，即长三角区域研发计划的协调、区域科研网络的协调和科技组织的协调。专职研究机构由四地按照经济实力共同出资，成立科技创新发展联合基金会，通过财政资金调动社会资金，引导区域内各类科技创新联盟承担各类科学研究与技术开发项目，推进区域科技计划实施并进行各类科技信息平台建设。

其二，通过制度引导分别成立专业性联盟、产业性联盟和区域性联盟，形成科学合理的协同创新布局。首先，专业性联盟围绕基础研究和应用基础研究，在科技资源共建共享的基础上，由在基础前沿领域或产业关键共性技术研究领域有显著优势的牵头单位（包括科研单位、高校、新型研发机构等）组建，重点解决量子信息、类脑芯片、物联网、第三代半导体、新一代人工智能、细胞与免疫治疗等新兴专业领域重大共性问题的创新联盟。其次，产业性联盟围绕关键技术研究，由在研发投入、研发团队、研发平台和发明专利方面具备显著优势的牵头单位（包括行业领先企业、科研单位、高校、新型研发机构等）组建，解决电子信息、生物医药、航空航天、高端装备、新材料、节能环保、海洋工程装备及高技术船舶等重大产业发展问题，实现产业链上中下游紧密衔接的创新联盟。再次，区域性联盟是围绕区域重大关键问题，由科研单位和高校围绕重大科技问题开展协同攻关成立的促进区域产业高质量、可持续发展的创新联盟，例如生态环境治理问题。最后，为保障联盟的有效持续发展，围绕三类联盟分别研究制定有效的产学研合作保障制度及利益分享与风险分担制度。

三、联合组织重大科学技术攻关

联合攻关是现代科技创新成功的重要途径。在世界范围的科技革命和产业革命孕育兴起的时代，科技与产业向"智能、泛在、互联、绿色、健康"方向融合发展，重大科学问题越来越复杂，基础科学和先进技术发展都需要多学科交叉融合，不同领域的技术融合集成，才能催生重大的技术突破。联合攻关通常被认为是高级形式的科技合作，一般是根据研究内容的需要，依托一个主要单位，联合其他单位和相关专业人员共同担负研究任务，以求在最短的时间内实现重大突破。联合攻关是通过协作各方知识互增、才能互补的方式，最大限度发挥人才资源优势，通过联合既减少重复性研究又多方形成合力，提高研究效率，缩短研究周期，有利于早出高等级的科研成果。目前，对于重大研究项目多采用这种全方位的科研协作方式进行组织。

长三角重大科技联合攻关项目源于 2004 年，上海市科委、江苏省科技厅、浙江省科技厅联合启动第一批长三角重大科技联合攻关项目，集成两省一市的科技资源，联合攻关社会发展领域重大关键、共性技术，提高科技资源的配置效率，增强长三角区域竞争力。初期，联合项目由上海、浙江、江苏联合平均出资、平均分配项目数的方式进行合作。2014 年至 2018 年，长三角科技联合攻关项目列入上海市"科技创新行动计划"长三角科技联合攻关项目，项目合作地区为浙江省、江苏省、安徽省，项目聚焦民生保障、公共安全、环境保护、生态治理等领域开展长三角协同创新和区域共性技术联合攻关及示范应用项目。2019 年，上海市科委发布上海市"科技创新行动计划"长三角构建区域创新共同体项目指南，项目确定两个专题，一是与浙江省、江苏省、安徽省合作联合攻关公共领域项目（包括民生保障、公共安全、生态环保、智慧城市等公共领域共性关键技术需求），二是与上海市科技主管部门签订相关科技合作协议的地区（杭州、宁波、嘉兴、湖州、苏州、南通、宣城）合作区域创新示范项目。

长三角联合组织重大科学技术攻关，产业共性关键技术攻关是重点，打破地方"分灶吃饭"财政体制的制约，突破各自利益束缚，将上海市主导转化为区域联合开展攻关行动，除了在社会发展领域开展联合攻关之外，从区域层面开展产业创新联合攻关行动，在新技术与产业变革的重点竞争领域，培养先发优势，以支撑起长三角经济转型升级的迫切需要。在区域战略层面推动重大科学技术攻关需要一市三省联合制定基于区域科技创新一体化层次的系列科技发展战略，加大经费投入，完善科技联合攻关的规章与运作模式。

其一，在基础研究领域，围绕科技前沿和公共安全等领域共建一批长三角实验室，聚焦集成电路、信息通信、高端装备、节能环保、生命健康、新材料等产业领域及交叉领域，推动产学研用联合攻关，联合争取一批国家重大攻关项目，加快推动核心关键技术的不断突破。在项目管理上，基础研究领域充分借鉴上海推进长三角联合技术攻关项目的经验和做法，由长三角科技创新联盟的专职研究机构统筹管理，以合肥、上海张江综合性国家科学中心两心共创为牵引，建立常态化对接机制，通过共建量子信息科学国家实验室，探索跨区域实验室运行建设模式，加快筹建类脑智能、智能计算、数字孪生、全维可定义网络等重大基础平台。

其二，在应用技术研究领域，聚焦区域具有发展基础的集成电路、新型显示、人工智能、先进材料、生物医药、高端装备、生物育种等重点领域技术的应用基础研究与关键技术攻关环节，依托创新型领军企业，跨区域联合高校、科研院所等共建产业联合创新共同体，明确3至5年阶段性合作项目计划，加强应用基础研究，聚焦产业前沿引领技术和关键共性技术研发与应用，紧扣技术链短板清单，突破关键知识供给，建立企业与大学和研究机构合作开发的新模式，联合开展应用基础研究。在项目管理上，明确项目准则、参与者规则，协同推进颠覆性技术创新，打造创新资源集聚、组织运行开放、治理结构多元的综合性产业技术创新平台。

具体来讲，如图5-1所示，产业联合创新共同体由决策与管理机构和执行机构两部分组成，董事会由各企业选取优秀研究人员组成，总务委员会下设的运作委员会负责资金筹集、分配和过程管理等，技术委员会负责研究方向确定和研究任务分配等。执行机构设立联合实验室和企业实验室，联合实验室由董事会管理，人员由企业、研究所、高校的优秀研究人员组成，负责进行基础与共性技术研发，各企业承担部分经费，参与企业可共享研发成果；企业内部实验室开展"应用性"技术研发，由各企业管理，从董事会申请和承担研究课题，接受联合实验室成果并实现产业化。政府在项目实施过程中主导协调区域、企业及竞争企业之间的利益关系并负责联合实验室的技术管理。在整个计划的形成过程中，政府及其下属咨询机构对未来科学技术的发展趋势进行研究与预测，制订产业研发计划，在明确提高科技水平和企业技术能力的关键技术之后，进行项目组织和实施，并对企业研发进行政策资金支持，鼓励企业参与到产学研合作研究中来。此外，在重大专项的实施过程中，配套建立严格的知识产权管理体系，通过明确知识产权的归属，来保障专项参与企业的利益分配，促使企业在合作研发中发挥其积极性。

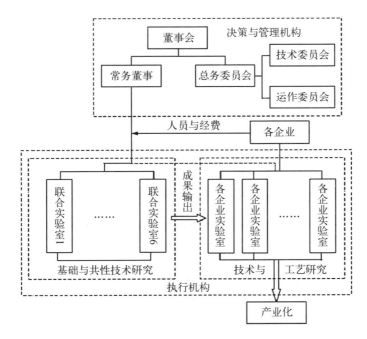

图 5-1　计划组织结构图①

第四节　强化长三角双创示范基地联盟

　　"双创"空间作为社会化创新创业服务体系的重要支撑载体，凭借其在创新能力、资源聚集、成果转化、企业孵化和就业拓展等方面的功能效应，已演化成为创新引领经济发展的重要载体。2018 年 9 月 18 日，国务院下发《关于推动创新创业高质量发展打造"双创"升级版的意见》，意见提出发挥"双创"示范基地引导示范作用，充分发挥长三角示范基地联盟作用，推动建立京津冀、西部等区域示范基地联盟，促进各类基地融通发展。《长江三角洲区域一体化发展规划纲要》提出发挥长三角双创示范基地联盟作用，加强跨区域"双创"合作，联合共建国家级科技成果孵化基地和双创示范基地。

一、长三角双创示范基地联盟现状

　　2018 年，为促进长三角双创示范基地跨地区、跨行业开展协同创新、

① 冯身洪，刘瑞同.重大科技计划组织管理模式分析及对我国国家科技重大专项的启示[J].中国软科学，2011（11）：82-91.

共建共享创新资源平台，沪苏浙皖四地三类 25 家国家级"双创"示范基地，共同成立"长三角'双创'示范基地联盟"，围绕科技成果促进转化、科技项目联合申报、科技人才联合培养、科技创新企业联合培育、创新创业生态营造等领域开展合作。目前，联盟开展了多种多样的合作活动，包括建立资源对接机制、大中小各类双创企业协同创新机制，加强企业合作共建载体、共育创新、共扶企业，合作搭建双创平台等，具体如下：

（1）加强日常资源对接，形成创新网络。联盟以工作互动、活动互访和实践交流为主题，开办论坛、展览、沙龙等各类专题交流活动，促进人才、项目、资本的流动和资源对接；在加强交流的基础上，联盟成员利用自身优势资源，根据需要牵头设立创业服务、创业投资、人才交流、产业合作等专业领域的子联盟，进而形成联盟内部的协同创新网络。

（2）整合创新服务平台，精准对接需求与资源。目前，由长三角双创示范基地联盟发起的长三角创业地图，联通各类双创服务平台 601 家，包括国家双创示范基地、园区孵化器、大企业创新中心、科研院所、投资机构等，覆盖长三角沪苏浙皖四地 27 个城市。长三角创业地图充分利用市场化力量和大数据手段无缝衔接创新创业企业需求和各地双创公共服务资源，减少信息不对称，便利双创企业进行项目报名、标杆营销、完成产融对接，提升对接效率。

长三角双创示范基地联盟工作在政府引导和市场需求的双重推动下，加速升级、深化合作，为双创合作提供了新的平台。长三角双创"升级"在创新创业生态完善、科研成果转化机制、大中小企业融通发展、部分政策落实等方面需要进一步更好地探讨这几个方面的地区融合及双创升级的合作新思路和新模式，推动政府打通区域内双创合作痛点与堵点，形成网络化、系统化、集成化创新格局，为创新创业提供稳健的根基和坚固的支撑。

二、跨区域双创合作总体思路

长三角创新创业是全国最活跃的地区之一，创新创业环境不断改善，主体日益多元，各类支撑平台不断丰富，创新创业社会氛围日益浓厚，跨区域双创合作可以从更大范围优化创新资源配置、降低创新成本、增强创新能力，对长三角创新创业一体化发展有重要的战略意义。受发展历史及发展阶段的限制，创新创业跨区域合作尚未形成完善的创新创业生态系统，存在科研成果转化机制不够健全、大中小企业融通发展不够充分、政策协同不够到位等问题。营造完善的区域创新创业生态环境、共同孵化创业成果是下一步进行创新创业合作的主题，建议从以下几个方面开展跨区域双创合作。

（一）推进创新创业制度改革，打造一体化创新创业政策支持环境

省市间相互借鉴成功改革经验，深入推进商事制度改革，进一步放开经营场所登记限制，并对创业创新主体登记申请提供"直通车"服务，全面推进企业简易注销登记改革。统一市场准入门槛，并通过税收政策等降低创业成本，完善创业激励机制。区域内推广完善政府采购创新产品和服务制度，对创新产品和服务实施政府首购、订购和优先采购。围绕区域产业发展定位，共同规划众创空间布局，推动产业结构升级，同时在科技项目联合申报、科技人才联合培养、科技企业联合培育方面出台相应政策并进行资金支持，消除区域间政策制度壁垒，促进资金、技术和人才等要素的跨区域流通，形成创新创业合力。充分利用三省一市创投经验，完善创业投融资机制。联合设立创新创业引导基金，发挥财政资金引导作用和杠杆作用，探索新型投资经营模式，创新金融产品，完善支持创新创业的金融服务体系，为不同发展阶段的创业主体提供多元金融服务产品，满足其融资需求。

（二）开放共享双创基地优势资源，促进大中小企业融通发展

目前双创示范基地主要有三类，即区域性示范基地、高校科研院所示范基地和企业基地，区域性示范基地侧重于制度创新和区域资源整合；高校双创示范基地在科技成果和智力人才方面具备核心优势；大企业双创示范基地在产业链和平台资源方面具备优势。长三角双创示范基地联盟整合三类平台资源，打破区域资源、高校科技成果、人才资源、企业双创示范基地之间的壁垒，促进不同类型双创示范基地融通发展，形成生态系统。进一步拓展"长三角国家级双创示范基地联盟"规模，吸收不同级别的双

创示范基地加入，从大中小企业创新创业的需求出发整合各类优势资源，加大示范基地内的科研基础设施、大型科研仪器的开放共享，发挥市场机制的导引力量，让大型互联网企业、行业领军企业自身创新平台向各类创业创新主体开放技术、开发、营销、推广等支持性资源。

（三）扩充创新创业服务平台版图，提升双创服务能级

其一，除了建设供需双方的对接平台，运用大数据等信息技术手段整合集聚科技咨询、天使投资、财务服务、法律咨询、知识产权、技术交易等创业服务机构及研发设计、商务物流、检验检测、融资担保、培训辅导等产业服务机构，加快搭建创业云服务平台，形成区域孵化网络和全链条的专业服务系统。其二，整合创新创业培训资源，培育区域创新创业培训服务品牌。以上海五角场创新创业学院等开放性培训组织为载体，集聚长三角各地创新创业培训资源，搭建线上线下协同创新创业培训系统，打造区域创业辅导和咨询服务品牌。其三，联合加强重点领域知识产权保护。聚焦重点领域和关键环节统一开展知识产权专项行动，积极运用"互联网+"技术进行在线识别、实时监测、源头追溯等，进行集中检查、集中整治，强化知识产权保护。

（四）培育"长三角"双创相关品牌，弘扬区域创新创业文化

长三角双创示范基地各联盟单位联合推出以"长三角"为品牌的系列"双创"大赛等科研成果转化活动，形成品牌效应，吸引国内优势科技转化中介和技术经纪人入驻长三角双创示范基地，构建区域科研成果转化"生态圈"。吸引并集聚国内外各类人才来长三角创新创业，设立表彰活动，奖励并吸引群众参与创业，吸引科技含量高、带动就业强的获奖项目落户长三角。政府搭建创新创业系列活动推广媒体平台，大力宣传尊重劳动、尊重知识、尊重人才、尊重创造的思想，营造一种鼓励创业、鼓励致富、鼓励创新、宽容失败的文化氛围。

三、共建国家级科技成果孵化基地

孵化器原意是人工孵化禽蛋的专门设备，引入到经济领域，延伸为将技术、资本与资源整合与运用的相关诀窍（know-how）集中到特定空

间内，以帮助企业技术创新与成长，具体指一个能够在企业初创时，为其提供资金、管理等多种便利的集中的空间，旨在推动合作和交流，对高新技术成果、科技型企业和创业企业进行孵化，使企业从无到有成长起来[①]。企业孵化器为在孵企业提供了大量的服务，包括商业机会、咨询服务、信息、融资计划、技术支持等相关服务，促进在孵企业的快速成长。除了通过服务将各类资源直接转移给在孵企业，企业孵化器还通过建立社会关系，间接促进资源流动，企业孵化器已成为各地科技成果产业化的重要载体，是区域创新体系的重要力量。

从孵化器的发展演化脉络看，中国孵化器是由政府政策驱动发展的产物，由最初提供简单的场地出租、财税代办等基础服务，逐渐专注于细分产业领域（新能源、新材料、新医药等）即专业孵化器。专业孵化器区别于一般孵化器，强调提供更加专业的创业设施、更专业的技术服务、专业的管理及专业的政策指导，可以帮助创新型中小企业解决研发中难以克服的硬件设施和技术限制，并为企业提供专业的研发和创新技术支持，更好地加快中小企业的发展。同时，随着分享经济理念的发展，西方创客运动的传播，由民营主导的孵化器逐步发展，"创客""众创空间"等各类新型孵化器诞生并快速发展。新型专业孵化器强调孵化服务链条化，集成科技创业链的全程服务，完成"苗圃—孵化器—加速器"的全程孵化服务。科技部强调众创空间是在各类新型孵化器的基础上，打造的一个开放式的创业生态系统，是一种综合形态的孵化器，现有的孵化器、创客空间是目前众创空间主要的两种业态，由此表明众创空间本质上也是一种新型孵化器，是其他类别孵化器的综合形态[②]。众创空间作为一种新型孵化器，是在科技创业孵化器发展基础上，通过新模式、新机制、新服务、新文化融合发展，涌现出来的低成本、便利化、全要素的创业服务社区，集聚各种创新创业要素，为大众创新创业者提供良好的工作空间、网络空间、社交空间和资源共享空间[③]。以上海的"众创空间"为例，科技成果孵化基地包含传统孵化器、科技园、创客、苗圃、创业园以及包括新车间等轻物理空间重服务的载体，建设科技成果孵化基地即打造众创空间生态系统。

---

① 刘志迎，徐毅，洪进.众创空间：从奇思妙想到极致产品[M].北京：机械工业出版社，2016.
② 刘志迎的长三角区域众创空间创客集聚及创新创业培育路径研究项目成果。
③ 刘志迎，徐毅，洪进.众创空间：从奇思妙想到极致产品[M].北京：机械工业出版社，2016.

以京津冀、长三角、珠三角、川渝为代表的经济发达区域是我国孵化器的重要集聚区。其中，长三角孵化器建设以数量多、质量高，模式新颖走在全国前列。截至 2018 年底，科技部火炬高技术产业开发中心数据显示，国家级科技企业孵化器共计 986 家，江苏省居首位达到 174 家。江苏省孵化器建设无论是数量还是质量均领跑全国，浙江省市场化形成的效率和机制领先，上海的专业化、国际化水平卓越，安徽省奋起直追，增长空间较大。长三角区域创新共同体是科技成果诞生的摇篮，孵化基地是以促进科研成果转化、培育高新技术企业和企业家为主旨的科技创业服务载体。我国包括长三角地区企业孵化器普遍存在区域发展不平衡的问题，传统孵化器盈利模式单一、后续发展困难、专业服务水平低等问题。发挥上海、江苏、浙江、安徽各自优势，运用移动互联网、云计算、大数据等信息技术共建国家级科技成果孵化基地，高效配置"众创空间"线上线下资源，产生集聚效应，完善创新体系、集聚创新人才，打造新兴企业、技术、产业、商业模式和创新文化的发源地，关键要抓住以下几个要点：

（一）扶持跨区域众创空间

众创空间是大众的创新，运行模式有网络社区式、实体空间式和平台众包式，众创活动降低了传统创新模式下的研发风险和成本，提高了创新的效率。长三角产业创新平台以协同创新为基础进行布局，其跨区域、跨组织、跨界合作的基础是区域资源优势及区域产业布局，众创空间集聚要针对战略新兴产业及地区优势产业的需要，联合设立财政专项资金，采用主导建设、运行补贴等形式，提供资金补助、创业培训、技术对接、投资对接等创新创业服务，扶持跨区域运作的众创空间快速发展。政策鼓励依托 G60 科创走廊、区域科技创新联盟等区域创新平台的众创空间，盘活各地区存量资源，积极发展创客空间、创新工场、开源社区等新型众创空间，加快完善人才、资本、知识产权保护等政策环境，吸引和支持各类人才到众创空间创新创业，在居住、工作许可、居留等方面提供便利条件，促进区域内人才资源流动，建立形式多样、主题鲜明的众创空间。

（二）共建专业化、网络化、市场化孵化器平台

有学者的研究显示，长三角地区科技企业孵化器整体运行效率较高但区域差别显著，上海市科技企业孵化器数量最多，但运行效率最低，主要

是由于规模低效引起的；杭州运行效率最高、南京次之，而杭州和南京非有效孵化器主要是由于技术无效导致的①。因此，上海市的市场化运作经验、江苏省的政策支持模式、浙江省的信息技术攻略有效融合，可以整合提高区域创新创业的整体服务水平。长三角筹建跨省高层次创业项目推介路演平台，吸引区域内金融机构、创业天使资金在平台上进行投资项目筛选，实现创业资金的跨区域流动。运用大数据、云计算、区块链等信息技术搭建创新创业公共服务平台网络，促进区域内"双创"服务资源的集成和共享，构建孵化网络和全链条的专业服务，形成精准孵化服务体系，为区域内创新创业服务资源不足的地区提供全方位的科技创业服务。

（三）成立行业协会联盟，推进"异地孵化""联盟孵化""互动孵化"等新型孵化模式

长三角联合成立区域科技孵化器行业协会联盟，调动社会力量进行专业化指导、行业标准体系建设，促进资源共享及知识产权保护和宣传、发布行业白皮书、开展空间评级。鼓励龙头骨干企业、高校、科研院所与区域内先进创业孵化机构开展对接合作，跨区域创建国家级科技孵化器或众创空间，重点培育新兴产业的专业化孵化器，实现专业化分工和国际化运作格局。鼓励长三角双创示范基地联盟内的创新创业项目进行互换孵化、异地孵化，推动创业项目和创新人才、创业资金在区域内自由流动。支持产业基础薄弱地区与创新资源丰富地区的技术、资本和市场资源对接，采用结对帮扶、联合共建、异地孵化等方式开展孵化器战略合作，引入孵化器先进的发展理念和成熟的运营模式，整体提高全域内孵化器发展水平。

四、共建国家级双创示范基地

浙江首个国家区域双创示范基地"未来科技城"以"人才引领、创新驱动、产城融合"为战略实现了跨越式发展，打造了"最多跑一次"的营商环境，通过"企业数据大脑"提高政府服务力、特色小镇建设营造双创新空间、知识产权保护促进创业创新、招才引智营造人才高地、双创活动营造"双创"氛围。双创示范基地是创新创业的新引擎，由区域、高校、

---

① 翁莉，殷媛.长三角地区科技企业孵化器运行效率分析——以上海、杭州和南京为例[J].科学学与科学技术管理，2016，37（3）：106-115.

企业三类主体创建，通过双创基地建设，对产业链、创新链、资金链和政策链进行统筹，打造适应长三角区域特点、发挥高校优势科技资源、利用行业龙头骨干企业的示范带动作用的一体化双创组织模式和服务模式，扶持创新型企业发展壮大。联合共建国家级双创示范基地，深化创新创业政策改革，促进新技术、新产品、新业态、新模式发展，培育壮大发展新动能、带来新旧动能接续转换，营造鼓励创新、宽容失败的社会氛围，是营造区域创新生态的重要环节。

（一）共建跨区域创新创业基地

以 G60 科创走廊、嘉昆太协同创新核心圈、环淀山湖战略协同区等跨区域创新平台为试点，围绕制造业转型升级和高端服务业集聚，打造跨区域创新创业国家级双创示范基地先行区。先行示范基地内首先深化"放管服"改革，突破阻碍创新创业发展的政策障碍，推进科技规划联动、创新平台联动和创新创业品牌联动。其次，在先行区不断完善科技企业创新扶持体系、不断加大高新技术企业培育力度、不断优化科技创新券服务、不断激发全社会创新创业活力。

（二）共建行业龙头企业创新创业基地

在市场主导的情况下，企业是创新创业的主体，行业龙头骨干企业利用自身的资源优势与经验，可提供政策、财务、金融、经营管理、市场推广和加速成长等各个方面的产业链保姆式服务，包括创新营销服务、提供采购、销售对接服务、科技支撑服务、信息网络服务、人才流通服务、人脉培养服务、财务税务服务、政策申报服务等，是建设双创基地的骨干力量。以培育跨区域创新创业主体为主线，突出市场运作，统筹产业链、创新链、资金链和政策链，鼓励领军型企业跨区域发展提供"异地孵化""互动孵化"型创新创业服务，重点支持面向"新技术、新业态、新模式、新产业"的国家级创新创业示范基地，推动大中小企业在新技术的驱动下，跨区域融通发展。

（三）共建高校协同创新创业基地

2020 年 5 月，中国科学技术大学、复旦大学、上海交通大学、南京大学、浙江大学等五所高校共同组建长三角研究性大学联盟。11 月，首届长三角研究型大学联盟创新创业论坛，探索共同建立项目合作与资源共享平台；共同组织开展创新创业教育经验交流会、座谈会、调研活动；共建共享多层次、立体化的专创融合课程体系；共建共享创新创业线上课程资源；共建共享创新创业实践基地等，高校联盟开启深化合作新篇章，促进在项目、活动、课程、资源等方面共建共享发展成果。以此为引领，充分发挥区域内高校院所、科研院所的主体作用，以各类高校联盟为主导，打造集基础研究、前沿技术研发、成果转化、"硬科技"创业、产业集群、休闲娱乐、生活安居为一体的创新创业集聚区，与科技企业孵化器、加速器及产业园等共同形成创新创业生态体系，积极培育具有全国示范水平的国家级双创示范基地。

第五节　建设产业研究基地及交流平台

一、支持国内外知名研究型大学建长三角研究院

在区域协同创新系统中，研究型大学具有强大的科研能力、人才资源、知识储备，发挥着与其他企业和创新主体的能力互补优势，是区域创新体系的重要主体。有学者认为美国战后的经济增长 50% 以上应归功于科技创新，而创新的主要力量来自研究型大学[①]。研究型大学、科研机构、产业与政府间的产学研合作是协同创新的主要形式。从国内外成功经验来看，著名研究型大学由于其强大的科研创新能力，往往成为区域创新系统的创新极核，带动区域创新的协同发展。随着区域协同创新系统不断发展，研究型大学成为区域经济发动机与创新激发器，在社会经济与创新体系中承担越来越重要的角色。

早在 2003 年浙江省就推出了引进"大院名校"联合共建科技创新载体的政策，各地政府和企业积极响应。浙江清华长三角研究院充分利用清华大学的优质科技和人才资源，为长三角地区科技创新、技术服务、人才培养和高新技术产业化发展提供智力支持，研究院首创提出的"G60 科创走廊"的战略构想被列入《长三角一体化规划纲要》，带动了区域创新的

---

① 颜晓峰，等.创新研究［M］.北京：人民出版社，2011（3）：110.

协同发展。加大力度支持国内外知名研究型大学来长三角创办研究院，一方面，发挥其科技创新与人才优势，以技术和知识为纽带，凝聚和吸引一大批相关企业聚集，形成产业群和规模效应，从而吸引更多的投资，形成区域特色产业和支柱产业；另一方面依托长三角良好的市场环境与丰富的产业、商业和金融资源，通过借力优质创新资源，打造科技研发、企业孵化、创业投资、人才培养、国际合作等功能板块，构建产学研深度融合的科技创新系统；最后，通过国内外研究型大学的创新平台集聚能力参与高端领域国际科技合作开展技术和知识的创新，带动长三角的产业技术升级和产业结构调整，让长三角成为融入全球化创新的深度参与者和主导者，实现长三角高质量发展的同时提升长三角科技创新的国际影响力。

围绕长三角经济、社会发展和产业结构优化升级的需要，结合自身科技创新和产业发展的要求，从实际出发，引进国内外著名高校到长三角联合共建先进水平的新型创新载体。首先，鼓励各地在科研用房、用地和启动资金等方面制定优惠政策，围绕区域产业规划引进国内外知名研究型高校，以创新链—产业链—资本链融合为目标，创新项目管理、团队管理和人才激励机制和模式，促进科技成果转移转化。其次，出台科研专项经费计划支持各类长三角研究院开展研究开发和公共服务研究，灵活制定专业技术职务任职资格评审与职务聘任办法，做好科技人员服务工作，解决引进科技人员家属及其子女的户口、求学、住房、求职等问题。最后，长三角政府相关部门要协同配合，联动指导和督促检查，及时总结推广好的经验。

二、长三角五校联建产业技术研究院

产业技术研究院被称为"发明的工业化"，它充当高校、科研院所与企业之间的桥梁和纽带，是发达国家极其重要的科技制度创新。在经济全球化趋势不断发展的背景下，随着技术创新复杂性的增强、速度的加快，各学科之间、科技与经济之间、国家之间的创新互动日趋紧密，由此诞生了协同创新模式。产业技术研究院当下已成为中国高校、科研院所、企业开展协同创新的新型组织模式。诸多学者研究认为，产业技术研究院以"政府推动、高校主导、企业支撑、国际合作、市场化运作"为基本理念，来促进产业科技创新、布局前沿研发、突破关键技术，将来源于高校的科研成果向产业界转化①。依托高校或者科研机构建设的产业技术研究院，首先，整合创新人才、创新要素，开展跨学科和国际合作研究，培育孵化创新型人才。其次，从产业发展需求出发，打造产业技术创新链并构建产业技术需求分析框架，开展产业共性关键技术研发、科研成果转化、产业技术服务等活动，促进创新链与产业链深度融合。最后，通过产业技术研究院构建产业技术供给创新体系，提升新技术研发效率和扩散效率，推进关键共性技术的行业共享与应用。

长三角研究性大学联盟包括复旦大学、上海交通大学、南京大学、浙江大学、中国科学技术大学等华东五校，五校作为中国首个顶尖大学高校联盟——九校联盟（C9 League）成员，在资源共享、优势互补、多元发展、协同创新等方面具有深厚的合作基础。从地域分布来看，五校分属长三角创新中心城市上海，副中心城市南京、杭州、合肥，四个城市连点成面，以长三角基础设施一体化为依托，五校充分利用所有技术资源优势及集聚平台能力，围绕长三角重点产业及新兴战略产业联建产业技术研究院，一方面，可以集聚优势研究资源充当区域创新体系连接点的角色，带动省市间、产业内和企业间的跨区域联动发展，布局长三角差异化产业技术创新空间格局，带动城市产业结构升级，形成区域创新生态系统的连接点；另一方面，长三角五校联建产业技术研究院可以深化高校联盟的合作层次，创新高校联盟的合作机制，整合区域创新资源，通过优良的交通联系、丰富的生活资源成为高质量城市空间和区域经济发展中的增长极，深入解决创新资源投入条块分割、资源分散、重复浪费等行政壁垒导致的分割问题，促进城市化发展。借鉴国内外产业（工业）技术研究院的发展经验及中国发展实际，提出以下新型产业（工业）技术研究院协同创新的建设模式：

（一）明确产业技术研究院定位，建设任务导向型应用研究机构

长三角产业发展进入创新导向阶段，产业技术研究院应成为区域科技计划主要执行者、科技政策制定参与者和执行者。研究院主要以长三角联

---

① 杨铭，于忠，田荣斌.工业技术研究院转化高校科技成果的实践和思考[J].中国科技论坛，2009，（3）：115－118，133.

合研发基金为抓手，确立支柱型产业，围绕产业关键技术、共性技术和前瞻性技术为研发切入点，注重与学术界、产业界错位进行并保持密切合作，定位为"任务导向的应用研究机构"，以推动长三角产业技术升级、创造新产业以及构建其知识基础，充当产业技术研发和应用的领导者。产业技术研究院以市场需求为牵引，汇聚政府、学术界、产业界及国际资源，整合各种创新要素，运用于产业创新，实行高校主导、政府推动、企业联合共建的发展模式，其技术研发机制主要包括自行研发、技术引进，以及与产业、学界合作研究等多种形式。组织结构适应外部环境和产业技术发展需求，对内部资源进行整合，依据不同时期的策略方向采用灵活的组织管理结构。

（二）围绕长三角重点领域联建产业技术研究院

技术创新元素是高科技产业发展的强大动力，围绕电子信息、生物医药、航空航天、高端装备、新材料、节能环境、海洋工程装备及高技术船舶等重点领域，整合五大高校技术创新资源，围绕区域产业布局共建产业技术研究院，在周围形成积聚效应，降低高科技企业引进人才成本，增加信息交流的机会，加快资讯流通速度，最终加快技术创新的速度。产业技术研究院可以推动学科集群和产业集群对接，将科研人员、经营管理人员、投资人员有效集聚在同一个平台上，以"开放式、多元化、流动性"的原则对人才进行使用和管理，将产业技术研究院建设成为高水平人才使用特区。调查显示，上海生物医药产业增速最快，江苏新材料和智能装备制造领域已形成优势，浙江信息服务行业发展迅猛，安徽在装备制造、新能源等领域后劲强大[①]。以复旦大学、上海交通大学为主导，协同南京大学、浙江大学、中国科学技术大学生物医药方面的人才和技术资源搭建生物医药产业技术研究院；南京大学主导协同其他四校建设新材料和智能装备产业研究院等。

（三）坚持制度创新，创新企业化运营方式

产业技术研究院首先是非营利性应用技术研究机构，能够整合积聚政府、产业、科研部门以及高校力量，提升产业研发能力，带动产业研发投资，带动产业上中下游发展，加速产业结构调整，促成新兴产业的产生

---

① 上海市科学学研究所的《2019 长三角一体化区域协同创新指数》（2019 年 5 月 16 日发布）。

等，从而实现由技术研发提升产业技术水平，发挥以研发投入带动产业发展的杠杆作用[1]。其次，产业技术研究院需要做产业想做但做不了或者想做不敢做的未来的事情，难度和风险巨大，需要有比较多的经费，需要采用企业化经营打造自身的造血功能。再次，产业技术研究院在产业创新的过程中居于技术开发和技术扩散的中心位置，担任区域创新网络建设和区域创新体系重要联结点的角色。最后，产业技术研究院与企业合作研发项目课题，提供面向产业的全方位服务，需要共同解决资金、市场和管理问题，需要人才资源的跨区域自由流动，跨区域信息交流和创新扩散等等。因此，以企业化运营方式进行制度创新，探索有效的激励制度、投融资制度、产权管理制度、人才选用制度等制度架构体系，决定了产业技术研究院能否有效运转。

三、一市三省轮值主办浦江创新论坛

欧洲联盟是世界上一体化程度最高的区域组织之一，经济一体化的逐步深化促进了该地区经济的进一步繁荣，是世界上经济最发达的地区之一。轮值制度源于欧盟诞生之后，欧盟一体化推进过程中，各成员国频繁使用"欧盟轮值主席"一词，后来轮值概念逐渐普及到学术界、媒体界，应用到各级跨区域组织、合作联盟组织、政府、企业界、行业协会商会等，也成为论坛、展会等临时性、关键性交流活动常用的组织管理方式，中国也多次在跨国会议及组织中担任轮值主席。2019 年 12 月，中共中央国务院发布的《长江三角洲区域一体化发展规划纲要》提出共同办好浦江创新论坛。根据中央部署，上海打造具有"全球影响力的科技创新中心"，江苏省打造具有全球影响力的科技产业创新中心，浙江省打造全国数字经济创新高地，安徽省打造具有影响力的科技创新策源地。《2019 全球城市基础前沿研究检测指数》发布的全球 TOP20 城市中，长三角上海、南京、合肥入选，均列全球第一方阵。长三角打造科技创新共同体的战略定位，将创新的主题演变为"开放""协同""共建""共赢"，三省一市均具有承办国际展会的丰富经验和资源基础，轮值举办浦江创新论坛意义重大。

---

① 陈鹏，李建强.台湾工业技术研究院发展模式及其启示［J］.工业工程与管理，2010，15（4）：124－128.

浦江创新论坛创办于 2008 年，论坛以创新为主题，立足上海，展望国际，为学界、业界、政府及社会各方搭建创新发展交流平台、先进理念传播平台，学界思想争锋平台和最新政策发布平台。论坛以"开放创新"为理念，不断创新组织机制，最初，由国家科学技术部和上海市人民政府共同主办；2009 年，设立"市长论坛"，以城市创新发展为主体打造市长与专家学者交流平台；2012 年，成立上海浦江创新论坛中心并创设主宾国和主宾省（市）机制；2016 年，浦江创新论坛首次海外参加伦敦科技周（欧洲最大科技盛会）；2017 年，论坛创新双主宾省（市）机制①。浦江创新论坛的持续创新汇聚了多元创新主体和资源，交流与碰撞出浓郁的创新氛围与创新生态，屡次开创性的举措践行着"创新"的含义，也展现着论坛日益"开放"的发展理念。创新浦江创新论坛轮值制度是区域内一体化开放的标签，可以充分发挥长三角各省市的主人翁精神，搭建具有国际影响力的创新思想交流互动平台，共同打造长三角创新标签，增加整个长三角城市群科技创新在世界上的影响力。

四、联合轮办长三角国际创新挑战赛

中国创新挑战赛是针对具体技术创新需求，通过"揭榜比拼"方式，面向社会公开征集解决方案的创新众包服务活动。长三角国际创新挑战赛征集长三角企业需求，面向全球高校、科研院所、企业以及个人寻求解决方案，将技术需求方和技术供给方聚集到一起，通过"科研悬赏+研发众包"的新型项目组织与资助模式，将企业需求与技术进行精准对接。在这个过程中，挑战赛作为一个平台，将创新资源集聚在一起，一方面促进科技成果转移转化，为企业发展解决实际问题，降低其创新成本；另一方面为开展需求导向、产学研一体化的协同创新提供了抓手，有助于解决产业关键共性问题。

2018 年 4 月，首届长三角国际创新挑战赛与第三届中国创新挑战赛（上海）同台举办，上海、江苏、浙江、安徽的创新挑战赛站到了同一个舞台上，对接国家赛事平台，长三角国际创新挑战赛担当着建设长三角科

---

① 主宾国制度源于 1988 年，是指在展会上由主办方确定以某一国家（尤其是该国文化）为主题进行宣传；主宾省是展会上由主办方确定的以某个省份为主题进行宣传，主要以该省份的经济、文化、生态等进行宣传。

技创新生态建设实践区的重要使命。长三角国际创新挑战赛突出联动协同与先行先试，通过供需对接，拉动上海国际技术交易市场、浙江科技大市场、江苏省技术产权交易市场、安徽省科研成果转化服务中心4个技术市场进行协同模式探索，也进一步推进长三角科技创新券的通用通兑机制的创新，探索科技创新与转化服务资源的开放共享，为长三角技术转移服务一体化、政策协同化、交易标准化积累宝贵实践经验①。长三角国际创新挑战赛为区域内企业提供面向全球寻找解决方案的渠道，挑战赛对接上海的国际技术转移渠道、国际化众创空间等专业机构的服务，精准对接和匹配海外科技资源，吸引海外优质成果落地长三角，"一带一路"沿线国家企业需求也在这里与长三角科技创新资源和产业资源进行对接。同时，长三角国际创新挑战赛由三省一市协同进行行业专场赛事，上海开展清洁技术、AI、智慧医疗、新材料、区块链专场；浙江开展区块链专场；安徽开展健康、信息、环境和农业方向专场；江苏开展新能源节能专场、电子信息专场、新材料专场，聚焦前沿热点行业领域，为产业持续挖掘新的增长点和创新点，提供专业需求发布平台。

联合轮办长三角国际创新挑战赛是持续推进跨区域技术转移合作迈向常态化的重要一步，可以充分利用各省市的科技资源，加快区域科技创新资源开放共享、促进技术供需对接、推进长三角区域创新体系建设、促进区域协同创新和科研成果转化生态。同时，各省市通过承办比赛培育一批专业化科技服务机构，使潜在需求"浮出水面"，转化为技术创新，通过技术创新驱动区域产业转型升级。

多年来，人们习惯于用"平台"的概念来描述一些经济现象，甚至很多地方政府都用"打造×××平台"来阐述其想要做的事情，这是一种闪亮的表达。但是，深入研究发现并没有明确何为"平台"。虽然本章从多个层面，阐释或试图解释清楚"产业创新大平台"，但仍然无法达到满意的解释效果。国家发改委和工信部都出台了建设"产业创新平台"的相关文件，并每年评审建设若干产业创新平台，但这些平台都是微观的研发主体，而且多数还各省申报各省的产业创新平台，只有少数有些横向联合，如何共建产业创新大平台，似乎还是个无解的难题。

---

① 科技部网站.首届长三角国际创新挑战赛面向全球发布500项企业创新需求［EB/OL］. http：//www.cistc.gov.cn/cn/introduction/info4.asp？column＝&id＝97003.

第六章

强化协同创新
政策支撑

政策工具是激励创新的重要手段，创新政策是政府支持和影响社会经济创新发展的重要手段，包括科学政策、技术政策、产业政策以及其他社会经济政策。正如 OECD 所提出的，发展创新政策的目的是要把科技政策与政府其他政策，特别是经济、社会和产业政策，包括能源、教育和人力资源政策形成一个整体①。简言之，创新政策是政府部门为提高经济体创新能力，以促进创新产生、利用和扩散为目的的一系列公共政策的总和。长三角创新政策体系构建是跨省级行政区域的政策创新协同。四地政府是主体，需发挥主导作用，协同构建适应创新驱动发展的制度环境和政策法律体系。本章从创新政府科技计划管理机制、协同推进全面创新改革试验、提供长三角一体化保障服务等几个方面推动一体化创新政策改革，以大幅提高创新资源配置效率，激励创新的产生、利用和扩散。

第一节 推动协同创新的强大合力

中央及各级政府的财政科技计划（专项、基金等）是统筹创新资本、创新人才、创新技术和知识的重要政策工具，在基础研究、前沿技术研究、产业共性技术研究、成果转化产业化示范、商业化和市场化开发等创新链条打造过程中，起到重要的引导作用。合理的科技计划管理体制可以形成开放合作的制度环境，形成协同创新的强大合力。

我国自 2014 年开始启动中央财政科技计划（专项、基金等）管理改革，从顶层设计出发，以打破条块分割为目的，通过管理体制改革来统筹

---

① OECD. Innovation Policy[R]. Paris: OECD, 1982.

科技资源，加强部门功能性定位，建立公开统一的国家科技管理平台，构建总体布局合理的具有中国特色的科技计划（专项、基金等）体系①。2018 年，为深化科学基金改革，国家自然科学基金委与地方政府共同出资设立"区域创新发展联合基金"，重点围绕区域基础研究和应用基础研究，解决区域发展重要科学问题和关键技术问题。2018 年 12 月 16 日，安徽省加入国家自然科学基金区域创新发展联合基金，重点围绕信息、能源、环境、健康、新材料、人工智能、生物与农业等相关领域发展需求向全国征集项目。2019 年 11 月 28 日，浙江省加入国家自然科学基金区域创新发展联合基金，重点围绕浙江数字经济和生命健康等相关领域发展需求开展研究。

长三角一体化科技计划管理改革，首先要充分发挥四地政府的协同主导作用，跨越省际行政分割的局限，聚焦区域科技战略任务，补充国家重大科技专项，联合建立长三角区域自然科学基金、长三角科技重大专项基金、长三角重点研发计划基金、长三角技术创新引导专项基金，充分发挥科技计划（专项、基金等）在提高区域社会生产力、提升区域国际竞争力中的战略支撑作用，同时，以大科研项目为载体，提升长三角区域"事业留人"的能力和水平。

一、联合建立长三角区域自然科学基金

自然科学基金资助基础研究和科学前沿探索，支持人才和团队建设，增强源头创新能力。长三角区域自然科学基金由地方政府协商共同投入经费设立联合基金，以支持张江、合肥综合性国家科学中心两心同创为出发点，发挥区域科学基金的导向作用，引导社会资源，共同资助能源、人工智能、量子信息科学、类脑芯片、细胞与免疫治疗、第三代半导体、物联网等若干特定领域和方向的基础研究。设立联合基金的目的是充分发挥长三角科技资源优势，围绕长三角科学重点发展方向，共同实施国际大科学计划和国际大科学工程，吸引长三角范围内科研人员在重点领域跨区域开展基础研究，解决关键科学问题，通过区域内科学与技术人才的自由流动，实现科学家之间的强强合作和优势互补，吸引更多国家级科技创新平台及重大战略项目到长三角，推动长三角自主创新能力的提升。

借鉴联合基金的运作模式，长三角区域自然基金由上海、安徽、浙

---

① 国务院.关于深化中央财政科技计划（专项、基金等）管理改革方案［EB/OL］. https：//www. nsfc.gov.cn/publish/portal0/xxgk/tab387/info53890.htm.

江、江苏四方协议确定比例联合出资，四地科技厅联合提出指南需求，成立综合性专业机构（主要由科学家组成），依托区域科技信息管理平台，建立专项管理制度，受理申报和组织评审、商定资助项目、负责项目后期管理。后期，随着运作模式成熟和管理需要，可以从人才培养角度出发，针对不同年龄阶段及科研水平申报人，设立长三角区域自然科学青年科学基金项目，长三角区域自然科学优秀青年科学基金项目，长三角区域自然科学杰出青年科学基金项目等。

二、联合建立长三角科技重大专项基金

区域科技重大专项资金重点解决产业关键核心技术，解决"卡脖子"问题。长三角科技重大专项基金需要衔接国家重大科技专项基金，统筹省级科技专项基金，在新一代信息技术、高端装备制造、生命健康、绿色技术、新能源、智能交通新材料等领域进行联合攻关，尤其是产业基础较好的生物医药、物联网、网联汽车和集成电路四个重点产业，加快推动关键共性技术、前沿引领技术、现代工程技术和颠覆性技术的突破。

长三角在电子信息、生物医药、高端装备、新能源、新材料等领域形成了一批国际竞争力较强的创新共同体和产业集群，拥有一批已有一定科技实力的大型企业。对于长三角的科技重大专项来说，由上海战略性新兴产业领导小组办公室在统筹上海、江苏、浙江、安徽的重点科技计划项目的基础上，明确需要进行联合攻关的战略性关键产业，组织区域内与科技重大专项相关的最具实力和竞争力的公司、高校、研究院组成联合共同体，并成立相关实验室开展联合研究。政府从中发挥主导作用，制定规则，成立专业性管理机构（主要由技术专家组成）对重大科技专项进行管理。

三、联合建立长三角重点研发计划基金

2017 年，科技部和财政部联合发布的《国家重点研发计划管理暂行办法》将重点研发计划领域确定为有关重大社会公益性研究、提升产业核心竞争力及整体自主创新能力的研究以及事关国家安全的战略性、基础性、前瞻性重大科学问题、重大共性关键技术和产品、重大国际科技合作项目[①]。长

---

① 中华人民共和国财政部.财政部科技部关于印发《国家重点研发计划资金管理办法》的通知［EB/OL］. http://www.mof.gov.cn/gp/xxgkml/kjs/202109/t20210930_3756767.htm.

三角各省市均配套推出了省市重点研发计划，上海市参考《国家重点研发计划管理暂行办法》按照重点专项、项目分层次管理的方案设立科技创新支撑类专项，主要有研究平台资金、民生科技支撑资金、国家重大科技专项地方配套专项资金、成果转移和应用资金（支撑平台项目）、科技兴农专项资金（重点攻关项目）、医学临床研究专项基金、公共卫生惠民保障和示范性项目资金、中医药传承发展研究基金；江苏省的重点研发计划项目分为产业前瞻与共性关键技术项目、社会发展项目（包括重大科技示范、临床前沿技术、社会发展面上项目和医药）、现代农业项目；浙江省的重点研发计划面向世界科技前沿，聚焦事关浙江省乃至国家新兴产业发展和公共领域的关键核心技术攻关和应用示范，包括重大科技专项、农业新品种选育两类资助项目。安徽省贯彻落实《国家重点研发计划管理暂行办法》《安徽省科技发展战略规划》行动方案，在 2019 年最新发布的《安徽省重点研究与开发计划项目管理办法》明确项目研究领域为高新技术领域、农业农村领域、社会发展领域、对外合作领域、科技扶贫领域。

针对公共领域的共同关键核心技术问题，四方政府主导，联合建立长三角重点研发计划基金，引导区域产学研优势力量，建立基于数据共享、技术共享、利益共享的联合攻关机制，成立兼有研究和管理工作的专业机构负责对重点研发计划项目进行管理，例如成立区域卫生研究院，研究院既负责区域范围内的医学研究，也负责分配卫生领域内的区域联合研发资金，建立专项任务分解与落实机制，整体提高区域联合攻关能力。

四、联合建立长三角技术创新引导专项基金

技术创新引导专项（基金）是通过财政资金的杠杆作用和市场机制的调节作用，对企业技术创新活动、科技成果转移转化、资本化、产业化进行风险补偿、后补助或者创投引导进行引导和支持。技术创新引导专项按照技术创新规律，以企业为主体、以技术创新为基础、以产业化为主要目标，引导企业加大技术创新投入力度，提升创新能力，加快构建以企业为主体、市场为导向、产学研相结合的产业技术创新体系[1]。

长三角各省市设立的技术创新引导专项基金情况如下。上海市技术创

---

[1] 中国政府网.国务院印发关于深化中央财政科技计划（专项、基金等）管理改革方案的通知（国发〔2014〕64 号）[EB/OL]. http://www.gov.cn/zhengce/content/2015-01/12/content_9383.htm.

新引导类专项分为产业技术创新专项、软件和集成电路产业发展专项资金、成果转化与应用资金、高新技术成果转化专项资金、张江自主创新专项资金等五项。浙江省的技术创新引导基金通过发挥财政性资金杠杆作用，引导社会资本和创新主体加大研发投入，积极营造大众创业、万众创新良好生态，促进科技成果转移转化，主要包括创新投入引导、政策性引导等类别资助项目及创新引领基金。江苏省分为科研成果转化专项资金和政策引导类计划，前者重点支持已取得自主知识产权的重大科技成果，经转移转化能够形成规模化生产能力，明显提升相关产业技术水平和核心竞争力，后者分为软科学研究和国际科技合作（包含港澳台科技合作）。安徽省在企业技术创新领域处于起步阶段，目前未设立技术创新引导基金。各省市的产业基础存在差异，技术创新引导基金设置类别各有侧重。上海技术引导基金紧密结合自身发展战略及产业优势，支持力度和广度最大。浙江和江苏自身产业基础雄厚，但发展模式不同，浙江重视创新创业，江苏重视协同创新和区域开放合作。

联合建立长三角技术创新引导专项基金，以引导企业跨区域合作为方向，打破原有行政区域界限，推动长三角地区高校、科研机构、企业强强联合。各地政府联合围绕重点产业技术创新、新兴产业技术创新、跨区域自主创新产业园区以及科技成果转化与应用等设置产业协同创新专项引导基金。以新型研发机构建设为导向，发挥企业创新主体作用，有效聚焦产业技术创新的重点领域和关键环节，加强产业与科技的跨区域对接，促进科技成果产业化。

第二节　长三角协同推进全面
创新改革试验方案

2015 年 9 月，中共中央办公厅、国务院办公厅发布《关于在部分区域系统推进全面创新改革试验的总体方案》[①]，提出在部分区域进行系统性、整体性、协同性的全面创新改革试验。2019 年 12 月，《长江三角洲

① 中共中央办公厅、国务院办公厅.关于在部分区域系统推进全面创新改革试验的总体方案[EB/OL]. http://www.gov.cn/zhengce/2015-09/07/content_2926502.htm.

区域一体化发展规划纲要》发布，谋划将长三角打造为全国发展强劲活跃增长极、全国高质量发展样板区、新时代改革开放新高地，提出制订覆盖长三角全域的全面创新改革试验方案①。长三角全面创新改革试验是跨省级行政区域的系统性、协同性改革，一市三省协同推进全面创新改革试验是长三角实现创新驱动发展的必由路径。

一、长三角协同推进全面创新改革试验现状

协同推进全面创新改革试验是党中央国务院作出的重大决策部署，是分领域、分区域的协同创新改革，其战略目标是以科技创新为核心，以破除体制机制障碍为主攻方向，统筹产业链、创新链、资金链和政策链，深入实施创新驱动发展。长三角以 G60 科创走廊和长三角生态绿色一体化示范区为先手棋，开展一体化科技创新和制度创新，探索政府与市场跨区域协同、科技和经济跨区域协同、协同激发创新者动力和活力、高水平协同开放的改革举措。

（一）长三角政府与市场协同的做法及成效

从政府管理机制来看，长三角设立长三角区域合作办公室后，形成以"长三角地区主要领导座谈会"为决策层、"长三角地区合作与发展联席会议"为协调层、"联席会议办公室""重点合作专题组""城市经济合作组"为执行层的"三级运作"合作机制，为协同推进全面创新改革试验提供了组织保证。按照最新发布的《长三角科技创新共同体建设发展规划》②，政府需要协同科技创新规划体系、推动创新要素跨区域自由流动、高技术企业跨区域合作流动、科技创新服务跨区域通兑、科技创新人员柔性流动、科研生态和舆论氛围良好的一体化科技创新驱动格局，这是发挥市场配置创新资源作用的机制保证。经过一年多的探索，长三角生态绿色一体化发展示范区已探索形成新运行机制，充分发挥政府、市场和社会各界力量，形成业界共治、机构法定、市场运作的跨域治理新格局；上

---

① 中共中央国务院.长江三角洲区域一体化发展规划纲要［EB/OL］. http://www.gov.cn/zhengce/
　 2019－12/01/content_5457442.htm? tdsourcetag=s_pcqq_aiomsg.
② 科技部.长三角科技创新共同体建设发展规划［EB/OL］. http://www.gov.cn/zhengce/zhengceku/
　 2020－12/30/content_5575110.htm.

海科技"创新券"已与江苏苏州、无锡、宿迁，浙江长兴、嘉兴、海宁、德清等7个地区"创新券"通用，实现创新服务与研发需求的跨区域对接及技术、设备、人才等创新资源的跨区域流动共享。

从政策支持体系来看，着重从知识产权、市场准入、金融创新等三个方面强化协同创新政策支撑。长三角一体化示范区出台《长三角生态绿色一体化发展示范区统一企业登记标准实施意见》统一企业登记条件、程序、方式等标准规范，统一企业经营许可、资质互认制度，形成统一的企业投资项目核准目录、产业发展指导目录以及统一的示范区先行启动区产业准入标准。上海市持续发挥其国际金融中心支持长三角一体化发展的作用，推出"金融30条"，加大融资对外开放力度并为G60科创走廊相关机构提供金融配套服务。长三角生态绿色一体化发展示范区形成32项一体化制度创新成果，其中要素流动、财税分享是创新发挥市场配置资源的基础和保障，围绕金融资本流动，推出金融支持政策，开展金融同城化服务，降低金融跨域交易成本、构建金融监管合作新模式等新举措。央行上海总部发布"金融支持G60科创走廊15+1条政策"支持G60先进制造业高质量发展，"G60科创贷""双创债"等金融产品和服务持续创新，走廊九城联合开发长三角G60科创走廊综合金融服务平台，出台系列措施加快促进长三角G60科创走廊产融创新发展。

（二）长三角科技和经济协同的做法及成效

科技和经济协同的重点是产业协同创新，围绕联合提升原始创新能力、科技成果转移转化、产业关键技术联合攻关三个方面汇聚创新资源，融合创新链与产业链。各省市科技厅（委、局）积极共建国家科技基础设施，推进跨区域科技项目协同攻关和科技资源一体化开放共享。长三角科技资源共享平台已建成使用。上海张江综合国家科学中心和合肥综合国家科学中心深化合作，共建长三角国家技术创新中心。松江科技城作为G60科创走廊的技术创新策源区和成果转化承载区，在产学研用一体化协同发展上面持续发挥引领作用。"G60脑智科创基地""长三角G60工业互联网平台应用创新体验中心""国科G60科创产业协同中心""国科G60数字智能产业园""首个产业协同创新中心——金华（上海）科创中心""长三角G60科创走廊新能源和网联汽车产业联盟""智能驾驶产业联盟""生物医药联盟""新能源产业联盟""新材料产业技术创新联盟"等产创融合及产业一体化项目不断落地，长三角 G60 科创走廊院士联合工作站成立，一系列措施加快畅通要素流动并促进产业链、创新链、政策链协同发展。长三角三省一市技术交易市场共同成立区域技术市场联盟，共同推进区域内技术信息共享、仪器设备互通、金融体系互融、科技创新券互兑，共同打造全球技术交易中心。围绕跨区域科技成果转移转化，四方技术市场负责人签协议、建机制、搭平台、定标准，在信息、服务、活动、人才共享，一体化信息平台，技术转移人才培训标准等方面互融互通。

（三）长三角协同激发创新者动力和活力的做法及成效

长三角协同激发创新者动力和活力需要创新人才引进、评价使用、激励、培训及流动的一体化机制，打破人才流动的体制机制障碍，完善利益分享机制，才能充分发挥创新者积极性和创造力。为推动长三角人才一体化发展，三省一市先后签署《三省一市人才服务战略合作框架协议》《人才服务项目合作协议》《沪苏浙皖人才政策汇编》等政策文件，为长三角人才一体化夯实政策基础。

长三角一体化示范区发布《外国高端人才工作许可互认实施方案》《上海市海外人才居住证管理办法》《长三角生态绿色一体化发展示范区专业技术人才资格和继续教育学时互认暂行办法》等政策文件，推动海外人才同城化服务和专业技术人才资格和继续教育学时互认等，破除限制人才流动的门槛。长三角一体化示范区 5 项人才制度创新成果在长三角更大范围被复制推广，例如共认外国高端人才工作许可、设置外国人工作居留"单一窗口"、共认专业技术人才职业资格、共认专业技术人才职称（非自主评审）、共认专业技术人才继续教育学时等，大大提高了人才使用的效率和效益。G60 科创走廊通过成立长三角人才一体化发展城市联盟，联合签署《深化 G60 科创走廊城市人才交流合作协议》《人才联合培训合作协议》《技能人才合作共建协议》《人力资源产业园联盟章程》，开展长三角人才驿站、人才绿卡、人才联评和人才培训等合作项目，成立九城人才专家库、城市联盟人才培训资源库等一体化措施，提升人才资源配置的竞争力。

（四）长三角高水平协同开放的做法及成效

开放创新的目的是开展高层次国际创新合作，长三角是我国开放创新的桥头堡，创新开放合作机制深度融入全球创新体系，可以充分利用全球创新资源。《G60 科创走廊九城市协同扩大开放促进开放型经济一体化发展的 30 条措施》打造九城市协同开放新格局和开放型经济体系。上海临港新片区出台片区规划、支持政策、行动方案、支持意见等系列文件，加快建设开放经济区。上海、安徽、浙江、江苏各地的自由贸易试验区是长三角对外开放的窗口，已成立长三角自由贸易试验区联盟。

二、长三角协同推进全面创新改革试验难题

长三角协同推进全面创新改革试验，首先要以科技协同创新为重点领域，发挥政府跨区域协同作用，让市场在资源配置中起决定性作用，从思想上、制度上清除一切制约创新的障碍和藩篱，打造区域协同创新共同体，在科技创新领域实现一体化发展。其次要实现区域内产业链、创新链、资金链和政策链的一体化对接，提升劳动、信息、知识、技术、管理、资本的效率和效益。最后要统筹推进在营商环境创建、市场联动监管、公共服务等领域的一体化发展。总的来看，长三角全面创新改革的协同推进以长三角绿色生态一体化示范区和 G60 科创走廊为试点区域开展先行先试的改革举措，然后在其他城市选择性地推广，取得了显著的成效，但是对于构建长三角区域创新系统来说，实现全域的产业链、创新链、资金链和政策链的一体化对接，还需解决如下问题：

其一，长三角区域协同创新实践方面经验丰富，成效显著，但以政府主导的契约式合作为主，区域协同创新战略规划、政策的制定与实施等还不够系统。长三角由于缺少覆盖整个区域的科技政策和计划，存在科技政策、财政项目的分割及行政化壁垒，科技创新要素如人才、知识、技术、资金等有效组织系统性还不足，创新要素的组织化与联动没有形成体系。各类科技计划（专项、基金等）存在重复设置、分散管理、封闭实施、整体低效的问题，优势科技资源不能实现深层次联合与互补，资源配置"碎片化"问题亟须解决。

其二，区域协同创新协调与合作机制还有待进一步增强，区域内创新资源与创新平台整合还不够充分，一定程度上制约了区域整体创新效率提

高和创新能力提升。安徽、江苏、浙江、上海三省一市存在科技创新能力差距较大、创新资源配置不均、创新相关政策和制度不协调的问题①，必须建立区域协同创新的协调机制改变政策碎片化现状，打破公共服务的壁垒，统一市场交易制度、企业服务制度、社会保障制度，营造良好的营商环境和创新氛围。

三、协同推进长三角全面创新改革试验方案优化

习近平总书记在 2019 年 9 月召开的中央深改委第十次会议上提出全面创新改革要加强系统集成、协同高效。长三角协同创新共同体是跨区域的多元主体的协同过程，四地政府协同推进长三角全面创新改革，打通区域创新主体跨区域合作过程中的制度障碍，打造长三角全流程创新链条，我们借鉴区域一体化科技创新的制度改革实践经验，从顶层设计、制度创新、平台搭建几个方面入手，实现总体一盘棋谋划，提升劳动、信息、知识、技能、管理、资本的效率和效益，建立和完善跨区域创新管理机制和政策支持体系。

（一）成立长三角区域科技创新合作委员会

长三角全面创新改革的关键是促进科技协同创新，微观上是通过一定的手段或者平台促进组织中技术、知识等创新要素的分享以提高组织的整体创新能力和竞争力，宏观上是政府、企业、高校、科研机构、中介机构和用户的协同创新组织模式变革，是战略目标变革带来的组织模式的变革及流程的再造。打破原先的组织模式和条块分割的格局，需要重新进行权利分配和利益分配。政府通过分权一方面要让市场发挥市场配置创新资源的决定性作用，另一方面要突破各省市各自为政的分割局面，设立独立于各方政府的区域科技创新合作委员会，让渡部分权利给区域科技创新合作委员会，在区域层次、省际层次、地区层次和相关利益机构层次之间进行纵向协调和横向协调，以有效弥补市场机制的不足。纵向协调是在长三角区域科技创新合作委员会、各省市和省市地区之间的协调；横向协调是指政府、企业、高等院校、研究机构和科技服务机构等利益相关者之间的协

---

① 省科学技术厅调研实践组.关于长三角科技创新共同体建设的调研报告[EB/OL]. http：//www.ahszgw.gov.cn/system/2020/01/15/011673097.shtml.

调。区域科技创新合作委员会负责制定总体发展战略，确定优先发展领域，对各省市和地区层次的建设进行指导和监督，各省市和地区在区域总战略的指导下制定各自的发展战略并进行相关建设，组织利益相关机构进行研究和创新，执行区域和各省市的各项政策及措施，开展跨地区、跨部门的研究创新合作。

（二）做好跨区域协同创新的制度安排

跨行政区域创新系统的建立是为了有效应对经济全球化及区域一体化的系统变革，区别于欧洲研究区的分层次建设模式①，长三角的协同创新是一国内部的跨区域协同创新，在借鉴其开放式协调机制的基础上，通过府际合作完善区域创新制度体系，营造创新驱动发展的良好生态和政策环境。

首先，需要配套合理的跨区域协同创新政绩考核标准，充分发挥政府在一体化进程中的推动和引导作用。政府在创新系统的建设中主要起组织、管理、协调等宏观作用，政府职能的转变，诸如推动区域合作创新、营造良好创新环境、推进制度创新等新型任务体系的构建，需要绩效目标和考核标准的配套调整才能形成职责明晰、长效管用的创新治理体系。以科技创新功能性平台为例，长江三角洲要按照产业发展需求和成果转移转化短板，定位于促进研发与转化、优化创新体系，强调公共科研和非营利属性来建设以上海为中心，浙江、江苏、安徽为辐射带的科技创新功能性平台系统，采取市场化、专业化运作机制，建立基于社会价值实现和平台联盟的价值考核标准，形成前沿性、辐射性、关键性的核心服务能力，引导平台对外开放共享创新能力和资源，弥补市场机制的不足。

其次，打破地区的行政壁垒和保护主义，建立区域创新制度的一体化机制。跨区域协同创新共同体的建设需要各区域相关制度的协调一致，否则会形成制度壁垒，阻碍知识共享、知识流动和人才流动等，进而影响协同创新。长三角绿色生态一体化示范区为促进人才流动，在户籍制度、医保制度、社保制度、养老制度、教育、人事、住房等方面深化改革取得了部分成效，下一步需要在全域联合制定相关的一体化政

① 刘慧，江时学.欧洲研究区对建设京津冀协同创新共同体的启示[J].河北学刊，2018，38（2）：157-162.

策，保证人才在流动中不影响其利益。在高层次人才吸引方面，长三角"三省一市"联合争取国家税务总局支持，降低人才税赋，吸引高端人才；对战略核心新兴产业领域的高端人才，给予个人所得税最高优惠；针对重点产业研发过程的特点，设定部分合理合法的减税扣项，降低研发机构及人员的实际税收额度。此外，在跨区域创新项目的审批和资助制度、知识产权制度、科研基础设施共享制度、科技成果转移转化体系、创新收益分配、创业融资服务等方面的机制与体制创新，也是区域协同创新共同体建设的前提和保障。

（三）开发多种工具推动跨区域合作创新

欧盟通过一系列工具来促进欧洲研究区开展跨区域合作，这些工具主要分为资金工具、项目合作平台工具、促进人员流动工具、信息服务工具。[①]为了实现长三角各创新主体有效合作，可借鉴欧洲研究区经验，结合长三角的实际情况开发以下几种工具，从不同层面推动协同创新。

其一，资金工具，包括通过区域科技创新合作委员会设立专项基金和科技合作模式。发挥政府资金引导作用，建立长三角区域自然科学基金、科技重大专项基金、重点研发计划基金及技术创新引导专项基金，在区域内协同开展重大项目和重点领域的合作创新，制定统一的资助和管理制度。借鉴欧洲科学技术合作模式的经验[①]，跨区域搭建自上而下和自下而上相结合的多元创新合作机制和模式，具体如下：

（1）对基础研究和应用基础研究合作项目采用框架计划模式。框架计划模式注重加强区域内部的合作和交流，争取长三角在科学技术领域的领先地位。首先，该计划将围绕特殊课题工作的各个区域的科学家聚到一起，建立合作网络，开展交流与合作，并由科学家和工程专家提出自己的行动建议和选择领域，领域范围以自然科学和科技重大专项为主，主要围绕国际前沿和科技难点，设立内容丰富的区域科研与科技开发计划。区域内一个科学家联合其他三个区域的成员即可开展研究行动，科学家可以同世界上任何地方的团队合作。由区域科技创新合作委员会提供合作框架并成立管理机构，最高管理机构是高级官员联席会议和高级管理委员会（由各省市代表组成），高级管理委员会下设技术委员会、管理委员会、区域协调员、秘书处等。

（2）对产业化工程化合作项目。借鉴江苏省科技项目开放合作的经验和尤里卡计划合作模式，采用自下而上的市场导向科技合作模式，核心是发挥市场的引导力量，自下而上由工业界和研究机构联合确定研究项目、合作对象和时间进度，研究伙伴由来自不同区域的成员组成，项目除了合作方共同提供资金外，可以向区域科技创新合作委员会申请区域重点研发计划基金资助。这样可以通过市场力量加强企业和研究机构在先进技术领域的合作，充分发挥研究主体的作用。

（3）对预竞争研究项目采用自上而下的科技合作模式。所谓预竞争项目是指这样的研究：研究结果需要进一步开发，以生产市场化的产品和工艺，这可以使互为竞争对手的公司成为研究的伙伴①。预竞争研究项目属于技术创新引导专项基金计划，计划由长三角区域科技创新合作委员会制定，三省一市共同出资建立产业技术研发平台，合作规则要求项目申请者由长三角不同省市的成员组成，合作者具有互补性（大学、研究机构、公司企业、其他有关部门或联合机构）。

其二，项目合作平台工具。区域科技创新合作委员会主导调动社会各界力量，跨区域搭建重点领域、重点行业创新合作平台，包括创新资源开放共享平台、创新主体高效协同平台、创新成果转移转化平台、创新创业孵化平台。科技创新基础设施共享平台以长三角科技资源共享服务平台为基础，发布长三角地区现有研究与创新基础设施、共享条件、拟共建的研究与创新基础设施、相关招标公告等。关注整个创新链条，开放共享区域科技资源，让各类创新要素高效便捷流通，促进各相关主体的协同发展，协同提高科技实力、经济实力。

其三，信息网络服务及促进人才流动工具包括科技创新人才平台、协同创新项目信息平台、科技创新基础设施共享平台。长三角科技创新基础设施共享平台搭建成效显著，共建科技创新人才平台，提供人才招聘、求职信息，交流信息，为研究人员流动提供咨询和服务。协同创新项目信息平台可以为政府和其他创新主体发布协同创新项目招标信息，以及发布创新主体寻求合作伙伴的信息和各类交流论坛信息。每一个正在进行的联合创新项目应设立相关网页，介绍项目目标、参与主体、项目进展，并及时

---

① Kastrinos, N. The European Community Framework Programme as Technology Policy: Towards an Assessment[D]. University of Manchester, 1997.

对研究成果进行公布，对合作项目的影响进行分析，对所形成的研究合作网络进行分析和评价。

第三节　强化长三角一体化保障服务

顺应创新一体化发展规律，联合建立长三角海外人才引进基金，联合制定长三角人才评价互认制度，联合建立长三角工程师高级培训学院，联合建立长三角区域知识产权法院，探索建立跨区域创新收益共享机制，联合建立创新基金，在利益共享的目标下从人才保障（包括引进、选拔使用、培养、交流、激励）、知识产权保护、融资服务等方面搭建一体化保障服务体系，构建良好的创新发展生态环境，降低人才集聚成本，提高人才集聚效率，进而产生知识的溢出效应、规模效应和信息共享效应等，推进区域协同创新。

一、联合制订长三角海外高层次人才引进计划

深入实施创新驱动发展战略，创新人才是最核心的要素资源。其中，高层次人才对经济增长的贡献和促进作用要大大高于普通专业技术人才，大约是普通人才的 4.29 倍[①]。高层次人才是一种稀缺性战略资源，其建设状态与区域经济社会发展状态关联密切，是区域人才竞争的主要对象。上海自 2003 年启动海外人才引进计划，首先引进留学人员，营造上海吸引集聚海外人才的良好氛围；随后重点引入高层次、重量级、关键性的领军人才。浙江对海外人才、海外留学人员和海外高层次人才的引进工作始于20 世纪 90 年代，2010 年正式启动海外高层次人才引进计划，分海外优秀创业创新人才引进计划和海外高层次人才引进计划，分为创新人才长期项目、海鸥计划项目、创业人才项目、外专千人项目。江苏省政府于 2006年设立人才引进专项办公室，制订"无锡 530 计划"，吸引领军型"海归"创业人才，还有双创计划、苏州的姑苏人才计划和精英国际创业周等引才品牌。2007 年，江苏省针对新能源、新材料、新医药、环保等新兴产业发展需要，启动的"江苏省高层次创新创业人才引进计划"，人才 80%

---

① 　陈宏伟.苏北地区集聚高层次人才长效机制研究[J].经济论坛，2016，(8)：26－28.

来自海外，70%拥有自主知识产权成果，大多分布在江苏省重点发展的新能源、新材料、新医药、环保等新兴产业。安徽省为发展高新产业、带动新兴学科，围绕突破关键技术发展需要，制订"百人计划"引进急需紧缺的创新创业海外领军人才。从现实情况来看，上海市、江苏省和浙江省的人才集聚综合效应要远远优于安徽省，上海是海外人才在国内首选的集聚地之一；江苏是政府主导型引才模式，开放合作程度较高，海外引才取得了突出的成绩；浙江省以市场需求和政府推动相结合的方式集聚人才，海外高层次人才引进工作在国内位列起步早、措施多、成效好的第一阵营；安徽省以政府和市场相结合的方式集聚人才，高层次人才引进处于起步阶段。区域间经济发展及产业结构的差异以及其他历史和现实因素的存在，使得各省市高层次人才资源建设处于不同的发展阶段。

长三角围绕区域科技发展战略目标，结合区域创新共同体的发展需要，联合制订统一的海外高层次人才引进计划，共同建立人才引进基金项目，提高财政资金利用效率，围绕长三角主导产业关键领域、卡脖子关键技术和新兴产业布局，共享海外引才渠道，有针对性地联合引进一批海外高层次人才，以人才聚资源，以人才搭建创新网络核心，进行高质量的区域创新合作。高层次人才引进计划可以充分借鉴各省市的高层次人才引进经验，发挥长三角地区上海、合肥、南京等地的国家级大科学装置的资源优势，在共享全球科技专家信息库的基础上，完善人才交流、合作和共享机制，形成合力，提高高层次人才供给效率，加速集聚海外区域顶尖科学家和科研团队。

二、联合制定长三角人才评价互认制度

人才评价是激发人才创新创造活力的关键环节，人才评价的主体、客体以及目的具有复杂多元特征。人才评价体制机制恰当是构建具有国际竞争力人才发展环境的关键。我国的人才评价机制在发展过程中，形成了分类不足、标准单一、手段趋同、社会化程度不高、用人主体自主权不大等系统性制度问题，亟须通过深化改革加以解决。依据中共中央办公厅、国务院办公厅出台的《关于分类推进人才评价机制改革的指导意见》①，各省市陆续推出结合自身特色的分类人才评价改革措施。上海市对整个城市

---

① 中共中央办公厅、国务院办公厅.关于分类推进人才评价机制改革的指导意见[EB/OL]. http://www.gov.cn/zhengce/2018－02/26/content_5268965.htm.

中的人才实施一套全新的评价体系，从改进创新人才评价、重点领域加快推进、技能人才可评工程职称三个方面提出改革实施方案；江苏省狠抓"一把尺子量到底"的单一评价标准改革，出台系列改革政策文件，细化人才专业分类、为高层次和急需紧缺人才建立评价绿色通道、向各区市下放高级职称评审权，为人才发展营造宽松的发展环境；浙江省的人才评价机制改革将人才评价与培养、使用有机结合，让人才评价作为引导人才创新创业、为经济社会作实质贡献的风向标、指挥棒；安徽省围绕人才分类评价机制改革，深化职称制度改革，建立职称制度与职业资格制度的有效衔接机制，减少重复评价，推广"定向评价、定向使用"评聘制度，为基层营造拴心留人的用人环境等。在人才评价标准上，三省一市尚未统一，职业资格和技术等级尚未实现互认，区域人才自由流动受到制约，区域间人才比较优势难以实现互补，整体降低了长三角区域的人才竞争力。目前，在长三角生态绿色一体化示范区开展了人才一体化评价的系列改革，但是，在现有的规则和政策前提下，长三角全域形成系统科学的人才评价体系依然任重道远，需要循序渐进地推进相关工作。

首先，由长三角三省一市政府共同组建长三角科技人才服务中心，具体负责制定人才评估标准、编辑人才共同体运行报告、搭建人才交流平台等日常运营工作。其次，长三角科技人才服务中心，协同三省一市的人才服务中心，发挥专业组织作用，研究制定《长三角高级专业技术人才和高技能人才评价互认制度》，积极推进高级专业技术人才和高技能人才的资格互认，为区域人才合理流动创造条件。再次，围绕长三角重点行业、重点领域，人才评价标准从职位分类与职业标准入手，改革各类人才评价方式，应用现代化的人才测试技术，试点建立以能力和业绩为依据，综合品德、知识、能力等要素的人才评价指标体系，打破地域、院校行政级别局限，探索统一职称认定、资格评定标准，提高人才评价的公正性和科学性。

三、联合共建长三角工程师高级培训学院

在创新驱动并引领发展的新时代，无论是传统产业转型升级还是发展新兴战略型产业，企业的核心能力是企业赋予产品价值和创造财富的创新能力，包括技术创新、管理创新、营销模式创新。其中，技术创新是科技企业创新能力的基础。技术创新具有高风险、高成本和高复杂性等特征，

企业要保持高效的创新，就需要科学有效的方法支持，创新方法的推广应用问题受到世界各国相关部门和学者的广泛关注。美国的福特、惠普，欧洲的飞利浦、西门子，韩国的三星、LG，日本的松下等为代表的知名大型企业都先后在技术产品创新中引入了先进的创新方法，他们不仅在相关产品的设计和生产流程的改进中节约了成本，而且确保了企业产品在同行业领域中的领先地位。例如，TRIZ 理论是论述发明创造和实现技术创新的理论，可以帮助人们挖掘和开发自己的创造潜能，被欧美国家的专家们认为是"超级发明术"，掌握 TRIZ 理论的企业员工在创新能力与解决工作问题的能力上均有显著的提高。创新方法能否在企业中成功应用，一方面取决于方法本身的适用性，另一方面在于能够拥有有效应用创新方法和工具的人员。因此，欧美国家注重创造学研究的同时注重创新方法的培训，日本设置专门的研究和推广创新方法的机构，并组织形成亚洲地区最有影响力的创新方法研讨会。欧美日等国家创新方法培训的实践证明，以TRIZ 为代表的创新方法研究及培训为企业提高自主创新能力成为"行业领跑者"铺平道路。

区别于传统的企业内部创新模式，在协同创新模式下，产学研各主体间的合作研发、人力资源流动、技术成果转移以及学术交流互动等形成了技术转移的网络协同模式及并行模式，知识资源在多主体间共享与流动，创新方法培训的对象更加多元及复杂，推广创新方法的"场"亦需要与协同创新形成的网络协同模式相契合。长三角三省一市整合区域内创新方法培训资源，联合共建长三角工程师高级培训学院，以研究和推广创新方法为宗旨，打造创新方法培训平台及区域协同创新的供需对接平台。培训学院邀请举办世界TRIZ 大师及各种产品开发方法大师讲座，引进高水平的创新方法专家，搭建基于协同创新的创新方法培训系统。在创新方法培训的过程中，汇聚区域内企业的众多创新需求，并对企业创新需求进行分析和筛选，协同高校、科研机构、技术联盟等，跨界整合多种创新要素，与技术成果进行匹配，促进技术供需对接，推动企业技术创新，加快融合形成产业创新链条。

四、联合建立长三角区域知识产权法院

2008 年，随着《国家知识产权战略纲要》的发布，知识产权工作上升到国家战略层面。党的十八大以来，习近平总书记针对知识产权保护作出

一系列重要指示，强调"产权保护特别是知识产权保护是塑造良好营商环境的重要方面"，"创新是引领发展的第一动力，保护知识产权就是保护创新"。对于区域而言，知识产权能够推动技术进步，促进区域创新①。2020年5月28日颁布的《中华人民共和国民法典》规定，知识产权是权利人依法就下列客体享有的专有的权利：作品；发明、实用新型、外观设计；商标；地理标志；商业秘密；集成电路布图设计；植物新品种；法律规定的其他客体。知识产权资源包括专利、商标、地理标志、版权等资源要素以及与知识产权工作相关的各种资源②。知识产权制度包含知识产权创造、管理、运用和保护，而知识产权保护制度的完善与否影响和决定知识产权的创造水平、管理能力和运用程度。知识产权保护制度是促进知识生产和技术创新的一项重要制度，知识产权保护与要素协同能促进区域创新能力的提高③。因此，对实施创新驱动发展战略的长三角来说，完善产权保护制度，加强知识产权保护，才能形成创新发展的活水资源，驱动区域协同创新，提高区域经济竞争力。知识产权保护制度执行反映在立法、执法等方面。

区域协同创新是一个不同创新主体、不同要素资源之间融合与协作来进行知识研发、技术产生、技术应用与转移的活动过程。创新主体从原来封闭的、孤立的系统中脱离出来，通过各种合作建立关系网络以实现降低创新风险和复杂性，知识的外部性及溢出机制均发生了变化。而我国知识产权执法由各地方政府根据自身发展情况执行，存在强度不一致的情况。长三角区域一体化形成的是跨区域的复杂性更高的知识创新网络，知识产权保护在加强空间关联性的同时，要强化一盘棋思想，从顶层设计角度打破产权保护地域限制与差别，统一知识产权执法强度，消除地方保护主义，才能真正激活企业"创新因子"，营造区域良好营商环境，形成统一大市场体系。

《中共中央关于全面深化改革若干重大问题的决定》（2013年）提出探索建立知识产权法院。2014年，北京、上海、广州相继设立知识产权法院。在《长三角区域知识产权执法协作协议书》（2019年）的基础上，联

---

① Dinopoulos E, Segerstrom P. Intellectual Property Rights, Multi — national Firms and Economic Growth [J]. Journal of Development Economics, 2010, 92 (1): 13 – 27.
② 贺化.中国知识产权区域布局理论与政策机制[M].北京：知识产权出版社，2017.
③ 张凌志.知识产权保护、区域创新能力与区域创新质量的关系——基于2007 — 2017年省级面板数据的实证研究[J].国际经济合作，2019 (6): 43 – 52.

合建立长三角区域知识产权法院，突破知识产权保护执法过程中的地域差异问题，统一技术性知识产权案件的裁判标准，创新完善知识产权诉讼制度，才能真正充分发挥知识产权的司法保护作用。

五、探索建立跨区域创新收益共享机制

区域经济一体化要形成区域内要素的自由流动和资源的整合，以实现高度一体化的区域功能空间布局，通过加强区域内城市之间的联动与协调，使区域内城市之间关系越来越密切。对于长三角协同创新产业一体化来说，要通过整合区域创新资源，促进人才流动和科研资源共享，联合开展卡脖子关键核心技术攻关，共同完善技术创新链，形成区域联动、分工协作、协同推进的区域创新共同体。建设区域创新共同体的基本保证是去行政性壁垒，统一制度性规定，统一市场规则，实现自由开放、公平竞争的市场体系和制度保障体系，持续的动力是合理的利益共享机制。对于跨行政区域的长三角科技创新共同体来说，只有实现跨区域合作收益共享，效益可持续，合作各方形成牢固利益链，才能真正发挥各方的积极性和创造性。

区域创新收益共享的基础是区域协同创新。我们所说的区域协同创新即区域科技创新的协同，是指科技创新在区域内部实现各地区联动发展，各地区的科研机构、科研人员和科研项目在区域内的协同合作，打造区域科技创新平台，最终实现区域科技创新效益最大化和区域科技创新能力的提升[①]。从区域科技创新效益最大化和区域科技创新能力的提升到跨区域创新收益共享，可以从多元化创新主体培育、推动优势创新资源共享、打造长三角一体化创业投资服务体系等几个方面提高区域协同创新效益，形成各方休戚相关的利益共同体。

（1）多元化创新主体培育。创新主体包括政府、资本机构、科技服务商、科教机构、企业，其中，政府、资本机构和科技服务商为科教机构和企业提供支持和服务。长三角政府联合出台一系列行动计划和支持政策推动创新主体协同创新，打造科技创新共同体、双创示范基地、产业研究基地及交流平台。尤其是加强科研院所和企业的协同创新，链接研究和市场产业需求，通过协同创新将科研资源转化为原始创新力，通过企业带动产业

---

① 王志宝，孙铁山，李国平.区域协同创新研究进展与展望[J].软科学，2013，27（1）：1-4，9.

发展，打造大型领军型创新企业。培育战略投资基金，延长基金使用时间，为创新主体提供充分资金支持。打造科创服务跨区域平台化发展，整合优势服务资源，提高知识产权孵化、法律、人力资源与培训等服务水平。

（2）激励各省市科技创新优势资源辐射服务长三角一体化发展。鼓励江苏、浙江、安徽到上海共建"创新飞地"，完善创新投入和税收、成果分享机制，探索研发在高地、落地在本地的合作机制，柔性引入上海市高端创新人才，灵活用人机制，让人才收入和贡献挂钩。完善跨省、跨区域对口支持与帮扶机制，深入推进上海帮扶安徽、苏南对口支持和帮扶苏北、浙江省的山海协作工程、苏浙对口支持和帮扶安徽，明确对口支持和帮扶任务。探索产业园区共建，促进帮扶省市的相关产业向共建园区转移，增强被帮扶省市的"造血功能"；围绕重点领域、关键环节、重点企业和重点园区，推进跨区域的高新技术产业合作，形成特色鲜明的战略性新兴产业集群；充分发挥帮扶省市的科技资源优势，针对被帮扶省市的实际需求，深入推进两地的产学研合作，加快产业化和市场推广，提升被帮扶省市的科技实力[1]。探索建立区域创新券服务平台，促进创新券在长三角区域更大范围通用通兑。

（3）打造长三角一体化创业投资服务体系。支持国有资本投资、运营公司和其他有条件企业设立长三角一体化产业发展基金，加深与区域内相关企业的资本合作。由长三角国资企业联合成立长三角投资公司，推进长三角投资公司探索区域一体化共投共建共赢的新模式，围绕跨区域重大规划、重点区域开发、重要项目建设的开展，开展业务协同、股权合作，创新融资方式，推进一体化发展。搭建长三角金融科技的技术合作与产业促进平台，推动各类投资公司培育长三角优质企业在科创板上市，支持证券公司服务长三角优质企业在科创板上市。

六、长三角联合建立政府投资引导基金

政府投资基金是纠正市场失灵，促进科技创新的重要政策工具，美国和日本都曾通过实施政府投资基金计划有效支撑科技创新和高质量发展[2]。政府投资基金由政府主导设立、按市场化方式运作的政府投资基

---

① 刘志迎的《长三角地区产业结构转型升级研究》（2014年长三角合作与发展共同促进项目成果）。

② 赵鑫.美国、日本发展政府投资基金支持科技创新的经验及启示[J].经济研究导刊，2020（7）：165－166.

金，政府通过财政政策引导创新创业和产业转型升级，发挥导向作用，形成政府引导与市场化运作的合力。中央财政参股基金应集中投资于战略性新兴产业和高新技术改造提升传统产业领域;政府投资基金主要投向于战略新兴产业、创新创业孵化、国有企业混改重组以及基础设施和公共服务领域，包括支持创新创业的政府引导基金、投资重大产业的专项基金，以及其他财政资金参股的各类基金①。2014 年 5 月，国务院总理李克强在国务院常务会议提出，"成倍扩大中央财政新兴产业创投引导资金规模，加快设立国家新兴产业创业投资引导基金，完善市场化运行长效机制，实现引导资金有效回收和滚动使用，破解创新型中小企业融资难题"。同年，各地政府陆续出台相关政策并成立专项基金，国内政府引导基金开始进入新的高速发展期，主要子基金类型有创业投资基金、天使投资基金、母基金、产业投资基金。

上海市于 2010 年设立创业投资引导基金，浙江、江苏也是国内较早探索创业投资引导基金的省份，通过创业投资引导基金，发挥财政资金的杠杆作用，引导社会资本投向重点发展的产业领域，集聚"人才+资本"，推进大众创业万众创新，是扶持创新创业的重要抓手。

长三角共建科技创新共同体、国家级双创示范基地、国家级科技成果孵化基地，联合促进科技创新和高质量发展，离不开新型联合政府基金的引导和支持。由三省一市政府联合主导设立政府投资引导基金，出台针对性的投资引导基金管理办法，吸引社会资本积极参与投资，成倍扩大基金规模，充分发挥资本与技术双轮驱动作用，加快各类创新科研成果落地转化。此外，通过创业投资引导基金加强区域内互动，联通国内外，通过杠杆效应带动创业投资基金以及银行、证券、信托等相关金融业态的发展，实现政府引导与市场化运作的有效结合，推动区域战略性新兴产业的发展和产业的改造升级。

七、长三角地区创新企业科创板上市融资

2018 年 11 月 5 日，在中国国际进口博览会开幕式上，习近平总书记宣布在上海证券交易所设立科创板并试点注册制。2019 年 7 月 22

---

① 财政部，国家发展改革委.关于印发《新兴产业创投计划参股创业投资基金管理暂行办法》的通知[EB/OL]. http://www.gov.cn/zwgk/2011-09/09/content_1944275.htm.

日，科创板首批 25 家公司正式登陆科创板挂牌交易。科创版作为资本市场改革的"试验田"，主要为高新技术产业和战略性新兴产业的创新企业提供融资支持。科创板上市企业是具有明显的科技创新特征，具有自己的核心技术、稳定的商业模式和很高的市场认可度及良好的社会形象的企业，科创板的设立补齐了资本市场服务科技创新的短板。

长三角是新一代信息技术、高端装备、新材料、新能源、节能环保、生物医药等高新技术产业和战略性新兴产业的核心集聚区，具有较强的国际竞争力，集成电路和软件信息服务产业规模分别约占全国的 1/2 和 1/3，是科技创新企业的摇篮。鼓励并引导长三角创新企业到科创板上市融资，可以扶持创新型优质企业更快做大做强。上海证券交易所和浦东新区人民政府已联合发起成立长三角资本市场服务基地，与长三角 19 座城市结为联盟，整合金融机构，设立分中心，为科创企业提供金融服务，是科创企业对接科创板的平台和载体。同时，各个省市也相继开展行动，上海完善协调推进机制，浙江储备上市企业资源，江苏协调解决企业上市中遇到的困难与问题，安徽为登陆科创板企业提供资金补贴，加速推进企业到科创板上市。随着长三角协同创新体系的构建，长三角科创企业上市涉及多方主体，探索建立跨区域的科创企业上市服务平台和政策工具资源库，协同推动长三角创新企业科创板上市融资。

总而言之，协同创新政策支撑是促进长三角一体化的重要手段，但是，由于区域之间的竞争、企业之间的竞争，创新的前因变量是市场的竞争性，而不是协同性。科技研发的协同政策具有重要的意义，创新的协同政策需要深入斟酌研究，协同创新应该是企业主体的事情，上下游企业之间的合作、产学研的协同研发，是政策的着力点。从产业链的角度看，是在跨区域、跨行业的产品分工下产生合作关系，产学研合作的协同研发，是根据大学和科研院所研究的差异性和相关性，由企业选择合作对象，共同研发产业核心关键技术，政策指向应该是符合产业链与创新链（产学研）对接的政策，各种基金设置应该能够引导产业链和创新链对接，但是由于省际差异，支持力度差异，这种跨区域的协同还是有其相当大的难度。

第七章

共同推动制造业
高质量发展

习近平总书记在党的十九大报告中明确指出："我国经济已由高速增长阶段转向高质量发展阶段。"党中央关于我国经济的这一重大判断，要求我们必须着眼于实体经济，着力提升供给体系质量，努力打造经济质量优势，加速建设制造强国。"制造业高质量发展是经济高质量发展的关键，是全面建成小康社会和社会主义现代化国家的战略基石。"①长三角地区容纳了许多我国重要的制造业集群，在全国制造业中具有重要地位，在产业链价值链、工业设计、产品质量、研发投入、产出规模等方面特色鲜明。一方面，长三角制造业在发展势头和产业结构上，拥有独特领先优势；另一方面，在全球产业技术升级、分工变革的背景下，也面临着需要转型升级、提高产业链价值链控制力的新挑战。

本章首先介绍了制造业高质量发展的科学内涵、特征要求、主要路径等基本理论。其后，从产业基础、创新资源、区域协作、基础设施等角度阐述了长三角制造业高质量发展现状，并从内部劣势和外部竞争威胁方面探讨了长三角制造业高质量发展面临的问题；最后，在产品专业化分工理论的基础上，实证分析了长三角制造业产品分工格局及特点，并提出了长三角共同推动制造业高质量发展的指导理念及举措路径。

第一节　制造业高质量发展基本理论

一、制造业高质量发展的科学内涵

高质量发展是现代化经济体系的核心特征，是全面体现创新、协调、

---

① 李燕，赵昌文.加快推动新时代制造业高质量发展［N］.经济日报，2020－07－23.

绿色、开放、共享五大新发展理念的内在要求。推动高质量发展，既重视总量增长，更重视结构优化、环境保护、文明提升以及治理完善，更加强调经济、政治、社会、文化、生态五位一体系统化的全面发展和进步①。

从宏观角度看，高质量发展注重城乡均衡，提倡创新驱动，重视生产力发展与环境可持续的协调，强调成果分配惠及全民。从行业发展看，高质量发展要求兼顾产业规模壮大与布局及结构优化的平衡，强调产业转型升级、发展质量及效益②。从企业经营看，高质量发展引导和鼓励企业围绕产品质量的可靠性与持续创新善作善成，久久为功，争创国际一流品牌，开发应用先进的质量管理理念、方法和技术。从产业生态看，高质量发展强调活力、效益与质量的高度融合，强调要素配置、供给体系、需求满足三方面高质量的有机统一③。制造业的高质量，在活力方面，市场主体、产业创新、交易量额和市场环境蓬勃兴盛；效益方面，经济、社会和生态整体协调，人、产业与自然和谐共生。

二、制造业高质量发展的特征要求

党的十九大报告明确指出，"制造业高质量发展要以供给侧结构性改革为主线，以提升供给体系质量为主攻方向，以产业体系协同发展为基础，以增强制造业创新能力为核心驱动，以工业强基、智能制造、绿色制造为抓手，推动制造业的质量、效率和动力变革"。

因此，制造业要实现高质量发展，必须满足以下特征要求。

其一，创新性。创新驱动是"牛鼻子"，必须紧紧牵住不放。合理优化各大高校、科研院所、行业重点企业的定位，构建一个企业的创新应用主体地位突出、产学研深度融合的制造业创新体系。市场监管体系激励创新而包容审慎，创新制度环境公平而透明。在整个创新生态中，主体及要素完备，环节完善，流程规范。

其二，效率效益性。保持较高水平的全要素生产率是制造业高质量发展的核心要义，生产方式的质量得到全方位的提升，包括要素供给质量和配置效率、制造先进性、供应链效率、智能化程度等，其动力来源于技术

---

①　杨伟民.贯彻中央经济工作会议精神推动高质量发展[J].宏观经济管理，2018（2）.

②　史丹.从三个层面理解高质量发展的内涵[N].经济日报，2019-09-09（014）.

③　余东华.制造业高质量发展的内涵、路径与动力机制[J].产业经济评论，2020（1）：13-32.

的进步、劳动者素质的提高、数据要素的深度融合利用及管理制度体系的创新。此外，治理过剩产能、破除无效供给、促进降本提质、强化行业规范亦需常抓不懈。

其三，绿色性。经济增长与自然生态环境保护高度协同，绿色环保理念深入人心，实施以高能效、低排放为核心的低碳化绿色制造，实现产品从设计制造到回收处理的全链条闭环协同，极限协调优化企业效益、社会效益、自然环境之间的平衡。

其四，融合性。高质量发展的制造业，生产性服务与服务型制造深度融合，信息技术、数字技术与制造业交叉融合，智能化制造的特征突出。

其五，整体性。高质量发展的制造业，整体长短期目标协调、宏微观布局合理、总量与结构动态平衡、产业结构合理、规模经济性好、国际影响力强、产业链供应链协同高效、产品质量过硬、附加值高、企业知名度美誉度强，品种、品质、品牌卓尔不群，精品、名品、新品层出不穷。

三、制造业高质量发展的主要路径

关于制造业高质量发展的主要路径，可归纳为以下几个方面。

其一，推动质量变革。深化供给侧结构性改革，通过技术、业态、管理和模式等方面的推陈出新促进传统产业转型升级。一方面，实施制造业重大技术改造升级工程，全面提高制造企业生产技术、工艺装备、能效及环保水平；另一方面，锚定同行业全球先进标杆，加强研发，开展质量提升行动和品牌推广计划，争一流品质、创国际品牌①。

其二，重视效率变革。绿色化、智能化和产业化是提高制造企业生产效率的有效途径。具体地，一是应该突破要素投入依赖的桎梏，以环境、安全、质量等多维度的高标准助推绿色增长；二是应该应用新信息技术对传统产业进行多角度和全链条的数字化改造，在管理体系、流程方面实现重构创新升级；三是应该加强信息网络、数据挖掘、物联网和人工智能等方面的技术变革，在数字化、自动化、网络化的基础上，壮大规模实现跨越式发展，培养具有国际竞争力的制造业企业。

其三，引导动力变革。创新驱动是制造业转型升级的加速器和催化

---

① 余东华.制造业高质量发展的内涵、路径与动力机制[J].产业经济评论，2020（1）：13-32.

剂。创新体系方面，要不断完善和优化"政产学研金服用"相结合的体制机制，在科技、产业、市场、产品、业态、管理等方面持续创新；平台建设方面，要加快政府服务平台、研发中心等技术支撑平台的建设，完善创新机制建设，包括创新方向选择机制、创新风险分担机制、创新利益共享机制等。创新环境方面，要用足用好"大众创业、万众创新"政策红利，激发企业的市场主体作用，从科技投入、劳动力素质等多维度提升全要素生产率；行业企业方面，要鼓励支持其加强学习与研发投入，持续突破关键核心技术。

其四，开拓内外市场。国内国际市场的供需平衡是其关键。在企业内部，从生产运营、市场对接、品牌宣传等方面出发，要利用好新媒体和移动互联网等新兴平台和工具，借助生产、融资等成本的大幅降低，提高产品竞争力以扩大市场；在企业外部，要充分依托国家"一带一路"发展战略，充分调配国内、国外两种市场资源，以市场的扩大倒逼企业产品的质量和品牌提升①。

其五，树立融合发展理念。党的十九大报告提出，"要树立融合发展理念，推动互联网、大数据、人工智能和实体经济深度融合，发展数字经济、共享经济，培育新增长点"。具体来说，就是既要在微观方面实现技术、产品、产业和业务的融合，也要在宏观方面实现战略、思维和商业模式的融合。当前，信息化与工业化深度融合、新信息技术与制造业融合、生产性与服务型制造业融合是关键的第一步②。

其六，优化政府市场关系。有效市场和有为政府对构成制造业高质量发展的良好市场环境而言，如车之双轮鸟之双翼，两者相辅相成缺一不可。一方面，有效市场的建立和维护需要政府发挥"守夜人"作用，主导破除限制要素流动和优化配置的各种障碍，降低企业交易成本；此外，积极培育新要素资源，充分发挥市场机制放大社会生产力的乘数效应③。另一方面，有为政府影响的发挥需要聚焦功能型社会性支持政策的供给，切实履行宏观调控、市场监管、公共服务和社会管理等公共职能，规范契约

① 张红凤.推进制造业高质量发展的路径[N].光明日报，2019－12－24（11）.
② 余东华.制造业高质量发展的内涵、路径与动力机制[J].产业经济评论，2020（1）：13－32.
③ 苗圩.高质量发展阶段的制造强国战略[EB/OL].（2017－12－31）http://www.qstheory.cn/dukan/qs/2017－12/31/c_1122175280.htm.

执行和市场环境，释放经济社会活力。

第二节　长三角制造业高质量
发展现状及问题

一、长三角制造业高质量发展现状

（1）经济开放程度高，新型工业化起步早，制造业产业基础好。区域体量方面，土地面积总计 35.8 万平方千米，经济总量占全国四分之一，包括沪宁杭苏合甬等在内的 27 个城市为中心区。产业基础方面，制造业门类全、基础好、规模大，集群优势强，经济发展水平全国领先①。

（2）创新优势明显。地区内科教资源丰富，全国四分之一的"双一流"高校、国家重点实验室和工程研究中心聚集于此，年研发经费支出和有效发明专利数均占全国 1/3 左右，坐拥上海、合肥两大综合性国家科学中心，科创产业结合紧密，多种新技术与传统产业渗透融合，创新产业集群竞争力强。

（3）区域协作高效。区位优势较好，以上海为龙头打造综合产业集群，周边地市产业链配套衔接协作能力好，整体供应链水平高，产业联动密切。

（4）基础设施完善。多种交通联运方式链接高效，能源供给设施完备，5G 通信等新基建水平世界一流，已建成以 G60 科创走廊为代表的全面联动协作平台体系，工业化和信息化深度稳步融合，数字制造、智能制造成果初现。

（5）国际环境机遇与危机并存。外部环境方面，全球新一轮科技革命和产业变革客观上既带来了竞争的压力和威胁，也为国内产业转型升级创造了前所未有的重大机遇。

二、长三角制造业高质量发展问题

长三角地区推动制造业高质量发展，面临着以下几个亟待解决的关键

---

① 赵睿翔.围绕十大领域打造世界级制造业集群[N].中国电子报，2019－12－10（003）.

性问题：

其一，从全球产业链来看，长三角地位偏低。中国制造业总体处于全球产业链中低端环节，与美日德等先进制造业强国差距较大。表 7-1 从制造业劳动生产率等五个方面，对中国与美日德韩的制造业高质量发展水平进行了比较。

表 7-1　2017 年中国与美国、日本、德国和韩国的制造业发展主要指标比较

制造业发展主要指标	中国	美国	日本	德国	韩国
制造业劳动生产率（美元/人）	24 711.56	141 676.53	78 895.00	90 796.81	83 847.76
制造业研发投入强度	1.98	2.58	3.36	3.05	3.67
单位制造业增加值的全球发明专利授权量（项/亿美元）	6.67	15.08	12.96	6.02	5.99
高技术产品贸易竞争优势指数	0.07	0.67	0.82	0.88	0.59
制造业单位能源利用效率（美元/千克石油当量）	5.99	8.83	11.97	12.56	7.89

资料来源：世界银行数据库、联合国工业发展组织数据库、WTO 数据库。

如表 7-1 所示，制造业劳动生产率方面，中国与西方制造强国差距巨大。2017 年美国、日本、德国和韩国的制造业劳动生产率分别是中国的 5.73 倍、3.67 倍、3.19 倍和 3.39 倍。当前，长三角地区人均国民生产总值不足 3 万美元。地区经济体系虽然体量和速度尚可，但仍难以达到产业国际竞争的效率要求①。

---

① 权衡.推动长三角制造业率先实现高质量发展[N].新华日报，2018-12-04（017）.

中国制造业的研发投入和产出仍然落后。研发投入方面，2017 年中国制造业研发投入强度仅为 1.98，相当于美国、日本的 3/4、3/5。研发产出方面，2017 年中国单位制造业增加值的全球发明专利授权量数值不足美国、日本的一半。高技术产品贸易竞争优势指数方面，中国"研发投入强度不大、单位制造业产出专利少、产品在国际市场受到中低端压制"的产业技术经济特征明显，是制造业转型升级的潜在障碍①。

中国制造业能源利用效率在全球范围内缺乏竞争优势。2017 年中国制造业单位能源利用效率为 5.99 美元/千克石油当量，仅相当代表世界领先国家日本、德国水平的一半。能源消耗粗放、利用效率低下，拉低企业效益水平和国际竞争力，转型受限。

2019 年 12 月 28 日，《中国制造业高质量发展报告（2019）》发布并指出，我国制造业"大而不强"的问题依然存在，"关键核心技术与高端装备对外依存度高，科技与经济'两张皮'现象较为突出，制造业劳动生产率仍落后于传统制造强国"。

其二，传统规模优势加速衰减。当前全球产业分工面临深度重构，国内制造业整体受到全球产业链"高端回流""中低端分流"的双重挤压，本身的规模优势迅速衰减。

其三，质量效益国际优势尚未形成。与美、日、德等制造业先行者相比，质量效益差距未能缩小；与印度、越南、印尼等制造业追赶者相比，表征优势尚未形成。虽然中国制造业的质量效益持续增长，但较美、日、德等制造业先行强国依然相距甚远，总体仍处于国际中低端水平。

其四，技术创新驱动能力不足。根据全球竞争力报告 2019 年数据，和世界五大城市群的创新水平相比，长三角在知识产权保护、政府行政效率、高等教育、金融市场发展等方面还有很大提升空间。

其五，产业可持续发展的能力有待提升。世界银行 2016 年数据显示，世界五大城市群 PM2.5 年平均曝光量均低于 15 微克/立方米，上海市此项指标高达 45 微克/立方米，是美国的 4.5 倍。上海作为长三角核心城市尚且如此，要实现地区整体的绿色可持续发展，环保工作任重而道远。

其六，长三角地区制造业的发展成本偏高②。目前，中国制造业的土

---

① 吕铁，刘丹.制造业高质量发展：差距、问题与举措[J].学习与探索，2019（1）：111−117.
② 权衡.推动长三角制造业率先实现高质量发展[N].新华日报，2018−12−04（017）.

地、能源、物流、通讯、融资、环境等成本显著高于美国、日本等发达国家甚多。

综上，长三角地区制造业大而不强，与国际先进相比还有较大差距。自主创新能力弱，关键核心技术对外依存度高；资源能效低，环境成本问题突出；产业结构不合理，高端装备制造业和生产性服务业发展滞后；信息化与工业化融合深度不足，世界知名品牌数量少，企业全球化经营能力不足①。

第三节　长三角制造业产品分工评价

一、产品专业化分工评价模型选择及数据处理

区域性经济合作是生产社会化和经济生活国际化发展的历史结果和未来持续趋势，有其深刻的现实基础和客观必然性。"区域经济分工合作实质就是产品生产的专业化和集聚化，即各地区专门生产某类产品。专业化生产格局的形成，同时也要求以区际交换来弥补本区不能或不宜生产的产品之需求和实现本区专业化生产的产品价值，使分工进程得以延续。"②

(一) 产品专业化分工评价模型选择

学界对区域分工合作状况的研究方法和指标体系较多，各有优劣。此处笔者依据产业优势理论，基于产品互补模型运用产品专业化系数测算方法进行实证研究，其原因如下：其一，产品分析较产业分析所得结论更具体，更能体现各个主体的实际的产业竞争优势状况；其二，沪苏浙皖经济基础、区位条件各有差异，产品专业化分工系数有利于有效反映各地区产业结构的特色；其三，产品专业化分工系数可以更好地反映产品互补式区域传递的程度。产品互补区域传递的程度，可以用地区产品的专业化系数来反映：

$$\alpha_{ij} = Q_{ij}/Q_j$$

---

① 张立江，王进平，张尚安，耿育科，阎晓晖.标准化是《中国制造2025》成功的必经之路[C].标准化助力供给侧结构性改革与创新——第十三届中国标准化论坛论文集，2016：372-378.
② 刘志迎，杜超璇，程必定.泛长三角地区产品专业化分工实证——基于产品互补模式的研究[J].发展研究，2010（1）：4-6.

式中，α_{ij}——i区域j产品的专业化系数；Q_{ij}——i区域j产品的人均生产量；Q_j——全国j产品的人均生产量。

（二）数据选取及实证结果

笔者选取《中国统计年鉴》中公布的最近五年的"各地区主要工业产品产量表"和"人口统计表"相关数据，对比研究沪苏浙皖2014年和2018年产品专业化系数差异。

根据公式计算长三角地区36项主要工业产品的专业化系数α_{ij}，如表7-2所示。

表7-2 沪苏浙皖主要工业产品的专业化系数比较

地 区	上 海		江 苏		浙 江		安 徽	
年 份	2014	2018	2014	2018	2014	2018	2014	2018
原 煤	0.00	0.00	0.10	0.06	0.00	0.00	0.73	0.71
天然气	0.13	0.61	0.01	0.11	0.00	0.00	0.00	0.03
原 盐	0.00	0.00	1.88	2.91	0.04	0.00	0.48	0.54
成品糖	0.00	0.00	0.01	0.01	0.00	0.01	0.00	0.00
啤 酒	0.96	0.89	0.76	0.82	1.53	1.69	0.61	0.32
卷 烟	2.88	2.58	0.73	0.80	1.00	1.09	1.13	1.09
布	0.12	0.09	2.91	3.24	7.90	6.89	0.31	0.39
机制纸及纸板	0.61	0.10	2.08	1.77	4.05	4.34	0.49	0.69
焦 炭	0.79	0.84	0.92	0.61	0.17	0.13	0.43	0.58
硫 酸	0.16	0.12	0.74	0.49	0.56	0.91	1.60	1.61
烧 碱	1.85	1.41	2.50	1.69	1.39	1.50	0.46	0.54
纯 碱	0.00	0.00	2.31	3.02	0.31	0.35	0.58	0.32
乙 烯	8.61	6.35	1.65	1.58	1.61	1.76	0.00	0.00
农用氮	0.02	0.01	0.61	0.56	0.15	0.10	0.97	0.91
化学农药原药	0.27	0.34	4.89	6.96	2.13	2.83	1.03	1.20

地　区	上　海		江　苏		浙　江		安　徽	
年　份	2014	2018	2014	2018	2014	2018	2014	2018
初级形态塑料	3.97	2.65	2.88	1.97	2.93	2.93	0.33	0.40
化学纤维	0.80	0.54	5.48	4.94	12.75	12.33	0.12	0.18
水　泥	0.21	0.13	1.43	1.20	1.40	1.51	1.16	1.37
平板玻璃	0.00	0.00	1.29	0.79	1.35	1.35	0.68	0.87
生　铁	1.78	1.30	1.82	1.59	0.45	0.31	0.62	0.72
粗　钢	1.67	1.19	2.27	2.03	0.60	0.37	0.66	0.76
钢　材	1.59	1.21	2.16	1.99	1.04	0.75	0.64	0.66
金属切削机床	4.25	0.83	2.18	3.14	4.99	6.63	2.12	1.33
大中型拖拉机	0.19	0.00	2.29	2.58	1.50	2.23	0.09	0.36
汽　车	8.08	7.24	0.94	0.79	0.37	1.16	0.87	0.68
轿　车	13.30	11.36	1.09	0.91	0.50	2.05	0.53	0.35
发电机组	18.44	20.65	0.79	1.14	0.89	1.37	0.01	0.00
家用电冰箱	1.36	0.39	2.02	2.16	2.43	2.09	6.98	7.51
房间空气调节器	1.99	1.26	0.65	0.45	1.28	2.13	4.15	3.57
家用洗衣机	1.98	1.30	4.08	4.70	6.30	4.30	4.77	6.67
移动通信	2.61	1.78	0.33	0.49	0.63	0.80	0.00	0.01
微型计算机	13.91	3.19	3.51	3.66	0.15	0.18	1.09	1.50
集成电路	16.73	9.08	5.94	5.86	1.69	1.02	0.01	0.02
彩色电视机	0.85	0.52	1.40	1.26	0.91	1.04	0.76	2.15
发电量	1.09	0.80	1.41	1.29	1.44	1.31	0.80	0.88
水　电	0.00	0.00	0.02	0.05	0.47	0.39	0.09	0.10

资料来源:《中国统计年鉴》(2014,2018),网址:http://www.stats.gov.cn/tjsj/ndsj/。

二、沪苏浙皖主要工业产品的产业演变趋势

根据时间趋势，可以将沪苏浙皖主要工业产品的产业演变趋势归纳为以下四类：

其一，占优型。即始终占据优势地位的产业，表现为其工业产品的专业化系数 α_{ij} 始终大于 1。

其二，上升型。即优势地位上升型，表现为 α_{ij} 的值由小于 1 上升为大于 1。

其三，下降型。即优势地位下降型，表现为 α_{ij} 的值由大于 1 下降为小于 1。

其四，劣势型。即始终处于相对弱势的地位，表现 α_{ij} 的值始终小于 1。

根据表 7-2 的数据结果，可以归纳出长三角沪苏浙皖主要工业产品的产业演变趋势，如表 7-3 所示。

表 7-3　长三角主要工业产品的产业演变趋势

产业演变趋势	上　海	江　苏	浙　江	安　徽
始终占据优势地位	卷烟、烧碱、乙烯、生铁、粗钢、钢材、汽车、轿车、发电机组、家用洗衣机、移动通信、微型计算机、集成电路	原盐、布、机制纸及纸板、烧碱、纯碱、乙烯、化学农药原药、初级形态塑料、化学纤维、水泥、生铁、粗钢、钢材、金属切削机床、大中型拖拉机、家用电冰箱、家用洗衣机、微型计算机、集成电路、彩色电视机、发电量	啤酒、卷烟、布、机制纸及纸板、烧碱、乙烯、化学农药原药、初级形态塑料、化学纤维、水泥、平板玻璃、金属切削机床、大中型拖拉机、家用电冰箱、房间空气调节器、家用洗衣机、集成电路、发电量	卷烟、硫酸、化学农药原药、水泥、金属切削机床、家用电冰箱、房间空气调节器、家用洗衣机、微型计算机

产业演变趋势	上　海	江　苏	浙　江	安　徽
优势地位上升		发电机组	汽车、轿车、发电机组、彩色电视机	彩色电视机
优势地位下降	金属切削机床、家用电冰箱	平板玻璃、轿车	钢材	
相对弱势地位	其他	其他	其他	其他

由表 7-3 可知，上海市占优型产品主要包括卷烟、乙烯、初级形态塑料、汽车、轿车、发电机组、微型计算机、集成电路等。上海钢铁工业仍有一定优势，但优势在减弱。烟草制品业、石油化工、通用装备制造业、电子信息制造业优势明显，尤其是集成电路、数字制造业的显著发展，为上海市产业结构优化升级奠定了良好的基础。

江苏省的产品专业化系数大于 1 的行业包括：纺织业、化学原料及化学制品制造业、通用设备制造业、专用设备制造业。江苏的优势工业产品包括原盐、布、纯碱、化学农药原药、化学纤维、粗钢、金属切削机床、大中型拖拉机、家用电冰箱、家用洗衣机、微型计算机、集成电路等。

浙江与江苏两省同属我国民族工业的发源地，轻工业发达。共同的显著优势工业产品（工业产品的专业化系数均大于 2）包括：布、化学农药原药、化学纤维、金属切削机床、大中型拖拉机、家用电冰箱、家用洗衣机等。

整体上看，上海作为科技创新和金融中心，在先进制造业领域具有雄厚的研发基础和产业化能力；江苏经济实力强，制造业整体实力居区域之首，拥有苏南国家自主创新示范区；浙江民营经济基础好，市场活力强，数字经济发展特色鲜明；安徽作为长三角区域腹地，战略性新兴产业呈后发趋势。

第四节　共同推动长三角制造业
高质量发展

随着 5G、云计算、物联网、大数据、人工智能等新技术的兴起，数据资源日益成为关键的生产要素。长三角制造业的高质量发展离不开契合时代变化的产业发展指导原则，从技术路径的角度考虑，主要包括以下两点：

其一,数字化引领。

数字化制造有利于激发质量、效率和动力三重变革。放眼全球，长三角制造业低成本比较优势缩水明显，数字制造转型是提高发展质量、重塑竞争优势的必由之路。

发展数字化制造有利于推动产业结构优化升级。通过增加信息与知识要素的分享和流转，促进地区内分工结构优化与地市间交易效率提升，既能推动传统产业工艺技术改进、产品功能和附加值提升，又能促进新兴产业技术创新、科技成果中试和产业化周期缩短。

发展数字化制造有利于提高生产效率。以生产要素的数据化为依托，以工业互联网为载体，高效调配全球资源和生产要素，整合从设计、制造、营销到服务的全产业链环节，提升资源配置效率。

发展数字化制造，有利于培育发展新动能。海量数据互联和应用加速催生网络化协同制造、个性化精准定制等新模式、新业态，产业链各环节的融合加深，新型数据变现模式显现活力①。

其二,智能化推进。

习近平总书记指出，"人工智能是新一轮科技革命和产业变革的重要驱动力量"。长三角三省一市，以沪杭甬锡等城市为典型代表，智能技术的起步、规模和底蕴全国领先，极其有利于为改造传统产业、孵化战略性新兴产业、打造具有战略性全局性的产业链赋能②。

智能化要素有利于加速产业技术创新。以"长三角科技发展联盟"、

① 周维富.以数字化制造引领制造业高质量发展[N].经济日报，2020-04-14.
② 程必定.以智能化推进长三角一体化[N].安徽日报，2020-06-09.

G60 科创走廊和"长三角科技发展战略研究联盟"为代表的组织合作在孕育智能化因素的探索和成效方面有很好的经验。

智能化技术有利于孵化培育战略性新兴产业。近年来，有赖于智能技术的发展成熟，长三角地区涌现了人工智能、IoT、量子通讯和计算、集成电路、新能源汽车等众多战略性新兴产业，是国内智能产业发展的排头兵。

智能化技术有利于传统产业转型升级。以合肥智能制造为例，通过培育、扶持和引进等多种方式，科大讯飞、京东方、长鑫存储、蔚来汽车等龙头企业先后涌现，带动了合肥乃至安徽全省的制造业升级，2018 年、2019 年和 2021 年三届世界制造业大会，及 2020 年世界制造业大会江淮线上经济论坛的成功举办，充分证明智能化为工业化赋能和支撑地区制造业高质量发展的禀赋。

此外，2020 年新冠疫情暴发以后，依托智能技术的大数据应用、医疗服务机器人和无人配送物流等产品在疫情防控和复工复产中大显身手一鸣惊人，佐证了智能化技术及其基础设施在应对社会突发风险、护航经济高质量发展方面的乾坤砥柱之能。

一、加快传统产业转型升级

2020 年 7 月，针对全球新冠疫情的发展趋势，中共中央提出"加快形成以国内大循环为主体、国内国际双循环相互促进的新发展格局"的战略。在此背景下，长三角传统制造业发展面临国际国内双重挑战。国内方面，面临更高技术含量和产业整体向内陆转移的双重压力。国际方面，受全球疫情冲击，受到严重影响的欧洲与北美市场的替代者短期内难以寻觅。

面临资源要素及其流动机制的约束和国际市场的影响，长三角传统产业的转型升级需要系统思考，多措并举。

在技术研发方面，要加大科研经费投入，尽快补齐核心技术短板，强化企业自主创新能力，平衡发展产业技术创新水平；同时，充分利用好传统产业技术基础、产能、固有市场份额方面的比较优势，将增长方式向低能耗、低排放方向发展①。

---

① 王爽，李伟民.传统制造业转型升级需更好适应新发展格局［N］.经济日报，2020 - 09 - 03.

在集群层次方面，要利用各地主导行业的共同技术基础，瞄准新能源、新材料、新工艺，提高产业集群化水平和发展层次。

在市场开拓方面，要针对"一带一路"倡议和"双循环"战略制定精准可行的市场发展策略，牢牢抓住相关发展中国家推进基建与城镇化的契机，迅速抢占并扩大国际市场份额。

以安徽省为例，为了改造升级传统产业、实施制造强省战略，其省级相关主导部门联合制订了系统的行动计划。一是积极引进优质产能。在项目准入、投资规模关和生态环境方面严守门槛，强力助推有色金属、石油化工、钢铁建材等传统制造业迈向高端化、智能化、绿色化①。二是提高产业创新动能。在研发投入、技术改造方面下真功夫，促进重点领域自动化、机械化和数字化发展，助推智能工厂建设。三是深入开展环保节能。"壮大100户节能环保生产企业、推介100项节能环保先进技术、推广100种节能环保装备产品、实施100个节能环保重点项目、培育100家节能环保服务公司"，促进节能环保产业发展②。此外，2020年4月14日，安徽省人民政府发布《支持5G发展若干政策》，支持5G技术在工业互联网、智能制造、车联网、能源互联网等领域加速应用，制定了详细的奖补政策及配套措施，应用领域覆盖钢铁、水泥、汽车、家电等产业，降本增效等示范带动效果显著。在5G技术的应用场景创新方面，涌现了海螺集团的5G智能工厂、合力叉车的5G无人驾驶、科大智能的5G能源物联网等典型案例③。

二、聚集发展重点新兴产业

（一）总体思路

长三角新兴产业的发展，需要人尽其才、地尽其利，技尽其用，资尽其力，充分发挥人才、区位、科技和资金的不同优势，在产业转移承接、链条创新拓展等方面着力，明确具体的总体思路。

---

① 安徽省发展改革委.安徽省实施长江三角洲区域一体化发展规划纲要行动计划2021年工作要点[EB/OL].（2021-05-18）http://fzggw.ah.gov.cn/jgsz/jgcs/zsjqyythfzc/ghzc/145786131.html.

② 新华社.安徽：节能环保"五个一百"激发绿色产业动能[EB/OL].（2019-07-25）http://www.gov.cn/xinwen/2019-07/25/content_5415250.htm.

③ 安徽省人民政府办公厅.安徽省人民政府关于印发支持5G发展若干政策的通知[EB/OL].（2020-04-14）https://www.ah.gov.cn/index.html.

其一，宜明确重点发展领域。"聚焦集成电路、电子信息、新型显示、物联网、大数据、人工智能、新能源汽车、生命健康、大飞机、智能制造、机器人、前沿新材料等领域，携手打造若干世界级新兴产业集群。"①

其二，宜推动实施"龙头+配套"策略。鼓励产业骨干单位开展战略重组，发挥龙头辐射带动作用，优化资源配置，培育具有核心竞争力国际性企业集群，引导中小企业凝聚发挥"专精特新"优势，提升国际分工地位和产业链整体竞争力。

其三，宜系统强化政策支撑。尽快制定长三角制造业协同发展规划，建立长期稳定的高效协调机制。围绕《长江三角洲区域一体化发展规划纲要》要求，一市三省及相关地市县各级政府，要尽快制定和完善细化的行动方案和政策措施，明确重点，分清主次，保障各项措施分步有序推进。

（二）上海市发展重点新兴产业举措

上海市是长三角地区经济体量最大、科技创新实力最强、地理区位最好、基础设施网络最先进的领跑城市，要锚定各项关键领域和核心技术，在创新策源、新基建布局、生态环保、普惠服务、深度开放等方面锐意进取持续突破，充分发挥自身的辐射带动能力。现根据2020年底出台的《上海市贯彻〈长江三角洲区域一体化发展规划纲要〉实施方案》，将重点新兴产业发展举措梳理如表7-4所示。

表7-4   上海市发展重点新兴产业主要举措梳理②

举措方向	涉及的产业领域	相关的主要平台/载体	主 要 措 施
产学研用合作、关键共性技术突破	集成电路、人工智能、生物医药等	张江综合性国家科学中心、国家集成电路创新中心、国家智能传感器创新中心	产学研用联合攻关；关键共性技术、前沿引领技术、颠覆性技术研发合作；培育上海集成电路研发中心、装备材料产业创新中心

---

① 中共中央国务院印发长江三角洲区域一体化发展规划纲要［N］.人民日报，2019-12-02（001）.
② 上海市发展和改革委员会.上海市贯彻《长江三角洲区域一体化发展规划纲要》实施方案.上海市政府网［EB/OL］.（2020-12-09）https://fgw.sh.gov.cn/.

续　表

举措方向	涉及的产业领域	相关的主要平台/载体	主要措施
重大基础平台布局	人工智能基础算法、核心芯片、脑机融合、开源框架、生物制品、创新化学药物、高端医疗器械等	类脑智能、算法研究院	建设上海国家人工智能创新发展试验区和创新应用先导区、马桥人工智能创新试验区；筹办世界人工智能大会
世界级制造业集群	电子信息、生物医药、航空航天、高端装备、新能源和智能网联汽车、新材料；船舶、汽车、化工、钢铁		培育国际性龙头企业和"隐形冠军"企业；改造升级传统优势产业；促进生产方式的数字化网络化智能化柔性化
"互联网+""智能+"新业态	社会治理、民生服务、产业融合	长三角工业互联网平台国家先行区、长三角工业互联网平台国家先行区、长三角工业互联网创新应用体验中心、智能网联汽车（上海）试点示范区	建设工业互联网标识解析国家顶级节点（上海）；在G2、G60上海段开展车联网和交通设施智能化技术创新试点；实施洋山港自动驾驶集卡示范运营项目；建立智能网联汽车一体化测试认证示范体系和产业发展标准

（三）江苏省发展重点新兴产业举措

"江苏省宜围绕电子信息、生物医药、航空航天、高端装备、新材料、节能环保、汽车、绿色化工、纺织服装、智能家电十大领域，聚焦新型电力（新能源）装备、工程机械、物联网等先进制造业集群，强化区域优势产业协作，推动传统产业升级改造，创建一批国家级战略性新兴产业基地，形成世界级先进制造业集群。"①现将江苏省着力发展的重点新兴

---

① 江苏省发展改革委.《长江三角洲区域一体化发展规划纲要》江苏实施方案.［EB/OL］.（2020－04－01）http://www.zgjssw.gov.cn/yaowen/202004/t20200401_6584579.shtml.

产业梳理如表 7－5 所示。

表 7－5　江苏省发展重点新兴产业主要举措梳理

涉及的 产业领域	重点企业/ 平台/城市	主　要　措　施
车联网、空间 信息应用	无锡市、常州 市	打造智能网联汽车先导区； 创建空间信息综合应用创新服务平台； 营造无人驾驶产业应用生态
信息新基建	无锡市	加快完善 5G 网络推广应用； 优化完善 IPv6 规模部署； 改造网络和应用升级，催生下一代 IoT 产业生态
大数据	盐城市	协建华东数据中心； 建设完善区域信息枢纽港； 打造国家级大数据产业基地； 激励骨干企业开展量子通信产业应用试点
智能应用	南京市、无锡 市	建设 AI 与 5G 融合的城市大脑集群； 打造南京 LBS（定位服务）数据中心， 推广北斗应用； 推动交通运输跨省市协同监管、数据共享； 打造长三角一体化智能汽车、智能交通 示范项目
工业互联网	区域工业互联 网应用平台、 产业升级服务 平台、跨行业 跨区域工业互 联网平台	打造以先进制造业为特色的工业互联网； 优化工业互联网标识解析体系； 推广企业云平台和工业 APP 应用，支持 制造业资源线上线下深度融合衍生，打 造示范应用企业； 推动数字化、信息化与制造业、服务业融合

（四）浙江省发展重点新兴产业举措

　　浙江省在新信息技术、高端装备、生命健康、节能环保、新材料和智能交通等方面有全国一流的产业基础，可以从全产业链现代化的角度实施跨区域推进产业创新体系建设[①]。在新业态新模式的培育和发展方面，可

---

① 《浙江省推进长江三角洲区域一体化发展行动方案》的九大重点任务［J］.杭州科技，2020
　（2）：50－56.

以围绕车联网、新零售和智慧健康等领域协同共建区域 AI 产业联盟；在新型工业化的高能级战略平台建设方面，可以围绕杭州钱塘、宁波前湾、绍兴滨海和湖州南太湖等新区打造产业示范基地。现将浙江省着力发展的重点新兴产业及其主要举措梳理如表 7 - 6 所示。

表 7 - 6　浙江省发展重点新兴产业主要举措梳理①

举措方向/ 产业领域	重点企业/ 平台/载体	主　要　措　施
推进新基建； 5G 网络、IPv6、量子通信等	杭州国家新型互联网交换中心、"云上浙江"、长三角一体化数据共享平台、量子通信商用干线网络、海洋大数据中心	加强 5G 网络跨省市协同布局； 推进 IPv6 规模部署和应用； 完善骨干网、城域网和接入网衔接覆盖； 升级打造杭甬互联网国际专用通道； 筹划超大规模高等级绿色云数据中心（安吉/淳安）； 推广普及多元普惠计算设施（云/边缘计算）； 打造数字湾区，完善江海联运数据标准，加速港口联运信息共享互联； 营造量子通信产业化运营的市场环境
建设工业互联网； 汽车、装备制造、电子信息、石油化工、轻工纺织等	区域工业互联网应用平台、产业升级服务平台、跨行业跨区域工业互联网平台	打造以先进制造业为特色的工业互联网； 优化工业互联网标识解析体系； 建设区域工业互联网平台集群体系，落实差异定位、功能互补、资源共享； 优化工业互联网标识解析体系； 实施"企业上云"行动，推进云计算广泛覆盖； 推广设备联网上云、数据集成上云等深度用云，推动企业数字化转型； 建立完善企业"上云用云"标准体系
打造数字经济产业集群； 大数据、AI、新一代集成电路	全球"互联网+"创新创业中心（杭州）、互联网创新发展综合试验区（乌镇）；北斗产业基地（温州）	实施"云上浙江"计划； 开展"数据强省"建设； 推动跨省市数字经济合作，孵化数字经济生态及产业集群； 支持地域产业特色小镇建设（GIS 小镇、云栖小镇、AI 小镇等）； 着力建设卫星云、IoT 芯片、5G 和智能硬件创新生态，促进特色产业集聚发展

---

① 中共浙江省委，浙江省人民政府.浙江省推进长江三角洲区域一体化发展行动方案［EB/OL］.（2021 - 01 - 08）https://zjnews.zjol.com.cn/zjnews/zjxw/202001/t20200108_11551857.shtml.

续　表

举措方向/ 产业领域	重点企业/ 平台/载体	主　要　措　施
推动智慧应用跨域合作； IoT、大数据、AI、汽车、高端装备、电子信息、航空航天、船舶海工	实施长三角联网售票、交通畅行计划； 打造区域城市大脑集群	强化新兴技术与实体经济的渗透融合； 围绕生产线、车间、工厂建设智能制造空间场地； 支持有条件城市建设基于人工智能和5G物联的城市大脑，围绕城市公共管理、公共服务、公共安全等领域，推动长三角区域城市大脑集群建设； 进一步开放数字经济领域促进广泛合作，完善数字经济区域协同创新网络

（五）安徽省发展重点新兴产业举措

安徽省拥有以中科院系统相关资源为核心的合肥综合性国家科学中心，在量子力学、智能机器人等高科技前沿积累深厚，从源头创新、技术转化到成果大规模应用和生产的产业链日趋成熟，现将其着力发展的重点新兴产业梳理如表7-7所示。

表 7-7　安徽省发展重点新兴产业主要举措梳理[①]

涉及的 产业领域	重点企业/ 平台/城市	主　要　措　施
机器人	G60科创走廊机器人产业联盟、合芜马机器人产业集聚区	整合零部件、制造等产业链上下游资源，打造良性产业生态； 壮大智能制造产业，升级工业机器人智能化； 推动智能/特种服务机器人产业化应用； 培育具有国际级机器人产业集群
智能家电	合肥、芜湖、滁州	提高智能家电基础制造能力； 提升产品创新能力、移动互联网营销能力

---

① 安徽省发展改革委.安徽省实施长江三角洲区域一体化发展规划纲要行动计划2021年工作要点［EB/OL］.（2021-05-18）http：//fzggw.ah.gov.cn/jgsz/jgcs/zsjqyyhfzc/ghzc/145786131.html.

续　表

涉及的产业领域	重点企业/平台/城市	主　要　措　施
电子信息	国家集成电路制造业创新中心等平台	提升存储、驱动、模拟等相关的集成电路制造能级； 激发新型显示龙头企业依托超高清和柔性面板等量产技术研发，并以此催化产品创新； 培育"屏—芯—端"高效协同联动发展的电子信息产业集群
新能源汽车	奇瑞、江淮、华菱星马	强化动力电池、电机等关键配套能力； 实施燃料电池汽车产业化； 加快智能汽车测试，促进自动驾驶汽车产业化应用； 培育具有国际级新能源汽车产业集群
人工智能	"中国声谷"、合肥智能语音基地	完善技术研发、成果应用、产业孵化系统机制； 吸引国内外一流的科研院所，培育人工智能产业集群

三、培育布局未来产业

　　未来产业孕育于新一轮科技和产业革命，其发展速度、质量和效率深刻影响着产业新动能、竞争新优势的培育，是区域经济高质量发展的核心期盼。当前新一轮科技变革大势滚滚而来，消费升级趋势日益凸显，要协调沪苏浙皖四地充分利用和发挥产业创新优势，强化新兴产业主体协调，促进更多新兴产业资源集聚。在量子通讯和计算、类脑芯片、5G、大数据、AI、IoT、靶向药物、细胞治疗、基因检测、现代医学设备、集成电路、新材料、纳米技术、石墨烯、第三代半导体、金属铼等未来产业前沿领域，携手打造新的发展高地。

　　在培育路径方面，"有中生新"与"无中生有"相结合。坚持有所为、有所不为。一是"有中生新"。依托优势产业积淀，加大人才、资金、技术和要素投入力度，稳固旧基础、激发新突破。二是"无中生有"。政府牵头规划布局，吸引和引导重点潜力企业发挥后发优势，实现从无到有、从弱到强①。如合肥通过战略规划、政策设计和人才引进，用不到 5 年时间，在原来弱势的集成电路、AI 等高端智能制造产业一举逆袭一骑绝尘。

在发展模式方面，坚持三大创新。一是产业模式创新。打破产业传统边界约束，探索"未来产业+""物联网+"等新兴融合发展模式，拓衍已有产业链条。二是合作模式创新。加强各类各级府、院、所、企间的战略协同，培育政产学研用金合作新生态。三是服务模式创新。通过主导主体多样化、创新公共服务多元化，有为政府与有效市场结合，云端与实体结合，国有与民营结合，催化未来产业进化。

沪苏浙皖一市三省在未来产业发展的基础和禀赋方面不尽相同，根据各地的产业优势、当前布局和战略规划，现将四省市的未来产业重点和相关举措整理如表 7-8 所示。

表 7-8　沪苏浙皖未来产业培育布局重点领域及主要举措梳理

省市	重点领域	主要举措
上海市	6G、下一代光子器件、脑机融合、氢能源、干细胞与再生医学、合成生物学、新型海洋经济②	强化基础研究和关键技术突破攻关
江苏省	第三代半导体、基因技术、空天与海洋开发、量子科技、氢能与储能	促进产业应用商业化； 并购整合产业龙头企业； 杜绝低端产能过剩和盲目投资
浙江省	新一代信息技术、前沿新材料、高端装备、新能源及智能汽车、绿色环保、航空航天、海洋装备、生命健康、人工智能、生物工程、第三代半导体、类脑芯片、柔性电子、量子科技③	打造战略性新兴产业集群； 促进信息技术与生物技术融合创新，建设全国生命健康产品的制造、服务和信息技术三大中心； 建设新材料产业创新中心； 加快平台经济发展； 促进共享经济普及； 规划建设未来产业先导区

① 何介强.国内先进城市发展未来产业的创新经验及对宁波的启示[J].政策瞭望，2019（12）：45-47
② 《上海市"十四五"规划和二○三五年远景目标纲要》问答解读[N].解放日报，2021-01-30（003）.
③ 浙江省国民经济和社会发展第十四个五年规划和二○三五年远景目标纲要[J].浙江人大（公报版），2021（1）：51-77.

续　表

省市	重 点 领 域	主 要 举 措
安徽省	区块链、量子通讯与计算、未来网络、IoT、VR、网络空间安全、生物制造、质子医疗装备、生物基新型仿生材料、基因工程、再生医学、铅基堆、核屏蔽、先进核能、分布式能源、类脑科学①	推广创新应用试验场； 打造场景实验室； 实施"3+N"未来产业培育； 催化量子领域"独角兽"企业； 推动生物科技成果产业化

　　概括地说，制造业高质量发展的根本是依靠创新驱动的制造业发展，制造业数字化转型，关键核心技术突破，产业链供应链稳定且自主可控。长三角区域是中国制造业发展最好的区域之一，推进制造业高质量发展，既要考虑创新产业的转型升级，又要考虑战略性新兴产业的发展，还要重视未来产业的布局。一市三省各有各的优势，要抓住自身优势，在优势产业率先实现关键核心技术突破，既要考虑产业链上下游的配合，还要差异化实施技术攻关，加速推进制造业协同发展。

---

① 安徽省人民政府.安徽省国民经济和社会发展第十四个五年规划和 2035 年远景目标纲要［EB/OL］.
　　https：//www.ah.gov.cn/public/1681/553978211.html.

第八章

合力发展高端
服务经济

现代城市服务经济是工业化高度发达的产物，从世界上各发达市场经济国家的经济结构变化来看，服务业在经济结构中的地位是迅速上升的。现代服务业的核心是基于创造性劳动的高端服务业，高端服务业在技术、创新、品牌及价值链中占据高端环节。随着长三角经济发展进入后工业化阶段，现代服务业成为主要产业，为人们提供更多的就业机会，创造较高的劳动生产率，成为推动经济转型升级的重要引擎。高收入国家服务业产值占 GDP 的比重高达七成以上，长三角各个地区三产占比虽已超过50%，但与世界服务经济发达水平相比仍存在较大的差距。长三角加快发展现代服务经济可以发挥结构配置效应，促进全要素生产率提高和经济快速增长，合力发展高端服务业对其经济转型升级和区域经济竞争力提升具有决定性作用。本章以高端服务业内涵、服务业集聚原理、跨界融合创新发展等理论为基础，从联合打造服务业集聚区与平台、大力推动服务业跨界发展、合力提高文教卫旅养供给质量和效率、共塑长三角高端服务品牌几个方面，探讨如何合力发展长三角高端服务经济。

第一节　高端服务经济内涵和相关理论

一、服务业内涵与分类

服务业一般指生产和销售服务产品的生产部门和企业的集合。服务业生产的产品具有以下几个特征：一是无形性，不同于其他产业部门产品的可视性，服务业以提供无形的服务为其产品；二是不可储存性，对服务业的供需双方，产品在生产出来后，不能储存备用，具有易逝性；三是生产与消费的同时性，即服务的同步性，服务产品生产的同时，也是消费者使用产品的过程；四是知识性，现代服务业以提供知识和智力服务为主要特征。

目前，对服务业的分类没有形成统一的观点。费希尔（Fisher）和克拉克（Clark）最早提出三次产业概念，他们将经济划分为三个部门：第一产业（农业、渔业）、第二产业（矿业和制造业）以及剩余的第三产业（非物质的服务）①。三次产业的划分较为常用，但在各国的划分不尽一致。根据《国民经济行业分类》（GB/T4754—2011）和《三次产业划分规定》，我国的第三产业即服务业，是指除农、林、牧、渔业（不含农、林、牧、渔服务业），采矿业（不含开采辅助活动），制造业（不含金属制品、机械和设备修理业），电力、热力、燃气及水生产和供应业，建筑业以外的其他行业，包括交通运输、仓储和邮政业等十五个产业部门。在服务业的理论研究过程中，普遍使用的是 Grubel&Walker 的分类，即生产者服务业、消费者服务业和政府服务业，具体如下：

（1）生产性服务业，提供的服务是满足厂商的中间需求，作为其他产品或服务生产的中间投入，这一投入不断出现在生产的各个阶段②，一般需要较高的技术知识和人力资本，如交通运输、批发、信息传输、金融、租赁和商务服务、科研等；

（2）生活（消费）性服务业，是与居民生活相关的、提供服务满足个人的最终需求的相关服务业，如零售、住餐、房地产、文体娱乐、居民服务、医疗、教育等；

（3）政府服务业即公益性服务业，提供公共产品，满足最终需求和中间需求，如卫生、教育、水利和公共管理组织等。

二、高端服务业内涵与分类

（一）高端服务业内涵

高端服务业出现在工业化发达阶段，是服务业的高端领域，以新兴金融、研发服务、信息服务、总部经济等为重点领域。20 世纪 70 年代，欧美主要发达国家均已实现以现代服务业为主导的经济形态，现代服务业未

---

① 夏杰长.西方现代服务经济研究综述[J].国外社会科学，2006（3）：43－47.

② Coffer, J. The Conditions of Economic Progress[M]. London：Macmillian, 1940.

与高端服务业进行区分。《"十三五"现代服务业科技创新专项规划》对现代服务业给出定义是指"在工业化比较发达的阶段产生的、主要依托信息技术和现代管理理念发展起来的、信息和知识相对密集的服务业，包括传统服务业通过技术改造升级和经营模式更新而形成的服务业，以及伴随信息网络技术发展而产生的新兴服务业。"高端服务业是一个具有中国特色的产业新概念。最早由深圳市政府在《关于加快我市高端服务业发展的若干意见》中提出①，高端服务业是现代服务业的核心，具有高科技含量、高人力资本投入、高附加值、高产业带动力、高开放度、低资源消耗、低环境污染等特征。广东省政府发展研究中心课题组报告认为，现代高端服务业是依托信息技术和现代管理理念发展起来的，处于价值链高端，具有较强的外溢效应，能够有效带动服务业和制造业转型升级，提升整体经济竞争力的现代服务业②。普遍认为，高端服务业通常指具有高创新、高科技含量、高智力资本投入、高产业带动力、附加价值高、开放程度高、低资源消耗与环境污染的那部分现代服务业，它瞄准的是高端市场、提供的是高端服务、依托的是高端人才，是现代服务业中最具创新价值、附加值和产业带动性的部分。

（二）高端服务业分类

在"现代服务业"和"高端服务业"分类和范围界定的基础上，结合《长江三角洲区域一体化发展规划纲要》将高端服务业归类为：① 现代金融业；② 科技服务业；③ 软件和信息服务业；④ 文化创意产业、人力资源服务等商务服务业。其中，科技服务业是本章的研究重点。

三、科技服务业内涵与分类

（一）科技服务业内涵

科技服务业是指运用现代科技知识、现代技术和分析研究方法，以及经验、信息等要素向社会提供智力服务的新兴产业，主要包括科学研究、专业技术服务、技术推广、科技信息交流、科技培训、技术咨询、技术孵

---

① 深圳市人民政府.深圳市人民政府关于加快我市高端服务业发展的若干意见（国科发高〔2017〕91 号）［EB/OL］. http：//www.mofcom.gov.cn/aarticle/b/g/200703/20070304418610.html.

② 广东省政府发展研究中心课题组，李惠武，叶彤，李哲，郁宏辉."加快发展现代高端服务业"专题① 广东加快发展现代高端服务业研究报告［J］.广东经济，2016（1）：14 - 27.

化、技术市场、知识产权服务、科技评估和科技鉴证等活动，是在当今产业不断细化分工和产业不断融合生长的趋势下形成的新的产业分类①。

（二）科技服务业分类

科技服务业的产业活动范围非常广泛。不同时期不同部门对科技服务业的划分依据有所不同。学界对科技服务业的划分也未形成统一标准，通过比对其他国家、代表性省市的科技服务业统计框架和分类情况，提出基于市场实践、服务属性和服务对象、科技创新阶段等视角的划分方法。综合科技服务业的发展进程、相关部门对科技服务业界定的重点发展任务，从科技创新服务链视角将科技服务业分类为8+1服务体系，即8类专业科技服务和综合科技服务，具体如下：① 研究开发及其服务；② 技术转移服务；③ 检验检测认证服务；④ 创业孵化服务；⑤ 知识产权服务；⑥ 科技咨询服务；⑦ 科技金融服务；⑧ 科学技术普及服务；⑨ 综合科技服务。

四、高端服务业集聚原理

马歇尔是产业集聚理论的奠基人，他在《经济学原理》中首次提出了产业集聚的概念，他认为产业在某一区域集聚是为获得外部经济，并在规模效益不变和完全竞争的假设下阐述了导致产业集聚的三个具体原因：一是共享的劳动力市场，如果企业聚集在某个特定的区域，会吸引大量的具有特定产业技能的劳动力进入市场，企业可以轻易地获取劳动力，劳动者也可以轻易地获得工作，这样大大地减少了劳动力供需双方的搜索成本，对双方均有益；二是集聚能够减少企业的生产成本，提高企业的收益，促进企业进行专业化生产；三是加速知识溢出，集聚更有利于信息和技术在企业间传播，促进集聚区内各企业进行信息与技术交流，适应新市场需求，促进知识和技术的创新。

高端服务业由于非物化、不可储存性，以及生产和消费在时空上的不可分性，显现出更强的空间集聚特征②。韩冬芳认为产业集聚是推进高端服务业发展的高效平台③，而高端服务业发展的一条重要准则是产业的高

① 张前荣.发达国家科技服务业发展经验及借鉴[J].宏观经济管理，2014（11）：86－87.
② 李文秀.美国服务业集聚实证研究[J].世界经济研究，2008（1）：79－83.
③ 韩冬芳.高端服务业发展运行机制构建[J].中国流通经济，2012（8）：59－63.

度聚集性和辐射性①。高端服务业集聚形成机制与"集体学习过程""外部性""产业间的共同集聚"三个要素密切相关。而且，发达国家高端服务业的集聚现象及学者的研究共同表明，高端服务业主要集聚在经济发达地区或者大都市和经济核心区中。高端服务业是知识密集型产业，与"创新环境"有关的"集体学习过程"对于成功的知识型集群具有重要作用②，集体学习过程对促进高端服务业集聚有重要的作用③。人才的易获得性，市场的聚集与辐射性和知识、信息、技术的可获得性，范围经济和创新效应，三个方面的外部经济性，阐述了现代服务业集聚在国际大都市的原因。④高端服务业倾向于集聚在资本、技术和人力资源禀赋较高的地区⑤。产业间的共同集聚是由于不同的服务业集聚在一起使得这些服务业之间可以方便、快捷地获得彼此间的服务⑥，不同服务业之间往往具有互补性或竞争性，因此，形成了同种服务业或不同种服务业集聚共存的局面⑦。产业集群和产业联盟的形成，有力推动高端服务业的发展，并成为辐射全国乃至全球的重要载体⑧。

此外，高端服务业和先进制造业在空间上具有协同集聚关系，先进制造业集聚为高端服务业发展创造了大量需求，为高端服务业集聚并嵌入先进制造业生产提供了可能。高端服务业通过建立集聚区满足了先进制造业发展对各类高端要素投入的需要，进而嵌入到先进制造业的生产中，而技术、知识的空间溢出增加了两种产业协同定位的可能性⑨。

---

① 黄刚伟，陈晓君.珠海市工资高端服务业存在的问题及对策[J].经济纵横，2009 (2)：57 - 59.

② Keeble D, Wilkinson F. High-technology Clusters, Networking and Collective Learning in Europe[M]. Aldershot: Ashgate, 2000.

③ Keeble D, Nachum L. Why Do Business Service Firms Cluster? Small Consultancies, Clustering and Decentralizationn in London and Southern England [J]. Transactions of the Institute of British Geographers, 2002, 27 (1): 67 - 90.

④ 蒋三庚.现代服务业集聚若干理论问题研究[J].北京工商大学学报 (社会科学版)，2008 (1)：42 - 45.

⑤ 马鹏，李文秀 (2014a).高端服务业集聚效应研究——基于产业控制力视角的分析[J].中国软科学，2014 (4)：169 - 179.

⑥ Senn S, Julious S. Generalized Raking Procedures in Survey Sampling[J]. Journal of the American Statistical Association, 1993, 88 (423): 1013 - 1020.

⑦ 吕拉昌，阎小培.服务业地理学的几个基本理论问题[J].经济地理，2005 (1)：117 - 120 (125).

⑧ 李文秀，夏杰长.促进高端服务业发展[N].人民日报·理论版，2012 - 06 - 04.

⑨ 曹东坡，于诚，徐保昌.高端服务业与先进制造业的协同机制与实证分析——基于长三角地区的研究[J].经济与管理研究，2014 (3)：76 - 86.

五、服务业跨界融合创新发展

所谓"跨界"是指跨越原来区域划分或产业分类意义上的界，实现资源的共享①。

长三角一体化发展背景下的服务业跨界融合发展，首先是跨区域划分的区域经济合作。跨越原来区域划分的界，即区域间的"跨界融合"，是跨不同区域之间的行政地理边界，属于区域合作的范畴，主要解决行政区划障碍与各合作方经济发展不平衡这"两个难题"，涉及资源配置、产业分工、产业空间布局、区域经济增长、经济体制等问题。区域间的跨界融合，创造了新的发展空间，使原有市场有可能获得新生，使区域合作朝着一个新的方向迈进。跨区域产业融合要发挥各区域产业基础和资源的比较优势进行产业分工，在要素供给、制度和政策环境等因素方面建立合作的制度基础，建立一个符合市场经济原则的跨界治理体系，以推动区域经济合作②。

当下，随着新一轮科技革命和产业变革的兴起，新一代信息、互联网、人工智能、生命科学等技术不断突破和广泛应用，现代服务业内部以及现代服务业与传统服务业、第一产业、第二产业之间不断分化融合，例如，网络约车、移动办公、互联网金融、智能家庭、远程医疗等网络化、智慧化、平台化服务快速涌出，服务内容、业态和商业模式日新月异，企业价值链、产业价值链、产业间价值链不断重构，知识密集型服务业比重越来越高。产业跨界融合是服务经济发展的一个特征性事实③。服务业在不断的融合发展中，扩大了自身的产业规模，也提高了自身的附加值、专业化水平和服务业技术含量，不断推动服务业的产业升级和产业创新，促使新兴产业不断地涌现。因此，长三角服务业跨界融合发展也是跨产业分类边界的创新发展，即产业融合发展。产业融合是产业价值链解构与重构的新现象。格林斯坦（Greenstein）和坎纳（Khanna）认为，产业融合是"为了适应产业增长而发生的产业边界的收缩或者消失"，并将产业融

---

① 陈颐.跨界融合与跨界治理：论"一带一路"战略下两岸产业合作创新[J].福建论坛（人文社会科学版），2016（2）：181-186.

② 卓凯，殷存毅.区域合作的制度基础：跨界治理理论与欧盟经验[J].财经研究，2007（1）：55-65.

③ 陈宪.论产业跨界融合对服务经济的影响[J].科学发展，2010（7）：48-64.

合区分为"替代性融合"和"互补性融合"①。产业融合是指技术进步和管制放松使得发生在产业边界交叉处的技术融合改变了原有产业产品的市场需求，导致产业企业间的竞争合作关系发生改变，从而导致产业界限模糊甚至重划②。约菲（Yoffie）将政策管制、技术创新、管理创新和战略联盟等作为产业融合的动力③。总体来说，产业融合是一个逐步发展的动态过程，这个过程中政府、企业、消费者对产业融合都有着重要的影响，只有不同主体共同协作，才能促进产业融合的产生。

综上，我们所说的服务业"跨界"包含两个层面的含义：一是跨产业边界，即不同产业之间的跨界；二是跨地域边界，即长三角区域内的跨区域分工与合作。长三角服务业跨界融合创新发展是各大产业内部、不同行业间以及各个区域间的相互融合。

第二节　联合打造服务业集聚区与平台

一、长三角服务业概述

长三角地区是我国服务经济最发达的地区之一，一直处于高速成长的状态，安徽、浙江、江苏、上海的第三产业占比均已超第二产业和第一产业。但是，对比发达国家服务经济发展水平，长三角服务业发展还有很大空间。"十三五"以来，三省一市均在规划布局九大服务业集聚区，涵盖现代物流、科技服务、软件与信息服务、金融商务、电子商务、新型专业市场、创意文化、旅游休闲、健康养老等。《长江三角洲区域一体化发展规划纲要》提出，服务业聚焦"高端"，围绕现代金融、现代物流、科技服务、软件和信息服务、电子商务、文化创意、体育服务、人力资源服务、智慧健康养老九大服务业，联合打造一批高水平服务业集聚区和创新平台④。

---

① Greenstein S & Khanna T. What Does Industry Convergence Mean? [A]. In: Yoffie, D (ed.): Competing in the Age of Digital Convergence[C]. Boston, 1997: 201–226.
② 王翔，等.产业融合视角下服务业企业商业模式创新绩效分析[J].技术经济，2015 (5): 48–57 (34).
③ Yoffie. Competing in the Age of Digital Convergence[M]. New York: Harvard Press, 1997.
④ 科技部.长三角科技创新共同体建设发展规划[EB/OL]. http://www.gov.cn/zhengce/zhengceku/2020–12/30/content_5575110.htm.

2021 年，长三角第三产业生产总值达到 15.36 万亿元，占全国第三产业生产总值的 25% 左右；从一市三省第三产业增加值占比来看，上海市从 2019 年开始占比超过 70%，达到高收入国家服务业发展规模水平；江苏、浙江、安徽第三产业增加值占比 50% 以上；安徽 2019 年增加值占比 50.8%，较 2018 年高 5.72%，服务业发展增速明显；上海、浙江占比超全国平均水平，如表 8-1 所示。

表 8-1   2017—2021 年长三角第三产业发展总体情况

指标 ＼ 年份	2021	2020	2019	2018	2017
长三角第三产业生产总值/亿元	153 635	138 118.79	131 364.68	114 317.1	103 560.98
占全国第三产业总值比/%	25.2	24.9	24.5	23.3	23.6
上海第三产业增加值占比/%	73.3	73.2	72.7	69.99	69.2
江苏第三产业增加值占比/%	51.4	52.5	51.3	50.98	50.3
浙江第三产业增加值占比/%	55.9	55.8	54.0	54.67	53.3
安徽第三产业增加值占比/%	51.2	51.3	50.8	45.08	42.9
全国第三产业增加值占比/%	53.3	54.5	54.3	53.3	52.7

资料来源：国家统计局及一市三省统计局。

根据各省市 2019 年统计公报，进一步对比上海、浙江服务业规上企业发展基本情况，如表 8-2 所示。

表 8-2 2019 年上海、浙江服务业主体行业
规模以上企业主要经济指标对比

类别指标	上 海		浙 江	
	营业收入/亿元	比去年同期增长/%	营业收入/亿元	比去年同期增长/%
交通运输、仓储和邮政业	10 380.05	7.8	3 858	12
信息传输、软件和信息技术服务业	5 870.86	10.4	8 445	22
科学研究和技术服务业	2 759.22	14.7	1 591	20.3
文化体育娱乐业	441.06	−2.7	383	−11.4
租赁和商务服务业	9 773.73	8.2	2 369	14.6
行业均值	5 844.98	7.68	3 329.2	16.06

资料来源：上海市、浙江省统计局。

2019 年国民经济和社会发展统计公报显示，全年规模以上服务业企业营业收入比上年增长 9.4%。对比上表数据可以看出，上海市营业收入总量占优，增速平稳，浙江省增长速度较快，发展后劲强，除文化体育娱乐业，浙江省分行业规上企业营业收入较去年增长速度跑赢全国同比增长速度。其中，浙江省信息传输、软件和信息技术服务业营业收入和增长率占据优势，科学研究和技术服务业增长速度表现亮眼，其他行业在营业收入上，上海市占据优势地位。上海、浙江科学研究和技术服务业总体发展速度较快，具有较大增长空间。

二、上海高端服务业集聚重点

2021 年，上海市 GDP 总产值 43 214.85 亿元，人均 GDP 为 173 593 万元，其中第三产业占比 73.3%，第二产业占比 26.5%，第一产业占比 0.2%，城镇化率 89.3%（"增"时数据）[①]。上海是服务经济绝对主导的

---

① 上海市统计局.2021 年上海市国民经济和社会发展统计公报[EB/OL]. https://tjj.sh.gov.cn/tjgb/20220314/e0dcefec098c47a8b345c996081b5c94.html.

"三二一"产业结构。20 世纪 80 年代改革开放初期，上海现代服务业集聚发展从虹桥开发区建设开始，逐渐形成上海现代服务业集聚区的雏形。20 世纪 90 年代起，上海服务业发展加快步伐，在黄浦、卢湾、静安、浦东、长宁、徐汇等区形成服务业集聚发展的格局。进入 21 世纪，上海现代服务业集聚发展进入提升服务能级，建设高端品牌的提升期。上海是长江三角洲服务经济最发达的核心城市，其核心的地理位置、领先的发展水平为其集聚高端要素、发展高端服务业提供了比较优势。上海围绕国际经济中心、金融中心、贸易中心、航运中心和科技创新中心进行建设，提升都市综合经济实力、金融资源配置功能、贸易枢纽功能、航运高端服务功能和科技创新策源能力，是上海目前服务经济的发展重点。根据上海市在长三角一体化发展中的定位和自身资源优势，其服务业集聚重点如下：

一是提升总部经济能级，提升国内外资源配置能力，辐射南京、杭州形成协同优势。对外进一步优化资金进出、跨境融资、数据跨境、人员出入境、通关便利等政策环境，吸引亚太总部和全球总部落户上海，对内加强全国人才流、商流、物流、资金流的集散功能，吸引并培育本国跨国公司，支持其企业总部落户上海，将上海打造成为国内国外双循环的资源配置中心。继续大力吸引国际金融组织、国内外大型金融机构总部入驻，建立全球资产管理中心；吸引国际航运组织、功能性机构和知名企业入驻，巩固世界级国际海空枢纽港地位。上海市要加强与杭州、南京的合作，拓展经济空间，支持跨国公司总部提升能级，联通南京杭州形成分工有序、面向全球的资材中心、销售中心、采购中心、研发分中心、供应链管理中心、共享服务中心。

二是拓展高端生产性服务业向专业化和高端化发展，重点发展具有比较优势的金融业、科学研究和技术服务业、交通运输仓储和邮政业、信息软件和信息技术服务业，加强生产性服务业功能区建设，发挥龙头引领作用，打破区域行政壁垒，推动生产性服务业跨区域发展。建设长三角区域科创金融改革试验区，推动上海科技、金融等优质资源服务江苏、浙江、安徽实体经济。加快在医疗、养老等领域布局建设专业化平台，通过平台对接长三角区域内优质资源，引领形成服务业专业平台联盟和统一市场服务指标体系。支持"互联网+""智能+"等服务业新业态，提高上海优质服务资源辐射供给能力。

三是推进实体零售、文化服务、家庭服务、体育服务、旅游服务、健康服务等生活性服务业向精细化和高品质提升。加快新一代信息技术在生活服务业中的普及应用，打造平台经济、分享经济、体验经济和创新经济等新业态，引领服务业向专业化、高端化和国际化发展，提振国内消费经济，将长三角打造成为国际消费市场中心。

四是增强国际贸易中心枢纽功能，辐射长三角联动发展。长三角是"一带一路"、长江经济带内外战略叠加区，一体化战略重塑长三角经济空间和资源布局，RECP贸易协定形成了新的国际市场布局，以上海为核心联动南京、杭州、合肥，将长三角地区打造成为服务全国、辐射亚太的进出口商品集散地。优化长三角国际营商环境，推动长三角自由贸易试验区和跨境电商试验区同线同标同质协同发展。

三、江苏高端服务业集聚重点

2015年，江苏省首次实现产业结构从"二三一"到"三二一"的历史性转变，经济发展的主要支撑产业从制造业转变为现代服务业。至2016年末，江苏省拉动经济增长的方式出现重大转变，服务业对GDP增长的贡献率达60.4%，首次超过第二产业的贡献率，服务经济成为拉动GDP增长的主要动力，是服务业、工业并重的"三二一"产业结构①。2021年，江苏省GDP总产值116 364.2亿元，人均GDP为137 039元，其中第三产业占比51.4%，第二产业占比44.5%，第一产业占比4.1%，城镇化率73.94%②。江苏省在服务业取得较快增长的同时，信息技术与服务业集成融合，服务模式呈网络化、规模化、数字化发展。江苏现代服务业集聚区规模逐步扩大、集聚效应比较显著、示范带动效应明显，集聚区分布的区位特征明显，集聚区呈现多业态协同发展格局。江苏省受益于集聚区的发展拉动，新兴产业增长快速，规模以上服务业快速增长，对服务经济的拉动作用明显，服务业税收增长较快，拉动经济增长方式出现重大转变，推动全省经济发展迈进新时代。但是，江苏现代服务业发展还存在软件与信息业领军企业数量偏少，竞争力仍需提高；集聚区产业发展仍然不

---

① 江苏省统计局课题组.江苏现代服务业集聚区的未来发展[J].唯实，2019（3）：56-61.
② 江苏省统计局，国家统计局江苏调查总队.2021年江苏省国民经济和社会发展统计公报[EB/OL].http://tj.jiangsu.gov.cn/art/2022/3/3/art_85764_10520810.html.

平衡，高端服务业占比较低；集聚区区域分布不均衡，产业集聚程度不够高；高端人才缺乏，企业创新能力不足等问题，下一步集聚重点：

一是建设南京、苏州成为国家级服务经济中心。优化总部经济布局，提升南京总部经济发展能级，将南京建设成为长三角总部经济副中心，围绕生产服务、销售管理、决策运营、科技研发等打造功能性总部，形成分工链条。建设苏州服务经济中心，整合生产性服务业产业链条，为制造业流程再造、模式创新提供助力。

二是对接"上海服务"品牌建设，协同构建与国际接轨的服务标准体系，积极发展现代金融、现代物流、科技服务、工业设计、软件和信息服务、电子商务、文化创意、人力资源服务、节能环保服务等生产性服务业向专业化高端化发展，带动先进制造业的高质量创新性发展。

三是利用健康养老、旅游休闲、体育健身以及教育培训等社会服务的优势资源，打造现代化教育体系，加强跨区域交流合作，推进医疗服务均质化发展，跨省结对扩大优质医疗资源覆盖范围，积极探索旅游、养老等领域跨区域合作新模式，共建生态文化旅游圈，促进省级毗邻区域合作，协同打造一批高水平服务业集聚区和创新平台。

四是协同上海、浙江、安徽大力推进研发设计、供应链服务、检验检测、总集成总承包、制造数字化服务、工业互联网、绿色节能等领域标准化建设及跨界发展，形成规模优势，协同打造生产性服务业公共服务平台，联合打造一批高端服务品牌，加快高端服务业集聚化、专业化发展。

四、浙江高端服务业集聚重点

2021 年，浙江省 GDP 总产值 73 516 亿元，人均 GDP 为 113 032 元，其中第三产业占比 55.9%，第二产业占比 40.8%，第一产业占比 3.3%，城镇化率 72.7%①。浙江是服务业、工业并重的"三二一"产业结构。当前，浙江省以传统制造业为基础，以出口导向为驱动的格局发生了明显的转变，服务业作为浙江经济第一大产业，对地方经济的带动和支撑作用明显增强。浙江省数字经济发达，云计算、大数据等前沿信息技术与各行业正加速融合，《浙江省互联网发展报告 2018》显示，电子信息制造

---

① 浙江省统计局，国家统计局浙江调查总队.2021 年浙江省国民经济和社会发展统计公报［EB/OL］. http://tjj.zj.gov.cn/art/2022/2/24/art_1229129205_4883213.html.

业、软件和信息技术服务业综合发展指数均居全国第三。高端服务业发展
技术基础雄厚，孕育了体验经济、分享经济、新零售等互联网新业态，依
托新技术、新业态、新模式不断拓展发展新空间，孕育了阿里巴巴、华三
通信、聚光科技、海康威视等世界知名的独角兽龙头企业，服务业正加速
开展数字化转型。浙江省将工业互联网、制造数字化服务等作为主导，已
经在电子商务、文化创意、品牌会展、金融服务等领域形成优势，"两
化"融合发展指数保持全国前列。加快推动浙江高端服务业国际化、数字
化、融合化、品牌化发展是下一步的发展重点，下一步集聚重点：

其一，打造杭州、宁波两大现代服务业发展核心龙头。打造杭州、宁
波成为总部经济副中心，吸引跨国公司分支机构、国内大型企业总部或区
域总部、省内本地企业总部，与上海高能级总部经济协同，形成分工链
条，避免同质化竞争。杭州围绕数字创新、文化旅游等为标志将杭州建设
成为具有国际竞争力的国际化大都市；将宁波打造成为以港航物流、数字
贸易等为特色的国际港口名城。

其二，聚力打造数字经济赋能服务新模式。浙江省数字经济具有领先
优势，数字创新成效显著，新产业、新技术、新业态、新模式"四新"平
台企业不断涌现。以杭州宁波为软件产业集聚区和自主软件推广应用示范
区，培育一批龙头企业，开发具有自主知识产权的软件品牌，加速软件与
各行业领域的融合应用，发展行业解决方案和集成应用平台。

其三，依托浙江文化创新产业的优势地位，协同上海、安徽、江苏建
设一批国家级工业设计中心，支持工业设计向高端综合设计服务转变，打
造具有时尚引领力的创意设计集聚平台。鼓励领军企业跨区域发展，发挥
企业家作用，激励企业家以优势产业为重点，主动整合长三角文化创意产
业的各类上下游资源，推动创意经济与传统产业融合发展，推出一批具有
浙江特色和国际知名度的创意设计品牌。整合区域优势文化旅游资源，设
立区域专项项目基金，引导建设杭黄世界级文化旅游廊道、环太湖生态文
化旅游圈、江南水乡文化体验廊道，并进行整合营销提升长三角文化旅游
的整体国际影响力。

其四，对接"上海服务"品牌建设，协同江苏、安徽推进长三角生产
性服务业标准化工程，推动现代金融业、软件和信息服务业、现代物流
业、科技服务业、数字贸易等重点服务业向专业化、高端化和国际化发

展。支持长三角品牌企业布局发展家政、文化旅游、体育等生活性服务业。推动阿里巴巴等消费互联网平台带动长三角企业布局全球市场，联通国内市场和国际市场，形成双边消费者和双边出口商的信息搜寻、交流与交易枢纽。

五、安徽高端服务业集聚重点

2021 年，安徽省 GDP 总产值 42 959.2 亿元，人均 GDP 为 70 321 元，其中第三产业占比 51.2%，第二产业占比 41.0%，第一产业占比 7.8%，城镇化率 59.4%①。安徽是二、三产业并重的产业结构，但是总体上，安徽产业基础薄弱，经济发展相较上海、江苏、浙江，成长空间较大，属于极具发展潜力的新兴发展中区域。目前，我国经济社会进入新时代，国民经济发展由"高速增长阶段转向高质量发展阶段"，制造业面临升级转型转变发展方式，加之新一代信息技术带来的产业革命，制造业数字化、工业互联网建设等新任务迎头而来，安徽省面临着完成工业化的新旧动能转换、升级变革和承接产业转移、供给侧结构性过剩变革的双重任务。在制造业与服务业融合发展的机遇期，夯实第二产业（尤其是制造业）发展基础，布局第三产业融合发展是安徽省"十四五"的重点。安徽以制造业强省战略为主导，为支撑现代农业、先进制造业和战略性新兴产业发展，顺应制造业服务化趋势，发展生产性服务业，建设消费服务业一体化市场体系，下一步集聚重点：

其一，推动生产性服务业集聚发展。明确政府发展定位，聚焦生产性服务业重点领域，统筹安徽省优势产业资源进行战略布局和功能整合，优化生产性服务业营商环境，加强公共服务平台建设，加强与沪苏浙对接合作，在省际毗邻区打造畅通内循环、外循环重要节点的新型功能区，形成若干国内综合竞争优势明显的生产性服务业集群。

其二，推动生产性服务业跨界融合发展。梳理自身生产性服务业发展现状，根据产业发展需求，消除制度壁垒，政策支持长三角研发设计等生产服务业重点领域的优质企业到安徽开拓市场提供优质服务。设立生产性服务业技术创新引导基金支持优质企业联合长三角科研院所、高校开展区

---

① 安徽省统计局，国家统计局安徽调查总队.安徽省 2021 年国民经济和社会发展统计公报［EB/OL］. http://tjj.ah.gov.cn/ssah/qwfbjd/tjgb/sjtjgb/146518001.html.

域合作项目，拉动全产业链条整合创新。培育跨界融合发展示范试点工程，培育壮大一批示范企业跨区域跨领域创新融合发展。

其三，联合推进区域服务业品牌化标准化建设。积极开展区域品牌提升行动，参与长三角生产性服务业发展指导目录制定，推进服务新模式、新业态服务标准化工作，参与长三角服务标准和监管体系建设，形成一批服务业重点领域国家、行业和地方标准，强化与上海、江苏、浙江服务联动，共同塑造长三角服务品牌。

其四，推动生活性服务业提质升级。培育智慧物流、服务外包、医养结合、远程医疗、远程教育等新业态，打造平台经济、共享经济、体验经济等新经济模式，让消费者可以不受区域限制，提升消费的品质及层次。大力推进信息基础设施、交通基础设施、物流枢纽等互联互通设施建设，打通连接长三角经济空间的基础设施，构建服务业大市场大流通体系，促进区域内企业的竞争性成长。

六、联合打造高端服务业集聚区和创新平台

在高端服务业一体化发展的战略背景下，综合三省一市的高端服务业发展基础和集聚重点，围绕上海、江苏的沪宁产业创新带联合打造科学研究和技术服务业高水平服务业集聚区；依托浙江先进的信息传输、软件和信息技术服务业带领长三角其他地区的数字经济集聚发展；对于文化创意、人力资源、市场营销、现代金融、现代物流等商务服务业注重以上海为核心辐射，与其他核心城市协同发展；促进制造业服务业双向融合等几个方向，联合打造高端服务业集聚区和创新平台。具体来说，从以下几个方面来打造服务业集聚区、功能性载体和平台，引导服务业资源合理布局，加快形成区域协调联动的服务业发展格局。

（1）加大政府协同优化要素供给。三省一市政府联合成立高端服务业新业态、新模式创新引导基金，引导企业成立新型研发机构，打造研发团队，提升技术创新能力，加强技能工艺创新，引导现代服务企业积极应用新技术、发展新模式。人才是高端服务业的核心资产，营造优越创新创业环境，制定区域统一招才、引才、留才、育才方案，搭建人才实训基地，开展校企联合培养定制化人才行动。统一市场监管体系，提升监管效率和监管水平，协同推进服务业标准化建设，尤其是信息服务、数字服务、在

线服务、分享服务等新兴领域的标准化水平。

（2）培育一批高端服务业新业态新模式集聚示范区。高端服务业尤其是科技服务业是各省市的重点发展产业，制定政策引导区域内产学研学科专业优势资源充分合作，促进科创服务专业精细和规模集成化发展。围绕上海、江苏先进制造业聚集区，推动制造业服务业双向融合，推动服务业集聚发展。营造良好政策环境，发挥平台型、枢纽型服务企业的引领作用，跨区域带动创新创业和小微企业发展，共建"平台+模块"产业集群。

（3）跨区域协同培育服务业新业态新模式发展的基础平台。信息技术是服务业新业态、新模式创新的基础，集中各省市优势资源建设一批现代服务业与信息技术融合创新基地，开展信息服务业共性技术研究，提高基础算法、重点软件的研发能力、高端芯片、基础硬件等产品的自主开发能力，提高现代服务业科技创新能力。发挥区域新技术产业优势，联建工业云服务平台、人工智能平台、物联网平台、大数据平台，统一平台系列技术标准，提升整体技术服务能力。

（4）培育一批具有影响力的创新主体。协同推动系统解决方案提供商跨地区、跨行业、跨所有制整合经营，培育一批具有综合服务功能的大型企业集团或产业联盟。提高区域内工业互联网集成整合水平，鼓励制造企业优化供应链管理，推动网络化协同制造，积极发展服务外包。支持现代服务业创新型企业联合申报长三角区域创新基地，开展前沿和关键技术研究，参与国际、国家或行业技术标准的研究制定。

第三节　大力推动服务业跨界融合发展

国家发展改革委印发的《服务业创新发展大纲（2017 — 2025 年）》提出①，坚持创新驱动、融合发展，推进服务业与农业、制造业及服务业不同领域之间的深度融合，形成有利于提升中国制造核心竞争力的服务能力和服务模式，发挥"中国服务+中国制造"组合效应。服务业跨界发展一方面是跨产业融合发展，一方面是跨区域发展。长三角跨产业融合发展

---

① 国家发展和改革委员会.国家发展改革委关于印发《服务业创新发展大纲（2017 — 2025）》的通知［EB/OL］. http://www.mofcom.gov.cn/article/b/g/201709/20170902652507.shtml.

由产业变革驱动，跨区域发展由一体化战略驱动。《长江三角洲区域一体化发展规划纲要》提出合理发展高端服务经济，在研发设计、供应链服务、检验检测、全球维修、总集成总承包、市场营销、制造数字化服务、工业互联网、绿色节能等领域，大力推动服务业跨界发展①。

一、研发设计服务跨界发展的思路

伴随着专业化分工程度的深化、价值链的分解以及高新技术产业的发展，一些研发和设计活动逐步从产业链中独立出来，形成研发服务业，研发服务业是一种提供研发技术创新及技术转移相关支撑服务的外部产业。研发服务业属于科技服务业，是科技服务业中科技含量最高的部分，是利用自然、工程、社会及人文科学等专业知识或技能，提供产业技术创新所需的研究开发和设计服务的产业，是高度知识密集型和人才密集型的现代服务业。研发服务业具有资源消耗少、高投入、高产出的特性，是一个国家科技和经济发展水平的体现。《国务院关于加快发展生产性服务业促进产业结构调整升级的指导意见（国发〔2014〕26 号）》提出重点发展生产型服务业中的研发设计服务，包括研发和工业设计，并支持研发体现中国文化要素的设计产品②。各国对研发设计服务业的统计没有形成统一的标准，结合我国已出台的政策文件及课题研究范围，将研发设计的服务内容分为以下两类：

（1）研究开发服务：以知识或技术提供技术开发、产品开发、实验、检测等相关业务；

（2）设计服务：提供各类工程设计和产品设计。

研发设计企业为制造企业提供需求分析、创新试验、原型开发等服务。发达国家研发服务业发展经验告诉我们，研发服务业可以提高制造业效率和附加价值，新技术在制造业的应用可以帮助研发服务业实现新的创新。强化研发设计服务和制造业有机融合③既是产业转型的需要也是培育

---

① 中共中央国务院.长江三角洲区域一体化发展规划纲要[EB/OL]. http://www.gov.cn/zhengce/2019－12/01/content_5457442.htm？tdsourcetag＝s_pcqq_aiomsg.

② 国务院.国务院关于加快发展生产性服务业促进产业结构调整升级的指导意见[EB/OL]. http://www.gov.cn/zhengce/content/2014－08/06/content_8955.htm.

③ 国家发展改革委，等.15 部门印发《关于推动先进制造业和现代服务业深度融合发展的实施意见》[EB/OL]. http://www.gov.cn/xinwen/2019－11/15/content_5452459.htm.

战略新兴产业的需要。研发服务业与现代制造业融合发展可以提高制造产业的附加值和整体竞争力，长三角制造业提升自身工业设计能力，向高端综合设计服务转型，对于产业转型升级培育有着重大的意义。研发服务业首先要跨产业边界发展，走与制造业融合发展道路。其次，研发服务业要跨区域边界发展，跨区域整合长三角各地优势资源，实现研发设计和制造业的有效对接。具体来说，可以从以下几个方面推动研发设计服务的跨界发展。

其一，增强区域研发设计创新动力。联合加大知识产权保护，联合开展监督执法，加大对侵权行为的惩处力度，完善维权援助机制。统一知识产权申请与审查制度，联合共建高效的商标注册审查体系。鼓励企业、院校、科研机构跨区域成立研发产业知识产权战略联盟，创新知识产权入股、分红等形式的激励机制和管理制度，引导创意和设计、科技创新要素向企业聚集，建立知识产权集群式管理机制，提升集群企业协同创新能力。根据各省市资源基础和产业优势，开展研发设计服务规划，进行合理分工和协作，建设区域融合发展集聚平台，构建优势互补、相互促进的区域发展格局。

其二，优化政策环境，统一行业标准。研发设计是科技服务生态系统中的关键环节，不同地区、不同领域的研发服务机构及组织的技术信息、资本信息、企业信息、业务特长等信息资源的互联互通，是畅通区域科技服务生态系统的基础。对研发设计产业来说，制定统一的区域技术标准、规范、资质认证制度，建立三省一市科技行政管理部门认定的有关资质互认机制，区域内的高新技术企业、高新技术成果、高新技术产品、知识密集型技术密集型企业、科技型中小企业、外资研发机构、科技中介机构等可享受各地同等的优惠政策，建立统一的文化创意和设计服务与相关产业融合发展的技术标准体系，参与制定修订相关领域的国家标准体系，是提升研发设计服务效率和服务效能的重要保证。

其三，联合成立区域研发服务业引导基金。通过引导基金，联合社会资本加大对研发设计的支持力度，支持研发服务跨区域合作发展，联合进行技术和产品的创新研发及提供相关服务。重点扶持研发设计类重点园区、龙头企业、示范项目、研发中心、人才培训、参赛参展、产权登记和公共服务平台建设，省市设立专项形成配套支持。通过研发基金引导研发服务业布局长三角重点产业和战略性新型产业，形成研发产业的集聚效应，提升对资源的利用效率，有效整合各项资源，加速区域空间重构与产业布局。鼓励有条件的大型企业设立并建设一批国家级工业设计中心，带动创意和设计优势企业开展跨地区、跨所有制业务合作，打造跨界融合的研发设计产业集团。

二、供应链服务的跨界发展

供应链是以客户需求为导向，以提高质量和效率为目标，以整合资源为手段，实现产品设计、采购、生产、销售、服务等全过程高效协同的组织形态[①]。党的十九大报告提出，要在现代供应链领域培育新增长点，形成新动能。发达国家制造强国的发展路径已证明，发达的供应链体系是支撑制造业竞争力的重要支撑。比如德国的供应链效率领先全球，并推动德国工业进入 4.0 时代；日本以高效的供应链管理，实现"零库存"和精益生产。随着社会分工的不断深化和现代信息技术、管理模式的广泛应用，供应链与互联网、物联网深度融合进入智慧供应链阶段，发展趋向于专业化、集约化、综合化、规模化，现代供应链建设已从企业内部、企业间的协同，拓展到产业乃至整个国民经济组织形态的优化和效率提升层面，对推动国家或者地区高质量发展、提升国际竞争力意义重大。

现代供应链管理是运用新一代信息技术将供应商、制造商、仓库、配送中心和渠道商等有机地集成起来优化运行，实现产品设计、采购、生产、销售、服务等全过程高效协同的组织形态[②]。产业集聚程度越高，对供应链管理的创新需求越高，集群专业化程度越高，对集群式供应链管理的要求也越高。长三角制造业协同发展，区域优势产业协作发展，企业集群专业化程度进一步提高，其高效率供应链管理的核心就是在现代交通与通信技术高效能服务下跨区域、跨行业、跨企业的网络化重构。即加快运用物联网、大数据、AI、5G 等高新科技加强供应链创新，针对原材料、零部件供应、产成品销售等"供应链环节"加速产业化应用，跨区域打造大数据支撑、网络化共享、智能化协作的智慧供应链体系，从供应链的资

[①] 浙江省发展和改革委员会课题组.大力推进浙江现代供应链发展[J].浙江经济，2018，(17)：32-34.
[②] 开启现代供应链全面崛起时代[J].浙江经济，2019 (12)：1.

源协同、信息联动、管理优化和研发创新等方面入手，提高供应链一体化协同能力、供应链服务模式创新与应用和专业化水平，有效提高长三角供应链产业集成和协同效率。

其一，打造跨区域供应链协同服务体系。三省一市政府部门协同进行科学规划，制定全局、系统、长远的供应链战略和配套政策，在物流标准化、重要产品追溯、供应链平台建设几个方面进行跨区域协调联动，加强政策衔接性、匹配度，做好基础性、公共性工作，形成统一的供应链管理机制。发挥政府财政资金对社会资本引导作用，支持跨区域供应链体系中薄弱环节和关键领域建设，创新财政政策，促进"大市场、大流通"发展。

其二，打通长三角交通网络体系，加快新基础设施建设。打造高效联通、多式联合的区域综合交通体系，是供应链跨区域发展的基础设施保障。长三角地区的高效联通首先要从优化交通体系网络架构、重视并加快推进综合运输枢纽建设、实现基础设施硬环境与政策机制软件的联动、以区域差别化思想发展高效的现代化综合交通运输系统等几个方面协调，加强长三角交通体系间的配套衔接与互联互通。新型基础设施建设方面，发挥政府资金的引导作用以及各类企业、各类投资基金及投资者的作用，形成社会化、多元化的有效投资，投向5G、云平台、物联网、服务器、超高清视频终端等新型信息基础设施，加快大数据、云计算、区块链、各类软件等技术开发和应用能力建设。

其三，扶持供应链龙头企业，推动供应链服务转型升级。企业是市场行为的主体，是供应链创新与应用的载体，尤其是行业里的龙头企业，是打造供应链协同服务体系的探索者和实践者。推动专业物流企业加快数字化转型，以需求为驱动嵌入客户采购、生产、物流、销售全环节，提供一体化供应链服务。运用区块链、人工智能等新技术推动生产性服务业供应链创新，推动制造供应链向产业服务供应链转型，提升制造产业的快速响应能力和实时决策能力。

其四，合理发展智慧供应链系统。联合建设服务型制造公共服务平台，规划和布局建设一批智慧物流园区、智能仓储、智能货柜和供应链技术创新平台，补齐供应链设施短板。加快推进供应链全链条管理数字化，打造供应链数字创新中心，为行业提供监测分析、大数据管理、质量追溯、标准管理等公共服务。联合推动人工智能、感知技术在供应链中的创新应用，通过信息化、数字化、智能化供应链创新，促进全链条信息共享，实现供应链可视化。

三、检验检测服务跨界发展

检验检测服务业属于高技术、生产性、科技型服务业，是由具备相关资质的机构提供的一种技术服务，是供需双方鉴定产品品质或者相关政府机构评定产品合格的重要手段，以政府/行业等标准、法规为依据，通过实验室或现场检测产品、材料、资产性能等参数，进而出具具有法律效力的证书报告。检验检测服务体系是国际公认的国家质量基础设施之一，提高检验检测的服务水平，可以加快创新要素集聚和辐射，产生技术外溢效应，从而提升科技创新水平和产业发展水平，是实施创新驱动战略的重要技术支撑。

国家认证监督委员会统计数据显示，近年来，检验检测行业以年均15%左右的增长率成为全球高速增长的行业之一，国家质检总局发布的《认证认可检验检测发展"十三五"规划》预期检验检测认证服务业营业总收入要保持9.2%的增长速度。检验检测行业已列入我国国家战略性新兴产业，随着经济发展对检验检测服务需求的增长，检验检测产业发展规模越来越大，科研创新能力也不断增强。历年的检验检测服务行业统计数据显示，上海、江苏、浙江地区是检验检测行业发展领先的地区之一，长三角推动优势检验检测企业跨区域发展，形成检验检测服务行业大市场监管格局、促进检验检测企业规模集聚、产业整合、行业治理，既是市场竞争的需要，也是区域发展战略的需要。政府、行业、企业通力协作，共同从夯实检验检测认证基础、提升检验检测认证服务能力、促进检验检测认证产业发展、推动检验检测认证供给能力提升几个方面着手，一方面发挥各项准入制度的导向作用，一方面充分发挥市场的决定性作用，促进检验检测行业的合理布局及跨界融合发展。

其一，完善长三角区域检验检测法规体系，政策扶持全能型检测企业。政府联合制定区域检验检测法规体系、推进行业标准体系对接，推动区域检验检测认证服务平台建设，打好检验检测认证的发展基础。目前，检验检测机构规模偏小，2018年度检验检测服务业统计结果显示，从业人数在 100 以下的检验检测机构数量 38 023 家，占机构总数的 96.3%。出台扶持政策培育全能型检测企业，支持企业引入行业精良的检测设备，提供产品质量鉴别功能、技术创新和产品质量证明的认证功能，协助政府监督管理市场的预防、公证功能。

其二，成立长三角检验检测认证公共服务平台联盟，集聚高端要素。上海、宁波、江苏是最早开始创建国家检验检测认证公共服务平台示范区的地区，目前，国家认监委共批准创建 18 家示范区，长三角占 6 家，包括上海 2 家、江苏 3 家、浙江 1 家。长三角检验检测认证公共服务平台联盟重点围绕长三角战略新兴产业和先进制造业，推进规则互认、标准互补、产研互动、信息互通，整合检验检测机构的优势资源及各类企业、科研高校等社会资源为长三角制造业质量提升和未来产业发展提供专业检验检测服务，形成以检验检测认证为"连接器"的产业聚合新模式，打造品牌效应，服务长三角经济发展。

其三，联合推动检验检测机构跨区域发展。2018 年度检验检测服务业统计结果显示，我国检验检测机构仅在本省区域内开展检验检测服务的比例达到 76.94%，大多数检验检测机构是"本地化"检验检测机构①。消除区域内各地区政策和制度差异，推动检验检测机构进行跨区域、跨行业整合，整合检验检测机构的资产、人员、设备等资源，让检测市场围绕行业需求尤其是高端用户需求充分发展，建立围绕市场服务对象形成检验检疫、质量检测、认证认可等区域检验检测体系，培育门类齐全、服务高效、核心竞争力较强的综合检验检测机构，提高技术服务能力和服务效率。

四、总承包总集成跨界发展

工程总承包是指从事工程总承包的企业按照与建设单位签订的合同，对工程项目的设计、采购、施工等实行全过程的承包，并对工程的质量、安全、工期和造价等全面负责的承包方式②。随着经济的高速发展，现代工程项目投资规模越来越大、技术结构越来越复杂、功能质量要求越来越高，新技术、新工艺、新材料和新设备等高新技术成果不断出现并应用到

---

① 市场监管总局发布 2018 年度检验检测服务业统计结果[J].铁道技术监督，2019（7）：110.
② 杨杰.行业转型阶段工程总承包企业能力评价体系研究[J].工程经济，2019（11）：53-58.

项目中，这些变化对工程总承包项目提出了更高的要求，总承包企业开始将集成管理思想运用到工程项目中去，以系统理论为指导，进行跨组织的集成创新管理。"集成"是将各自独立的单元通过某种方式的组合，组成一个新的效能更大整体的过程①。集成管理主要包括目标集成、组织集成、过程集成和信息集成等几大方面。集成管理的核心思想是整合增效，实质是运用集成的创造性思维，从新角度出发重新审视系统内各种资源要素，遵循其内在运行机理，从而提高各项管理要素交融度的过程，其目标是追求 1+1＞2 的管理效应②。运用集成管理方法可以提升工程总承包能力。总体来说，总承包总集成项目源于工程项目领域，具有一次性、临时性、组织成员多样性的特点，项目组织方从业主需求出发，运用信息技术的集成模式，集成社会及企业内部资源、集成项目实施管理过程中的各方主体，提供涵盖可行性研究、融资、设计、采购、施工、运营等多方位的整体解决方案。

现代产业体系的一个重要特征就是先进制造业与现代服务业的融合发展。总集成总承包（双总）是《中国制造 2025》发展"服务型制造"的核心模式之一。《关于推动先进制造业和现代服务业深度融合发展的实施意见（发改产业〔2019〕1762 号）》亦强调提升总集成总承包水平，支持设计、制造、施工等领域骨干企业整合资源、延伸链条，发展咨询设计、制造采购、施工安装、系统集成、运维管理等一揽子服务，提供整体解决方案③。制造业企业发展系统集成与总承包，向研发设计和品牌营销环节拓展，是制造高端化的必然选择；研发、设计、信息软件以及建设安装类等服务业企业发展系统集成与总承包是实施品牌战略，优化资本结构、治理结构、管理方式和生产方式，服务高端化的必然选择。制造业与服务业互相促进融合，协力发展成为现代产业的必然趋势。

首先，长三角产业集群优势明显，具备科技、教育、人才、信息、金融等方面的先发优势和雄厚基础，利用区域开发类重大项目建设，鼓励和引导推动大型建设、设计类企业跨区域整合资源，推广基于 BIM、GIS、

---

① 刘晓强.集成论初探[J].中国软科学，1997（10）：103–106.

② 徐红涛，吴秋明.集成管理视角下企业集群的系统构建与效应[J].贵州大学学报（社会科学版），2018（5）：60–142.

③ 国家发展改革委，等.15 部门印发《关于推动先进制造业和现代服务业深度融合发展的实施意见》[EB/OL].http://www.gov.cn/xinwen/2019–11/15/content_5452459.htm.

AI 等技术的公共建筑智能制造平台，建设隧道路桥的全生命周期实时管控智慧系统等工程总承包和系统集成项目，促进产业融合发展。其次，引导系统集成工程总承包商重点培育产业链条的整合能力、强大的融资能力和系统集成能力，通过自主研发工程数字化协同平台，有效整合产业链上下游环节，创新融资模式，综合集成人力、技术、资金等要素，为顾客提供更具竞争力的产品及服务，进行集成信息化管理，提升核心竞争力。

五、市场营销服务跨界发展

市场营销服务通常是指运用专业营销理论思想，通过线上线下各种营销手段（包括网络营销、广告营销、媒体营销、终端促销、活动公关、线下综合消费者体验），帮助企业通过"智慧和创意"，经济快速地打开市场。营销服务属于现代服务业，是市场经济高度发达以及社会化分工发展到一定阶段的产物。随着信息技术在人们生产生活中的广泛应用，跨产业、跨空间、跨时间的互联网营销、电商营销、新媒体营销的创新营销模式，开启了智慧营销的新时代。例如，京东商城的跨界营销模式——视频化网络购物方式，打造集购物、休闲、娱乐为一体的购物模式，购物、看剧融为一体，产生新的购物体验。大数据、人工智能等新技术在催生新技术、新业态、新模式的同时也带来消费者行为全面数字化的革命——新零售。新零售是企业以互联网为依托，通过运用大数据、人工智能等先进技术手段，对商品的生产、流通与销售过程进行升级改造，进而重塑业态结构与生态圈，并对线上服务、线下体验以及现代物流进行深度融合的零售新模式①。新零售以顾客体验为核心的数据驱动的全渠道、新零售科技、无人零售、新零售物流等商业模式开启了市场营销与新技术新理念的融合变革。新零售注重顾客体验，通过人工智能等新一代技术帮助企业建立以消费者为中心的快速响应系统，通过智能应用搭建市场营销智能平台，可以让企业实现内部营销经验的可复制及产品化传承，帮助企业测量与预测营销效果。智能平台能够实现营销增长全场景的闭环覆盖，大幅提升消费者生命周期体验，人工智能会带来市场营销领域的颠覆性变革。市场营销跨界发展的重点是规范市场秩序，统一市场标准，对区域内相关服务实行

---

① 杜睿云，蒋侃.新零售：内涵、发展动因与关键问题［J］.价格理论与实践，2017（2）：139－141.

标准化建设和管理。

六、制造数字化的跨界发展

数字经济时代，新一代信息通信技术的发展驱动制造业迈向转型升级的新阶段——数据驱动阶段，大数据成为一种生产要素，贯穿社会生产全过程。对大数据进行处理加工的数字技术日益成熟并广泛渗透到各个领域，推动人类变革生产方式、再造生产关系、重组经济结构、改变生活方式。发达国家都在加速促进新一代信息技术和制造业的深度融合，实施数字化战略。例如，美国利用数字技术"自上而下"重塑制造业，德国通过优化基础生产工序"自下而上"改造制造业，制造业再次成为全球竞争的焦点，制造业数字化转型成为催生新一轮工业革命的关键。

我国的制造业规模世界第一、体系完备，是实体经济的主体，对制造业进行数字化改造，是制造业转型升级及实现高质量发展的重要路径。数字化制造是在制造技术和数字化技术融合的背景下，通过对产品信息、工艺信息和资源信息进行数字化描述、集成、分析和决策，进而快速生产出满足用户要求的产品①。数字化制造以数据的应用分析为基础，从生产流程、管理流程到商业运营等多个领域进行创新设计，加速资金、人才、技术、数据等要素资源集聚配置，全方位、多层次优化资源配置效率。数字化与工业互联网协同，从企业内部向供应链上下游延伸，推动产业链、供应链、价值链的融合，推动制造业数字化、网络化、智能化进程，引发制造业的效率变革的同时引发产业系统性、革命性、群体性的技术创新、模式创新、业态创新和产品创新。

数字化转型最终是为了实现跨企业、跨区域协同，搭建工业互联网，优化社会资源的配置。制造数字化与工业互联网协同跨区域互联互通发展是长三角产业创新一体化发展的基础。长三角各省市的企业数字化转型总体上处在全国平均水平以上②，区域统一企业"上云用云"标准体系，搭建区域产业升级服务平台，加快系统推进云计算广泛覆盖、推广设备联网上云、数据集成上云等深度用云，推动企业数字化转型，推动数字化、信

---

① 臧冀原，王柏村，孟柳，周源.智能制造的三个基本范式：从数字化制造、"互联网+"制造到新一代智能制造[J].中国工程科学，2018（4）：13-16.

② 两化融合服务平台（cspiii.com/dhlj/sj/）。

息化与制造业融合，为建设区域工业互联网做好准备。

七、工业互联网的跨界发展

工业互联网是实施制造强国战略的重要基础，发展工业互联网已经成为各主要工业强国抢占制造业竞争制高点的共同选择。产业数字化、网络化、智能化发展的基础是工业互联网，通过工业互联网将产业链、价值链上各要素进行对接，快速响应需求侧数据信息，整合内外部资源，突破传统制造业的时空限制并形成新的价值网络，依托价值网络开展协同设计、协同供应、协同制造、协同服务、协同创新等新型发展模式，是工业互联网发展的新兴技术路径之一。工业互联网技术在企业内部的应用模式和场景主要有智能产品开发与大规模个性化定制、智能化生产和管理、智能化售后服务，在企业之间的应用模式和场景主要是产业链协同。

2017 年 11 月，国务院发布《深化"互联网+先进制造业"发展工业互联网的指导意见》之后，上海、浙江、江苏、安徽相继发布本省加快制造业和互联网融合的意见、行动计划和实施方案等系列政策措施。一市三省以"网络、平台、安全"三大基本体系为基础，立足自身优势，走出特色道路。上海提出工业互联网"533"创新工程，拓展"生态、合作"体系，以建成全方位、立体化的工业互联网开放合作体系为目标，发挥自身引领作用，率先建立长三角工业互联网平台，组建长三角工业互联网产业联盟，推进工业互联网重大国家节点项目、产业基金，辐射带动长三角工业互联网的深入发展。江苏省实施工业互联网"528"行动计划，拓展"生态、支撑"体系，江苏省工业和信息化厅牵头推进长三角工业互联网一体化发展示范区建设。浙江省搭建首创的"1+N"工业互联网平台体系，发挥数字经济优势，培育国际水准的国家级工业互联网平台——supET 工业互联网平台；安徽紧跟长三角工业互联网建设步伐，构建网络、平台、安全三大功能体系，通过开放合作推动发展，围绕网络基础、平台体系、产业支撑、融合应用、生态体系、安全保障构建互联网发展框架。一市三省形成上海市核心引领，江苏省鼎力支持，浙江省样板支撑，安徽省全力跟进的合作局面。

2018 年始，长三角区域工业互联网平台建设达成集群联动合作协议，汇聚智能云科、上海宝信、江苏徐工信息、浙江阿里云、安徽合力等工业互联网平台龙头企业资源，G60 科创走廊围绕跨区域制度对接、财税扶持、技术升级和项目推进等推进工业互联网协同发展，已建成工业互联网创新应用体验中心首批分中心。2019 年 12 月，长三角获批建设"长三角工业互联网一体化发展示范区"并发布《长三角工业互联网一体化发展示范区建设规划》。2020 年 1 月，沪苏浙皖经信部门签署了《共同推进长三角工业互联网一体化发展示范区建设战略合作协议》。长三角工业互联网一体化发展进入政府联合规划，龙头企业合作、G60 科创走廊牵头、各省市经信部门协同合作的全方位推进阶段。两化融合服务平台发布的 2020 年第一期两化融合报告显示，浙江省、上海市、江苏省在起步建设、单项覆盖、集成提升、创新突破方面领先于全国平均水平，虽然安徽省仅起步建设、单项覆盖指标优于全国平均水平，其他指标进展落后于全国平均水平，但是，长三角工业互联网发展总体处于领先水平。长三角工业互联网跨界发展呈现目标明确，重点任务协同，各方主动对接的良好态势，进一步促进工业互联网跨界发展的主要思路如下：

其一，长三角各省市政府联合设立长三角工业互联网技术创新引导专项基金，引导互联网技术优势企业跨区域联合区域内相关科研机构，解决工业互联网关键技术、关键软件的攻关突破问题。联合设立区域重点研发基金，引导创新主体联合解决工业互联网信息安全技术和产业化问题。

其二，联合加快工业互联网基础设施体系建设。以上海市建设工业互联网标识解析国家顶级节点项目为基础，共同构建长三角互联网标识解析服务体系，跨区域协同建设汽车、装备制造、电子信息、石油化工、轻工纺织等行业二级节点，促进各级节点的互联互通和业务协同。

其三，建设区域工业互联网应用平台，编制工业互联网平台和专业服务商推荐目录，联合培育一批面向特定行业、特定场景的工业 APP，扶持专业运营商跨区域发展。成立长三角工业互联网产业联盟、支撑机构等社会组织，协同建设跨行业跨领域跨地区的长三角工业互联网平台体系，推进区域合作一体化项目。

其四，谋划"互联网+先进制造业"为特色的工业互联网发展，协同推动区域内平台差异定位、功能互补、资源共享的集群式发展，发挥企业主体作用建立长三角工业互联网平台体系，打造长三角工业互联网平台集群。

八、绿色节能服务跨界发展

节能是达成世界共识的产业项目。美国和欧洲各国的实践证明，节能服务行业的迅速发展，能带来显著的效益增长。节能服务产业是指为项目或用能单位在节能减排方面提供节能服务和支持的产业，其主要采用合同能源管理模式，根据客户对能源的需求，借助于供给、分配及利用环节，提供尽可能有利于环境的、经济实惠的、完整的、集前期节能诊断、节能改造设计、中期融资、工程实施运行和后期节能测定跟踪服务为一体的产业，并从客户进行节能改造后获得的节能效益中收回投资和取得利润[①]。节能环保产业属于我国战略新兴产业，大力发展节能服务业是推进能源—环境—经济协调发展的重要手段。以国家生态发展战略为指导，国家出台政策鼓励节能服务公司开展节能咨询、诊断、设计、融资、改造、托管等"一站式"能源管理综合服务的模式创新，激励具备技术优势和管理经验的大型重点用能单位跨界组建专业化节能服务公司，提供节能服务业务。绿色节能服务除了跨界系统集成发展之外，还包括跨区域发展。绿色节能服务跨区域发展面临资金需求压力、服务能力提升等普遍性的问题。为了更好践行绿色共保理念，绿色节能服务跨区域一体化需要加强以下几个方面的工作。

其一，完善统一财税优惠政策。针对各省市对于合同能源管理项目审核认定以及资金奖励不一致的问题，对接各省市的政策文件，综合各省市实际情况，完善统一财税优惠政策，消除跨省市项目获得相关奖励的壁垒，为有强大的资金实力和投融资能力的节能技术综合服务企业跨区域发展营造良好政策环境，提高节能服务企业跨区域发展的积极性。

其二，搭建区域金融支持体系。长三角联合设立绿色发展基金，支持区域公共服务节能减排项目；鼓励社会资本按市场化原则设立节能环保产业投资基金，跨区域扶持中小企业发展，引导中小型节能环保企业走专业化、规模化道路。政策支持跨区域的节能减排项目通过资本市场融资，鼓励绿色信贷资产、节能减排项目应收账款证券化等方式拓宽节能减排项目融资渠道。

---

① 裴莹莹，柳青，罗宏，史丹丹，谢雪松.节能服务产业的发展现状及趋势分析[J].中国环保产业，2019（1）：28-34.

其三，使用新技术支撑节能服务跨区域拓展。组建节能减排产业技术创新联盟，促进物联网、云计算、大数据区块链等先进技术推动节能产业链逐渐向环保、可再生能源开发等领域延伸，提升智能化、系统化、综合化服务水平。鼓励节能减排"互联网+"发展，鼓励长三角相关行业协会、企业逐步构建区域产业废弃物和再生资源在线交易系统，发布交易价格指数。发展"互联网+"智慧能源，支持基于互联网的能源创新，通过互联网打通整个区域的能源创新系统。运用区块链技术搭建节能可信信息检测与采集网络，联合物联网形成信息收集体系，提升能耗监督水平。通过区块链的可信共识机制推动跨区域节能监管升级，提升监管部门监管力度。

第四节　文教卫旅养供给质量和效率

文教卫养是公共服务的重要组成部分，完善公共服务一体化保障措施是打造区域整体优势的基础制度保障。随着长三角一体化的深入推进，长三角公共服务一体化逐步从碎片化演进到一体化建设阶段。创新长三角基本公共服务均等化机制，提升区域公共服务保障能力，推动区域间基本公共服务衔接，让各地的生活标准趋同，促进物品、服务、人员、思想等在区域内的加速流动，提升区域经济集聚发展的速度，实现区域高质量、可持续的一体化发展目标。

2019年12月中共中央国务院印发的《长江三角洲区域一体化发展规划纲要》①提出，在旅游、养老等领域探索跨区域合作新模式，提高文化教育、医疗保健、养老安老等资源的供给质量和供给效率，是提高人民群众在一体化发展中的获得感、安全感和幸福感的基本保障，也是长三角服务经济转型升级、支撑区域经济一体化发展的重要保障。

一、探索长三角养老安老机制

21世纪以来，随着我国人口老龄化程度日益加深，老年人口规模大、

---

① 中共中央国务院.长江三角洲区域一体化发展规划纲要［EB/OL］. http：//www.gov.cn/zhengce/ 2019－12/01/content_5457442.htm？ tdsourcetag＝s_pcqq_aiomsg.

老龄化速度快、老龄化程度不均衡，为我国养老安老带来了巨大挑战。根据国际标准，当一个地区60岁以上老人达到总人口的10%，或65岁老人占总人口的7%，该地区视为进入老龄化社会。《长三角养老服务发展报告》显示，截至2018年底，长三角区域户籍人口总数为2.14亿，其中60周岁及以上老年人口数为4589.97万人，户籍人口老龄化水平为21.47%。长三角区域人口老龄化水平均明显高于全国平均水平17.9%。其中上海市人口老龄化水平最高，安徽省人口老龄化水平最低，接近全国平均水平。截至2018年底，长三角区域养老机构总数达7801家，社区养老服务设施10万余个，机构养老床位总数多达130余万张，户籍老人床位拥有率为2.8%，低于全国平均水平2.91%。长三角区域养老机构数量最多的是安徽省，为2489家；内设医疗机构的养老机构数量位列第一的是江苏省，为1288家；养老床位数最多的是江苏省，为43.24万张；户籍老人床位拥有率最高的是浙江省，为3.8%。①从各省市老龄化水平及养老机构分布来看，上海养老压力最大，长三角老龄化形势非常严峻，供求存在巨大落差，"养老焦虑"日益明显。推进长三角区域养老一体化，统筹区域资源，创新养老服务模式及支持政策，促进养老安老高端服务跨区域发展，提升养老产业的水平和品质，可以缓解区域中心城市养老压力，促进养老服务事业和产业的一体化发展，在带来非区域中心城市经济增长的同时，满足中心城市人民美好生活的愿望。

2018年5月，首届"长三角民政论坛"拉开了上海、江苏、浙江、安徽民政部门"长三角区域的社会养老服务业"战略合作的序幕。随后，长三角养老协会联合体、长三角旅居共同体、健康长三角研究院、长三角养老一体化发展示范区对接、长三角养老政策汇编、长三角区域养老一体化示范区养老服务现状调查、长三角国资养老产业发展联盟、长三角养老行业人才培养共享平台、长三角养老行业评优、41个城市医保"一卡通"等一系列一体化事项持续推进。2019年，长三角民政论坛上，上海长三角区域养老服务促进中心成立，为长三角区域养老产业协同、体系规划、标准规范、行业赋能服务，促进区域养老服务高质量协同发展。长三角养老一体化试点首批17个地级区（市）正加快实现信息共享、统一"养老机

---

① 2018年民政事业发展统计公报。

构服务与管理"标准、实现"老年照护评估"标准的互认互通，为养老一体化深入发展营造合适的土壤环境。长三角养老一体化进入三省一市民政厅主导协同，官方与民方协同推进阶段，合作制度日益完善，区域融合进入加速期。但是，涉老产品和养老服务供给依然远远不能满足需求、养老服务市场开发有待创新完善、区域间养老服务发展不够均衡等问题依然存在。"现代派"老年人的养老需求日益多元化、个性化，"异地养老""医养结合""循环养老"，作为居家养老的补充，日益得到老年人的青睐。长三角养老一体化发展要在营商土壤环境进一步完善的基础上，结合养老市场需求特点，充分发挥市场机制的调节作用，着重扶持异地养老，加快统筹医养结合，利用人工智能等先进技术的辅助作用，培育多元主体协同的养老服务体系。养老服务市场的一体化发展，必须由政府协同相关部门构建畅通的医疗和社会保障体系，引导社会力量促进养老产业集聚发展，多模式创新，在解决中心城市养老难题的同时拉动区域养老产业经济集聚协调发展，具体来说：

其一，政策制度方面。推进长三角养老一体化战略，联动公共政策，衔接发展规划，彻底打通医疗和社会保障体系障碍，消除异地转接壁垒，完善异地结算和跨区补贴机制，构建长三角异地结算平台，打通跨区域对接医疗保险与养老护理业务。统一制度、统一标准、统一配置，实现托底保障养老人群的公共医疗服务均等化。鼓励财政预算列支跨区域购买居家和社区养老服务补贴。

其二，培育发展私营养老服务机构，加快养老产业集聚发展，走品牌化、连锁化、规模化道路，形成完整的养老服务业产业链和养老服务聚集区。联合出台优惠政策，落实养老机构减费降税，用水、用电、用气，专业培训和养老服务补贴等优惠政策，吸引社会人士从事养老服务。规划普及智慧健康养老，引导智慧养老产业跨区域规范协调发展，扶持多元主体投资建设智能养老社区和机构，构建安全便捷的智能化养老基础设施体系。

其三，大力扶持异地养老。长三角市场经济高度繁荣，养老一体化体制障碍逐步消除，加之长三角文化同源、理念相通，异地养老发展过程中一直存在的社保体制障碍以及传统养老文化束缚的藩篱逐渐被拆除，上海、南京、杭州、合肥等核心城市养老者从经济发达地向区域内欠发达地转移，承接地提供优质的养老服务满足其需求，可以缓解以上海为代表的区域中心城市因人口老龄化而加重的城市病，同时促进承接地经济发展。异地养老产业的发展需要协同教育、医疗、文化、旅游、农业、房地产、互联网等产业共同发展，需要政府发挥协调规划作用，发展特色养老产业，促进品牌化发展。鼓励发展好的养老机构，在适宜地区开设分公司，注入优质资源、服务、管理模式，促进长三角养老产业的协同发展，集聚发展、集约经营。

二、提升长三角教育一体化供给质量效率

教育一体化是促进国家区域均衡协调发展的公共服务措施之一，教育水平的提高可以促进区域移民和经济集聚，是提高区域一体化水平的基础政策手段。长三角地区是我国综合实力最强、教育资源最丰富的地区之一，整合区域社会事业资源，加强长三角教育联动发展是国务院推进长三角地区改革开放和经济社会发展的基础性环节。长三角是我国教育现代化的引领区，通过推进教育改革与合作发展提升教育的集聚、示范和辐射效果，是促进长三角经济高质量发展、提升长三角国际竞争力的基本保障。教育一体化供给要进一步打破教育行政限制，确立长三角区域教育的发展目标、模式，配置教育资源，促进教育整体协调发展。2018 年，三省一市签署《长三角地区教育更高质量一体化发展战略协作框架协议》和《长三角地区教育一体化发展三年行动计划》。2020 年，一市三省签署《新一轮长三角地区教育一体化发展三年行动计划》，高等教育协同创新服务能力提升、基础教育优质发展、职业教育协同联动、教育人才交流合作、健全体制机制等项目得到了加速推进。

长三角教育一体化改革是区域范围之内的联动改革与协调发展，可以更好地满足区域经济发展需求，作出科学的市场前景预测，优化资源配置，进行有效人才供给，为区域产业结构调整及升级提供有效的人才资源支撑。长三角教育一体化在教育资源共建共享、协同育人、师资培训联动、质量评价、体制机制创新等方面呈现系统规划、全面推进的良好发展态势。在数字化、智能化、互联网等前沿科技引领教育改革的背景下，全面提高长三角教育资源的供给质量和供给效率，主要围绕创新人才培养和教育现代化均衡化两个目标进行思考。

首先，普遍应用现代共享技术，联合推进教育信息化改革。新一代信息技术的发展、协调共享理念的提出为教育资源的共享、流动提供了助力，利用新一代信息技术加快建设学科共享平台和师资交流培训平台，加快促进消除资源的不平衡问题；共同开发基于大数据智能的在线学习教育平台，推进智慧校园和数据中心建设，提高管理决策能力和教育信息化创新水平，为学科共享平台提供丰富的基础资源，有效共享优质教育资源。对职业教育，结合区域产业布局整合职业教育机构，形成校企合作共同体。对高等教育，加强教育智能化、国际化发展，着力培养创新型人才。

其次，对公共基础教育，深化合作机制，逐步推进区域内基本公共教育服务均衡化。上海市自 2010 年与教育部共建国家教育综合改革试验区，制定率先实现基本教育公共服务均等化，率先转变教育发展模式，加强创新人才培养，扩大教育开放程度的改革目标。上海的教育一体化为区域一体化提供了有益的经验。基本公共教育服务均衡化需要充分发挥政府主导作用，建立由教育部牵头、相关部委和三省一市省级政府参与的领导工作机制，建立基于需求的转移支付制度，来改善相对落后地区的教育服务供给，有步骤、有策略的在区域内全面实现初等教育基本福利设施的一体化及资金筹措的统一制度。

最后，以智慧教育系统建设为改革领域，建设国际一流的公共教育服务体系。强化各级各类优质教育资源的引进力度，拓展优质教育资源总量，提升教育配套保障水平。通过合作办学、举办分校、对口帮扶等形式，吸引上海、杭州、南京等优质教育资源在区域内均衡布局，在学校对接、建立工作室、教学教研、教师培训等方面加强合作，提升教育教学质量，强化教育资源薄弱地区的优质教育资源建设。

三、提高长三角医疗一体化供给质量和效率

区域一体化发展过程中，医疗卫生一体化发展起到重要的基础保障作用。医疗卫生一体化通过打造区域内一体化医疗技术水平，为实现长三角城市群多中心协同发展提供服务保障，在提升居民的获得感的同时，提升对各类人才的吸引力，是引才留才的重要服务支撑。三省一市已签署卫生健康合作备忘录，将开展医疗、教育、科研合作，探索实践高层次医疗卫生人才柔性流动机制，制定统一的医疗质控标准，加强康养资源共享和服

务联动，共同组建"长三角城市群医院协同发展战略联盟"。随着长三角一体化进程的推进、智慧化医疗协作项目的开展，长三角医疗资源正在加速整合走品牌化、国际化、规范化、可持续化发展道路。提高长三角医疗资源的供给质量和供给效率，加快实现公共医疗服务均等化目标，可以从以下几个方面创新发展模式，协同扩大优质医疗资源供给。

其一，加强政策协同，统筹建立基本公共服务标准体系。创新跨区域服务机制，实现长三角地区医保"一张卡"，打通政策口径的关卡，优化异地结算平台软硬件建设，提高医保异地结算流畅便捷度；围绕异地就医、异地住院、异地门诊建立直接结算信息沟通机制、应急联动机制。在公共卫生服务领域加强合作，对重大传染疾病进行联防联控。完善异地就医协同监管和运行机制。

其二，共建长三角医院协同发展战略联盟。长三角医院协同发展战略联盟是长三角地区唯一的跨区域医疗机构合作组织，已组织成立 18 个专科联盟。联盟牵头开展长三角城市群县级医院专科建设现状调研，了解差异，为分级诊疗对接和建立不同模式的医疗联合体做准备。以长三角医院协同发展战略联盟为平台，加快成立区域内各种医疗联合体，促进联合体内医院医疗水平的不断提高，成立各类专科联盟联合进行专科医生培养、远程医疗、疑难病症会诊和定向转诊等工作，推动大中城市高端优质医疗资源采取合作办院、设立分院的形式，布局到小城市，扩大优质医疗资源覆盖范围。

其三，建设区域"互联网+医疗健康"智慧医疗平台，实现医疗信息互联互通。建设长三角区域统一的互联网医疗服务平台和全民健康信息平台，提供联网挂号、双向转诊、专检、网络会诊、机器人手术等远程医疗服务；构建智慧医疗系统实现各级各类医院电子健康档案、电子病历、检验检查结果的共享以及在不同层级医疗机构间的授权使用；探索运用新一代信息技术加速实现卫生健康信息平台与长三角区域平台对接联通，促进医疗服务与健康管理信息数据在长三角区域各级各类医疗机构及管理部门之间联通共享和业务协同。

其四，加强医疗领域科技项目合作，推进应用项目研究和智慧医疗研发。医疗领域科技项目合作是科技惠民工程的重要组成部分，长三角公共领域科研合作项目较为成熟和多样，以上海市牵头支持长三角医疗合作项目为主。加强长三角医疗领域科技项目合作可以充分发挥上海、南京、杭州、合肥等省会城市医疗资源丰富集中的优势，政府联合设立医疗应用示范专项和医疗人工智能开发引导基金，探索企业、投融资机构等的多方支持模式，由沪苏浙皖医院、高校、科研院所以及技术研发企业联合进行项目研发，并在长三角推广应用。

其五，联合进行人才队伍建设，建立高层次人才柔性行动机制。对高层次人才队伍完善统一人才扶持政策，优化人才激励机制，构建灵活用人制度，增加其流动便利度和自由度。大力支持骨干医师到知名长三角医院交流培训学习；联合开展卫生健康管理干部培训，提高干部管理能力和创新能力；加强长三角区域专业人才交流合作，加大开展医疗项目协同创新合作，培养高层次专业人才。探索实施长三角医护人员执业注册一体化，互认执业注册证书，鼓励医生跨区域多点执业，增加交流合作。

四、加快长三角文化交流与融合

区域文化是在不断发展、交融、碰撞过程中形成的与地理位置有关的明显文化特征。区域文化与区域经济发展的关系密不可分，日趋成为区域经济发展的一种强大的内在驱动力。区域文化既能够有效提升区域形象，提升区域凝聚力、传播力和影响力，同时对区域经济特色、区域发展环境、区域产业结构、区域创新的影响鲜明且深刻。长三角地脉相连、文脉相通，有着源远流长的历史文化互动基础，区域之间的文化交流和融合贯通古今。在新一轮科技及产业革命和国家创新战略的推动下，长三角一体化发展进入创新驱动的现代产业体系构建阶段。随着基础设施互联互通水平的日益提高，科技创新协作日益深入、产业合作联动日益加强、生态环境共生共融、体制机制进一步对接融合，长三角文化交流与融合自然日益深入。长三角共同打造区域文化品牌，提升江南文化品牌影响力，能够改善经济活动软环境，促进制度一体化，促进企业家精神和科技创新潜能的释放，加快实现区域一体化发展。

首先，长三角地区的文化同根同源，但改革开放以来又形成了自己独特的文化特质和经济发展模式，浙江的冒险、创业精神，江苏和上海的勇于对外开放的文化，上海解放思想、高效服务的政府文化[①]。在苏、浙、

---

① 陈柳，于明超，刘志彪.长三角的区域文化融合与经济一体化［J］.中国软科学，2009（11）：53－63.

沪各地政府的主导下，各地优性文化①融合发展，有力地促进了经济的一体化发展。安徽属新兴发展中省份，与苏浙沪相比，经济社会发展水平差距较大，自身区域文化多元且差异性大，其中有有利于经济发展的因素，也有不利因素，安徽要主动加强与苏浙沪文化交流，对传统文化进行现代转型，转变封闭保守思想，推翻官本位意识、小农意识、打工意识，吸收融合创业文化、冒险文化，大力弘扬创新创业精神，营造创新、创业、合作、信用、信任、开放、自由等优性文化氛围，加快形成区域文化认同，提升区域文化凝聚力。

其次，打造长三角文化产业发展高地，构建现代文化产业体系，促进长三角文化交流与融合，推进文化一体化进程。长三角经济繁荣，文化昌盛，创新能力强，文化产业集聚度高，对外贸易的活跃提升文化产业的国际化程度，据统计，一市三省贡献的文化产业增加值已连续多年占全国总量的30%以上。一市三省联合制定长三角文化产业发展的总体规划、建立长三角文化产业创新发展基金、培育长三角文化产业群，联合推进文化+产业融合发展，包括文化+旅游业、文化+制造业、文化+制造业+旅游等。搭建区域文化产业合作平台，促进更多文化的竞争与合作，在文化与消费者之间构建出一个互动、体验、共享的平台，形成文化和消费者之间的良性互动，实现更加优质的全面传播、融合传播，最终提升区域文化影响力。

最后，加强文化立法，提供法制保障，提高文化治理和政策制定水平；推进区域文化事业发展，推动博物馆、图书馆、美术馆、影剧院、艺术中心等公共文化设施的区域联动共享，实现文化资源最优配置。通过高水平举办重大国际会议、展会、文化、旅游、体育、演艺等活动，推介长三角文化整体形象。

五、探索跨区域旅游合作新模式

旅游拉动就业、增加 GDP，是经济发展的助推器，也是经济水平较高地区向较低地区财富转移的特殊渠道。区域旅游合作是在世界经济全球化、区域经济一体化的背景下发展起来的。区域旅游一体化被普遍认为是

---

① 指创业、合作等能够促进经济的一体化的文化。

最高层次的区域旅游合作，而区域旅游的一体化发展亦是推进区域一体化进程的重要力量。区域旅游一体化将区域内的旅游资源进行一体化整合，满足区域内各方的旅游利益①。在旅游一体化过程中完善区域社会环境，促进区域社会公平与协调，整合不同文化和观念，在推进区域旅游效益增长的同时，对区域社会、经济、文化融合发展产生重要影响。

以江南文化闻名的长三角地区，旅游资源丰富而多元，彼此互为旅游客源地、旅游目的地，沪苏浙开展区域旅游合作的历史、文化、经济与政治基础深厚，历史悠久。事实上，长三角的旅游一体化在一定程度上是江浙地区旅游业主动接轨上海的过程②，在这个过程中安徽亦不断寻求主动合作。早在 2003 年，长江三角洲 15+1 个旅游城市（上海、南京、杭州等长三角城市加黄山）共同签署《长江三角洲旅游城市合作宣言》，拉开长三角地区旅游一体化的序幕，提出构建交通无障碍、服务无障碍、投诉无障碍及资源共享、市场共享、基础设施共享、品牌共享和信息共享的长三角无障碍旅游区。从"15+1"到"15+10"到"20+4"再到"24+1"，长三角旅游城市合作机制不断完善，合作手段创新多元，合作效益日益凸显。2017 年，长三角国内旅游人数与收入分别约占全国的 48% 和 69%，入境旅游人数与收入分别约占全国的 20% 和 17%，体量逐步扩大，旅游合作内容实、成效丰、影响大，是国内旅游一体化的重点区域之一②。2018 年 6 月，长三角三省一市旅游主管部门签署了《长三角地区高品质世界著名旅游目的地战略合作协议》，提出共同谋划区域旅游一体化发展、共同打造长三角高品质世界著名旅游目的地、共同放大中国国际进口博览会溢出效应等新举措。2018 年 11 月，习近平主席在首届中国国际进口博览会提出支持长三角一体化发展上升为国家战略，长三角区域一体化旅游进入"聚焦高质量、聚力一体化"新发展阶段。

总体来说，长江三角洲区域旅游一体化发展经过近 30 年的有效探索与紧密互动，从旅游生产要素合作逐步转向制度合作，呈现出多元化、宽领域、深层次的良好局面③，区域政府联合谋划营造旅游一体化公共环境和服务、行业监管体系、旅游人才队伍建设，企业及行业组织紧抓市场需

①　刘晋含.京津冀区域旅游一体化开发的运行模式[J].湖北农业科学，2013（21）：5365–5370.
②　中华人民共和国国家旅游局.2017 中国旅游统计年鉴[M].北京：中国旅游出版社，2017.
③　冯学钢，等.长三角区域旅游一体化发展研究[J].科学发展，2019，6（127）：66–72.

求形成旅游经济集聚效应、政府与企业合力开展区域旅游联合营销。但是，传统的行政区经济对区域旅游一体化仍存在一定的阻碍作用，一直以来存在的体制机制、合作壁垒、利益分配等核心难题需进一步探索解决之道。

首先，创新体制机制，建立共同的旅游管理服务机构。长江三角洲的区域一体化主要以旅游合作联盟的方式，采用"合作联席会议"机制，以市场为主导，由各旅游主管部门协调制定区域内旅游发展的各项制度和政策，合作基于双方的利益博弈，产生了无序竞争、产品同质化、旅游形象冲突等问题。长三角旅游一体化已进入高级发展阶段，探索建立共同的旅游管理服务机构——长三角旅游合作委员会，以常设机构和稳定制度保障区域旅游合作顺利进行。具体来说，常设机构负责开展旅游业信息交流、咨询与合作，承办区域旅游论坛，讨论发展中的难题，共享成功经验，主导打造区域旅游统一品牌形象，策划区域专题旅游项目，共同开发市场资源。

其二，联合提升旅游公共管理一体化水平。长三角区域旅游以市场为主导，以区域内丰富的旅游资源为依托，借助发达的金融产业，活跃的民间资本，沪苏浙相对较高的居民收入水平，促进了长三角的区域旅游发展进程，但是旅游公共服务体系建设仍受到行政区划的制约，沪苏浙皖发展不平衡问题比较明显。三省一市政府联合设立旅游创新基金项目，致力于缩小不同区域之间的旅游发展差距，改善发展的不平衡状况；设立长三角旅游发展基金项目，完善旅游公共服务体系，包括公共交通网络、旅游政策与管理、旅游突发事件的联动协调管理、跨区域旅游重大事件和旅游安全事件的应急管理、旅游服务信息供给，搭建共同的旅游信息平台，开展旅游人才的培训，创新入境旅游便利政策、共同规范市场秩序、探索以信用为核心的新型监管机制，为旅游合作提供良好政策及行业环境。

其三，加强一体化合作，消除利益分配矛盾。长三角河湖相连、山脉同体，很多资源跨区域存在，相邻地区利益分配合理与否是区域旅游资源共享的重要保证。首先，消除利益分配矛盾需要各区转变发展理念，提高站位，在省际毗邻区域，完善加强沿江、沿海流域开发合作，整合区域内资源，联合推进生态旅游、文化旅游、智慧旅游合作，共建生态旅游等合作区，进行跨界深度合作，共同传承江南文化，共同打造世界级自然生态和文化旅游廊道。其次，引导培育跨区域发展的大型旅游集团，发挥市场力量，由集团企业统一进行市场定位和战略规划，形成跨区域资源一体化发展的功能区，通过功能分区实现区域的差异化发展。

其四，推进长三角智慧旅游一体化建设。首先，利用新一代信息技术，打造长三角最先进的信息共享新平台，通过旅游信息全面共享、智慧旅游全面升级、旅游大数据库全面建设等措施，做到资源保护数字化、经营管理智能化、产业整合网络化，与全球主流网站和平台的旅游信息互联互通。其次，推动区块链、大数据、人工智能等先进技术在长三角旅游一体化合作中的应用，打造公平透明的旅行体系和新型旅游交易平台，加强旅游市场线上线下营销推广体系建设，建立信息集成化、服务智能化、营销精准化、创新多元化的智慧旅游平台。

第五节　共塑长三角高端服务品牌

一、分行业建立高端服务业协会联盟

行业协会即国际上统称的非政府机构（又称 NGO），属非营利性机构，是政府、企业之间，商品生产者与经营者之间联系的枢纽，行业协会作为连接多方的枢纽，在市场失灵和政府失灵的局面下作为"第三只手"发挥组织、自律、服务、协调的作用。具体作用如下：

首先，行业协会对服务业的发展起到信息沟通的作用。行业协会将协会成员的公共需求传达给政府和企业，一方面在搜集和了解会员企业信息及需求的基础上，降低企业搜寻服务解决方案的成本；另一方面代表行业或者协会会员的利益，与政府进行平等协商和对话，将政府的有关政策及时传递给成员企业的同时，参与政府宏观政策的制定，影响行业相关法规的通过或者不公平法律法规的废除。其次，行业协会通过制定行业自治规章和发展战略，维护行业的共同利益和良好秩序，规范和约束成员的行为，避免有损共同利益行为的发生，维持行业的稳定和发展。通过行业自律，发挥信用中介的作用，为协会成员的企业的信用进行担保，形成品牌效应，为协会成员企业的高质量发展提供保障。最后，行业协会沟通服务业内部的产业体系，整合资源并打造行业信誉。现代服务业体系庞杂，成立服务业联合会对行业协会、学会、企事业单位等进行协调管理，并建立公共资源平台，可以提高资源利用效率和整体竞争实力。例如，全国最先成立的上海现代服务业联合会（2006 年成立）设有上海现代服务业现代促进中心、上海经贸商事调解中心、上海现代服务业发展研究院、上海现代服务业发展基金会等分支结构，提供专业培训、维权服务、企业管理研究和技术咨询、发布行业信息、提供客户信用资料等服务。

大力发展现代服务业是我国的产业结构优化升级的战略重点，长三角服务产业占比均超第一、第二产业，处于服务经济高质量增长阶段。2007年，长三角两省一市政府为推动区域经济合作联动，签订"长三角现代服务业合作与发展协议"携手推动长三角地区相关服务业的对接与互补。2010 年 12 月，上海现代服务业联合会、江苏省现代服务业联合会、浙江省现代服务业联合会在南京举行了会长会议，达成共识正式建立"长三角现代服务业联席会议"制度。

在长三角一体化战略下，长三角三省一市合力发展高端服务经济，大力推动生产性服务业跨界发展、形成生产性服务业与先进制造业空间上的协同集聚关系，建设高端服务品牌成为一个跨区域系统工程。上海现代服务业联合会、江苏省现代服务业联合会、浙江省现代服务业联合会协同，重点围绕生产性服务业，成立长三角高端服务业分行业协会联盟，充分发挥各行业服务业协会联盟的组织、协调、引领、促进的作用，推进服务业标准体系建设，联合进行人才培养和队伍建设，宣传推广长三角知名服务企业品牌，打造长三角高端服务业品牌，提高长三角服务品牌竞争力。

二、协同推进服务业标准化建设

随着人民物质生活的日益丰富，服务业逐渐发展起来，一个综合竞争力及现代化水平较高的地区，通常服务业发展也处于领先地位。我国自"十一五"规划开始开展服务业标准化体系建设工作。拟定具有引领性的现代服务业标准，是推动现代服务业高质量发展的基本保障。经过"十一五""十二五""十三五"的持续努力，我国服务业标准化工作进展飞速，但是仍然滞后于服务业迅猛发展速度，与发达国家相比也有不少差距，现有服务业标准内容简单，修订不及时，总体水平偏低，新兴、知识密集型服务业标准短缺，直接影响到服务业标准的实施效果，同时，服务业标准化的动力机制、监督机制等也有待进一步完善。

长三角各省市服务标准化建设工作在全国领先。2019 年 7 月 30 日，上海现代服务业联合会与中国质量认证中心上海分中心联合编纂的《上海现代服务业标准（一）》是国内首部聚焦和汇集地方现代服务业标准的蓝皮书。浙江省政府最早于 2008 年开始规划服务业标准化发展，围绕重点服务领域开展标准研制工作，通过标准化试点项目推广实施。浙江省服务业标准化能力总体水平较高，服务业标准化建设取得新进展，已制（修）订服务业地方标准 333 个，国家、省级服务业标准化试点项目也在积极推进。江苏省服务业标准化信息平台是国内首个以服务业标准化为主题的专业信息平台，平台开展标准化研究、标准制修订、标准数据库建设、提供国内外相关信息与资讯等公共服务，在国内标准化领域处于前列①。

上海、浙江、江苏在标准化建设方面经验丰富，均取得了良好的效果，三地扬长补短，协同推进服务业标准化建设，让长三角服务业标准化水平再上一个台阶，打造全国范围内的服务业标准化示范区。其一，由上海市牵头协同江苏、浙江、安徽研究编制长三角高端服务业标准，引导各方政府联合开展区域服务业标准共建共享和互联互通工作，形成长三角服务业发展的基础支撑，提高总体的服务水平和服务品质。其二，针对高端服务业成立区域重点发展专项基金，发挥财政资金引导作用，开展服务业标准跨区域对接和协同研究。其三，发挥长三角高端服务业协会联盟的积极作用，搭建政府和企业之间沟通的桥梁，进行资源整合、信息发布、人员培训、标准建设，重点围绕新兴、知识密集型服务业布局技术标准创新研发中心，引领高端服务业标准化发展。其四，建立跨区域标准监督机制，共推市场监管一体化。以信息共联共享为基础，以人工智能与大数据为核心，加快构建覆盖跨区域、跨部门、跨领域的智慧监管模式。依托公共信用信息共享服务平台，完善市场主体信用记录，将不同的查看权限赋予长三角地区内不同查看等级的管理部门、合作企业、消费者。

---

①　郭宁.江苏省服务业标准化信息平台建设项目的规划与实施［D］.南京理工大学，2016.

三、联合开展高端服务业品牌提升行动

发展品牌经济是推动区域经济高质量发展、创造高品质生活的重要举措，是区域经济发展的高级形态。区域产业品牌的本质是"特色"，品牌的"特色"能够帮助产业集群内企业的产品或服务与竞争对手的产品或服务之间形成差异化竞争优势。区域产业品牌价值是区域品牌经济价值的构成部分之一。高端服务业是一个城市获得全球产业控制力甚至全球经济控制力的利器①②。产业集聚是促进高端服务业发展的一种有效方式，打造长三角高端服务品牌可以促进高端服务业集聚发展，加快促进制造业和服务业的转型升级。长三角合力发展高端服务业，联合开展高端服务业品牌提升行动，可以从政府联合主导和监督、行业协会联盟管理、企业参与、其他辅助机构保障等几个方面进行跨区域的协调与整合：

其一，联合进行高端服务品牌战略规划。各方政府联合成立长三角高端服务品牌发展委员会，进行区域高端服务业品牌战略规划，政府对战略执行进行监督和推进，设立专项资金开展品牌营销管理，进行产业品牌定位和差异化营销，打造区域服务品牌知名度，提升品牌价值，吸引更多人才、资金进入高端服务业，形成品牌聚合要素，要素孕育创新，创新推动产业的良性循环，实现高质量发展。

其二，营造良好品牌成长环境，护驾品牌快速成长。在完善相关法律法规的基础上加强知识产权保护，明确品牌所有权和使用边界，统一服务品牌的行业标准体系。联合打击假冒伪劣等侵权违法行为，营造公正公开公平的市场环境。积极开展品牌金融服务，探索品牌价值市场发现机制，开启品牌价值评估、质押、交易和融资等一系列金融服务项目。

其三，培育中介专业服务机构，为品牌建设提供智力支持。政府联合制定政策扶持中介组织发展，搭建中介机构网络平台，建设中小服务企业品牌孵化器，培育品牌战略咨询、新品研发设计、市场营销推广等品牌专业服务市场，并推动知名品牌服务企业跨区域发展，辅助服务企业制定品牌战略并进行品牌定位。

---

① Riddle D I. Service-led Growth：The Role of the Service Sector in World Development[M]. NewYork：Praeger Publishers Inc.， 1986.

② 弗里德曼.世界是平的[M].何帆，肖莹莹，郝正非，译.长沙：湖南科学技术出版社，2006.

其四，发挥长三角行业协会联盟支持作用，助力品牌整合营销传播。首先，通过协会联盟做好产业品牌推广和宣传工作，发挥中介作用，规范行业内企业行为，提高企业品牌意识，为行业内企业提供沟通和交流的平台。其次，整合产业链各方资源，优化产业结构，提升行业竞争力，宣传产业整体形象并开展产业品牌产权维护及申请国际注册等服务，保护企业权利和行业利益，为品牌提升营造良好行业环境。

四、联合推介长三角高端服务业品牌

区域产业品牌是知名度、美誉度和忠诚度三度合一的品牌，其公共品的特性使区域内企业的使用成本较低。企业通过区域品牌价值共享，降低自身的产品市场推广成本。区域产业品牌营销管理需要规划一个长期的、进阶式的营销战略，才能形成强势品牌，让区域内企业通过品牌资产的共享产生规模经济效益和外部范围经济效应。长三角高端服务业发展事关长三角在世界经济格局中的最终位置，其高端服务业品牌是一个跨行政区域公共品牌，要形成统一的区域产业品牌形象，增加规模经济效益和外部经济效应，必须从长三角区域的战略高度进行推广，进行整合营销传播，发挥各政府主体作用，联合推介、联合打造品牌知名度、美誉度和忠诚度，才能提高长三角高端服务业在国际国内的影响力和竞争力。

政府是区域品牌建设的主体，开展政府营销推介活动，从品牌设计、品牌联合管理、品牌整合传播几个方面增加品牌投入，扩大品牌影响力，进而吸引更多投资和人才。

其一，进行高端服务业品牌元素设计，紧抓一体化机遇，充分挖掘长三角地理特征、资源优势和历史文化背景，明确品牌发展战略方向，提炼代表长三角高端服务业的品牌定位、品牌标识、品牌核心价值、品牌口号、品牌故事等品牌元素。

其二，政府联合进行品牌管理，由负责领导和相关部门成立专门的品牌运营小组，委托专业公司进行品牌策略制定和整合营销传播。专业公司由世界顶尖的品牌公司联合组成，开展品牌策略制定、公共关系管理、品牌策划、市场调查，进行品牌定位和视觉形象设计等工作。

其三，通过整合营销传播打造高端服务业整体品牌形象。制作整体地域形象系列广告宣传片在国内外各地播出，提升国际国内知名度。鼓励政府机构、民间组织、长三角本地企业以及海外驻长三角企业同时使用长三角品牌标识和其自身标识。重点进行事件营销，运用长三角丰富的节事活动、国际活动、各种国内外展会，塑造和发展长三角高端服务品牌形象。同时，运用多样化的传播手段，构建同受众多信息接触点的传播方式，在进行广告、公共关系、销售促销、时间和体验等传统方式的同时，充分利用互联网、大数据、人工智能等新一代信息技术，通过新媒体进行内容营销、视频营销、互动营销，宣传产业集群品牌。

五、引导服务业品牌企业跨区并购

企业并购可以实现核心业务整合，激发组织变迁，带动管理知识的创新和积累，是企业获得全球竞争能力的关键途径。欧盟一体化的经验证明，跨国界的企业并购是欧洲经济一体化的一部分，企业的并购重组活动有利于统一大市场的形成，可以加快区域一体化的进程。企业并购促进区域内企业规模经济、范围经济和集聚经济效应的发挥。对于第二、三产业来说，各区域跨区域并购的净数量和净金额与区域内对应产业的 GDP 存在显著的正相关关系，跨区域并购具有促进区域产业结构优化和区域经济增长的作用①。

沪苏浙皖均是服务经济占主导的"三二一"经济结构。上海是国际金融中心、国际贸易中心、国际文化大都市、"上海服务"品牌优质高端，无论生产性服务业还是生活性服务业均发展良好，国资国企实力雄厚，现代服务业集聚区、文化创意产业园区、生产性服务业功能区等服务业集聚区蓬勃发展。浙江省新兴服务业蓬勃兴起，数字经济信息服务产业发达，软件和信息服务业呈现爆发式增长，杭州、宁波、义乌等服务集聚示范区效应显著，涌现出一批在全球行业内具有重要影响力的企业。江苏省在信息技术、科技服务、金融服务以及电子商务等生产性服务业领域积极与先进制造业融合，积极培育领军企业，集聚效应明显。引导服务业品牌企业跨区并购可以充分发挥各区域服务企业资源优势，整合行业优势资源，扶持和壮大服务业龙头品牌企业，打造区域服务业集群品牌。

首先，长三角一市三省政府联合主导推动大型国资服务业企业的跨区

---

① 胡杰武，张秋生，胡靓.区域产业整合及经济增长研究——基于跨区域并购视角[J].中国软科学，2012（6），167－174.

兼并重组活动，采取统一市场准入政策，合理安排税收制度，简化并购审批程序等措施，打破地区之间的市场分割，营造统一开放、竞争有序的市场环境。其次，政策鼓励科技服务业、软件和信息服务业、人力资源服务业等高端服务业企业跨区域并购，充分发挥市场竞争机制的作用，带动社会资源向龙头企业聚集，形成发挥地区比较优势的分工格局，打造优势企业主导、中小企业"专精特新"协调发展的产业格局。通过做大做强龙头企业品牌，充分发挥龙头企业品牌影响力，形成品牌簇群效应及品牌梯队，推动区域产业品牌的快速发展，提升产业品牌的综合竞争力。最后，要引导并支持企业跨区域开展横向兼并重组，加快服务业和制造业融合发展，推进技术创新、模式创新、业态创新和管理创新，提升相关企业服务能级和服务水平。

高端服务业是促进区域一体化的重要服务力量，服务业企业的跨区域经营是市场化发展的必然结果，一市三省的服务业差异较大，发达省份或地区的服务业优于落后省份或地区，发达地区的服务业有能力延伸到落后地区，服务企业市场化业务拓展必然辐射到落后地区，这是由市场规律所决定的。但是另一方面来看，由于各省市都有自己的行业规定，在某种程度上制约了高端服务业的跨行政区提供服务，需要打破这些壁垒，让服务业在统一市场体系下自由竞争，从而促进高端服务业一体化发展。服务业跨界融合发展，遇到各种区域壁垒，需要以项目化逐渐消除区域障碍；文教卫旅养供给质量提升，也是受到严重的体制障碍，需要逐步探索，不能一蹴而就，各省市的发展差异大，体制机制障碍也多，实施还相当困难，实践中也在探索解决。至于共塑长三角高端服务品牌，则需要将这些区域障碍打破，以实现品牌共享。

第九章

引导产业合理
分工布局

"产业布局是指产业在一国或一地区范围内的空间分布和组合的经济现象,其合理与否影响到该国或地区经济优势的发挥、经济的发展速度。"①从静态角度看,产业布局表现为产业内各部门、各要素、各链环在空间上的分布态势和地域上的组合。从动态角度看,产业布局则表现为资源、生产要素及企业各自为选择最佳区位而形成的在空间地域上的流动、转移或重新组合的资源优化配置过程②。产业布局是产业结构在地域空间上的投影,其演变大致遵循的规律为:由一个或者多个增长极(点)向轴线和经济网络(域面)发展。

长三角区域的发展,"高质量""一体化"是核心宗旨,差异化、高效率、可持续无疑也应是其题中之义。各地各扬所长,凝练特色,系统分工,多元协同,则是其关键和前提。分工协作有利于形成产业集聚效应,促进产业链协同,极大提升资源优化配置效率。另外,高效率、高密度增长必须考虑到资源环境的可承载能力,遵循可持续发展原则③。因此,长三角区域一体化发展的空间格局,必然需要打破一市三省的传统行政边界约束,根据资源环境的可承载力,结合主体功能区确定层次递进的关键点、轴、带、圈,促进地域空间的有序开发与有效保护,促进产业创新的合理分工与深度融合。

本章首先介绍了传统产业布局和新型区域产业分工理论,为长三角产业分工布局的调整谋划寻找方向。其次,从产业结构、专业分工、政策协调等角度阐述了长三角产业分工布局存在的突出问题。最后,分别从优化重点产业布局与统筹发展、中心区打造全球竞争力产业高地、外围区特色产业和配套产业发展等方向梳理了相关举措。

---

① 李悦.产业经济学[M].沈阳:东北财经大学出版社,2018.
② 陈历幸,徐澜波.产业布局法若干基本问题研究[J].南京社会科学,2009(11):129-135.
③ 陈雯,孙伟.长三角的空间布局与功能分工[N].浙江日报,2019-07-24(008).

第一节　产业分工布局理论

一、传统产业布局理论

1826 年，德国经济学家杜能完成其名著《孤立国同农业和国民经济的关系》，认为级差地租决定着农业布局，率先研究农业区位理论，杜能也因此被誉为产业布局学的鼻祖①。其后随着阿尔弗雷德·韦伯的工业区位理论的问世与影响，产业布局理论至 20 世纪中叶逐步形成。二战后，产业布局理论经历了成本学派理论（如：胡佛的终点区位和转运点区位理论）、市场学派理论（如：克里斯塔勒的中心地理论）、成本—市场学派理论（如：弗农的产品生命周期理论）以及西方产业布局理论（如：增长极理论、点轴理论）的涤荡和洗礼，逐步走向成熟。

产业布局是一国或地区经济发展规划的基石，也是其经济发展战略的关键，其合理性程度关乎地区经济优势的发挥及其发展速度②。根据产业布局理论，其内容主要涉及布局层次（全国/地区）、布局机制（市场/计划）和区域产业结构（三次产业各自比重及其相互联系），强调各地实事求是，结合自身禀赋扬长避短，发挥比较优势，打造和谐共荣、多样合理的产业结构。

产业布局的影响因素主要包括：① 原材料、市场和运输；② 劳动力成本和质量；③ 外部规模经济性；④ 政府职能与政府干预。

产业布局遵循的主要原则包括：① 全局最优；② 分工协作、因地制宜；③ 效率优先、协调发展；④ 可持续发展；⑤ 政治和国防安全。

产业布局的理论模式，可以根据产业空间发展各个阶段的不同特点分为如下几种：增长极布局、点轴布局、网络（块状）布局、地域产业综合体以及梯度开发模式等③。

---

① 赵光华.区域经济空间结构化研究[M].西安：陕西人民出版社，2012.
② 周鹏，余珊萍.生产性服务业对制造业空间布局升级贡献的实证研究[J].东南大学学报（哲学社会科学版），2011，13（4）：68-72，127.
③ 李悦，等.产业经济学[M].沈阳：东北财经大学出版社，2018.

二、新型区域产业分工

二战后，全球化深入发展，信息化快速衍变，在世界上许多先进制造业国家或地区，产业分工不再局限于传统的产业间分工、产业内分工，转而出现了新的现象和特征，即：同一产品的生产，分散到多个地区进行，并按照产业链的不同环节、工序甚至模块进行专业化生产[1]。这种模式具有明显的层次性，提高了区域专业化水平，有利于区域间产业联动。

在区域经济研究领域，魏后凯（2007）等许多学者先后不同程度地探讨了新型区域产业分工现象，强调要重视全球化背景下新型产业分工和中国面临的机遇和挑战，及其对城市群发展和产业冲突问题的影响，竞相呼吁我国加快推动向新型产业分工的战略转变[2]。

其中，李靖（2012）对新型产业分工的界定受业界认可程度较高："新型产业分工以产业链为主要形式，表现为特定产品从生产到销售服务等一系列过程中，不同工序或区段在空间上产生分离，在地域上表现为产业链环节的纵向分离与同类集中，从而形成一种跨区域的产业链分工协作状态。"[3]其形成的必要条件是交易成本的降低和交易效率的提高，其根本动力是市场规模的扩大和消费需求的多样化。新型产业分工与传统产业分工的类型、特征的比较如表9-1所示。

表9-1　新型产业分工的类型及特征比较

分工类型	新型产业分工		传统产业分工	
	产业链分工	模块化分工	部门分工	产品分工
专业化形式	功能专业化	功能专业化	部门专业化	产品专业化
分工特点	按产业链的不同环节、工序进行	对产业链的不同环节和工序模块化，形成模块间分工	在不同产业之间进行	在同一产业不同产品之间进行

① 刘汉初，卢明华.中国城市专业化发展变化及分析[J].世界地理研究，2014，23（4）：85-96.
② 魏后凯.大都市区新型产业分工与冲突管理——基于产业链分工的视角[J].中国工业经济，2007（2）：28-34.
③ 李靖.新型产业分工：重塑区域发展格局[M].北京：社会科学文献出版社，2012.

续　表

分工类型	新型产业分工		传统产业分工	
	产业链分工	模块化分工	部门分工	产品分工
产业边界	弱化	弱化	清晰	较清晰
分工模式	混合分工	混合分工	以垂直分工为主	以水平分工为主
空间分异特征	产业链的不同环节、工序在空间上的分离	产业链不同环节和工序的模块在空间上的分离	不同产业在空间上的分离	同一产业不同产品在空间上的分离
理论解释	资源禀赋和技术水平差异、规模经济等	资源禀赋和技术水平差异、规模经济、标准化要求等	地区比较优势或资源禀赋差异等	产品差别、消费者偏好差别、需求的重叠、规模经济等

资料来源：李靖.新型产业分工、功能专业化与区域治理——基于京津冀地区的实证研究[J].中国软科学,2015(3):80－92.

　　根据区域范围的不同，新型产业分工可以分为：产业链在国内区域间的分工和产业链的国际分工。相对而言，与跨国界分工相比，产业链在国内的跨区域分工具有更强的要素流动性，有利于该国政府进行宏观调控和平衡局部与整体利益，也更具现实意义。

　　分工与专业化如同产业的两个孪生兄弟，新型产业分工的推进往往伴随着地区功能专业化。各地区开展专业化生产，有利于自身资源禀赋和市场需求的匹配，提高经济效益；也有利于发挥规模经济和集聚经济，同时提高劳动生产率。从理论上来说，产业链的每个环节都要在具有优势条件的区域进行。只有通过跨区域协作，才能实现整条产业链的利益最大化。因此，新型产业分工的实现本质上就是跨区域分工协同合作的实施过程。

　　在新型产业分工体系下，比较优势得到充分发挥，城市的核心功能得以确立和强化，各类各层级不同发展水平的地市、城镇在市场化主导的资源配置过程中，自身定位得以明确。对于经济发展水平较高的大城市，往往在中心区着重发展位于产业微笑曲线两端的相关环节，如公司总部、技术研发、品牌设计、营销策划和售后服务等产业环节，产业附加价值高，获利潜力大①；对于经济发展水平相对较好的中等城市，往往侧重开发高新技术产业和先进制造业，资金、技术、人才等资源禀赋投入要求高，但是未来发展潜力大；中小城镇则往往着力于产业微笑曲线中间部分的相关环节，围绕核心城市的主导产业，发展配套的组装、制造和零部件生产②。如是，便形成了区域特色产业环节与城市功能高度融合的专业化分工格局，如图9-1所示。

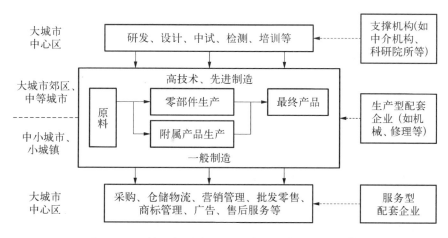

图9-1　基于新型产业分工的功能专业化区域③

此外，在都市圈内部，随着交通基础设施及运行效率的提高，地理相对距离缩小，更容易形成以跨区域产业链分工协作为主导的新型都市圈产业体系。

第二节　长三角产业分工布局存在的突出问题

一、产业结构同质严重缺乏联动

根据长三角产业结构相关统计资料显示，在产业结构相似性方面，上

①　张安忠.论新型国际分工模式下我国外向型经济的转型[J].商业时代，2009（10）：32-33.
②　赵勇.区域一体化视角下的城市群形成机理研究[D].西安：西北大学，2009.
③　李靖.新型产业分工、功能专业化与区域治理——基于京津冀地区的实证研究[J].中国软科学，2015（3）：80-92.

海与苏浙皖之间的结构相似性系数相对较低；苏浙皖三省间的结构相似性系数均在 0.98 以上，相对较高，如表 9 - 2 所示①。苏浙皖同构现象较为严重，地区间低水平同质化竞争激烈。

表 9 - 2　长三角地区产业结构相似性系数

相似性系数	上　海	江　苏	浙　江	安　徽
上海	—	0.930 6	0.940 5	0.883 7
江苏	0.930 6	—	0.997 1	0.990 2
浙江	0.940 5	0.997 1	—	0.981 2
安徽	0.883 7	0.990 2	0.981 2	—

由此可见，长三角地区一市三省的整体联动效应未能充分发挥，生产力布局盲目交叉或者重复现象较为突出，产业结构趋同化问题较为凸显。

二、地区间专业化分工水平不高

在区域经济学领域，克鲁格曼的地区专业化指数是衡量地区专业化水平的重要指标。统计资料显示，长三角地区该指数从 2010 年开始缓慢提升，产业结构层次上的差异逐渐显现，各省之间、地市之间产业结构专业化分工逐渐呈现合理趋向，产业一体化成效逐步显现②。但是在具体参数的数值方面，长三角地区该指数始终维持略低于 0.2 的水平，与世界五大城市群相比差距较大，地区间专业化分工水平落后，如图 9 - 2 所示。

三、区域产业政策协调效率堪忧

一方面，相对于要素一体化的稳步推进，沪苏浙皖在制度一体化方面

① 孔令池，刘志彪.长三角地区高质量一体化发展水平研究报告（2018 年）.南京大学长江产业经济研究院［EB/OL］.http://www.yangtze-idei.cn/uploadfile/2019/0604/20190604014405978.pdf.
② 刘志彪，孔令池.长三角区域一体化发展特征、问题及基本策略［J］.安徽大学学报（哲学社会科学版），2019，43（3）：137 - 147.

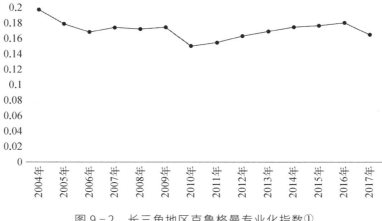

图 9 - 2 长三角地区克鲁格曼专业化指数①

的滞后，十分不利于其已有合作机制在跨区域联动方面的作用发挥②。以长三角区域合作与发展联席会议为核心的区域合作推进机制缺乏足够的约束力，更遑论其管理职能。

另一方面，在产业协作体制方面，一市三省存在较多空缺。例如，在产业转移园区合作共建方面，数十年长期沿袭的财税体制，再加上以 GDP 增长为 KPI 的政绩考核机制，已经形成跨区域共建方面的制度壁垒，利益分享分配机制难以确立清楚，导致已有合作大部分停留在战略规划设计层面③。地方政府关于产业合作的积极性，始终受制于收益难于有效预期、难以准确度量的困境，辖区内产业合作机制的建立和结构体系的调整举步维艰。

综上所述，长期形成的体制机制困境、资源优化调配功能不畅、政策开放力度不足、产业企业独立性差、自由投资领域及营商环境亟待优化，是长三角一市三省一体化背景下面对产业分工布局急需解决的痛点问题④。面对短期取消 GDP 考核指标的机遇，顶层设计怎样优化，产业政策怎样协同，体制困境怎样突破、行政界限障碍和市场壁垒怎样消除，区域

① 孔令池，刘志彪.长三角地区高质量一体化发展水平研究报告（2018 年）[EB/OL]. http://www.yangtze-idei.cn/uploadfile/2019/0604/20190604014405978.pdf.
② 李永盛.长三角区域实体经济一体化发展的短板及对策[J].科学发展，2019（6）：73-81.
③ 范轶芳，刘长东.我国跨区域共建园区与区域协调发展：演进历程与动力机制[J].科技创新与生产力，2013（7）：35-38.
④ 刘志彪.区域一体化发展的再思考——兼论促进长三角地区一体化发展的政策与手段[J].南京师范大学学报（社会科学版），2014（6）：37-46.

内主体间资金、技术、人才、信息、数据、土地使用权等生产要素怎样使其自由流动，亟待破题。

第三节　优化重点产业布局与统筹发展

一、整体优化统筹思路

（一）坚持市场主导，优化营商环境

打造国际一流的营商环境，需要充分尊重和发挥企业根据市场需要应对市场竞争顺应产业链进行布局的自主决策作用，需要各级牵头单位如行业协会、产业联盟等相关主体的有效布局和有力引导。

沪苏浙皖一市三省各地各级政府应加强沟通、合作、协同，以破除地区划分和行政管辖壁垒，充分发挥"看不见的手"的基础性调节作用，促进资金、技术、人才、信息、数据、土地使用权等传统和新兴生产要素合理流动，并逐渐形成一体化市场①。同时，在市场准入、监管环境、质量供给和食品安全等方面合力打造一体化的优良营商环境。

对内，要加快建立和完善城乡统一的土地市场、层次多元的资本市场、牢固可靠的信用市场；尽快推动市场准入标准的统一，打造政务服务"一网通办"②；强化各级各项监管执法活动的协同联动，全流程采集物流和监管等信息，整合共享生产、监测、通关等方面的数据以加强业务协同，实现全链条监管。

对外，要全面对标国际高标准市场规则体系，提升外商投资和服务水平。打造公平的国际化市场环境以吸引外商，建设透明的法治化市场环境以保护外商，培育便利的服务化市场环境以稳定外商。

（二）加强规划引导，完善政策体系

从一市三省全局统筹的角度，一方面共同制定产业规划政策，协同建

---

① 学习有理公号.高质量发展背景下，长三角的产业分工与协作［EB/OL］．（2019－10－23）https：//mp.weixin.qq.Com/s/wCUHoeRvRsEmRaY8XqhVtg.

② 杨欢.对话长三角市长：陈寅副市长谈"长三角一体化"的"进行时"和"将来时"［EB/OL］．（2019－09－04）http：//newsxmwb.xinmin.cn/shizheng/szt/2019/09/04/31580302.html.

设一体化的产业链招商投资信息平台，引导以大都市圈为核心集聚主导优势产业链，打造国际性优势产业群；另一方面编制一体化的区域空间布局规划，进行产业导向和空间导向"双重调控"[①]。按照新型分工的原则，实现功能互补、错位发展。现将不同层次不同能级的城市功能定位梳理如表 9-3 所示。

表 9-3　不同层次（能级）城市的产业发展功能定位

城市层次	主要产业链环节	产业功能定位
大城市	公司总部、技术研发、品牌设计、营销策划和售后服务等	强化产业集聚； 推动产业结构升级； 强化城际交通运输快速通道网络，打造"1 小时都市圈"产业协作配套圈
中等城市	中间产品配套、附属产品生产	承接中心城市一般制造业，建设产业转移合作区； 设计优化利益共享机制，配套土地、融资等政策； 发展先进制造，孵化新兴产业
中小城镇	生产制造、仓储采购、零部件配套	完善一般制造业； 协同建设国土空间规划体系； 强化生态环境联保共治； 提升优质公共服务资源共享水平

（三）做强优势产业，加快转型升级

政府产业政策设计部门和行业发展协会等牵头单位，要把好关、守好位、尽好责，在项目准入、投资强度和环境评价等方面科学履职充分尽责，推动钢铁、化工、有色金属、建材等优势传统产业加快转型升级。

推动传统优势产业高端化发展。健全完善政策制定系统，大力支持各类企业加大技术研发资源投入，推动大规模产业技术改造，力争规模以上企业实现技改全覆盖，提升创新力。

推动传统优势产业智能化发展。在重点领域助推机器人、数字化车间

---

① 潘如龙.加强长三角产业分工协作［EB/OL］.（2019－10－23）https://zjnews.zjol.com.cn/zjnews/zjxw/201910/t20191023_11237034.shtml.

及智能工厂建设。

推动传统优势产业绿色化发展。加快推进节能环保专项行动，倡导绿色制造。

推动传统优势产业品牌化发展。增品种、提品质、创品牌多措并举，落实精品培育行动。

沿江沿海沿湾地区在港口资源和交通走廊功能方面具有先天禀赋，要充分发挥其传统制造基础扎实、先进制造后备空间充足的优势，引导集聚发展，围绕科技创新成果的产业化建设示范基地集群，推动长三角成为全球重要的先进制造业中心及实业基地①。具体地，可以将不同地区的优势产业和主要转型举措归纳如表9-4所示。

表9-4 沿江沿海沿湾地区优势产业及主要转型举措

地 区	目标优势产业	主要转型举措
沿江地区	江海联运、港口物流、临港制造集群	推进长江岸线有序利用； 优化布局港口功能； 加速临港制造绿色转型升级； 扶持现代航运业； 打造制造业和服务业高地
沿海地区	临港制造、海洋高新技术	积极培育临港多式联运、海洋高新技术等产业； 合理开发与保护海洋资源； 推动开发东部海洋经济带，辐射带动苏北皖北、浙西南地区
沿湾地区	智能装备制造、数字经济、新材料、生命健康	推动智能装备制造和数字经济等核心产业发展上档次扩规模； 培育新材料、生命健康等战略性新兴产业； 限制污染重、消耗大的产业发展； 提升与沿江沿海地区产业的分工协作水平

（四）壮大新兴产业，培育未来产业

长三角新兴产业的发展和未来产业的培育，离不开人才、资金、技

---

① 陈雯，孙伟.长江三角洲区域一体化空间分工[J].城市规划学刊，2020（1）：37-40.

术、数据和信息等生产要素优势的充分利用，要围绕产业链打造创新链，培育人才链，配套资金链，润滑要素链，补齐、壮大和拓展创新型现代产业链条，争创世界级战略性新兴产业集群。（见表 9-5）

表 9-5 长三角一市三省新兴产业发展主要举措

举措方向	产业领域/平台/载体	具体举措
明确重点发展领域	智能家电、电子信息、新能源汽车、机器人和人工智能； 生物医药、航空航天、高端装备、新材料、节能环保、装配式建筑	打造世界级新兴产业集群； 强化区域产业协作
推动"龙头+配套"体系建设		培育具有核心竞争力的国际化企业； 引导龙头骨干企业开展战略性重组； 鼓励中小企业走"专精特新"之路； 提升产业集群的产业分工地位和整体竞争力
强化各地政策协同支撑	长三角制造业协同发展规划、上海张江综合性国家科学中心、合肥综合性国家科学中心	积极参与制定长三角制造业协同发展规划； 落实重大新兴产业基地高质量发展相关措施； 推动基地多源多点对接创新资源，强化长三角高校院所间长期稳定的合作关系，密切交流； 强化"基地+基金"支撑体系，完善跨省市重大新兴产业基地协同创新、竞争发展机制
培育更多新兴产业主体	人工智能、现代医疗医药、新材料等产业前沿领域	把握科技变革大势和消费升级趋势，发挥产业创新优势，促进更多新兴产业资源集聚； 面向人工智能等产业前沿领域，携手打造未来产业发展高地

续　表

举措方向	产业领域/平台/载体	具体举措
实施未来产业培育计划	量子信息、类脑芯片、下一代人工智能；靶向药物、免疫细胞治疗、干细胞治疗、基因检测；高端医学影像设备、超导质子放射性治疗设备、植入介入产品、体外诊断；新材料技术与信息技术、纳米技术、智能技术；石墨烯、第三代半导体	加强量子信息等新技术的研发应用；加速技术到样品、产品到商品的成果转化和典型应用；加快形成一批核心自主知识产权，开发一批具有竞争力的高端产品；推进生物医疗、基因检测等研发产业化，合作开展高端医学诊断治疗等关键共性技术研发；加快材料、信息、纳米、智能等技术的融合

二、沪苏浙皖规划举措

2021 年，沪苏浙皖一市三省分别出台了各自的国民经济和社会发展第十四个五年规划和 2035 年远景目标纲要，均对其各自的重点产业布局与统筹发展有较为明确的规划举措，现将其主要内容进行简要梳理。

（一）上海市规划布局举措

1. 发挥三大产业引领作用

聚焦集成电路、生物医药、人工智能三大关键产业，促进创新链、产业链融合，扶植和壮大行业龙头骨干，精工打造国际一流的产品品牌，建设三大产业创新发展高地。其举措方向及主要抓手归纳如表 9-6 所示。

表 9-6　上海市三大产业引领举措

举措方向	产业领域/平台/载体	具体举措
增强集成电路产业自主创新能力	集成电路产业、张江实验室上海集成电路研发中心、高端芯片设计、关键器件、核心装备材料、EDA 设计工具	打造完备产业生态：依托张江实验室建设，关注前瞻性、颠覆性技术，完善创新平台体系；攻关产业链关键环节：通过产业链协作催化高端芯片设计、核心装备材料等领域的重大突破；培育产业集群：依托国家重大生产力布局，推动先进和特色工艺生产线等重大项目投产并辐射带动全国

续　表

举措方向	产业领域/平台/载体	具体举措
提升生物医药产业链协同水平	生物医药产业、国家转化医学中心（上海）、"张江药谷"	扶持生物医药领域国家级重大创新平台，组织和引导相关应用领域关键技术攻关； 推动产医融合协作并打造示范基地，健全省、市两级医企协同研创平台，完善供需协调对接，以国家转化医学中心（上海）的建设运营为抓手，促进产业研究成果转化； 引领产业链集聚发展，谋划以"张江药谷"为旗帜、临港新片区等为依托的"1+5+X"生物医药产业基地新布局； 优化产业发展的制度和社会环境，以国家药监局药品和医疗器械技术审评检查长三角分中心建设为契机，鼓励、引导社会资本培育生物医药早期项目，加快创新药品和医疗器械研发投产面市
促进人工智能深度赋能实体经济	人工智能产业、智能芯片、智能软件、智能驾驶、智能机器人	提升基础创新能力，拓展应用场景，建设人工智能领域国家级重大创新平台； 打造一批高水平开放协同平台，在芯片、软件、驾驶、机器人等领域，持续落地一批重大智能产业项目； 围绕制造、医疗、交通、教育、金融、城市管理等领域，形成广泛的"智能+"深度融合应用和技术迭代； 持续定期高质量举办世界人工智能大会

2. 促进六大重点产业集群发展

为传承和再塑"上海制造"的靓丽名片，上海瞄准产业前沿，坚持集群发展，"重点打造六个具备产业比较优势、制造服务深度融合、未来发展潜力无限的重点产业集群，到 2025 年，力争实现战略性新兴产业增加值占全市生产总值比重达 20% 左右"①。

其一，电子信息产业方面，促进稳中提质。加强 5G 技术与应用场景的深度融合，推动扩大其部署规模以带动通信设备产业升级迭代。"促进

---

① 上海市人民政府.强化高端产业引领功能，加快释放发展新动能[EB/OL].（2021 - 03 - 02）https://fgw.sh.gov.cn/sswghghy_ghgy/20210302/b7183510cabc425683a02268c2a4c73c.html.

新型显示发展，打造国内领先的超高清显示集聚区和'5G+8K'应用示范区。推动终端制造企业在产品形态、功能、商业模式上加强创新。加快智能传感器的规模化应用，加快建设上海智能传感器产业园。"①

其二，生命健康产业方面，扩大多元优质供给。创新研发、质量优化与产品示范应用推广并重，具体涉及智能诊疗产品及核心零部件、智能可穿戴设备、养老康复及健身器材、健康管理设备等。大力推动健康服务与互联网、养老康复、体育健身、文旅休闲等领域的融合，催生能够广泛提供精准、智能、个性化健康服务的行业新业态、新模式。

其三，汽车产业方面，围绕新能源、智能化、网联化发展特色优势和规模。加快研发新能源汽车，完善动力电池、驱动电机、电控及燃料电池电堆系统等关键总成的产业链；建设国家智能汽车创新发展平台，推广智能汽车示范应用和试点运营，尤其是以自动驾驶为代表的特定场景商业化项目；引导鼓励全方位移动出行产品和服务综合供应商的发展，培育智慧全出行链。

其四，高端装备产业方面，夯实自研、制造与系统集成能力。依托航空航天技术攻关及配套能力建设，一方面推动商业航天领域打造精度高、信度强、适用好的卫星应用及位置服务产业链，另一方面加速民用大飞机及航空发动机研制，以单通道飞机（C919）的适航扩产、新型支线飞机（ARJ21）的改进改型、宽体客机（CR929）的研制为抓手，催生本土民用大飞机产业链。以长兴岛为载体建造国际一流的船舶与海洋工程装备制造基地，不断改良产品结构，以高技术高附加值为准线，重点研制发展液化天然气运输船、超大型集装箱船、全自动化码头作业装备、海上油气开采加工平台、海洋牧场装备等。帮扶智能机器人、智慧能源环保装备、增材制造、能源互联网等领域的发展。

其五，新材料产业方面，推动集约化、高端化和绿色化发展。优化高端钢铁产品结构及配套能力，着力强化短流程炼钢，积极对接汽车、海工、电力、航空航天等行业的新需求。优化石化产业链空间布局，提高先进高分子材料和专用化学品等精细化、高端化产品结构占比。加快石墨烯、高温超导、碳纤维等前沿新材料的研发、应用和商业推广，提升生物

---

① 上海市人民政府.强化高端产业引领功能，加快释放发展新动能［EB/OL］．（2021－03－02）
https：//fgw.sh.gov.cn/sswghgy_ghgy/20210302/b7183510cabc425683a02268c2a4c73c.html.

医药和航空航天等战略性重点领域关键材料的综合保障能力。

其六，现代消费品产业方面，引领时尚高端风潮。适应和引领新消费需求，推动服饰、轻工、食品等特色产业整合供应链协作资源，增强原创设计，优化工艺流程，规模化绿色生产，发展多元化促销渠道。焕新经典，孵化新锐，呼应消费者在美妆养护、运动健身、智能家居、时尚数码等新物质文化领域的品质需求，打造国际时尚之都、品牌之都。

（二）江苏省规划布局举措

1. 激发重点传统产业发展动能

以智能、绿色、高端为目标，推进传统产业转型升级和优化布局，强化分类施策，重点优化升级钢铁、化工、纺织、机械等产业。

钢铁产业方面，整合产能，支持钢企开发高端钢种，着力提升绿色环保和智能制造工艺，扶植名优企业和产品品牌。

化工产业方面，沿江转型与沿海布局并重，加大安全环保整治力度，推动研制精细、高端、专业、安全的化工产品。推进化工园区建设，贯彻循环、绿色、低碳等新发展理念，打造集群安全的现代产业链。

纺织产业方面，重点发展新型面料、品牌服装和现代家纺等，紧抓创意设计和品牌运营等微笑曲线两端的高附加值环节，培育一批国际知名品牌，逐步迈向时尚产业。

机械产业方面，重点扶植关键核心零部件和高端装备，鼓励工业互联网、智能制造、共享制造等新机械制造模式的应用和推广，培育一批代表性的产业机床，精耕细作锻造长板。

2. 打造万亿级先进制造业集群

总览江苏制造业，体系健全且规模经济，有利于其在产品设计、品牌运营、技术改进、供应链整合等方面扬长补短，应瞄准空间集聚、智能创新、开放协同等方向，着力培育区域先进制造业集群，重点打造的万亿产业集群可以瞄准的领域包括物联网、高端装备、节能环保、新能源装备、生物医药和新型医疗器械等①。"大力培育集成电路、高端装备、工程机械、高端纺织、前沿新材料、海工装备和高技术船舶、核心信息技术、汽车及零部件、绿色食品等省级先进制造业集群。助力新型电力（新能源）

---

① 杨秀峰.瞄准"万亿级"！我国着力打造制造业集群新蓝图［EB/OL］.（2021－06－15）http：//www.ce.cn/cysc/newmain/yc/jsxw/202106/15/t20210615_36642222.shtml.

装备、物联网、工程机械、软件和信息服务、纳米新材料等集群达到国际领先水平。"①

（三）浙江省规划布局举措

1. 推动数字经济与实体经济融合

聚焦服务实体经济，充分利用数字化赋能作用，推动数字制造、云上浙江建设。以数字经济"一号工程2.0版"为抓手，着力贯彻五年倍增计划，打造国家数字经济创新发展示范高地②。

第一，强化数字变革策源。推动建设数字产业化发展引领区、产业数字化转型示范区、数字经济体制机制创新先导区，打造数字技术创新中心。

第二，加速工业互联网发展。推进第一、二、三产业数字化转型，培育提升"1+N"工业互联网平台体系③，推广数字智造。

第三，推动发展数字社会。培育数据要素市场，鼓励推广新基建应用场景，推进生活和公共服务数字化，加速形成数字社会。推动完善数字法律法规体系，研究数字化基础制度和标准规范，优化数据共享和产权保护机制体制。

2. 巩固升级优势产业

浙江当前的优势产业，主要涉及汽车、石油化工、现代纺织和智能家居等，在巩固升级方面，现结合政府公布的规划文件，将其主要举措方向归纳如表9-7所示。

表9-7　浙江省优势产业巩固升级举措梳理

举措方向	产业领域/平台/载体	具体举措
推动汽车产业向智能化、网联化、共享化、电动化方向发展	汽车产业	推广节能环保型、特色商用、新型纯电动汽车；突破核心技术，如高密度高可靠性动力电池、整车电控系统等；强化整车装配和零部件协同

---

① 李金华.长江经济带先进制造集聚区建设背景与路径[J].深圳大学学报（人文社会科学版），2020，37（3）：70-80.

② 何思.打造数字经济"一号工程2.0版"，浙江推进"数字长三角"建设[N].长三角日报，2021-01-20.

③ "1+N"工业互联网平台体系，是指建设1个具有国际水准的跨行业、跨领域的基础性工业互联网平台，培育一批行业级、区域级、企业级工业互联网平台。

续　表

举措方向	产业领域/平台/载体	具体举措
推动石油化工向炼化一体、绿色高端、智慧园区、本质安全方向发展	石油化工	提升化工基础原料生产能力，发展乙烯、丙烯和芳烃及其衍生物等； 扶持先进高分子材料与高端专用化学品产品开发； 资助绿色制造技术推广，升级传统精细化工产业
推动现代纺织向数字化、个性化、时尚化、品牌化、绿色化方向发展	现代纺织	突破差异化生产技术和新型加工技术； 推广应用生态印染技术，发展先进化纤、高端纺织、绿色印染、时尚家纺服装； 强化文化植入、创意设计、信息技术与现代纺织的融合发展
突破核心技术，发展特色产品应用	智能家居	改造提升传统家居产业； 突破关键核心技术，如高效变频、节能降噪、人机交互、数据安全、智能温控等； 强化门锁、家电、照明、厨卫等方面的智能终端产品； 升级核心部件，如智能芯片、关键元器件等； 发展特色家居、装饰建材、全屋智能等产品

3. 做优做强战略性新兴产业

　　浙江省的战略性新兴产业，以新一代信息技术、生物医药、新材料、高端装备、新能源及智能汽车产业为主，此外还涉及绿色环保、海洋装备等产业，要紧锣密鼓尽快打造战略性新兴产业集群。现将其中涉及的主要产业强化举措梳理如表9-8所示。

表9-8 浙江省战略性新兴产业做优做强举措梳理

举措方向	产业领域/平台/载体	具体举措
构建"云网端"一体化产业生态	新一代信息技术：数字安防、集成电路、网络通信、智能计算	大力发展智能安防终端、系统集成和行业服务平台；构建完善的"芯片—软件—整机—系统—信息服务"全产业链；巩固路由交换设备、网络通信器件、光纤光缆、通信终端等优势；补链发展射频器件及材料、5G设备和模块；做强关键产品，如存储器、数据库、服务器、中间件等；培育新兴产业，如智能光电、网络安全、超高清视频显示等
新技术产业化、发展特色医药产业、发展高性能医疗器械	生物医药：免疫治疗、基因治疗、干细胞治疗	推动基因治疗、干细胞治疗等新技术产业化；发展新型抗体药物、核酸药物、基因治疗药物等；强化化学药物核心技术攻关；加快开发原研药、仿制药，研制疗效确切、剂型先进、临床价值高的中药新药；发展具有浙江特色的中药材、中药饮片（颗粒）产业；发展高性能医疗器械
提升先进基础材料制造水平、突破关键战略材料技术、打造世界级特色产业基地	新材料（钢铁、石化、有色金属、轻工纺织等）	发展先进的钢铁材料、石化材料、有色金属材料及轻工和纺织材料等；重点发展先进半导体、新型显示、高纯金属、高性能树脂、新能源、高端磁性、生物医用、人工晶体和电子陶瓷等材料；围绕高性能纤维及复合、高端磁性、氟硅钴、光电等方面的新材料等建设世界级特色产业基地

续　表

举 措 方 向	产业领域/平台/载体	具 体 举 措
突破关键共性技术、核心技术；发展智能装备	高端装备：高档数控机床、智能物流装备、增材制造装备、船舶与海洋工程装备	大力发展智能机器人及自主可控关键核心部件；突破高档数控机床等智能装备的关键共性技术；发展新型纺织装备、轻工装备、工程机械、高端注塑机等专用装备；开发模块化、组合化、集成化新技术，发展关键基础件；突破柔性输电等核心技术，发展智能网联电气、智慧能源系统、泛在电力物联网等；发展船舶设计、绿色智能船舶和高附加值船用装备；强化高技术船舶、特种船舶研发生产能力
大力发展高效节能产业、发展先进环保、资源循环利用技术与装备，发展关键器件	节能环保与新能源：高效锅炉、汽轮机和燃气轮机、节水产品和装备等；空气热能、生物质能、潮流能	发展高效节能产业，如高效锅炉、节水装备等；提升大气、水、土壤污染防治等先进环保技术与装备，发展资源循环利用技术与装备；突破氢燃料电池电堆、储氢罐制备等技术，开展氢能应用试点；强化大规模储能技术，稳步发展空气热能等产业；发展关键器件，如高效晶体硅太阳能电池、柔性薄膜太阳能电池、智能光伏组件、智能逆变器等；发展风电、核电技术与关联装备

4. 谋划布局未来产业

推动跨界融合，鼓励集成创新。扶持 AI、类脑智能、区块链、第三代半导体、量子信息、柔性电子、深海空天、北斗与 GIS 等颠覆性技术与前沿产业，着力推进相关产业创新、业态创新、模式更新。开发重大生物技术产品及其应用，推广新型医疗和健康服务模式，应用普及新一代基因操作、合成生物、再生医学等技术。重点培育柔性电子材料、石墨烯材料、3D 打印材料、超导材料等产业①。

---

① 浙江省人民政府关于印发浙江省全球先进制造业基地建设"十四五"规划的通知[J].浙江省人民政府公报，2021（25）：3 – 19.

5. 优化生产力空间布局

整合提升各级各类技术开发（园）区资源配置效率，加强跨地跨区协同，构建"双核一带一廊"总体布局，依托优质的海岸线及相关产业资源，助推海洋经济，建设海洋强省，打造浙江陆海统筹发展新格局。现将"双核一带一廊"总体布局梳理如表9-9所示。

表9-9　浙江省"双核一带一廊"总体布局及相关举措梳理

总体布局层次	涉及的主要城市	相关举措
双核——杭州、宁波两大核心引领极	杭州、宁波	建设高能级产业平台、数字赋能平台； 大力发展先进制造和数字经济产业； 打造全球先进制造业基地
一带——环湾区沿海产业带	温州、湖州、嘉兴、绍兴、舟山、台州	贯通温州、湖州、嘉兴、绍兴、舟山、台州等地市； 发挥湾区、临港优势，强化海陆联动，港产城湾一体化发展
一廊——金衢丽绿色经济走廊	金义都市区、金华、衢州、丽水、义乌、宁波、舟山	发挥金华—义乌城市圈的辐射带动作用，联动金华、衢州、丽水等地市； 建设义乌—宁波—舟山开放大通道，加强贸工联动； 发挥生态优势，强化山海协作，拓宽绿水青山向金山银山的转化通道

（四）安徽省规划布局举措

坚持做优做强实体经济，实施制造强省、质量强省战略，转型升级传统产业与发展壮大战略性新兴产业两手同时抓，加快推进产业基础高级化，实现产业链现代化。

1. 提高产业链供应链稳定性和现代化水平

遵循自主可控、安全高效的原则，加快推进产业基础再造，助力产业链加速向中高端跃升。现将相关举措方向及具体措施作梳理，如表9-10所示。

表 9-10　安徽省提高产业链供应链稳定性和现代化水平相关举措梳理

举措方向	涉及的主要领域/环节	相 关 举 措
增强产业基础能力	核心基础零部件（元器件）、关键基础材料、先进基础工艺和软件	实施强基工程，支持产学研合作组建产业基础能力创新联合体，系统化攻关核心技术，重点突破核心基础零部件（元器件）、关键基础材料、先进基础工艺和软件等； 对接重大装备、重点领域相关需求，围绕高性能、高可靠性、长寿命和智能化，发展基础零部件（元器件）； 关键基础材料要着力提升自主保障能力，重点关注高性能金属、化工、无机非金属、医药和先进复合新材料等领域
优化提升产业链供应链	供应链战略设计、产业链补链固链强链、新兴产业转移布局； 新型显示、人工智能、工业机器人； 集成电路、重大装备、原材料、先进集成工艺	推动供应链战略设计和精准施策，增强龙头骨干企业的示范辐射效应； 落实头雁机制，实施产业集群群长制、供应链链长制、产业联盟盟主制； 分行业开展产业链补链固链强链：锻造新型显示等产业链供应链长板，补齐集成电路等领域短板； 积极承接国内外新兴产业转移布局； 参与国际产业安全合作，协同构建安全可控的产业链供应链； 优化资源配置，推动关键设备、零部件、原材料来源多元化；协作培育共享制造新模式新业态
强化质量品牌建设	完善质量基础设施、质量监督检验中心和公共服务平台、健全质量标准和强制性安全标准； 新能源汽车、智能制造、燃气装备安全、特种设备安全、食品安全	实施质量提升行动，加强标准、计量、专利等体系和能力建设，强化基础设施，建设质量提升示范区； 建设省最高计量标准平台，以及新能源汽车、智能制造、食品安全等质量监督检验中心和公共服务平台； 强化企业质量主体责任，逐步升级制造业标准体系； 建立完善产品质量安全评估、风险监控、分类监管机制； 开展质量标杆和领先企业示范活动，支持企业参与各级各行业标准建设，推进全面质量管理（TQM）；

续　表

举措方向	涉及的主要领域/环节	相关举措
		实施品牌培育工程，打造竞争力强、附加值高、美誉度好的自主品牌集群，申报一批"中华老字号"，认定一批"安徽老字号"，建设一批"安徽新字号"

2. 加快制造业转型升级

一是实施新型制造工程。推动产品向智能、绿色、精品、服务方向转型。广泛利用数字、ICT、区块链、物联网和 AI 等新兴技术，深化传统产业转型，如煤炭采掘、钢铁冶炼、有色金属加工、石油化工、建筑材料、汽车及零部件、家用电器、纺织服装、医药器械等。

二是组织专项行动计划。着力实施大规模技术改造，提升研发设计能力，强化节能环保力度。

三是充分化解过剩产能。扎实利用市场选择、企业管理、减量置换等多元渠道，提高资源利用效率。

四是巩固制造业基础支撑地位。鼓励和支持优质龙头企业壮大规模、增强实力，并完善相关体制机制，培育一批影响力大、辐射能力强的行业领军企业；加快促进中小微企业围绕行业龙头骨干企业开展深度专业化合理分工协作，凝聚核心竞争力，加速转型升级。

五是发挥头雁产业集群效应。实施"个十百千"工程，力争到"十四五"期末建设完成万亿级产业 1 个，千亿及以上重大产业 10 个，"群主""链长"企业 100 个，专精特新企业 1 000 个[①]。头雁领航，群雁齐飞。

3. 发展壮大战略性新兴产业

一是加速构筑新型现代产业体系。扎实推动一批新兴产业相关的重要基地、重点工程、重大专项计划落地，着力实施融合、集群、绿色等高质量发展理念，筑牢战略优势。

二是切实打造现代产业体系新支柱。重点发展省政府"十四五"规划

---

① 安徽省人民政府办公厅.安徽省人民政府关于印发安徽省国民经济和社会发展第十四个五年规划和 2035 年远景目标纲要的通知［EB/OL］.（2021－04－21）https：//www.ah.gov.cn/public/1681/553978211.html.

确定的十大新兴产业，具体包括新一代信息技术、人工智能、新材料、节能环保、新能源和智能网联汽车、高端装备制造、智能家电、生命健康、绿色食品、数字创意。

三是着力优化"专项—工程—基地—集群"梯次推进格局。重点培育新型显示、集成电路、新能源和智能网联汽车、人工智能、智能家电5个世界级战略性新兴产业集群，建设一批引领国内影响国际的重大新兴产业基地，主要涉及先进结构材料、生物医药、现代中药、智能机器人、高端装备制造、云计算等。

第四节 中心区打造全球
竞争力产业高地

根据中共中央、国务院2019年12月印发的《纲要》，规划范围包括沪苏浙皖全域，其中心区则包括上海市，江苏省南京、无锡、常州、苏州、南通、扬州、镇江、盐城、泰州，浙江省杭州、宁波、温州、湖州、嘉兴、绍兴、金华、舟山、台州，安徽省合肥、芜湖、马鞍山、铜陵、安庆、滁州、池州、宣城共27个城市，中心区面积为22.5万平方千米，辐射带动长三角地区高质量发展。

一市三省的中心区，总体上是长三角资金、技术、人才、信息等生产要素的汇集之地，基础设施完善，产业配套、高端人才、优质公共服务、现代物流集聚于此，资源禀赋一流。但是，各地市在历史文化、地理形态、产业层次、生态环境、法治水平等许多方面也呈现多元化和差异化。如何协同打造全球竞争力产业高地，需要各省市充分沟通协商，统一思路，在市场化、专业化、法制化的整体框架下，立足自身实际禀赋及特色，因地制宜，协同发展。

一、增强"五个中心"功能，强化上海龙头辐射作用

上海是长三角地区最重要的服务中心，要围绕国际经济、金融、贸易、航运和科技创新这"五大中心"功能的提升，强化全球资源配置能力，扩大服务辐射范围，加强辐射力度，充分发挥上海市在一市三省高质

量一体化发展中的龙头引领作用。现将上海市打造全球产业竞争力高地相关的举措梳理如表9-11所示。

表9-11 上海市打造全球产业竞争力高地相关举措梳理

举措方向	涉及的产业/平台	具体措施
建设亚太供应链管理中心、集聚全球或区域总部型机构	国际贸易、国际投融资	完善新型国际贸易与国际市场投融资服务的系统性制度支撑体系；吸引全球或区域总部型机构集聚，如资金管理中心等
积极发展前沿产业集群	集成电路、人工智能、生物医药、航空航天、维修和绿色再制造	聚焦人工智能、生物医药等前沿领域，制定上海新片区创新型产业发展规划；推动国际开放型合作平台建设，建立以关键核心技术为突破口的前沿产业集群
持续打造"上海服务""上海购物""上海文化""上海原创"四大品牌	金融、服务、制造、航运	深化开放金融市场、现代服务业和先进制造业；集聚全球功能性机构；打造全球城市金融体系、贸易投资网络、航运资源配置的重要枢纽
塑造具有全球影响的文化中心	文化旅游、传媒娱乐	深度挖掘红色文化、海派文化、江南文化资源；促进传统与现代、人本与科技、精英与大众、全球与地域等多元文化交融

二、强化"1+3"重点功能区，加速江苏协同优势集成

江苏的中心区城市东接上海，西连安徽，南临杭州，长江下游贯穿苏南抵达上海，经济带辐射范围广，地理区位方面和产业衔接配套方面均有很好的基础服务支持上海发挥龙头作用，应在长三角一体化框架下加速集成自身现有优势，加强与浙江和安徽的战略协同，深化"1+3"重点功能区建设，统筹规划扬子江城市群、江淮生态经济区、沿海三市经济带、淮

海经济区的中心城市徐州的一体化发展①。江苏打造全球产业竞争力高地相关的举措梳理如表9-12所示。

表9-12　江苏省打造全球产业竞争力高地相关举措梳理

举措方向	涉及的产业/平台/载体	具体措施
推动南京都市圈扩容 宁镇扬一体化	南京都市圈、宁镇扬一体化	加快优化编制《南京都市圈发展规划》，高效发挥引领带动作用； 加快建立宁镇扬一体化协同治理机制，提升扬州、镇江特色新型城市功能，增强对周边区域辐射能力； 加强南京都市圈与合肥都市圈协同发展
推进苏锡常都市圈一体化	跨区域多领域合作联动机制	因地制宜、扬长避短，建设自主可控的现代产业体系； 优势互补、分工协作，建立跨区域多领域合作联动机制，加强资源共建共享，促进有效整合； 推进苏锡常城市带对接上海"五大中心"建设，以局部先行一体化增创全球合作竞争新优势
协同打造长三角科技创新共同体	沪宁产业创新带、G60科创走廊、宁杭生态经济带、长三角国家技术创新中心	围绕上海，协同宁、苏、锡、杭、合等重要极点城市，强化沪宁产业创新带、G60科创走廊、宁杭生态经济带的支撑作用，推动原始创新、技术创新和产业创新； 依托优势产业，联合创新型领军企业，激活长三角双创示范基地联盟的平台作用，加强跨区"双创"合作； 联合打造国家级科技成果孵化基地； 共同建设长三角国家技术创新中心

---

① 《长江三角洲区域一体化发展规划纲要》江苏实施方案[N].新华日报，2020-04-01（006）.

续　表

举措方向	涉及的产业/平台/载体	具体措施
大力推动制造业高质量发展	长三角制造业协同发展规划、新型电力（新能源）装备、工程机械、物联网	主动参制并着力实施长三角制造业协同发展规划； 优化调整优势产业政策，努力增创竞争合作新优势； 聚焦物联网等先进制造业集群，强化区域优势产业协作，推动传统产业升级改造； 打造国家级战略性新兴产业基地，强化建设制造品牌

三、推进"四大建设"，引领浙江陆海统筹协作

深化落实主体功能区制度，着力以"四大建设"为主平台优化浙江空间布局，陆海山湾统筹协作，推动创新改革和平台打造，加强轨道基建互联互通，生态文化资源共享，在区域一体化框架下实现高质量发展。相关举措梳理如表 9－13 所示。

表 9－13　浙江省打造全球产业竞争力高地相关举措梳理

举措方向	涉及的产业/平台/载体	具体措施
建设引领未来的现代化大湾区	新基建、数字经济、智能装备、航空航天、高端生物医药、前沿新材料	统筹优化生产力布局，实施标志性工程； 打造高质量省级新区，聚焦高端产业、高能级平台和重大引领性项目； 培育国际性的现代产业集群，如新基建、数字经济、智能装备、航空航天、生物医疗、前沿新材料等； 建立"示范区创新研发+联动发展区转化制造"的产业分工模式，对接示范区产业发展功能布局

续　表

举措方向	涉及的产业/ 平台/载体	具体措施
建设人人共享的美丽大花园	"百城千镇万村"景区化、"千年古城"复兴工程、衢丽花园城市群	构建美丽浙江体系，贯穿城市、城镇和乡村全域； 打造立体旅游格局，整合名山、秀水、历史、人文资源，扎实开展"百城千镇万村"景区化； 复兴再造"千年古城"，扎实推进古城名镇名村、特色旅游度假区、名山海岛公园等建设； 加速建设城际、通景公铁运输系统，服务生态旅游； 建设衢丽花园城市群，打造诗画浙江大花园核心区； 宣传实施"人人成园丁、处处成花园"工程
建设现代化国际化大都市区	杭州、宁波、温州、金义四大都市区、"高铁+城际铁路+地铁"轨道网络	推进杭甬温金四大都市区建设，打造国际化城市群； 推动都市区集团化，妥善规划郊区新城建设，高效促进产业、公共服务和人才资源的梯度转移、集聚及其在空间上的重组； 强化都市区标志性工程实施，协同创新链布局、产业链分工，推进"高铁+城际铁路+地铁"轨道网络建设，助推杭绍甬等同城化； 加强统筹，促进中心城市与周边中小城镇协同发展
建设现代化大通道基础设施	智慧交通和综合物流体系、互济互保能源供应体系、安全高效水利保障体系、国家（杭州）新型互联网交换中心、"1小时交通圈"、现代能源供应体系、"浙江水网"	加快国家（杭州）新型互联网交换中心、5G、工业互联网、大数据中心建设和IPv6规模部署； 强力建设智能化基础设施，推进杭州新型互联网交换及大数据中心、工业互联网建设，规模部署5G、IPv6； 加快构建现代化铁路网、轨道交通网、公路网、水运网、城乡绿道网； 完善现代交通枢纽，编织现代化铁路、轨道交通、公路、水运、城乡绿道的多元综合立体网络； 强化智慧交通，打造省、市、城三级"1小时交通圈"； 构建以电油气"三张网"为代表的现代能源供应体系，建设长三角清洁能源生产、储备基地； 完善"浙江水网"体系，提升防洪保安标准，优化水源配置、打造幸福河湖，建设智慧水利

四、推进"一圈五区"建设，促进安徽融合协调发展

2020 年初，为贯彻落实长三角一体化国家战略，安徽省发布《安徽省实施长江三角洲区域一体化发展规划纲要行动计划》（简称《行动计划》），提出推进建设"一圈五区"发展新格局，具体包括合肥都市圈、合芜蚌国家自主创新示范区、皖江城市带承接产业转移示范区、皖北承接产业转移集聚区、皖西大别山革命老区、皖南国际文化旅游示范区，高质量融入长三角[①]。此后，分期发布了《行动计划 2020 年工作要点》和《行动计划 2021 年工作要点》，确定重点项目分步实施计划，从战略定位、区块链接、产业分工、优势互补、协同合作等多个角度着力，促进安徽在一体化框架下融合协调的高质量发展。"一圈五区"当中，前三者涉及中心区产业高地建设，现将其主要举措梳理如表 9-14 所示。

表 9-14　安徽省打造全球产业竞争力高地相关举措梳理

举措方向	涉及的产业/平台/载体	具体措施
高水平建设合肥都市圈	东中部科创中心、合肥都市圈一体化、合六经济走廊、	打造东中部科创中心，夯实现代产业基地、深化内陆改革开放； 推进合肥都市圈一体化，加速基础设施互联互通，打造"一小时通勤""一体化产业""一卡通服务"三大体系； 强化合肥的辐射带动能力，推进合六经济走廊高端制造、高水平服务产业发展，如电子信息、节能环保等； 加速规划合淮、合芜马、合滁、合铜等产业走廊； 协同整合蚌埠地区传感器产业相关资源优势，发展新型显示、新一代信息技术等产业集群； 对标上海、对接南京等大都市圈，与杭州、宁波城市群加强协同联动互补，共建协调发展的世界级都市圈典范

① 安徽省发改委.安徽省实施长江三角洲区域一体化发展规划纲要行动计〔EB/OL〕.（2020-01-15）http：//fzggw.ah.gov.cn/index.html.

续　表

举措方向	涉及的产业/ 平台/载体	具体措施
打造合芜蚌国家自主创新示范区	海创中心、战略性新兴产业、国家级高新技术产业开发区	鼓励原始创新，从技术、产业、制度着手完善全链条创新体系； 积极申请承担国家科技计划，积累自主创新成果； 建设完善海创中心，激发归国人员的创新、创业动力； 主动参与配合 G60 科创走廊建设，对接产业创新和园区规划，推动要素流动和合作协同； 实行"一区多园"建设国家级高新技术产业开发区，布局建设战略性产业创新中心、技术创新中心和公共技术服务平台； 营造机制环境，在高水平科研与技改、高质量创新和创业方面，大力引才育才纳才； 力争"十四五"期末实现吸纳技术合同成交额翻倍
提升皖江城市带承接产业转移示范区	皖江智造走廊、沿江绿色生态廊道、江北、江南新兴产业集中区	规划承接新兴产业转移，打造皖江智造走廊； 强化同沪苏浙科研成果转化的战略协同，勠力配套应用基地； 打造多层级、网络型城市体系，强化中心城市能级，鼓励区内城市跨江、联动发展； 升级现代化基础设施，建设皖江大通道大枢纽； 加速打造沿江绿色生态廊道，推动经济绿色转型； 建设高水平江北、江南新兴产业集中区，鼓励先行先试、改革创新，加快打造城市新区； 力争"十四五"期末实现 GDP 4 万亿元以上

第五节　外围区特色产业和配套产业发展

根据《纲要》，除 27 个城市的中心区外，苏浙皖还有徐州、淮安、连云港、宿迁、衢州、丽水、蚌埠、黄山、淮北、淮南、宿州、六安、亳州、阜阳共 14 个城市，这些城市主要位于苏北、浙西南、皖北、皖西，再加上皖南的黄山，大部分都属于经济欠发达地区①。《纲要》从革命老区、粮食主产区、承接产业转移集聚区等外围区的发展和现代农业、健康旅游等特色产业的配套进行了总体擘画和方向性要求。

一、发展现代农业

长三角发展现代农业的资源禀赋和提升潜力主要在江苏和安徽。根据产业基础、地形差异，现将长三角发展现代农业的主要途径归纳如表 9-15 所示。

表 9-15　长三角外围区发展现代农业相关举措梳理

举措方向	涉及的地区/ 载体/项目	具体措施
狠抓耕地种质质量，保护优质农业基础资源	苏北、皖西、皖北	保护现有耕地，阻止和警惕耕地"非农化""非粮化"
	安徽	打造高标准农田，建设、管理和保护粮食主产功能区与重要农产品生产保护区；发展特色农产品优势区
	苏皖合作	推进种质保护和利用，助力生物育种的产业化，协同合作突破种源"卡脖子"关键技术，优化完善政策制度，切实推动育种基础研究和重要项目
	皖北、沿江	扶持水产种质和良种繁殖事业发展，促进品种推陈出新
创新农技防治虫害，强化现代农业支撑保障	绿色农业科技创新	加快重型农机等行业技术创新，推广农作物耕种收机械化
	养殖业规模经济	倡导养殖业规模经济发展，规范集中屠宰、冷链运营和上市

---

① 中共中央 国务院印发《长江三角洲区域一体化发展规划纲要》[J].中华人民共和国国务院公报，2019（35）：10-34.

续　表

举措方向	涉及的地区/载体/项目	具体措施
创新农技防治虫害，强化现代农业支撑保障	科教兴农、南京现代农业产业科技创新示范园区	健全完善四大体系（现代农业产业技术、新型农技服务、动物防疫、外来有害生物防控和农作物病虫害防治）
	南京国家农业高新技术产业示范区	推广提高农业机械化、信息化和智能化水平；规划建设省级农业高新区
优化调整农业结构，提高农业质效竞争力	安徽特色农产品优势区	优化农业结构，培育产值超千亿元优势特色产业，如优质稻麦、绿色蔬菜、规模畜禽、特色水产等
	江苏国家级绿色农业发展先行区、农业现代化示范区	推进农业标准化；开发绿色有机农产品，尝试实施绿色投入品补贴政策；打造地理标志农产品，建设高品质"苏"字号农业品牌；推进农业面源污染防治，肥药减量增效，畜禽废弃物循环利用；开展生态循环农业试点
大力发展智慧农业，推进农业物联网建设	（江苏）智慧农业	落实农田、粮食、水利、气象四大智慧农业工程
	江苏无锡物联网基地、"苏农云"	打造"苏农云"平台，打造区域农业全图，数字化建设农业基地和乡村，切实提升农业生产、农村生活的数字化服务水平
提高乡村发展品质，深化农村三产融合	苏皖合作	推进建设完善农产品质量安全追溯体系
	区域农业品牌创建	科学合理打造公用品牌、企业产品和地理标志品牌等；完善苏皖一体化农产品展销平台，发展精特乡村经济
加强技术管理引进，强化农业国际合作	农业先进技术引进管理	妥善增量进口国内紧缺农产品；引进现代农业国际先进技术，优化经营方式和管理理念
	"绿色皖农"	推动培育"绿色皖农"品牌，推广"三品一标"认证

二、强化生态文化旅游产业

长三角生态文化旅游资源丰富、历史积淀深厚，要坚持文化为魂、生态优先，充分传承、保护和利用大运河文化遗产，共同推进大运河文化带建设①。长三角一市三省强化生态文化旅游产业的主要举措梳理如表 9 – 16 所示。

表 9 – 16　长三角外围区强化生态文化旅游产业相关举措梳理

举措方向	涉及地区/载体/项目	具体措施
建设大运河文化带	江苏	发挥文化、生态优势，建设江苏"吴韵汉风""水韵书香"文化标志和旅游名片
	浙江乌镇、西塘、南浔	江南水乡古镇集群联合申遗
	规划特色旅游样板线路	整合诗路文化带（包括大运河、钱塘江、浙东、瓯江等区域），协同海湾海岛旅游带
协同推进淮河生态经济带建设	淮河流域	加强淮河流域生态整治，发展特色产业，研究生态优势高效转化助推经济发展的成熟路径，协调域内社会生产、人民生活和环境生态，打响生态文明和经济建设协同样板
共建杭黄自然生态旅游廊道	千岛湖、新安江	保护水资源和生态环境
	杭州、黄山	共创国际黄金旅游线，深化杭、黄全方位合作
	新安江流域	推动生态补偿试点探索，共同传承发展钱塘文化、新安文化；擘画"千岛湖—新安江"世界级自然生态与文化旅游大画廊
加快构建现代文化产业体系	文博会	高质量办好长三角文博会

---

① 范周，王若晞.群策群力，共话大运河文化带建设未来时［J］.人文天下，2017（18）：55 – 57.

续　表

举 措 方 向	涉及地区/载体/项目	具 体 措 施
加快构建现代文化产业体系	文化精品工程	实施文化精品工程，扶持文化龙头企业，夯实创意、影视、版权、出版等链条环节，助力文化产品和服务提高质量高飞远走
	文化硬件资源区域联动共享	鼓励域内美术、博物、图书和群众文化等场馆资源联动共享，推广城市阅读、公共文化服务、公共文化联展、公共文化培训等资源联网一体通办
强化红色文化传承	大别山革命老区、上海、浙江嘉兴	做好大别山和红船精神的传扬工作，深入挖掘红色文化资源；强化革命文物保护，承扬优秀传统文化，打造互联互通的红色生态旅游精品服务路线
	红色旅游示范基地和康养基地	鼓励引导各类资本布局建设一批健康医疗、养生养老项目，打造长三角高品质红色旅游示范基地和康养基地
打造皖北历史和中医药文化旅游圈	亳州、淮南、淮北	整合文化名人、古镇、文物、历史遗迹遗址、中医药文化等资源，依托商合杭、京沪高铁连接服务长三角乃至国内外

三、建设医药大健康产业

其一，推动健康科技创新。相关主要举措梳理如表 9-17 所示。

表 9-17　长三角推动健康科技创新发展相关举措梳理

举 措 方 向	涉及地区/载体/项目	具 体 措 施
支持安徽建设大健康研究院		布局"8+1+N"研究平台，谋划建设从科研到临床到应用全链条融通发展的国家级创新平台

续　表

举措方向	涉及地区/ 载体/项目	具体措施
推动江苏大力 发展智慧医疗	智慧医院	开展远程医疗服务，推进中心城区与基层开展在线医疗服务协作，打造"互联网+医疗健康"示范基地
	全民健康信息 平台	加强域内医疗卫生信息联通，完善电子病历和健康档案
		推广5G网络、大数据、人工智能等新技术应用于医疗卫生领域，建设全省医学影像云
	互联网医院	鼓励发展在线医疗健康服务专业平台，研究摸索互联网医疗服务的价格政策和医保支付方式
协同推进健康 科技创新	沪苏浙皖	协同构筑统一的急救医疗网络体系，打造卫生健康综合执法监督联动协同机制
	养老服务市场	完善养老市场投资政策，培育养老市场，支持民营养老机构发展，打造高水平康养基地，探索长期护理保险
协同建立长三 角体育产业联 盟	浙江	举办第19届亚运会
	沪苏浙皖	推动跨区域体育资源共享、数据互通、项目合作和人才交流； 联合承办国内外大型体育赛事活动，优化体育赛事管理体系

其二，加速中医药传承发展。相关的主要举措梳理如表9-18所示。

表9-18　长三角加速中医药传承发展相关举措梳理

举措方向	涉及地区/ 载体/项目	具体措施
促进安徽中医 药传承创新发 展	"北华佗、南 新安"	促进中医药事业产业融合发展，建设中医药强省
	"十大皖药" 工程	确定"十大皖药"品种，认证"十大皖药"产业示范基地； 打造大别山"西山药库"等产业集聚区

续　表

举措方向	涉及地区/载体/项目	具体措施
促进安徽中医药传承创新发展	亳州、中医药产业创新发展核心区	建设"世界中医药之都"，举办世界中医药论坛，建设绿色中药材种植及观光旅游经济带、未来中医药产业拓展中心
	黄山	挖掘"新安医学"资源，建设皖南中医药传承创新中心
建设江苏中医药强省	名医/科/院建设行动	完善升级中医药服务体系，打造中医医学中心、医疗中心
	名方/术/药挖掘保护	强化中药质量及其监管，整理研究文献古籍，挖掘孟河医派理念建树
	中医科技创新与服务	强化中医药科技创新，打造高质量创新平台，建设高水平中医药人才队伍；传播中医药文化，推广中医药进乡村、进社区、进人心

其三，深化医药卫生体制改革。相关的主要举措梳理如表9-19所示。

表9-19　长三角加速中医药传承发展相关举措梳理

举措方向	涉及地区/载体/项目	具体措施
建立健全现代医院管理制度	完善分级诊疗体系	首诊负责、转诊审核，推进医联体共建；落实医保支付改革，推动医药服务价改
	医疗服务均质化	统筹中心城区与基层医疗机构资源布局，推进医师区域注册；强化农村区域性医疗卫生中心和社区医院，促进优质医疗资源均衡布局
	阳光采购制度	实施药品、医用耗材的采购使用改革和集中带量采购
	基本医疗卫生事业公益性	健全药品供应保障体系，稳定短缺药品价格；把控基本医疗卫生事业公益性，支持民营医疗健康有序发展

续　表

举措方向	涉及地区/载体/项目	具体措施
推动沪苏高品质医疗和健康资源共享	数字化医院、全民健康信息平台	推动合作办医、开拓分院、打造医联体等渠道加强合作； 推动医疗协作，共建数字化医院、居民健康档案，完善双向转诊等远程医疗服务
	合肥、芜湖、蚌埠	完善省级区域医疗中心建设
	长三角专科联盟	推进医疗、教育、科研合作，协同打造优势学科集群
加强医疗及公共卫生协作	国家健康医疗大数据中部中心（合肥）	加快全民健康信息平台建设，加强信息互联互通，开展远程医疗服务，建立区域分级诊疗制度
	"五个统一"	统一诊断标准、治疗方案、质量控制、数据归集、疗效分析，推进医学检验检查结果互认
	区域中医专科联盟	发掘中医药文化内涵，强化传承创新合作，共建科研协作网络
	疫情防控机制	健全重大疫情、突发公共卫生事件联防联控和应急救援机制
	卫生健康综合执法监督联动协调机制	规划完善长三角区域性航空医疗救援体系； 提升血液联动保障
	临床重点专科联盟	提升妇产科、儿科、老年医学科、精神、传染、急诊、重症、病理、康复等领域专科诊疗能力； 推进心脑血管等多发病及疑难复杂危重病的早期干预； 支持新型临床诊疗技术联合攻关

四、培育绿色农产品加工产业

培育绿色农产品加工产业，需要研究、利用好长三角外围地区资源特色和优势，树立全产业链思维，引入现代产业发展理念和组织方式，加快发展农村电子商务、农村休闲旅游、农业生产性服务业等新产业新业态，构建农村产业融合发展新体系①。相关主要举措梳理如表9-20所示。

表9-20 长三角外围区培育绿色农产品加工产业相关举措梳理

举措方向	涉及地区/ 载体/项目	具体措施
建设江苏国家级农村产业融合发展示范园和先导区	江苏"一县一业（特）"现代农业产业园区	升级农产品加工技术，推动农产品主产区实现本地化加工增值，鼓励种植养殖加工结合和一二三产融合产业链再造； 优化农产品市场布局，升级农产品仓储保鲜等冷链运营设施
	农产品价格形成和交易中心	稳定农产品产销衔接机制，建设影响力大辐射广泛的农产品价格形成和交易中心
建设安徽绿色农产品生产加工供应基地	安徽"一县一业（特）"	围绕各地特色/优势产业，各县/市/区开展个性化的全产业链创建，如粮油、畜禽、水产、果蔬、茶叶、中药材、油茶等
	绿色农产品生产、加工、供应示范基地	因地制宜，各县/市/区扶持优势主导产业1个以上，并据此组建安徽优势特色产业集群； 建立500个绿色农产品生产、加工、供应示范基地
	农产品质量安全认证	服务沪苏浙皖消费升级，强化紧缺、专用和绿色优质农产品的生产，打响皖字号农产品品牌
协同打造区域农产品生产加工供应平台	农产品业务联合体	推动沪苏浙优质资金、人才、技术等资源溢出，高水平打造农产品加工区和业务联合体
	毗邻地区	探索试点建设跨区域现代农业合作园区，扎实创建外围区优质农产品加工集聚区
建立区域一体化农产品展销物流平台	长三角3小时鲜活农产品物流圈	强化沪苏浙皖电商合作，提升网络营销、冷链配送水平，建设高水平农产品产地批发市场，打造农产品电商物流集散地

① 江苏省人民政府.江苏省国民经济和社会发展第十四个五年规划和二〇三五年远景目标纲要
[EB/OL].（2021-03-01）http://fzggw.jiangsu.gov.cn/art/2021/3/1/art_284_9683575.html.

续　表

举措方向	涉及地区/ 载体/项目	具体措施
建立区域一体化农产品展销物流平台	中国名优农产品暨农业产业化交易会（上海）、安徽国际农业博览会（合肥）	完善一市三省农业品牌目录和数据库建设； 打造名优农产品展会，持续高水平举办中国名优农产品暨农业产业化交易会（上海）等重要展会，不断提升长三角优质农产品的知名度和市场占有率

五、夯实粮食主产区建设

上海地处江海交汇口，腹地以城市和港口为主，而浙江素有"七山二水一分田"之说，两者均无产粮优势，长三角的粮食主产区必然只能落位于江苏和安徽，主要涉及苏北苏中和皖北外围地区。长三角外围区夯实粮食主产区建设相关举措梳理如表9-21所示。

表 9-21　长三角外围区夯实粮食主产区建设相关举措梳理

举措方向	涉及地区/ 载体/项目	具体措施
加强苏北苏中粮食基地建设	苏北苏中	修筑高标准农田，完善粮食生产功能区，妥善有序规划农产品生产保护区，强化生产和收储调控能力
	"藏粮于地、藏粮于技"	至"十四五"期末，实现稳定粮食播种面积高于8 000万亩，高标准农田改造提升不低于1 500万亩
支持皖北实施现代农业提升工程	皖北粮食生产功能区 粮食储备中心	建设高水平粮食生产核心区，保障粮食安全的高产、高品质中心产区，以及服务上级宏观调控的粮食储备中心
推动"皖粮"高标准农田改造提升工程	安徽粮食生产功能区、重要农产品生产保护区、粮食生产大县	推动"田、土、水、路、林、电、技、管"八大工程，具体包括土地平整、土壤改良、灌溉排水、田间道路、农田防护与生态环境保持、农田输配电、科技服务、建后管护等

续　表

举 措 方 向	涉及地区/ 载体/项目	具 体 措 施
推动"皖粮" 高标准农田改 造提升工程	安徽	"十四五"时期，实现高标准农田 改造和新建各 1 000 万亩以上，实现 旱涝保收、稳产高产，稳定年产粮 食高于 3 900 万吨

六、推动省际毗邻区协同发展

省际毗邻地区远离行政中心，多为发展洼地。在省际毗邻区消除经济严重落后和人民生活极端贫困，推动共同富裕，是高质量的长三角一体化框架下各省市需要积极攻关克服的挑战。聚焦"高质量""一体化"宗旨，加强跨区域协同合作，长三角省际毗邻区协同发展相关举措梳理如表9-22 所示。

表 9 - 22　长三角推动省际毗邻区协同发展相关举措梳理

举 措 方 向	涉及地区/ 载体/项目	具 体 措 施
探索省际毗邻 区域协同发展 新机制	杭州—黄山、宣城— 湖州、和县—浦口、 顶山—汊河、徐州— 宿州—淮北、慈湖高 新区—滨江开发区	深入推进产城融合，共同打造跨 行政区发展新型功能区
	虹桥—昆山—相城	协同发展总部经济和枢纽经济
	嘉定—昆山—太仓	协同合作，开展资源共享、产业 合作、科技创新
	顶山—汊河、浦口— 南谯	提升公共服务共享水平，加强跨 界生态资源共保力度
	江宁—博望、南通沪 苏跨江融合试验区	区域联动、江海协同，探索跨江 融合，共建基础设施、高端产 业，共享要素流动、公共服务， 打造上海北翼门户

举措方向	涉及地区/ 载体/项目	具体措施
探索省际毗邻区域协同发展新机制	完善毗邻地区规划	完善省际毗邻地区规划政策体系，推广制度创新经验
支持"一岭六县"①长三角产业合作发展试验区建设	上海市白茅岭农场、安吉县、长兴县、宜兴市、溧阳市、广德市、郎溪县	聚焦生态、旅游、文化协作，遵循共建共管、共享共赢，建设"一岭六县"产业合作发展试验区，推动省际毗邻协同发展；研究尝试交通畅行、资源共享、产业协作、生态同护、民生互惠，探究绿水青山实现金山银山的转化路径，协同提升经济效益、社会影响和生态环境
共建跨区域产业合作园区	浙江	践行"两山"理念，推广安吉、长兴绿色产业发展经验
	苏州工业园区	推广合作开发范式，高水平推进南北合作园区共建，凝练、复制和推广高质量发展创新实验区建设的经验制度
	沪苏大丰产业联动集聚区	对口承接上海产业转移，建设"飞地经济"
	中新苏滁、中新嘉善	打造省际合作产业园
	徐州与宿州、淮北	共建产业园区
	江阴—靖江工业园区	跨江融合发展试验区
打造省际毗邻区域中心城市	亳州	打造全国现代中药产业基地、养生文化旅游基地
	宿州	打造数字经济基地、现代物流基地

① 沪苏浙皖"一岭六县"是指位于长三角地理中心的上海白茅岭农场和江苏省溧阳市、宜兴市，浙江省长兴县、安吉县，安徽省郎溪县、广德市等"一岭六县"，是长三角一市三省无缝对接的天然功能区块。该区域东临上海，西接皖江城市带，国土面积10 119平方千米，人口385万人，2020年六县（市）GDP接近5 000亿元。区内山水相连、人缘相亲，文化体系和历史背景基本一致。

续　表

举 措 方 向	涉及地区/ 载体/项目	具 体 措 施
打造省际毗邻区域中心城市	六安	打造合肥都市圈协同创新产业基地、全国知名红色旅游示范基地和康养基地
	衢州	打造四省边际商贸中心

七、打造皖北承接产业转移集聚区

在《纲要》中，中央明确了促进皖北承接产业转移集聚区建设的若干政策措施，皖北积极承接产业转移，打造区域经济高质量发展新增长极的主要举措梳理如表 9 - 23 所示。

表 9 - 23　长三角外围区夯实粮食主产区建设相关举措梳理

举 措 方 向	涉及地区/ 载体/项目	具 体 措 施
打造"6 + 2 + N"产业承接平台①	基础设施升级	充分利用承接用地供给、人才引培、气电改革等政策，加速升级传统基础设施（如电、热、气、给排水等），着力推进新基建，强化公共服务能力
	淮河生态经济带产城融合发展先导区、能源和绿色农产品生产加工供应基地	提升承接平台的空间集聚水平，促进产业集群化发展； 提升科技创新力，打造高水平承接产业转移优选地、淮河生态经济带产城融合发展先导区、能源和绿色农产品生产加工供应基地

---

① "6+2+N"产业承接平台，是指在皖北承接产业转移集聚区建设中，依托国家级、省级开发区和省级（际）合作共建园区，构建集群化、差异化的"6+2+N"承接产业转移空间布局模式。其中，"6"是指皖北 6 市各选择一个园区，即淮北濉溪经开区、亳州高新区、宿州高新区、蚌埠高新区、阜阳合肥现代产业园（阜阳经开区）、淮南高新区；"2"是指 4 个县（市）所在的滁州、六安两个市各选择一个园区，即凤阳经开区、霍邱经开区，作为省级重点推进的承接产业转移平台；"N"是指皖北其他符合条件的园区，根据自身优势和特色承接产业转移。

续　表

举措方向	涉及地区/载体/项目	具体措施
创新产业承接模式	皖北与沪苏浙、合芜马	激活区内区外联动机制，灵活结合园中园、托管、投资参股等多元方式，与省内外先进主体（沪苏浙、合芜马）共建合作园区，在要素投入共担、财税利益共享等方面形成和完善相关政策制度
	催生战略性新兴产业集群	建立健全信息沟通对接机制，催生战略性新兴产业集群（如先进功能/结构材料、生物医药等）
	提升现代服务业	发展消费品工业，提升现代服务业，扶持高效生态农业，加快产业集聚，推动产城融合
	护航生态环境	严守产业准入关口，持续护航生态环境，衔接"双碳"目标，提升能源资源利用效能，保障环境承载能力

　　总而言之，产业布局的概念是一个来自"计划经济"的概念，按照市场经济的思维，产业的分布是由投资人根据市场规律进行投资地选择而形成的格局。但是，在社会主义市场经济体制下，政府可以通过城市规划，建立各种园区来集聚产业或企业。长三角是涉及一市三省的大区域空间，而且没有统一的组织来完成这么大空间的布局。区域之间的分工是完全在各区域经济发展过程中，由市场发展逐渐形成的，虽然，各省市政府可以通过区域规划或行政手段来选择各个城市或各个园区的产业定位或特色产业选择，但是，跨省级区域的产业主动布局还是一件很难的事情，不能够"一厢情愿"地进行布局。一市三省在长三角一体化发展的行动计划中，也作出了选择，能够起到一定的引导作用，但是，最后产业的分布还是由市场机制来决定的。我们既要做好产业选择的差异性引导，更要相信市场在资源配置中的决定性作用。市场选择机制是一个理性的科学合理的机制，要相信企业家或者投资者会从商务成本和产业关联的角度作出理性选择。

第十章

加强创新链与产业链
跨区域协同

习近平总书记于 2020 年 7 月 21 日在京主持召开企业家座谈会发表的重要讲话中指出："当今世界正经历百年未有之大变局，新一轮科技革命和产业变革蓬勃兴起。以前，在经济全球化深入发展的外部环境下，市场和资源'两头在外'对我国快速发展发挥了重要作用。在当前保护主义上升、世界经济低迷、全球市场萎缩的外部环境下，我们必须充分发挥国内超大规模市场优势，通过繁荣国内经济、畅通国内大循环为我国经济发展增添动力，带动世界经济复苏。要提升产业链供应链现代化水平，大力推动科技创新，加快关键核心技术攻关，打造未来发展新优势。"①产业链与创新链融合发展对于推动供给侧结构性改革、建设现代化经济体系、跨越"中等收入陷阱"、积蓄未来发展动力具有重要意义②。构建以国内大循环为主体，国内国际双循环互相促进的发展新格局，将是我国"十四五"时期及将来更长时期内经济社会发展的重要课题。实现产业链国际循环转向国内循环的关键，是要以产业链为中心部署创新链，同时围绕创新链部署产业链。《纲要》中明确提出要强化创新链与产业链跨区域协同。产业链的提升要依托创新链，优化创新链要围绕产业链，实现创新链与产业链的精准对接，构建以产业链为基础、创新链为指引的产业升级版，是长三角创新一体化的明确方向。依据产业链关系来调整各主体的创新活动，统整政产学研等各维度的创新要素，促进产业链和创新链的协作发展。"要坚持辩证思维，处理好政府与市场、制造业与服务业、基础研究与应用研究、科技创新与制度创新、自主创新与开放引进之间的关系。"③

① 习近平：在企业家座谈会上的讲话［EB/OL］.（2020 - 07 - 21）http://www.qstheory.cn/yaowen/2020 - 07/21/c_1126267637.htm.
② 胡乐明.产业链与创新链融合发展的意义与路径［J］.人民论坛，2020（31）：72 - 75.
③ 巫强.培育长三角领军企业创新链［N］.浙江日报，2020 - 01 - 09.

本章首先介绍了创新链与产业链的相关概念、作用范式及两者之间的关联理论逻辑。其后，阐述了推进产业基础高级化和推进产业链现代化的各自路径选择。接着，从资金链、政策链和人才链的协同角度出发，详细阐述了推进创新链与产业链融合的可操作性思路和举措。最后，从制度环境、营商环境、文化氛围等多个角度对弘扬企业家创新精神和主体作用提出了具体建议措施。

第一节　创新链与产业链关联理论逻辑

一、创新链与产业链

（一）创新链

在传统观点中，描述某项科技成果由创意的产生到其在市场上进行生产销售的整个过程的链状结构被称为创新链，创新链揭示了知识、技术在这个过程中的流动、转化和增值效应，同时创新链也反映了各创新要素之间对接、协同和价值传递的关系。客观地说，仅从科技成果商业化的角度界定创新链，不免有以偏概全之嫌。

严格意义上讲，创新链是一个复合名词，其内涵包括了科学发现、技术发明和科技成商业化的创新活动。因此，不仅不能简单地认为"科技研发（包括科学研究和技术开发）"就是创新链，而且更不能用"科技成果商业化的创新行为"来概括创新链。正确认识科技创新（或称为"创新链"），包括两个相向而行的活动进路，即：

——基于科学发现端的创新链"供给侧"（全）路线：基础研究（科学发现）—应用基础研究（技术科学研究）—关键技术研发（技术发明）—工程化集成与验证（产品设计和生产线设计）—商业化应用（满足市场需求）。该路径是决定国家命脉的长期战略选择。

——基于市场需求端的创新链"需求侧"（全）路线：市场洞见（发现需求）—产品或项目策划（产品规划）—产品开发（技术攻关）—科学研究支撑（科学难题破解）—工程化集成与验证（生产线创新）—商业化生产（满足需求）。该路线对促进本区域经济短中期发展具有更加现实的意义。

创新链有以下几个方面的特征。其一，参与主体广泛，并围绕核心主体而运作。参与主体通常包括"政产学研用"五个方面，既有企业、金融机构、中介组织等以谋取利润为目标的组织，也有科研院所、高等院校等提供技术支持的单位，同时还有提供政策支撑的政府部门等。其二，创新链各参与主体应有一个共同的目标，但是允许个体目标与共同目标存在一定的差异。其三，创新链内部具有完善的分工与合作机制。其四，创新链是开放的，其开放性是由创新链自身环境所决定的。

（二）产业链

在经济布局和组织中，不同区域、不同行业之间或相关产业之间形成的具有链条绞合性质的经济组织结构被称为产业链。产业链的思想一定程度上由亚当·斯密提出的社会分工理论演化而来，在西方经济社会发展过程中，生产系统、增值链、产业链等概念和其有相似之处。产业链的概念由价值链、供需链、企业链和空间链四个维度组成，四个维度在对接过程中相互均衡从而形成了产业链，对接的内在模式在产业链的形成过程中像一只"无形的手"对其进行调控。

狭义上，产业链是指原材料到终端产品生产的各部门的整个链条，面向的具体环节主要是生产制造。广义上，产业链以面向生产制造的狭义产业链为基础向上下游尽可能地进行延伸拓展。产业链向上游拓展则包括基础产业和技术研发的环节，向下游延伸可以将市场拓展环节包含进来。不同产业的企业之间的关联就是产业链的实质，它反映了各产业中的企业之间的供需关系。

产业链有以下几个方面的特征：第一，产业链是增值的，后一个环节是在前一个环节产品的基础上进一步增值的产物。但是这不是绝对的，产业链上如果存在增值瓶颈，就无法实现增值了。第二，产业链是循环的，有效循环过程使得增值得以实现。第三，产业链的各个环节在技术上有很强的层次性和关联性。第四，产业链的各环节对不同劳动要素的需求差异不同。

产业链的规模化和集成，有利于降低企业成本，促进新企业的诞生，降低了新企业的进入门槛和风险，促进专业分工和技术进步的同时，有利于打造区位品牌，促进区域经济发展。

企业的专业分工越先进，衍生企业越多，相关的产业链越长，在产业链中的规模效应和技术溢出效应越强。产业链中的企业在使创新符合需求的同时也能实现快速创新，协同上下游产业链，将技术创新快速地转化为产品并推向市场，进而提升企业的竞争优势，实现多赢局面。

创新链和产业链融合与这两者之间的"互补互促"有紧密联系，"技术创新与产业发展相互促进"的思想形成了这一理论逻辑，主要体现在技术创新促进产业发展和产业发展提升技术创新。技术创新与产业发展的互促模式正是依托于创新链与产业链的互促功能而形成。创新链与产业链"互补互促"效应也就是创新链与产业链的融合效应，主要分为创新链推动产业链融合模式和产业链拉动创新链融合模式。

二、创新链推动产业链

基于"先有技术创新然后才有产业生成，最后两者再相互促进"的理论逻辑，双链融合的起步模式应是"创新链推动产业链"，然后才有产业链和创新链的交互作用与协同升级①。这一理念一般适用于研发能力较强的（发达）国家或地区。具体来说，创新链推动产业链的形成与发展，此后在融合过程中，创新链对产业链的推动力协同产业链对创新链需求的生产力共同作用从而加快新创新链的形成。最后，新创新链发展的推动力协同其他内外部条件，产业链持续发展升级形成与新创业链相对应的新产业链，如图 10-1 所示。

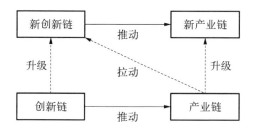

图 10-1　创新链推动产业链作用机理②

在这种作用机理下，研发能力较强的发达国家或地区及相应的跨国公

---

① 韩江波.创新链与产业链融合研究——基于理论逻辑及其机制设计[J].技术经济与管理研究，2017（12）：32-36.

② 同上.

司依靠强大的研发实力、先进的协调机制、灵活的融资手段及优越的品牌开发能力，在全球价值链中成为系统集成者①，在全球价值链中拥有协调者、融资者、管理者及创新网络经营者等多重身份。在以上模式下，首先争取原始性的技术突破，其次带动相关产业发展，最终融合创新链和产业链，两者共同升级。

三、产业链拉动创新链

"先有产业生成然后才有技术创新，最后两者再相互促进"，这意味着产业链的进步通常会拉动创业链的发展。这一模式主要适用于科技创新能力不强的（发展中）国家或地区，是这部分区域以追赶战略为基础所选择的双链融合模式的开始阶段。但经过一次或多次"产业链拉动技术链"的循环过程，所引技术被发展中国家或地区充分消化吸收，核心技术被陆续掌握或创造，发展中国家或地区的创新链与产业链的融合发展模式将慢慢演化成发达国家或地区所采用的创新链推动产业链融合发展的模式②。

凭借比较优势和后发优势，在产业链对创新链需求拉动下，发展中国家可依靠引进、消化、吸收发达国家的技术而增强技术创新能力。有了更强的技术能力和更丰富的技术储备，发展中国家掌握的所引技术和模仿创造技术在成熟产业链需求的持续带动下升级为新创新链。最终，受到新创新链发展及其他内外部要素的影响，产业链不断发展从而升级为与新创新链相称的新产业链。如图 10 - 2 所示。

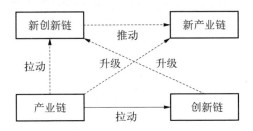

图 10 - 2　产业链拉动创新链作用机理③

①　孙睿.跨国公司研发国际化及其启示[J].科技创业月刊，2006（2）：110 - 111.

②　朱瑞博."十二五"时期上海高技术产业发展：创新链与产业链融合战略研究[J].上海经济研究，2010（7）：94 - 106.

③　韩江波.创新链与产业链融合研究——基于理论逻辑及其机制设计[J].技术经济与管理研究，2017（12）：32 - 36.

此外，需要特别指出的是，原始性关键技术创新是一国创新链和产业链自主发展的关键，但在经济全球化、产业信息化的背景下，不吸收其他国家的技术外溢，完全依靠本国自主技术创新来实现创新链与产业链的全部运作对任何国家都是有难度的。在当前技术加速变革，产业加速重组的信息化背景下，一国不必也不能在本国内完全达成创新链和产业链的整体运作模式，只需要掌握创新链和产业链云朵的关键环节，这一点上和发达国家主导全球价值链的基本逻辑相同。承接发达国家的产业转移和接受发达国家的技术扩散对于发展中国家而言是培育自身创新链和产业链的重要途径之一，要以创新链和产业链融合为基础，逐步掌握核心技术、关键技术从而提高本国在全球价值链上的地位。

第二节　推进产业基础高级化路径选择

产业基础高级化不仅对于产业发展质量、发展前景和可持续性，而且对于控制产业链、价值链都有决定性的作用。强大的产业基础能力、合理的产业基础结构和稳固的产业基础质量的共同作用才能形成高级的产业基础。只有建立和实现全流程、全要素、高技术、高效益、高保障的产业体系才能实现产业基础高级化。"产业自身和产业之间及底部结构要素应达到关系协调、比例恰当、技术集约、组织顺畅和运转安全的动态优化、适配的状态，稳步提高在生产活动中的要素效率和组织效率以及所提供的产品和服务附加值。"[①]

实现"产业基础高级化"，是目前我国在经济向高质量发展转型背景下对产业基础能力、产业基础结构和产业基础质量发展作出的方向性指引。要做到产业基础高级化，必须做好以下三个方面的工作。

一、大力培育产业技术创新能力

技术创新是产业可持续发展的引擎，是转变产业发展方式、实现工业转型升级的重要支撑。当前，我国产业技术创新能力发展仍存在一些亟待

---

① 罗仲伟.如何理解产业基础高级化和产业链现代化[EB/OL]．(2020－02－04) https：//mp. weixin.qq.com/s/XiClE4CgsFt3Gd82nx5Klg.

解决的问题，譬如在许多领域的关键核心技术及装备亟待突破围堵；成果转化机制僵化，科技对产业的贡献率较低；企业技术创新投入较低，组织机制尚不完善；协同创新方式较为单一，长久合作机制缺乏；国家层面对于创新支撑服务结构不够完善，产业各部门缺乏对关键技术的研发积极性，各类各层次创新平台不能充分发挥其对于技术创新的支撑服务作用。

宜建立健全政产学研用协同作用的产业技术创新结构，打造"基础研究+技术攻关+成果产业化+科技金融"的全过程科技创新生态链，加快材料、工艺、零部件等多领域创新主体协同研发进程，探究科技与产业协调、成果和应用互动的新模式，从而提升关键环节和重点领域的创新能力。

宜深化企业主导产业技术研发的体制机制改革，加快技术、人才等创新要素向企业集聚进程，凸显企业技术创新主体地位和主导作用，打造一批有国际竞争力的创新型领军企业，扶持中小企业的创新发展。

宜提升企业知识产权运用能力和意识，深入实施知识产权战略，打造产业化导向的专利布局，在关键核心技术领域形成一批专利组合，构建支撑产业发展和提升企业竞争力的知识产权储备。

二、有效提升产业公共服务供给

公共服务供给能力与产业发展水平紧密关联。高水平的公共服务供给能力可以有效降低企业创新创业创造成本，提高社会协作能力和市场效率。

宜因地制宜、实事求是，多样化分类发展政府主导、园区主导和市场主导等不同模式的产业公共服务平台。随着科技变革及我国产业发展模式转变的影响，产业公共服务平台不仅需要满足研发创新场地、信息管理咨询服务、成果转化、资金融通等个体企业商务需求，更需要满足产业价值链整合的需求。其未来发展宜注重融合新兴技术、市场化运营模式转型及共享与众包理念的应用①。

长三角地区宜基于行业发展需求以人工智能、高端装备制造、生命健康等重点领域为核心，快速打造一批专业水平高、服务能力强、产业支撑

---

① 沙琦，胡雨涵.我国产业公共服务平台的发展、误区及对策分析[EB/OL].（2017 - 09 - 10）https：//mp.weixin.qq.com/s/erD9j0z3PWge8v6AmC6zbw.

力大的产业公共服务平台，着重提升平台的可靠性试验验证、计量检测、标准制修订、认证认可等服务能力。在平台建设过程中鼓励企业等市场化主体参与，构建基于云计算、大数据、移动互联网等新兴技术架构的产业公共服务平台，促进生产要素跨行业和跨时空聚合共享。

三、着力改善基础设施支撑能力

现代产业集群的发展壮大，离不开基础设施的改进和完善。当前，数字经济浪潮正在蓬勃兴起，新产业新业态的发展，既需要传统基础设施支撑，更需要有相应的数字化基础设施作为基础和保障。数字化基础建设作为"新基建"的重要组成部分，将在增强中小企业竞争力，提升消费驱动经济能力，提升就业率等方面提供坚实支撑[①]。

长三角三省一市应积极探索新型基础设施投融资模式，构建多元化投融资体系，有序实现5G、人工智能、工业互联网、物联网等新型基础设施建设。同时，还要加强传统基础设施领域"补短板"措施，大力推进传统基础设施智能化改造。

应注重因地制宜，做好顶层设计，不能仅重视建设，更重要的是要重视运营和生态体系，以及创新的软环境和相应的人才供给。宜通过统筹推进数字基建来构筑数字经济创新发展的基石。以工业互联网规划布局为例，需要着重调研所在区域的支柱型产业，规划目标是围绕支柱型产业拉动产业链条，形成产业链聚集效应，以切实增强区域的经济韧性[②]。

第三节　推进产业链现代化路径选择

产业链现代化的内涵主要由以下几个方面组成：技术能力方面，关键环节的核心技术能够自主可控，技术创新能力强；适应能力方面，面对市场需求反应灵活且高效，抗外部风险及冲击的韧性好；控制能力方面，本国头部厂商在全球范围内有垂直整合资源和市场的能力；盈利能力方面，

---

① 张勇.新型基础设施建设拓展创新发展空间[N].人民日报，2020－03－20.

② 吕志彬.数字化基础设施是"新基建"的核心[EB/OL].（2020－04－03）https：//mp.weixin.qq.com/s/tEofjYHHXnWzDJV5LXTiew.

价值创造能力强，整体处于产业价值链的中高端；产业链生态方面，各相关主体之间深度分工、高度协同，产业配套和链内融合创新效率显著；发展的可持续性方面，资源节约集约，环境友好；要素支撑方面，产业链、技术链、资金链、人才链深度链接，能够为产业链现代化提供关键支撑①。

推进产业链现代化，是满足构建现代化经济结构的迫切需要，是增强产业核心竞争力的战略决策，是加快长三角协同发展的必然要求。

推进产业链现代化，是构建现代化经济体系的现实需要，是提升产业核心竞争力的战略选择，是推进长三角协同发展的必然要求。长三角三省一市宜紧跟新一轮科技革命和产业变革大浪潮，借助长三角一体化发展战略这一契机，重点优化主导产业链、构建协同创新体系、推进产业协同发展等，从而加快产业链现代化步伐。

一、实施"稳转新集"，构建完整的产业生态系统

所谓"稳转新集"，即依托现有产业基础和优势资源要素，稳定具有比较优势的行业；加快企业技术改造，促进智能化绿色化循环化，拓展产业链，加快传统行业转型进程；以集成电路、航空发动机、关键电子元器件、生物技术、新能源汽车与智能网联汽车等产业核心链条为对象开展集中技术攻关，新建扩建一批国家级创新平台和重大科技基础设施，力争解决一批"卡脖子"问题，推动新兴行业实现突破发展；鼓励地方以创新产业园区为载体实现产业集群优质发展，提高产业集聚效应，协同长江经济带、京津冀和粤港澳大湾区等区域发挥作用，构建若干国际级产业集群。以"稳转新集"形成合力，建设链条完整、竞争力强的现代产业体系②。

二、加强要素培育，夯实现代化产业基础

现代产业体系由数量巨大、质量优异、结构合理、配置高效的科技、金融、人才等先进要素组成，还需要实现各要素之间的良好协同及有效配置。

其一，宜加强科技要素培育。持续优化现有科技产业体系，激发科研

---

① 李燕.夯实产业基础能力，打好产业链现代化攻坚战[N].中国工业报，2019－09－12（02）.
② 盛朝迅.构建现代产业体系的重要路径[N].经济日报，2019－03－20.

人员积极性，扩大企业科研决策话语权，构建以企业和市场为主体、"政产学研金介用"紧密融合、高度开放共享的创新体系。

其二，宜加强现代金融要素培育。充分发挥现代金融的资本媒介功能、跨期风险配置、并购重组等功能，降低信息和交易成本，促进各类生产要素优化配置，分散科技创新和创业风险，利用现代金融机构的资本纽带作用，打造上下游协作互动的产业链及生态圈。

其三，宜加强教育和人力资源开发。厚植创新沃土，为实现人力资本积累和产业发展协同，加强教育和培养企业家人才、科技领军人才、中高端技能人才等"三类人才"。

同时，加强要素协同联动发展，坚持政府引导和市场机制相结合，强化实体经济发展导向，以相关政策协同为保障，促进科技创新、现代金融、人力资源等要素资源顺畅流动，加快构建以信息、技术、知识、人才等要素为支撑的新优势。

三、培育主导企业，提升产业链控制能力

只有拥有雄厚的人力资本，强大的创新能力，才能通过自主创新掌握产业前沿核心技术，实现产品与服务的品质提升，推动产业链、价值链的高端发展。拥有产业生态主导企业、拥有具备"杀手锏"的零部件供应企业，是影响产业链控制能力的关键。

其一，宜培育生态主导企业。积极营造有利于企业家创新创业创造的良好环境，聚焦产业链主导企业，支持龙头企业加快技术创新、新产品研制、标准赶超和未来技术储备，加强跨界协同、聚焦多元化需求，培育形成涵盖解决方案、研发生产、运营服务等产业链关键环节的生态主导型企业，以及世界一流的"链主"式企业。

其二，宜培育专精特新企业。以世界"隐形冠军"企业为标杆，建立"专精特新"小巨人企业培育库，引导和支持企业专注细分领域，持续提升技术和工艺水平，做精做专做优产业链关键环节零部件产品。强化创新企业培育，把发展培育壮大创新型企业放在更加突出的位置，打造数量多、质量优、潜力大、成长快的创新型企业集群①。

---

① 盛朝迅.推进我国产业链现代化的思路与方略［EB/OL］.（2019－11－12）https：//mp.weixin.qq.com/s/a7mvT0nPLxyDr8MYWCTjyg.

其三，宜涵养卓越工业文化。卓越工业精神是实现制造业高质量发展的重要支撑。宜弘扬劳模精神和工匠精神，营造劳动光荣的社会风尚和精益求精的敬业风气。要弘扬优秀企业家创新发展、专注品质、追求卓越的精神，表彰激励优秀企业家的突出贡献，把企业家这一重要而特殊的无形生产要素转化为推动高质量发展的新动能①。

四、开展多方联动，促进产业链协同发展

其一，注重产业链上下游联动发展。各行业各部门之间联合组建创新实验室等研发机构，探寻协同攻关新模式。加快服务业和制造业深度融合发展步伐，增强产业链韧性。采用手段激励产业链核心企业构建开放式、协同化、网络化的行业创新创业平台，打造开放创新生态圈，介绍推广基于供应链协同、创新能力共享、数据驱动、产业生态等融通发展新模式，提升产业链上下游企业创新能力。

其二，加强供需联动发展。既围绕"巩固、增强、提升、畅通"八字方针，提高供给质量和效率，打造具有战略性和全局性的产业链，也要注重利用国内市场需求的规模优势，倒逼产业转型升级。

在新冠肺炎疫情全球肆虐的当下，为了扩大内需，当前亟需新技术赋能传统消费，为新消费应用场景生产新产品、扩大产业链"微笑曲线"两个高端生产性服务，从而提升长三角区域适应新消费产品的制作供给水平；亟须明确构建以终端消费品为导向的全产业链大集群，以不同产业链长度为基础优化布局，集中建设集群基地由产业链短的为主，产业链长的则宜打造全区域多点位的网络化产业集群②。

其三，促进内外联动发展。坚持独立自主和开放合作互促互补，围绕"核心技术、关键资源、知名品牌"等领域，支持领军企业"走出去"，积极开展国际化并购重组，在全球范围内整合资源、进行技术创新，参与国际标准制定，提高国家化经营水平，在开放合作过程中打造创新力更强、附加值更高的产业链。

抓住长三角一体化、一带一路建设这个契机，深化产业创新合作，在

---

① 谢志成.攻坚产业链现代化，提升制造业竞争力[J].群众，2020（5）.
② 宋宏.合力建构全产业链的长三角区域制造业集群[EB/OL].（2020-05-07）https://mp.weixin.qq.com/s/-czeodKQOsJHwm6m4z8bug.

创新资源富集区构建海外创新服务平台，共建创新共同体。以世界物联网博览会、世界智能制造大会等专业化、水平高、影响力大的产业合作平台为载体，整合国内、国外两个市场、两种资源，聚焦重点产业创新需求，加强创新资源汇聚力度，加深技术交流层次，从而提升地区产业自主可控水平。

五、促进央地衔接，优化现代产业体系制度环境

宜加强中央和地方联动，深化改革，推动政府服务和体制机制的深层次变革，激发实体经济和要素发展活力，营造良好的实体经济发展环境。

其一，深化金融、土地、能源等要素市场改革，建立公平竞争的市场环境和有效的市场机制，使市场在资源配置中发挥决定性作用，促进产业资源的合理配置与绩效优化。

其二，推动全方位对外开放，进一步拓展开放领域、优化开放布局，积极引导外资投向高端制造领域，鼓励跨国公司在我国设立全球研发机构，开展全球创新与产业合作，充分利用全球资源助力现代产业体系构建。

其三，聚焦5G、人工智能、高端装备、新能源汽车等重点领域，建设一批有影响力的世界级产业集群，把产业链现代化攻坚战的决策部署落到实处。

第四节　推进创新链与产业链融合的可操作性思路和举措

产业链拉动创新链发展，对产业链实行"补链"式招商引资，引入产业链关键环节、掌控关键技术的优质企业落地长三角域内，对产业链的关键产品、关键技术龙头企业进行重点招商，带动上下游企业向长三角域内集聚，形成产业链式集群化发展，以企业为主体带动创新链发展。

创新链驱动产业链发展，围绕既有产业链调研排查创新链缺失环节，对创新链实行"补链"式招才引智，引入创新链关键环节、拥有技术研发能力的科研院所或研发团队或企业，对创新链的关键研发机构、关键技术研发团队进行重点招才引智落地长三角中心区城市，带动创新链上下游相关研发组织或科技中介机构向域内集聚，形成研发机构和人才集聚高地，

向产业链渗透，驱动产业发展①。

产业链与创新链的高效融合，离不开与之匹配的资金链、政策链、人才链良性循环所形成的产业生态。

一、创新链与产业链融合的资金链建设思路和举措

与创新链供给侧路径相匹配的资金链为：基础研究资金（政府公共研发投资）—应用基础研究资金（政府公共研发投资为主，企业为辅）—关键技术研发资金（企业资金投入为主，政府公共研发投资为辅）—工程化集成与验证资金（企业资金投入为主，政府公共研发投资为辅）—商业化应用资金（企业资金投入为主，政府政策性补贴为辅）②。

"创新链供给侧路径主要涉及基础研究、应用研究、中试、商品化和产业化五个节点。"其中，基础研究和应用研究是创新链的研发节点，中试和商品化是创新链的成果转化节点，产业化则是第三个关键节点。

资金链供给结构中，主导的融资方式主要有政府财政资金、风险投资、金融机构。在创新链各个环节由政府与各金融机构提供的资金，经由创新链中研发和成果转化环节取得技术专利和创新成果，获得投资收益，同时也能更好地为战略性新兴产业创新链创造资金配置的条件。资金由多种融资方式组合构成也能对创新链供给的链条，基于整个链条的角度进行融资管理，可以提高融资效率。

（一）政府资金对创新链的供给

政府资金对创新链的供给在前端支持效应最大，主要是指技术创新链和产品创新链。在研发节点上投入多产出少，创新链融资途径较少，战略性新兴产业融资担保不易，研发环节的人力资本需要大量资金支持，以上都需要政府加大资金投入③。政府对创新链不同研发环节和部门的补贴是实现优化资源配置的手段之一，能有效提高创新主体间研发活动的合作效果。长三角地区可以从以下几个方面落实政府资金对创新链的支持。

其一，系统整合现有政策性资金，形成三大资金链：基于创新链供给

---

① 刘志迎.安徽省"十四五"促进创新驱动发展研究[R].合肥：安徽省发展和改革委员会内部咨询报告.
② 刘志迎.让科技创新成为现代化经济体系的内生变量[J].中国科技论坛，2020（6）：1-3.
③ 王玉冬，王萌，邵弘.战略性新兴产业创新链与资金链供需匹配研究述评[J].财会月刊，2020（6）：125-129.

侧的资金链、基于科技创业需求侧的资金链和基于现有产业发展的企业为主体科技研发的资金链，前两条资金链，需要政府给予较大的投入和支持；后一条资金链，主要是依赖企业构建和投入，政府给予相应政策性引导。

其二，政府引导资金要增加组织形式（公司型产业基金、信托型产业基金、合伙型产业基金等），扩充资金来源，优化基金结构、运作和管理方式，创新投资方式（股权投资、债权投资、股债混合投资和夹层投资等），注重种子期和起步期投资。

其三，政府增设创新创业型融资补助基金。在现有专利权质押贷款补助资金的基础上，充实增加专利权质押贷款补助资金；引导和鼓励创业型企业利用各家众筹平台融资，可设立众筹融资补助基金；此外，沪苏浙皖可以考虑率先探索孵化器或众创空间发展基金。

其四，政府针对创新链的研发节点，通过财政补贴和税收优惠等手段，降低创新成本负担，推动战略性新兴产业创新链的发展。

其五，政府资金供给与政策支持配套协同，吸引投资者，缓解创新过程的融资约束，降低企业研发风险，提高研发积极性，有序推进企业创新活动开展。

（二）风险投资对创新链的供给

创新链研发节点是技术创新的开始，其不确定性使战略性新兴产业研发阶段资金投入风险较大，此阶段风险投资的作用凸显。另外，风险资金在成果转化阶段的支持效应最为明显。

对于已经有明显商业化价值的科技成果实行市场化创业，科技型创业主要资金链为：众筹融资（众筹平台）—天使投资（3F: Family, Friends and Fools）—知识产权质押等商业贷款（+孵化器或众创空间政策性补贴）—风投基金（+政府产业引导基金）—私募基金投资（+研发政策性补贴）—商业贷款（+政策性贴息）— IPO上市融资（+奖励性资金）—商业贷款（+政策性贴息）—证券市场再融资。

风险投资以利益为目标，注重创新与市场结合的能力和前景，追逐产业创新的高回报率，依赖良性退出机制。优化风险投资对创新链资金融通的支持，可从以下几个方面着手。

其一，健全资本市场制度，完善风险投资风险防范机制。有效管控风险投资市场上过度的投机套利行为，提高风险投资市场化水平，建立实施资本市场注册制，完善主动退市制度，放大政府基金的引导作用，发挥风险投资对早期创新创业企业的促进作用。

其二，调整风险投资策略，促进风投机构长期健康发展①。促进低风险、高收益项目向中风险、中受益项目转变。提升被投资企业创新能力，稳定创新企业的可持续发展，通过信誉提升降低企业创新研发环节的风投融资成本，促进企业创新与资本风投相互作用的长期健康发展。

其三，增设创投基金平台，丰富风险资本投资渠道。优化沪苏浙皖股权交易平台，充实和增加创投基金，积极引导私募基金（PE）参与科创型企业投资。

其四，多元化风险投资主体，促进风险资本市场化发展。健全风险投资（VC）引导基金机制，引进国内外风险投资机构在长三角地区设立分支机构。鼓励中央企业、大学基金、保险公司、国家科技成果转移转化示范中心等机构投资者投资长三角域内创业投资企业和创业投资母基金。

其五，制定税收减免政策，促进风投行业持续健康发展②。通过税收减免、政府基金领投等措施，强化风险投资对企业创新投入的促进作用，切实推动企业突破式创新和高科技产业发展。

（三）金融机构资金对创新链的供给

互联网、大数据、人工智能、云计算等科技创新成果显著地改善了金融机构的服务质量；同时，科技创新催生新兴产业、新型企业，为金融机构提供了新的投资方向，能大幅提高闲置资金的使用效率。

创新与产业发展会带动金融发展和财富增长，促使银行等金融机构的资金投入到创新链中。人才的创新创业和科研成果转化需要借助资本的"外力"，积极探索金融资本合作的新模式新渠道新方法，有利于创新链的人才合作和成果转化。

其一，深化科技金融试点改革。开发符合创新需求的金融产品和服务，大力发展创业投资和多层次资本市场，完善科技和金融结合机制，提高直接融资比重，形成各类金融工具协同融合的科技金融生态。

---

① 戚湧，宋佳阳，张远.风险投资进入时机、外部环境与企业创新投入［J/OL］.科技进步与对策：1－9［2021－08－01］.http：//kns.cnki.net/kcms/detail/42.1224.G3.20210706.1319.008.html.
② 涂永红，李胜男.金融创新支持新兴产业集群发展［J］.中国金融，2020（24）：86－87.

以上海科技金融信息服务平台、上交所科创板企业培育中心（上海）、浦发硅谷银行、苏州农业银行"科贷通"、嘉兴科技金融改革创新试验区、合芜蚌自主创新综合试验区为代表的平台或项目，在长三角科技金融创新中进行了许多有益探索，宜在深入总结成功经验和美中不足的基础上，从区域发展平衡、创新成果的市场化进程、科技金融协同程度等方面统一谋划，完善政策制度，拓宽改革试点覆盖范围，深化细化改革举措，助力产业链创新链融合发展。

其二，扩大金融机构资金供给规模。壮大创业投资和政府创业投资引导基金规模，强化对种子期、初创期创业企业的直接融资支持。加速实施国家科研成果转化引导基金，吸引优秀创业投资管理团队联合设立一批创业投资子基金。积极促进国家新兴产业创业投资引导基金和国家中小企业发展基金在沪苏浙皖的落地实施，带动社会资本支持高新技术产业发展。引导保险资金投资创业投资基金，加大力度支持和引导境外资本投向创新领域。

其三，多元化金融机构类型及主体。长三角各省市要加速对接国家五大公共研发投资基金和专项，建立健全和充实相应基金和专项。鼓励中央企业、大学基金、保险公司、国家科技成果转移转化示范中心等机构投资者投资省内创业投资企业和创业投资母基金。消除传统金融机构为科技创新企业提供信贷支持的门槛，长三角可在全国率先开设科技政策性银行"科技银行"。深入学习总结浦发硅谷银行模式，将商业银行进行科技支行试点的建设经验，健康有序推而广之。根据中小型科技创新企业的特点，引入知识产权质押贷款业务，重视科技创新企业无形资产的价值，缓解处于初创期的科技创新企业的资金约束问题。

其四，加强多层次金融机构有机衔接。有效整合各类资本市场，实现多层次金融机构在创新创业筹集资金上的高效衔接。提供满足创新需求的服务，开发高收益债券及股债相结合的融资组合。在融资中充分借助沪深交易所股权质押融资机制的功能，支持符合条件的创新创业企业主要由非公开方式发行公司信用类债券。支持符合条件的企业发行项目收益债，募集资金用于加大创新投入。加快发展支持节能环保等领域的绿色金融。

建立多层次的风险共担机制。引导长三角地区的保险公司加强对科技创新的支持力度，继续进行科技保险试点，利用有针对性的保险产品分担科技创新风险。政府牵头完善针对中小型科技创新企业的信用担保机制，破除轻资产对科技创新企业融资能力的制约。此外，要注重完善投资风险补偿机制，降低金融机构在投资中承担的风险，引导更多社会资金投入到科技创新中，促进科技金融的融合发展。

其五，拓宽企业研发创新的融资渠道。股权债权结合，形成融创利益共同体。硅谷银行的"股权+债权"业务模式，既能够通过扶持企业创新获取更多利息收入和投资收益，又能削弱企业运营信息壁垒降低投资风险[①]。可在长三角地区的金融机构推广这一创新模式，加强与创投机构的合作，共同构建由商业银行提供长期科技信贷、创投机构进行股权投资的投贷联动机制，降低金融机构与科技创新企业的信息不对称，加强沟通交流，使两者基于共同的利益建立稳定的协同创新体系。

降低企业研发及转化活动的融资门槛，提高企业的直接融资能力。上交所推出的科创板注册制丰富了科技创新企业的筹资选项，值得研究拓展。弥补资本市场服务科技创新上的不足，需要科创板继续完善交易制度、信息披露制度和退市制度，提高资源配置效率，为各类科技创新企业提供长期、稳定的资金供给，有力落实创新驱动发展战略。同时，上交所应继续在长三角各城市建立科创板企业培育中心，帮助企业解决其在上市和发展过程中存在的问题，推动更多科技创新企业在科创板上市，以更好实现科创板对科技创新的支持作用。

其六，构建科技金融信息共享平台。支持知识产权评估、技术转移、专利代理、信用评级、信用增进等科技金融中介服务组织发展，鼓励各类科技金融服务机构利用互联网、移动互联网、大数据等技术，建设科研成果转化和产业化投融资信息服务平台[②]。

组织科技主管部门、评级机构、科技创新企业、金融机构合作，搭建投融资沟通桥梁，有融资需求的科技创新企业在这一平台录入其创新项目、专利成果等重要信息，专业的评级机构对企业的科研成果进行认定和评级，金融机构则依据上述信息提供适合科技创新企业发展的金融产品，

---

① 陈华，陈雨阳.长三角科技金融融合发展与协同创新研究[J].科技与金融，2021（4）：5 - 12.

② 北京市金融工作局 北京市科学技术委员会 北京市财政局 北京市发展和改革委员会 北京市商务委员会 中关村科技园区管理委员会关于印发北京市推动科技金融创新支持科研机构科研成果转化和产业化实施办法的通知[J].北京市人民政府公报，2015（33）：82 - 88.

有效缓解和消除多方信息不对称问题，企业高效获取金融支持，金融机构充分获取发展红利，实现双赢。

二、创新链与产业链融合的政策链建设思路和举措

（一）原始创新及其产业化政策

基于科学研究创新链"供给侧"进路制定系统化的政策，旨在支持争取更多国家大科学工程在上海、合肥等域内中心城市落地建设，并逐步形成科技成果在域内实现产业化，具体可以先从以下几个方面着手。

其一，共建高水平创新基地，包括网络通信与安全、科学数据中心等；

其二，打造重大科技基础设施集群，以上海张江、安徽合肥为依托，推动基础设施升级和联合建设，包括先进计算中心、光子科学、工业控制、智能计算等。

（二）技术创新及其产业化政策

围绕国家战略需求，面向世界科技创新、产业创新前沿，建成新时代中国创新驱动发展极，成为基础研究和原始创新策源地、现代产业发展新高地，倾力打造全国性产业创新中心，坚持新产业、新业态导向，突出高端技术、高端产品、高端产业引领，培育形成一批世界级产业集群。

在尖端引领、成果转化、产业提升、辐射带动方面走在全国前列。围绕着"新技术、新业态、新模式、新产业"，培育"四新"经济新动能，建设实体经济、科技创新、现代金融、人力资源协同发展的高质量现代产业体系，基于此形成一整套技术创新及其产业化政策。

开展重大科技攻关，聚焦基础研究、应用基础研究、关键核心技术，包括集成电路、新型显示、人工智能、高端装备等。

提升现代化产业技术创新水平，聚焦量子信息、类脑芯片、物联网、第三代半导体、新一代人工智能等领域，实现技术群体性突破。

（三）创新改革实验或示范区产业发展政策

一方面，加速系统化推进上海和安徽全面创新改革实验区建设。沪苏浙皖要加速制定执行细则，积极落实国家推广的新一批改革举措：

科技金融创新方面，银行与专业投资机构建立市场化长期性合作机制支持科技创新型企业，完善科技创新券跨区域"通用通兑"政策协同机

制，政银保联动授信担保提供科技型中小企业长期集合信贷机制，建立银行跟贷支持科技型中小企业的风险缓释资金池，建立基于大数据分析的"银行+征信+担保"的中小企业信用贷款新模式，建立以企业创新能力为核心指标的科技型中小企业融资评价体系，银行与企业风险共担的仪器设备信用贷。

科技管理体制创新方面，集中科技骨干力量打造前沿技术产业链股份制联盟，对战略性科研项目实施滚动支持制度，以产业数据、专利数据为基础的新兴产业专利导航决策机制，老工业基地的国有企业创新创业增量型业务混合所有制改革，生物医药领域特殊物品出入境检验检疫"一站式"监管服务机制。

研究提炼并优化推广安徽省深度参与国家基础研究和应用基础研究投入机制的成功举措，按照高质量科技攻关项目、新兴产业项目、基础设施和平台三大类，梳理一批既代表国家水平，又体现省市地方优势特色，涵盖基础研究、应用基础研究、技术创新、产业创新全链条的合肥科学中心"高新基"全产业链项目工程，积极推动项目融通发展①。在资金方面，安徽省、合肥市两级财政合力调拨 200 亿元专项资金，为合肥综合性国家科学中心项目建设提供配套保障。在人才方面，设立合肥科学中心人才专项资金，探索建立首席科学家制度，持续优化人才培育、引进、激励、使用政策环境。土地方面，省、市优先保障国家科学中心重大项目建设用地需要。知识产权保护方面，建立跨区域的知识产权远程诉讼平台，建立提供全方位证据服务的知识产权公证服务平台。

人才培养激励方面，建立完善"五业联动"的职业教育发展新机制。

另一方面，完善域内四大自主创新示范区产业创新发展政策。针对域内的上海张江国家自主创新示范区、江苏苏南国家自主创新示范区、杭州国家自主创新示范区、合芜蚌国家自主创新示范区、宁波温州国家自主创新示范区，长三角三省一市要统筹规划，合理分工，加强协同，用好宏观政策红利。结合各省市产业发展特点和优势，制定个性化与一体化兼顾的产业创新发展政策。基于产业发展需要的创新链"需求侧"进路，整合提升现有政策，制定细化各个自主示范区条例，依靠科技创新提升五大国家

① 国家发展改革委公号.全面创新改革试验又推出一批改革经验举措［EB/OL］.（2020－02－26）https：//mp.weixin.qq.com/s/nFrnTp0fZzPIrRenIcq6kA.

级自主创新示范区的科技引领力、产业创新力、创新驱动力和区域带动力，充分发挥自主创新示范区功能。

三、创新链与产业链融合的人才链建设思路和举措

人才层次由低到高依次包括：农民工（农剩劳力）→技术工人（技校）→职业技能人才（高职）→初级研发人才（本科）→中级研发人才（硕士）→高级研发人才（博士）→工程师或讲师（实业界或高校科研院所）→高级工程师或副教授（实业界或高校科研院所）→教授级高工或教授（实业界或高校科研院所）。

创新驱动和高质量发展的根本在于人才，围绕"产业链""创新链"，打造"人才链"，推进"产创才融合"，沪苏浙皖宜加速实施人才一体化战略。根据产业集群式发展的规律和科技创新需要，强化协同，共同拟定多层次人才培养、引进、利用和服务的集聚发展战略。

（一）人才培养

建立行业和企业参与的学科专业设置评议制度，健全根据社会需求、学校办学能力和行业指导科学设置新专业的机制，培养多层次人才。

其一，优化沪苏浙皖域内高校人才培养结构，深度融合一流教育资源。宜扩大域内生源的招生规模；宜鼓励和吸引国内外一流高校到长三角地区建设异地分校，推动跨区域高教资源融合；宜推动长三角高校分类或分层联盟建设，促进教育主体间合作交流和协同发展，加速探索实施教师互聘、课程互选、学分互认等举措，提升长三角人才培养一体化和协同度。

其二，推动校企合作人才培育，产学协同提升人才竞争实力。以校企合作为主导，积极探索"订单班""冠名班""联合培养班"以及"学徒班"等多种人才培养模式；支持具备条件和实力的优质企业整合产业链资源，创办企业大学，丰富人才培养模式和路径；发展长三角高水平创新人才培训联盟，完善创新人才培训、国际合作、交流评价等功能，着力提升域内创新人才整体素质。

其三，引导创新人才集聚，加速培育创新策源。积极发挥两个综合性国家科学中心等高能级平台的辐射带动作用，借助异地建设研发机构、众创空间、创新创业孵化器、"人才飞地""人才驿站"等方式，促进创新策源载体发展。推进长三角科技创新共同体、G60 科创走廊、产业合作示范

基地的建设，推动创新链与人才链高效对接和互补。

（二）人才引进

其一，完善人才大数据平台，丰富引才渠道。沪苏浙皖应协同建设人才大数据平台，结合各地产业布局、经济结构和创新需求，促进各地人才供需匹配准度及预测精度，结合产业链政策、创新链政策优化人才链配置。

其二，搭建多层次招才平台，推动"以资引才"。共同出资成立产业、研发、人才等各类平台载体，促进地区创新人才要素的一体化。用资本吸引人才，汇聚创新创业智力和技术，吸引和创造更多创新资本，实现创新"资""才"谐振的良性循环，激发创新动能。

其三，举办国际高层次人才交流会，联合引进一流人才。从简化准入、提高待遇和优化环境等方面为海外高层次人才提供优质服务。根据科技创新和产业发展需要，依托上海张江综合性国家科学中心和合肥综合性国家科学中心等各类平台引进世界一流人才。

其四，支持企业引才行动，发挥市场配置作用。制订"猎头公司、人力资源公司引进人才奖励计划"，依靠市场化公司力量，按照市场配置人力资源的方式，引进并集聚人才。依托各类市场主体引进科学家、学者、高水平创新创业人才、工程师、技术工人等。

其五，优化引才政策，吸引本地人才返乡创业。通过人才政策激励在外的沪苏浙皖籍企业家、学者、科技与管理人才、工程师、应届毕业生、外出务工技术能手返乡参与创新创业和经济社会建设，支持长三角地区创新发展。

（三）人才共用

其一，健全人才与项目的协调机制，推动创新成果转化。长三角各地应积极探索项目建设与人才使用有机结合的新机制，加强人力资源与社会保障、发展改革委员会、自然资源以及科技管理等多部门的协作，精准把握各类重大项目所需的人才类型、层次及数量，实现以项目的建设吸引和培养人才，以人才科技创新成果的转化促进项目实施。

其二，设立人才创新创业基金，保障人才资金政策支持。实施高层次科技人才团队、留学回国人才创新创业扶持计划。依托长三角人才数据库和人才服务保障体系，高标准建设一批高端人才集中生活服务区，支持企业建设技能人才公寓。

其三，促进"产—才—城"的融合发展，提高人才的配置效率①。加快建立协同创新的产业体系，加强区域间产业分工协作，通过产业发展预测人才需求，以提高人才的使用效率。沪苏浙皖应就各自的产业发展现状及定位加强协同，有针对性地调整人才发展规划、编制产业人才目录，通过产业政策吸引"科企技投创"等与地区产业发展相适应的多元化人才，增强人才使用机制与产业政策的协调配套性，促进人才与产业的协同发展。

（四）人才服务

其一，建立统一的人才市场，营造良好的人才服务环境。沪苏浙皖应尽快搭建统一的人才市场，在市场准入、资格认定、人才评价等方面设置统一标准，完善人才市场化配置体系，尽快破除人才流动的行政壁垒，加速人才的一体化发展。

其二，规划人才服务机构，提升服务质量和效率。引导人才服务机构为不同类型的人才提供精准化服务，搭建区域一体化的人才服务平台。可吸引一批国内外知名人力资源服务机构入驻，竞争、合作与学习并举，提高人才服务质量和效率。

其三，完善人才服务机制，构建优质的人才栖息地。三省一市应推进人才服务机制改革，通过提供优质的创业服务、完善的生活服务以及便捷的政策服务，实现长三角各地区人才在户籍、档案、评价、医保以及其他基本公共服务等方面的协调和互认，从而建立全方位、多层次的"保姆式"的人才服务机制，打造创新创业人才的优质栖息地，留住人才。

第五节　弘扬企业家创新精神和主体作用

2017年9月25日，中共中央、国务院发布《关于营造企业家健康成长环境弘扬优秀企业家精神更好发挥企业家作用的意见》，官方第一次以最高规格强调企业家作用，呼吁弘扬"企业家精神"。

2018年习近平总书记在中国科学院、中国工程院院士大会上讲话，高

---

① 黄永春，邹晨，叶子.长三角人才集聚的非均衡格局与一体化协同发展机制[J].江海学刊，2021（2）：240－248，255.

度肯定企业家和企业家精神："市场活力来自人，特别是来自企业家，来自企业家精神"。

改革开放后，企业家精神迎来了黄金发展期，企业家队伍经历了从无到有、不断壮大到历练成熟的过程，他们开拓进取，善于创新、勇敢拼搏，创造了一批具有核心竞争力的企业，为积累社会财富、创造就业岗位、促进经济社会发展、增强综合国力作出了重要贡献。

然而，当前我国社会主义市场经济体制环境还处于完善过程中，企业家精神的培育环境还存在着种种不足。

其一，在企业家自主经营权等合法权益保护方面，因产权纠纷、政府不当干预、政府规划调整、主政官员及其治理理念变更等造成企业家合法权益受损的情况仍多见报端，政策"朝令夕改"、政府主管单位及相关工作人员主观上随意干涉企业正常经营活动等现象时有发生，依法依规平等保护各种所有制经济产权的长效机制仍不完善。

其二，在创新权益保护方面，对中小民营企业的知识产权等创新权益保护不足，使其陷入创新与生存的两难选择困境。

其三，在诚信经营公平竞争的环境塑造方面，企业家个人信用记录和诚信档案管理松散，对企业家诚信经营缺乏激励和约束，此外还存在跨地区跨部门低协同低效率多重执法困境，针对不同所有制企业在价税、金融、土地审批、工商管理等方面的歧视或不公平的限制仍然广泛存在①。

企业家精神内涵丰富，包括爱国敬业、艰苦奋斗、创新发展、专注品质、履行责任、敢于担当等等，其中最核心的是创新精神。创新精神是企业家的灵魂。激发和保护企业家精神，鼓励更多社会主体投身创新创业，不仅有利于优化要素资源配置的总体效率，开创提高全要素生产率，推动经济转向高质量增长；还有利于深度开发有价值的更能满足人民美好生活需要的新产品和新服务，逐步解决社会发展不平衡不充分矛盾②。

一、完善激发企业家精神的制度环境

需着力保护产权。产权制度是社会主义市场经济的基石，保护产权是

① 陈东，杨平宇.新时代如何激发和保护企业家精神［EB/OL］.（2019-02-02）https://mp.weixin.qq.com/s/bKuwBVQyiUff_xWoMoF9nA.
② 贾康，程瑜.弘扬企业家精神：以制度创新打开科技创新空间［N］.经济参考报，2018-01-29.

坚持社会主义基本经济制度的必然要求。坚持"平等保护、全面保护、依法保护、共同参与、标本兼治"等原则，各地宜在中央发布的《关于营造企业家健康成长环境弘扬优秀企业家精神更好发挥企业家作用的意见》基础上，从法律法规、监管、税收、宣传、教育等多个方面多个层次细化加强产权保护的具体方案措施，发动全社会增强产权保护意识，优化产权保护的制度屏障，切实保护企业家人身和财产安全，让企业家卸下思想包袱、安心创业。

需充分尊重和保障企业家的经营自主权。经营自主权是企业家发挥作用的重要保障。当前，政府在通过政策激励和引导产业升级的同时，就过剩产能、僵尸企业、市场优胜劣汰等问题，应充分尊重市场规律和企业家经营自主权，只要其符合国家法律法规等制度的各项要求，不可过多干预，更不能越俎代庖，宜充分发挥和保护企业家的自主精神和创新精神。

需夯实支持民营经济发展的长效机制。要探索将短期政策的作用和形成长效激励机制有效结合起来的问题。如在解决融资难融资贵方面，探索改革和完善金融机构监管考核和内部激励机制，解决民营经济面临的不敢贷、不愿贷等问题。形成反腐倡廉的长效机制，严肃查处依然不收手不收敛、故意设租寻租、影响恶劣的腐败案件。宜发挥社会力量的监督反馈作用。深入探索建立公权力监督长效机制，如尝试建立企业和社会对各级政府服务质量、工作作风的刚性评议制度，对不担当、乱作为或不作为的行为依法进行曝光和责任追究。注意倾听民营企业的声音，制定涉及民营企业权益的法规政策时，应充分吸纳工商联和相关商（协）会组织机构的建设性意见和建议。发挥行业商（协）会推动行业自律的重要作用，逐步建立行业会员之间相互监督的体制机制。

二、着力营造宽松公平的营商环境

营造良好的营商环境对于激发和弘扬企业家精神也至关重要。宜继续深化"放管服"，改进政府服务效率，切实降低企业税费负担和能源、资金等要素成本；宜进一步加大对共性技术、基础材料研发以及人力资源培训等的支持力度，同时在全社会营造崇尚创新、宽容失败的文化和舆论环境。

要着力构建公平的竞争环境。切实保护各种所有制经济产权和合法利益，保证其依法平等使用生产要素、同等受到法律保护。确保不同所有制企业在资源、资金、技术、人才等方面公开公平公正参与市场竞争，包括在政府采购、市场准入、税费征收、奖励扶持等方面的公平等①。

要维护良好的市场秩序。优质优价、优胜劣汰式市场环境的形成，需要政府严格执行相应的质量、安全和环保标准，奖优罚劣；需要政府加强对相关认证认可、检验检测机构的监管，提高公共产品的服务质量和公信力。

三、大力培育尊重企业家的文化氛围

当前，我国处于工业化发展的攻坚阶段，要坚决反对"国退民进"的私有化邪论及"国进民退"的民营经济"离场论"等偏激论调。手心手背都是肉，所有制的多样性、协调性和互补性是中国特色社会主义基本经济制度的独特优势。

在全社会营造尊重企业家及其创新创造的文化环境，激励企业家创新发展，使创业创新创富成为全社会推崇的价值导向，进一步激发全社会的创业热情，让一切创造财富的源泉充分涌流②。

要大力宣传企业家中的先进典范和弘扬企业家精神。凡是在推动经济高质量发展和践行社会主义核心价值观方面的企业家先进典范，不论来自国有企业还是民营企业，要在政治上、社会职务方面予以肯定和褒奖，多渠道多形式地积极宣传其事迹，树立各行业各方面的标志性人物，肯定优秀企业家，特别是优秀的民营企业家在科技创新、制度创新、市场竞争等方面的先锋作用和重大贡献，肯定他们同属社会先进生产力的代表，激发其参与新时代中国特色社会主义建设的崇高使命感，引导其弘扬企业家精神，做爱国敬业、守法经营、锐意创新、回馈社会的典范。

要办好办精各类品牌提升项目，打造优秀企业家的社会形象。在脱贫攻坚、"光彩事业"、"同心工程"、社会慈善福利事业等弘扬社会主义正能量活动中，为优秀企业家尤其是民营企业家搭台，唱好致富思源、感恩

---

① 张军扩.推动高质量发展要弘扬企业家精神［EB/OL］.（2018－06－14）http：//theory.people.com.cn/n1/2018/0614/c40531-30056353.html.

② 吴跃农.弘扬优秀企业家精神，增强民营企业创新发展能力［EB/OL］.（2018－11－26）http：//theory.people.com.cn/n1/2018/1126/c40531-30421213.html.

社会、扶危济困、共同致富的时代大戏，使其更好地体现自身价值，彰显良好的社会形象，发挥其价值取向的引领作用。

据观察，从中央到省、市各级优秀中国特色社会主义建设者的评选和表彰，多限于统战、工商联系统，少有国家层面的和面向全社会进行的对优秀民营企业家的表彰和肯定。建议定期召开全国或跨省域的民营企业创新发展大会，旗帜鲜明、大张旗鼓地给予优秀民营企业家群体以认同、肯定和荣誉，切实提高其社会地位，激励其为社会作出更大贡献。

总而言之，产业链与创新链的融合是一个市场化的行为，产学研合作就是一个融合的过程，这一融合过程，既需要基础科学研究向应用基础研究推进，再向技术发明推进，进而向工程化或工厂化推进，最后，才能够实现技术成果的商业化，也需要从产业需求端产生需求，向上述方向拉动基础科学研究。当然，不是所有的应用型创新都需要基础科学研究，也不是所有的基础科学研究都能够直接产生应用技术并商业化。现在的问题是很多人把"研发"等同于"创新"，错误地理解了科研与创新的关系，在认知上产生了错误，必然会在实践中产生错误的行为。产业链、创新链、资本链、人才链、政策链等的对接，就是为了一个根本目的，通过多链融合促进产业关键核心技术突破，从而，尽快摆脱关键核心技术受制于人的窘境。长三角区域有很好的制造业基础，有雄厚的科技研发队伍，有充足的资本力量，也有大量的人才集聚，是实现"五链"融合促进产业高质量发展的最好基地。

第十一章

共同培育新技术
新业态新模式

新经济的核心是通过新技术在产业中应用，改造旧产业，创造新产业、新业态、新模式。加快发展新技术新业态新模式为代表的新经济是我国推进供给侧结构性改革，实施创新驱动发展战略，实现产业转型升级、经济高质量发展的重要举措。长三角作为世界级制造业基地，是我国经济转型升级的核心区域之一，在中国经济转型和发展中具有重要的战略地位。共同培育新技术新业态新模式，既是长三角一体化发展的战略需要，也是产业转型升级的重要驱动力，更是占领创新型经济发展高地的重要举措。《长江三角洲区域一体化发展规划纲要》提出共同培育新技术新业态新模式，推动产业与创新深度融合。本章首先对新经济的基本理论进行概述，然后从加快形成经济发展新动能、大力推进长三角智能化发展、建设一批新经济示范基地和企业三个方面讨论加快发展长三角新经济的思路和做法。

第一节　新经济的基本理论

一、新经济的内涵及特点

"新经济"的"新"是区别于旧经济的转型概念。最早出现在 1983 年《时代周刊》的封面文章中，用于描述美国从重工业向以技术为基础的经济转型。1997 年，《商业周刊》杂志主编 Shepard 在该杂志刊发文章，指出新经济具有如下特征：实现 GDP 大幅度增长，公司营运利润上涨，失业率低，通货膨胀率低，进出口之和占 GDP 的比例上升，GDP 增长中高科技的贡献度上升等①。

我国对新经济的研究始于 2000 年左右，主要对美国新经济的特征和成因进行剖析、归纳，着重从宏观角度定义新经济。随着我国社会经济转型升级，我国学者开始从微观、结构与形态方面对新经济进行研究。目前，各界对新经济没有形成一个统一的界定。刘树成和李实从技术及微观层面、市场运作层面、融资方式创新层面、政府政策和制度创新、宏观经济周期波动的微波化等五个方面总结了新经济的"新"②。马建堂认为，新经济是指在经济全球化条件下，由新一轮科技革命和产业革命所催生的新产品、新服务、新产业、新业态、新模式"五新"的综合③。阿里研究院提出新经济是数据技术所推动的经济发展新思维，将新经济解读为"云、网、端"新信息基础设施，数据作为一种新生产要素，新经济是平台经济、共享经济、微经济三位一体的经济。徐运保和曾贵认为，当前我国新经济内涵已经不同于最初西方国家的新经济，它以信息技术为支撑，以大数据、云计算、万物互联及人工智能等作为基本手段，以新能源、新制造、新零售作为重要推手，实现第一、二、三产业的融合发展，并孕育新的产业，不断优化经济发展的阶段或者过程④。总之，"新经济"是一种以信息为主导的新经济形态，是创新经济、科技经济、知识经济、服务经济的综合体现，它具有以下一些特征⑤：

（1）它是基于现代信息技术的新产品、新服务、新产业、新业态和新模式的总称，以大数据和人工智能为引领的数字经济是其主要表现。

（2）它是基于互联网平台而极大地消除或弱化了人们交往和生产生活时空限制的经济活动，智力的成分越来越多，体力的成分越来越少。

（3）它是基于社会化信息大平台去满足人们个性化消费需求的经济存在形式，便利快速低成本是其总体趋势。

（4）它是基于新动能的经济发展方式。

（5）它是与社会组织体系变革、体制机制创新交替而成的经济形态。

① 刘文.新经济的特征及其发展趋势[J].山东财政学院学报，2001（5）：51-55.
② 刘树成，李实.究竟什么是"新经济"[J].特区与港澳经济，2000（11）：8-12.
③ 马建堂.加快发展新经济培育壮大新动能[J].行政管理改革，2016（9）：4-6.
④ 徐运保，曾贵.大数据战略下我国创意产业业态创新路径探索——基于新经济内涵嬗变视角[J].理论探讨，2018（6）：108-114.
⑤ 李金昌，洪兴建.关于新经济新动能统计研究的若干问题[J].现代经济探讨，2020（4）：1-10.

二、新经济与新动能

自2016年以来，与"新经济"同时出现的"新动能"也开始出现在历年的政府工作报告中。2016年，李克强总理在《政府工作报告》中提出："当前我国发展正处于这样一个关键时期，必须培育壮大新动能，加快发展新经济。要推动新技术、新产业、新业态加快成长。"在党的十九大报告中，习近平总书记又进一步强调："在中高端消费、创新引领、绿色低碳、共享经济、现代供应链、人力资本服务等领域培育新增长点、形成新动能。"新动能与新经济结合构成一个新型的发展模式。李含琳依据中央文件和领导人的讲话精神，认为可以从五个角度认识我国新动能的内涵：一是新动能主要是在新经济的前提下进行讨论；二是在不同时期新动能有不同的内涵；三是新动能是与中国式产业革命，或者说是中国制造和制造强国紧密联系在一起的；四是在客观上存在一个旧动能向新动能转换的过程；五是培育新动能成为推进我国供给侧结构性改革、决胜小康社会的核心战略之一①。因此，新经济与新动能是一对孪生兄弟，是我国在世界经济和中国经济面临深层次结构调整情况下，伴随着第四次工业革命诞生的新概念。新经济与新动能是互为因果关系，技术创新、产业创新、制度创新、商业模式创新催生新经济，培育新动能，新动能反过来促进新经济发展，两者是相互促进、相互包含的关系，不可分割。

三、新经济与新技术、新业态、新模式

新经济是以新一轮信息技术和新工业革命为依托，以制造业和服务业融合发展为背景，以技术、应用和模式创新为核心并相互融合的跨界新型经济形态。新经济以智能化、数字化为新动能，催生出新产业、新模式、新业态，为我国经济转型升级带来新的机会窗口。

新技术革命从20世纪40年代末50年代初绵延至今，信息技术、生物技术、空间技术、海洋技术、材料技术、能源技术等一系列重大技术创新构成的新技术集群，给人类社会带来翻天覆地的变化。其中，信息技术的影响最为广泛，互联网、人工智能、物联网、大数据、区块链等信息技

① 李含琳.论新动能的四个层次及其实践对策[J].生产力研究，2018（2）：1-4，161.

术催生了平台经济、共享经济、体验经济等新业态、新模式，不但推动传统经济转型升级、催生新兴产业，还孵化出独角兽企业、瞪羚企业等明星冠军企业，带来了新经济的爆发式增长。《国务院关于加快培育和发展战略性新兴产业的决定》将节能环保、新一代信息技术、生物、高端装备制造、新能源、新材料、新能源汽车等作为现阶段重点发展的战略性新兴产业①。

新业态区别于传统业态，是在商业模式、经营方式、运作流程及组织结构等方面均以现代科技为支撑，形成如"互联网+""农业+""旅游+""文化+""金融+"等传统业态与现代创新科技融合发展的新型经济形态，其发展动能由资源要素驱动型向跨界融合型、产业协作型转变，包括分享经济、信息经济、创意经济、智能制造等新兴经济业态。

新模式即新商业模式，是随着互联网新技术的发明、新一代信息技术的应用及新经济的发展、新兴经济体的兴起以及企业创新发展需求的驱动下，出现的智能化时代的全新商业模式。首先，以数字经济为代表催生了线上新模式、产业新业态、就业新形态。新业态、新模式是植根数字经济发展土壤，以数字技术创新应用为牵引，以数据要素价值转化为核心，以多元化、多样化、个性化为方向，经产业要素重构融合衍生而形成的商业新形态、业务新环节、产业新组织、价值新链条②。例如，在线教育、互联网医疗、便捷化线上办公、数字化治理、产业平台化、传统企业数字化、"虚拟"产业园和产业集群、"无人经济""微商电商、网络直播"等新个体经营、微经济、多点执业、共享生活新空间、共享生产新动力、生产资料共享新模式、数据要素流通等新业态新模式③。其次，人工智能在生活和生产领域的深入应用，让我们进入万物互联的新时代，互联网从消费领域跨入制造领域，生产和营销关系升级成为 F2F（Family to Factory）/C2M（Customer to Manufacturer），大规模个性化定制成为主流，用户参与产品创新成为企业发展的源动力，新商业模式颠覆了传统的经营理念。

---

① http://www.gov.cn/zwgk/2010-10/18/content_1724848.htm.
② 赛迪智库信软所数字化转型研究团队.数字经济新业态新模式发展研究报告［R］.2020 赛迪智库.
③ http://www.gov.cn/zhengce/zhengceku/2020-07/15/content_5526964.htm.

第二节　加快形成经济发展新动能

《长江三角洲区域一体化发展规划纲要》提出，推动互联网新技术与产业融合，发展平台经济、共享经济、体验经济，加快形成经济发展新动能①。平台经济、共享经济、体验经济已成为新经济发展的重要引擎，要做大做强平台经济以培育产业融合新增长点；合力发展长三角共享经济，优化区域产业资源；培育数字体验经济，建设国内需求链接海外市场、海外消费者链接中国市场的数字平台；合力推动长三角区域新经济的爆发式增长。

一、做大做强平台经济

数字化时代，以互联网技术为支撑的平台模式已成为企业生产经营的重要组织方式。数字平台是运用数字化技术对资源进行优化配置的媒介组织。平台经济是基于数字平台的经济活动与经济关系的总称，它运用信息化、网络化、数字化、智能化技术，通过连接、交互、匹配建立起开放的生态系统，依托网络效应，进行价值创造、价值增值、价值转换与价值实现。平台经济给商业模式、流通模式、组织模式、社会交互模式带来了系统变革，对优化资源配置、促进跨界融通发展、大众创业万众创新、产业升级均有重要作用，成为经济增长和社会发展新引擎。中国信息通信研究院《互联网平台治理研究报告（2019）》显示，2018 年全球 Top10 上市企业中平台企业市值比重已由 2008 年的 8.2% 上升至 77%，规模达到 4.08 万亿美元，较 2008 年规模增长了 22.5 倍，成为全球经济增长的新引擎。

作为一种跨区域的产业分工与协调机制，平台经济有利于显著提升区域产业专业化水平，使得当地优势产业得到凸显和跨区域延伸，最终促使上游要素市场扭曲得以显著缓解，作为一种跨区域贸易和营销的新平台，平台经济有利于加剧本地区市场竞争，从而促使市场扭曲得以显著改善②。在技术进步、创业溢出、市场集中等机制的作用下，由平台经济聚

---

① 平台经济是指互联网新技术与产业融合形成的互联网平台经济。

② 余文涛，吴士炜.互联网平台经济与正在缓解的市场扭曲[EB/OL].财贸经济：1-15[2020-05-16].https://doi.org/10.19795/j.cnki.cn11-1166/f.20200512.010.

合的市场需求，改变了产业发展格局，拉动产业链纵向往网络化、智能化、信息化、数字化变革转型，平台经济的兴起正在促进整个行业的生产效率变革①。对制造业来说，基于互联网技术的平台经济有利于提高交易效用、减少资源错配、激发技术创新活力，从而促进制造业专业化水平和生产效率的提升②。对服务业来说，平台经济模式能够促进传统服务业供需双方的瞬时匹配，提升传统服务业的专业化水平以及个性化和精准化服务的能力③。

上海、江苏、浙江均是外向型经济，其共同打造的长三角经济体是中国对外开放的窗口，开放是长三角最大的优势。长三角发展平台经济具有开放理念先行，基础设施完备，阿里巴巴、蚂蚁金服等世界知名平台企业示范引领等独特优势。在长三角一体化战略的推动下，长三角持续提升对内开放程度，协同安徽，担任区域一体化改革先行先试的角色。从产业与创新深度融合的视角出发，依托长三角的产业基础和资源优势，重点围绕"互联网+生产""互联网+生产+服务""互联网+生产+贸易"三个领域，培育跨区域工业互联网、产商融合平台、跨境电商平台等领域平台载体，明确平台运营规则和权责边界，加快完善有利于平台型企业发展的融资支持、复合型人才供给、兼并重组等政策，鼓励平台经济龙头企业跨区域整合资源，打造产品、服务和制造能力一体化交易平台。

二、合力发展共享经济

随着互联网信息技术的发展，作为新业态新模式的共享经济强势崛起，迅速蔓延至金融领域、城市建设、空间、教育、物流仓储、旅游、健康、食品、服务、交通、基础设施等行业，有效提高社会资源利用效率，便利人民群众生活，并成为推动我国经济社会发展的新动能。共享经济的本质，是利用社会闲散资源实现自由组合和效率的最大化。共享经济的概念最早由 Felson 和 Spaeth 提出，其认为共享经济是一种协作消费

① 余文涛，吴士炜.互联网平台经济与行业生产效率变革——基于第三次经济普查数据的实证研究[J].财经科学，2019（8）：55-68.

② 黄群慧，余泳泽，张松林.互联网发展与制造业生产率提升：内在机制与中国经验[J].中国工业经济，2019（8）：5-23.

③ Pisano, P, Pironti, M, Rieple, A. Identify Innovative Business Models Can Innovative Busmess Models Enable Players to React to On going Trends[J]. Journal of Entrepreneurship Research, Vol.5, No.3, 2015, pp.181-199.

（Collaborative Consumption）模式，消费者与他人共享产品或服务，无需产权①。英国商务部认为共享经济是通过网络平台分享闲置资产、时间及技能，而能从分享中获得收益的一种模式；王喜文（2015）将共享经济定义为用户利用网络平台实现共享生产、共享消费，共同创造价值、传递价值、分享价值②。一般意义来说，共享经济指运用云计算、大数据及移动互联网等技术，重新整合分配各类闲置资源，完成供需精准对接，大幅度提高资源利用率，并降低消费者购买成本，从而实现经济与社会价值创新的新业态、新模式。目前，共享经济发展面临着认识不统一、制度不适应、保障不健全等诸多问题和挑战，分享经济的发展处于摸索和规范阶段。探索完善长三角分享经济发展模式可以有效优化推进供给侧改革，优化区域资源。

其一，共同推动共享经济规范发展。成立"互联网+"行动省级联席会议制度和分享经济专家咨询委员会加强对分享经济发展的统筹协调和政策解读。破除行业壁垒和地域限制，统一分享经济准入政策，清理规范制约分享经济发展的行政许可、商事登记等事项。探索建立政府、平台企业、行业协会以及资源提供者和消费者共同参与的分享经济多方协同治理机制。协调各省市行业协会推动出台行业服务标准和自律公约，完善社会监督。

其二，跨区域视角下的生活资源分享。确定跨区域分享的重点领域，包括教育、数字化公共服务、知识技能服务、健康信息服务、智慧养老等基础民生领域，加强顶层设计，打造分享平台，创新分享模式，有效提高供给水平和供给效率。

其三，跨区域生产资源分享。以生物医药、物联网、网联汽车、集成电路等领域为重点，鼓励行业龙头企业利用云计算、大数据、现代制造集成系统等新技术拓展企业间分享生产能力、提供研发服务、优化控制、设备管理、质量监控等新型服务业务，构建新型服务分享平台，通过融资性租赁、经营性租赁、生产力租赁等方式，分享优势生产设备和综合生产能力，实现企业闲置资源的高效利用。搭建第三方生产制造网络分享平台，

---

① M Felson， JL Spaeth. Community Structure and Collaborative Consumption： A Routine Activity Approach ［J］. American Behavioral Scientist， 1978， 21（4）：23.

② 王喜文.大众创业、万众创新与共享经济［J］.中国党政干部论坛，2015（11）：12－15.

推动中小企业制造资源与互联网平台对接，提供面向制造企业的专业服务搜索、供需对接和外包服务。

三、共同培育数字体验经济

体验经济的核心是"体验"，体验强调的是一个过程。20 世纪 90 年代末，约瑟夫·派恩和詹姆斯·吉尔摩在《体验经济》一书中提出了体验经济这种全新的经济类型，体验经济是以商品为道具、以服务为舞台、以提供体验作为主要经济提供品的经济形态，体验经济是服务经济的延伸，是农业经济、工业经济和服务经济之后的第四类经济类型，强调顾客的感受性满足，重视消费行为发生时顾客的心理体验。随着以互联网、大数据、人工智能为代表的数字技术向经济社会各领域加速渗透，人类进入数字体验经济时代，数字体验经济为各行各业带来了新的体验价值和利润增长点。数字体验经济是以数据作为关键生产要素，以新一代信息技术为支撑，以数字化转型推动各行各业系统性转变的系列经济活动①。我国在电子商务、移动支付等若干领域已跻身全球领先行列。长三角数字经济发达，产业集聚度高，大数据、人工智能、工业互联网、新一代集成电路等新技术产业和未来产业蓬勃发展，发挥数字技术的赋能效应，在消费者个性化体验提升、企业数字化转型、公共服务体验升级这三个领域进行探索培育数字体验经济。

其一，大力开发体验式新产品新服务新模式，挖掘市场消费潜力。通过人工智能和云计算等技术收集体验数据，听取客户以及产业链合作伙伴的心声和诉求来提高产品和服务体验，推进智能新产品研发，加快发展可穿戴设备、移动智能终端、数字交互产品等，提高服务业智能化水平，促进规模化发展。促进商品市场转型发展，打造社交化、情境化、智能化新商圈，引导实体商贸企业转型体验式消费。大力发展新零售，促进线上线下融合发展，提升消费者体验，促进商产融合，打造一体化供应链，发展定制生产满足个性化需求。

其二，借力企业数字化转型夯实体验经济基础。浙江省数字经济发展处于第一矩阵，技术基础完备，企业数字化转型经验丰富，体验经济发展

---

① 中国电子信息产业发展研究院（CCID）.数字体验经济发展白皮书，2019－12－4.

成效显著。互联网+制造、智能制造等项目推动企业进行网络化协同制造，从市场需求端进行个性化产品的研发、生产、服务和商业模式创新，供给和需求精准匹配，大大提高顾客的体验。同时，互联网可以帮助制造企业提供在线增值服务，实现从制造向"制造+服务"转型升级，拓展企业产品价值空间。

其三，合力提升公共服务产品体验。共建长三角一体化数据共享平台，四方联合商讨长三角数据中心和存算资源协同布局，整合区域内数据中心资源，加快公共信息基础设施和数据资源共建共享，协同建设一批公共服务、互联网应用服务、重点行业的云计算数据中心，推进区域信息枢纽港建设。在交通运输、政务数据、城市管理、公共安全等多领域实现大数据应用协同。联合支持长三角智慧交通示范项目，推进一体化智能交通管理，实行长三角联网售票一网通、交通一卡通，提升长三角畅行体验。加快长三角智慧水网、智慧广电、智慧邮政建设，推动公安便民服务长三角全域通办。

第三节　大力推进长三角智能化发展

智能化是指事物在计算机网络、大数据、物联网和人工智能等技术的支持下，初步具备类似于人类的感知能力、记忆思维能力、学习能力、自适应能力和行为决策能力。智能化技术在制造业中的应用是打造先进制造业的技术手段。长三角智能化发展首先是推动互联网、大数据、人工智能等新技术的研究与应用，加快其与实体经济深度融合，发展先进智造业。《长江三角洲区域一体化发展规划纲要》提出加强大数据、云计算、区块链、物联网、人工智能、卫星导航等新技术研发应用，支持龙头企业联合科研机构建立长三角人工智能等新型研发平台，鼓励有条件的城市开展新一代人工智能应用示范和创新发展，打造全国重要的创新型经济发展高地①。

---

① 科技部.长三角科技创新共同体建设发展规划［EB/OL］. http://www.gov.cn/zhengce/zhengceku/2020－12/30/content_5575110.htm.

一、加快新技术研发应用

新技术包括大数据、云计算、区块链、物联网、人工智能、卫星导航等，是新经济的技术支撑，以大数据和人工智能为引领的数字经济是新经济的主要表现。具体来说，数据资源作为新的生产资料，成为重塑国家竞争力、改变产业形态、重构人们生活和思维方式的重要力量；云计算带来技术创新产业的革命；区块链的新型计算范式和协作模式可以在不可信的竞争环境中低成本建立信任，凭借其独有的信任建立机制，由金融科技融合领域延伸至垂直领域，改变诸多行业的发展图景；物联网对新一代信息技术的高度集成和综合运用对消费型物联网、生产型物联网、智慧城市发展带来了万物互联的物联网革命；人工智能与移动互联网、大数据、超级计算、传感网、脑科学等新理论新技术加速融合，其产生的深度学习、跨界融合、人机协同、群智开放、自主操控等新特性深刻改变人类生产生活方式和思维模式，从生产方式的智能化改造、生活水平的智能化提升，到社会治理的智能化升级，无不彰显着人工智能已是经济发展的新引擎；我国自主研发的北斗卫星导航系统是为全球用户提供全天候、全天时、高精度的定位、导航、授时和短报文通信服务的国家重要空间基础设施[1]，北斗技术与其他新技术群落的融合发展对智慧城市打造、车联网、芯片发展、智慧农业等提供强大助力。加快新技术研发应用，高起点发展数字经济，是产业与创新深度融合的关键动力。

首先，共同谋划长三角数字经济产业集群。数字化是促进区域高质量一体化发展的新兴技术路径。围绕区域创新共同体建设，构建数字经济区域协同创新网络，深化长三角数字经济领域开放合作，以上海为示范中心，浙江为产业集群中心，江苏、安徽为分中心，培育大数据、人工智能、工业互联网、新一代集成电路等新技术产业和未来产业，打造数字经济生态。上海支持行业龙头企业进行新技术综合应用示范，打造应用先行区，浙江省重点支持杭州打造具有全球影响力的"互联网+"创新创业中心，加快培育形成万亿级数字经济产业集群，重点打造阿里云、卫星云、物联网芯片、5G和智能硬件创新生态，推动特色产业集聚发展，江苏、

---

① 中国信息通信研究院.北斗技术与产业发展白皮书，2019（12）.

安徽协同推进基础设施建设、技术研发、市场应用。

其次，加快建设长三角新一代信息基础设施。信息基础设施建设是数字经济发展的基础保证，共同加快推进光网城市建设，加强信息发展合作，推动长三角信息基础设施达到世界先进水平。长三角统筹布局建设互联网国际通信专用通道，加强长三角5G网络协同布局，提升网络和应用升级改造速度，统筹下一代互联网（IPv6）规模部署和应用，加快推进骨干网、城域网和接入网建设，建设跨区域高速移动泛在信息网络，协同打造下一代互联网产业生态。长三角联合规划推进区域量子通信商用干线网络建设，建设量子保密通信网络，为量子通信产业市场化运营创造基础条件，实现与国家广域量子保密通信骨干网络无缝对接。

最后，跨区域开展重点领域智慧应用合作。联合推动物联网、大数据、人工智能和实体经济的深度融合，聚焦新能源汽车、高端装备、电子信息、航空航天、船舶海工等重点产业领域，建设智能生产线、智能车间、智能工厂。支持上海、杭州、德清县、合肥围绕城市公共管理、公共服务、公共安全等领域，建设基于人工智能和5G物联的城市大脑，推动长三角区域城市大脑集群建设。支持北斗导航系统率先应用，加快建设温州北斗产业基地，建设南京、合肥位置服务数据中心。

二、搭建人工智能等新型研发平台

新型研发机构（平台）强调企业是技术创新的主体，提倡企业与现代研究机构的深度融合。科技部最新出台的新型研发机构发展指导意见将研发机构的组织形式确定为科技类民办非企业单位（社会服务机构）、事业单位或企业，作为独立的法人机构主要围绕科技创新需求从事科学研究、技术创新和研发服务，运用市场化机制和现代化管理制度进行管理[①]。意见明确了研发平台以市场机制为导引，将科学发现、技术发明和科技成果商业化等系列创新行为通过新型研发平台进行组织化链接。显然，区别于传统的研发机构，新型研发机构打破了企业和研究机构的界限，承担产品研发和市场营销的职能，承担技术创新的主体责任的同时进行企业经营。企业经营平台向研发平台提供创新需求和资金支持，研发平台向经营平台

---

① 科技部.科技部印发《关于促进新型研发机构发展的指导意见》的通知［EB/OL］. http：//www. gov.cn/xinwen/2019－09/19/content_5431291.htm.

提供有竞争力的创新产品，创新链与产业链在企业内部深度融合，充分发挥市场机制对创新资源的配置作用，提高创新效率和效益。一般来说，新型研发平台或者新型研发机构提倡投资主体多元化，运用市场化机制及现代化管理制度进行协调管理，是创新创业与孵化育成相结合、产学研紧密结合的独立法人组织，是推动产业升级发展的重要力量。对于大数据、云计算、区块链、物联网、人工智能、卫星导航等新兴战略性技术的技术研发关系到我国能否在新一轮科技革命和产业革命中占据先发优势。搭建人工智能等新型研发平台可以帮助新技术企业提升自身研发水平，让技术创新成为自己的核心竞争力，最终打造国家的巨大科技实力。

近年来，浙江、江苏等地都很重视新型研发机构的建设工作，支持龙头企业联合科研机构建立长三角人工智能等新型研发平台也写入《长江三角洲区域一体化发展规划》。长三角地区是我国经济最发达的地区之一，具有扶持新技术企业向"新型研发机构"转型的有利条件。首先，新技术研发资源丰富，研发机构密集并且实力雄厚；其次，数字经济、信息经济、智能经济发达，拥有阿里巴巴、科大讯飞等一批有实力的大型企业集团，企业具有建设新型研发平台的经济能力和管理水平。加快推动新技术龙头企业联合科研机构向"新型研发机构"转型，既要发挥市场对资源的配置引导作用，还要发挥政府对适宜环境的辅助支持作用，以人工智能为例，对于跨区域建设新型研发机构来说：

其一，加强政策引导，共建人工智能新型研究机构。2020年1月，长三角人工智能发展联盟成立，初步搭建了人工智能协同交流平台。以平台为基础统筹各地人工智能科技创新资源，一市三省政府部门协同运用科技、产业、金融、人才等政策，发挥产业优势引导支持长三角地区互建共建人工智能新型研究机构，充分发挥长三角区域创新资源的互补优势，推动上海、合肥、南京、杭州等中心城市向其他城市输出人工智能创新资源，促进车联网、智慧健康、在线教育、新零售等新业态新模式培育和发展。

其二，组建人工智能新型研发机构联盟。联盟统筹规划人工智能新型研发机构发展与布局，统一开展新型研究机构人才队伍培养、共同推进科研成果转化、提供培育企业服务，参与国际交流与合作。研发联盟定期举办年度例会、高端论坛、展会等交流展示活动，谋求各新型研究机构的高质量发展，提升人工智能的产业创新竞争力。

其三，探索人工智能新型研发机构跨区域协同机制。以人工智能新型研发机构为切入点开展长三角全面创新改革试验，探索多主体投资的以股权为纽带的混合所有制建设机制，推动形成政产学研金共同参与、集体获益的共建共享共赢局面。打破行政区划边界注入市场机制，成立投管分离、独立核算、自负盈亏的新型法人组织。完善激励机制，开展科技成果使用权、处置权、收益权三权改革，明确创新主体进行专利入股、股权投资路径，落实科研成果转化的激励政策，探索跨区域柔性引进高层次人才。

三、建设人工智能创新应用示范城市

人工智能是第四次工业革命的核心驱动力。2017 年，国务院印发《新一代人工智能发展规划》，2019 年 8 月，科技部印发《国家新一代人工智能创新发展试验区建设工作指引》，将推动新一代人工智能列为引领长三角区域发展的重要力量①。中国人工智能产业能力主要集中在北京、上海、广东、浙江地区，四个省（市）集中了全国 70% 以上的人工智能企业和超过 80% 的人工智能相关投资机构。长三角人工智能资源丰富、产业基础良好、基础设施健全、各地政府大力支持人工智能发展，通过人工智能建设应用示范城市、优化城市治理，是引领经济高质量发展的重要基础设施。上海占据人工智能城市实力第一梯队，杭州依靠阿里巴巴属于第二梯队②。截至目前，科技部共发布 15 个国家新一代人工智能开放创新平台，长三角有 5 个，包括视觉计算国家新一代人工智能开放创新平台（上海依图网络科技有限公司）、营销智能国家新一代人工智能开放创新平台（上海明略人工智能（集团）有限公司）、视频感知国家新一代人工智能开放创新平台（杭州海康威视数字技术股份有限公司）、城市大脑国家新一代人工智能开放创新平台（阿里云公司）、智能语音国家新一代人工智能开放创新平台（科大讯飞公司）。上海、杭州、德清县、合肥等已获批国家新一代人工智能创新发展试验区。发挥上海引领作用，联合杭州、德清县、合肥等共建人工智能创新应用示范城市，辐射引领整个区域成为人工智能创新应用高地。

---

① 科技部.科技部关于印发《国家新一代人工智能创新发展试验区建设工作指引》的通知（国科发规〔2019〕298 号）［EB/OL］. http://www.gov.cn/xinwen/2019-09/06/content_5427767.htm.
② 德勤咨询.中国人工智能产业白皮书，2018.

首先，以上海、杭州、德清县、合肥创新发展试验区为依托，成立长三角新一代人工智能创新发展试验区联盟，联合打造人工智能创新发展先行示范城市群。其一，加快在上海、杭州、德清县、合肥等发展试验区联合开展技术示范、政策实验、社会实验、基础设施建设等任务，集聚长三角智库资源，共建人工智能治理框架、伦理指南及标准规范。其二，共建人工智能创新公共服务平台，合力推动人工智能成果转化、重大产品集成创新和示范应用，让人工智能成为传统产业升级改造的抓手，加快人工智能和5G区块链等技术融合发展打造全新应用空间，完善智慧医疗、智慧教育、智慧金融、智慧零售、智慧工厂、智慧农业、智能城市等场景服务，引领带动智能经济和智能社会发展。

其次，培育人工智能产业集群。围绕视觉计算国家新一代人工智能开放创新平台（上海依图网络科技有限公司）、营销智能国家新一代人工智能开放创新平台（上海明略人工智能（集团）有限公司）、视频感知国家新一代人工智能开放创新平台（杭州海康威视数字技术股份有限公司）、城市大脑国家新一代人工智能开放创新平台（阿里云公司）、智能语音国家新一代人工智能开放创新平台（科大讯飞公司）五大创新平台，发挥领军企业引领作用，完善上下游产业链，吸引更多企业到创新平台所在地落户，打造产业链配套集群，构建良好人工智能产业生态。联合成立人工智能联盟、协会等公共服务平台，推动产业链联合创新。

最后，扶持建设国家级人工智能众创空间。众创空间具有低成本、便利化、全要素、开放性等孵化特质，特别适合人工智能技术的创新创业，依托从事人工智能研究的高校、科研院所，建设人工智能众创空间，完善孵化服务体系，推进人工智能科技成果转移转化，支持人工智能企业孵化成长。

第四节　建设一批新经济示范基地和企业

一、建设智能汽车测试基地

（一）长三角智能网联汽车发展现状

新一轮科技革命和产业变革推动汽车产业趋向智能化、网联化、电动化、共享化发展，智能网联汽车是构建新型交通运输体系的重要载体，也是全球汽车产业发展的战略方向。我国先后发布《中国制造 2025》《新一代人工智能发展规划》《车联网（智能网联汽车）产业发展行动计划》《中国汽车产业中长期发展规划》（2016—2025 年）《智能汽车产业创新发展战略》等文件，从加强顶层设计、推进标准法规、突破关键技术、关注示范运行等层面加快推进智能汽车创新发展。长三角是整车产能和产量位居首位的六大汽车产业集群之一，无论是新造车企业布局数量还是汽车零配件产值、集成电路产能在全国占比均超 50%，具备发展智能网联汽车的产业基础。随着云计算、大数据、电子信息、5G 通信、智慧道路与汽车工业跨界融合日趋加深，智能网联汽车产业成为长三角产业与创新深度融合的重点产业。长三角各省市分别制订了智能网联汽车的实施方案或者行动计划，从目标制定、产业创新环境培育、产业创新行动等方面发挥市场主导，政府引导、其他社会组织协同的多方力量，促进智能网联汽车产业发展，形成经济发展新动能。

具体来说，上海是智能网联汽车的天然基地，获批国家智能网联汽车（上海）试点示范区，上海临港为智能网联汽车自动驾驶封闭场地测试基地；浙江省具备制造优势和数字经济优势，获批基于宽带移动互联网智能汽车与智慧交通应用示范基地；江苏是制造业强省，国家智能交通综合测试基地落户无锡，江苏泰兴获批智能网联汽车自动驾驶封闭场地测试基地；安徽拥有广阔的市场空间，于 2017 年开始实施新能源汽车暨智能网联汽车产业技术创新工程，并成立合肥市 5G 智能网联汽车产业联盟，后发优势明显。2019 年 5 月，安徽、浙江、江苏、上海相关部门联合签订长三角地区智能网联汽车一体化发展战略合作协议。长三角一体化基础设施为智能网联应用落地提供基础平台保障，产业协同创新共同体的构建为智能汽车产业协同创新提供智力支持。

（二）长三角智能网联汽车发展策略

目前，长三角车联网技术创新和产业发展催生了相关企业对自动驾驶测试和自动驾驶汽车产业化应用的旺盛需求，车联网（智能网联汽车）产业发展进入新阶段。长三角各省市跨领域跨区域融合推动技术进步和示范应用，提高长三角智能汽车产业在国际上的综合竞争力是下一步发展的主要任务。

1. 自动驾驶测试方面

我国道路环境交通路况复杂，机动车驾驶人驾驶行为多样化，这对自动驾驶测试带来了巨大的挑战。长三角是我国智能网联汽车产业发展基地，联合打造国家级车联网（智能网联汽车）检验检测中心，国家级测试实验室，构建覆盖车联网产业链各个环节以及各类应用场景的测试验证体系，共享区域内智能网联汽车的道路测试数据并且互认测试结果，一方面有助于形成统一的智能网联汽车测试标准体系，提高检验机构的综合检测能力，一方面可以加快智能网联汽车的技术研发进程，加快车联网应用快速落地，并迅速在长三角推广应用。在三省一市智能网联汽车测试体系标准统一、数据共享、结果互认的基础上，形成长三角智能网联汽车道路测试工作"互联、互通、互认、互信"机制，完善智能汽车测试法规标准体系和测试安全保障体系。

2. 汽车产业化应用方面

首先，联合攻关产业链薄弱环节。联合构建智能汽车技术创新体系，充分发挥上海、江苏、浙江、安徽产业基础优势，明确技术发展路线，协同区域内优势资源突破关键技术，夯实产业发展基础。联合搭建智能网联创新服务公共服务平台，完善成果转移机制，推动智能网联汽车共性及关键技术研发成果转化。

其次，加强智能网联汽车基础设施和标准化体系建设。联合智能网联汽车产业联盟等行业组织，共建智能网联汽车产业标准体系，为产业化加速应用提供保障。借助 2020 年国家发展新基建的大好时机，共同构建先进完备的智能汽车基础设施体系和全面高效的智能汽车网络安全体系。

再次，培育市场主体，打造车联网（智能网联汽车）产业集聚区。培育形成一批行业领先的优势企业。政策扶持协同推动一批"补链""强链"项目在长三角落地和建设，扶持国内外优秀创新团队和企业在长三角跨区域整合创新资源，培育具有核心竞争力的汽车电子系统集成商。

二、培育商产融合平台经济龙头企业

有关调查资料显示，国外的商贸流通业在第三产业中所占的比重几乎高达 49%，商贸流通业是现代服务业最重要的组成部分，在引导区域生产的同时刺激消费。科学、有效的商贸流通体系可以优化区域分配、加强区域产业关联、促进信息技术和生产技术提升，是区域经济与社会发展繁荣程度的重要标志。商贸流通业发展平台经济可以提高流通创新能力，促进产销更好衔接。以电商平台为例，其数据与生产企业对接，可以进行个性化设计和柔性化生产，促进定制消费、智能消费、信息消费、时尚消费等新模式的涌现，在创新人们的消费方式的同时带来全新消费体验，大大减少中间环节及实体店成本，打破地域和时间的限制。商产融合开启了新一轮商业革命，推升新的消费模式并促进消费的升级，顺应商业变革和消费升级新趋势，培育商产融合平台经济龙头企业，促进商产融合型平台经济发展，有助于更好满足消费者需求，并带动区域内商贸流通业与生产制造业的跨界融合发展。

长三角地处国内外商贸流通体系的核心位置。"21世纪海上丝绸之路"和"丝绸之路经济带"将长三角商贸流通业推上了更广阔的世界舞台。长三角依托发达的交通体系、雄厚的制造业资源、先进的发展理念、优越的信息技术在商贸流通业取得了良好的发展。加快流通能力创新，联合培育商产融合平台经济龙头企业，形成长三角商产融合产业集聚优势，奠定长三角在新的商贸流通格局中的核心位置意义重大。流通能力创新包括两个方向，一是加速推动生产商拓展商贸服务功能，产业链往前端延伸对接消费者市场，二是电商平台拓展数据服务功能与上游生产商对接或者联盟，加强与上游协同合作，提供针对市场需求的产品信息和服务信息。上海、南京、杭州在电子商务发展程度的排名中都遥遥领先于其他地区，鼓励电商平台与生产企业的有效对接，可以优化区域生产并促进生产技术提升，加速产品生产流通；另一方面，鼓励长三角行业领先制造企业建设商贸平台，进行产业融合发展可以缩短市场需求端的创新链路线，实现产业链和创新链的融合创新。以商产融合龙头企业为引领形成平台集聚相关产业集群发展，搭建覆盖率和便捷度全球领先的新零售网络，需要工业消费品流通体系、商贸流通产业等相关上下游企业的融通发展。

其一，搭建工业消费品流通服务体系，建立长三角工业消费品信息平台。通过信息平台推动工业消费品市场数据资源共享；加强大数据分析应用，搭建长三角制造业网络，与商贸平台对接，更好地引导生产。根据区域产业布局和各地工业消费品加工、流通、销售和交易情况，规划建立区域综合物流配送中心，建立完善的工业消费品物流配送体系。联合培养工业消费品流通专业人才，为平台企业做大做强提供智力支持。

其二，提高商贸流通产业的信息化与专业化水平。优先在长三角跨境电商综合试验区设立商产融合产业园，鼓励龙头商贸流通平台企业发展工业消费品流通业务，加强品牌整合，消除工业消费品流通企业的融合和交流的障碍，打破行业垄断和地区封锁，鼓励其跨区域兼并整合资源，实现规模化发展，打造知名品牌。

其三，搭建商产融合"双创"平台，助力区域产业升级。加快大数据核心技术、信息化、数字化技术的创新应用，围绕商产融合进行创新创业，打通数据壁垒，搭建产业升级服务平台，服务产业龙头企业加快线上线下融合发展，探索与商贸流通业融合发展模式创新或进行流通创新发展企业流通平台，促进整体服务消费升级。

三、建设跨境电商综合试验区

跨境电子商务，是指不同关境的交易主体，通过电子商务平台达成交易、进行支付结算，并通过跨境物流送达商品、完成交易的一种国际商业活动①。跨境电商的本质是"互联网+外贸"，两者的融合缩短了对外贸易链并缩减交易程序，提高交易效率并降低贸易成本和贸易周期。成本的降低和贸易的便利，让越来越多中小企业融入国际贸易全球产业链，增加了全球零售商品货物的流动机会。在数字化技术革新时代，跨境电商开展的新零售线上、线下的智慧数字化变革，与智慧物流深度融合，打通合作伙伴界面、消费者界面、零售商界面，形成线上线下全面融合的 OinO 零售商圈，为其发展带来了新契机。基于互联网平台的新技术、新业态、新模式，让货物贸易更好地满足世界各地消费者的个性化需求。因此，跨境电商综合试验区是构建国内大循环为主体、国内国际双循环，加大开放创新，促进外贸企业数字化转型，增加就业、推动创新创业发展的重要平台。正如李克强总理所讲，"跨境电商综试区是一件牵一发而动全身的事，是'大众创业、万众创新'的新渠道"。

目前，我国综合试验区扩容至 105 个综合试验区，地域范围覆盖 30 个省（区、市），形成陆海内外联动、东西双方互济的发展格局。2015

---

① 高梅.我国跨境电商物流发展困境及对策研究[J].中国商论，2018（31）：22−23.

年，浙江杭州成为国内首个跨境电子商务综合试验区。截至 2020 年 4 月，上海市，浙江省宁波市、义乌市、温州市、绍兴市、湖州市、嘉兴市、衢州市、台州市、丽水市共 9 个，江苏省苏州市、南京市、无锡市、徐州市、南通市、常州市、连云港市、淮安市、盐城市、宿迁市共 10 个，安徽省合肥市、芜湖市、安庆市共 3 个，长三角 24 个市获批跨境电商综合试验区，是高水平对外开放的重要平台，加之历届中国国际进口博览会在上海举办，长三角在陆海内外联动、东西双方互济中已经占据核心要塞的位置。长三角以跨境电商综合试验区为依托，构建覆盖率和便捷度全球领先的新零售网络，可以从以下几个方向深化合作：

其一，联合建设跨境贸易公共服务平台。一直以来，浙江省跨境电商发展一直处于全国前列，在跨境电商监管体制机制创新、主体培育、基础配套支撑等方面经验丰富，效果显著。长三角共同支持电子世界贸易平台（eWTP）公共服务平台建设，消除各个区域的体制机制障碍，实现长三角贸易监管部门之间的数据互换、监管互认、执法互助、汇聚物流、金融等配套设施和服务，充分借鉴普及浙江跨境电商综合试验区的成熟经验和做法，协同上海、安徽、江苏构建跨境电子商务交易、支付、物流、通关、退税、结汇等环节的技术标准、业务流程及监管模式，构建高效协同的一站式在线金融服务体系、全程可验可测可控智能物流体系等新模式，将长三角打造成为世界跨境电商贸易中心。

其二，健全供应链物流智慧服务体系。跨境电商物流成本占据跨境电商交易成本的 20%—30%，是跨境电商产业链条的关键环节。跨境电商试验区的打造重点是供应链数字化，即运用 Lot、智能云、AI 技术、串联新触点等新技术将跨境电商供应链进行智慧升级且数字化，提升新零售跨境电商供应链运营效率及商业价值[①]。长三角基础设施一体化进入"最后一公里"联通阶段，在打通长三角高速路、铁路、港口、机场、内河航运等交通设施的配套衔接与互联互通的基础上，运用数字化技术共建跨境基础数据库、统筹规划保税物流中心、跨境物流配送快捷通道、海外仓或物流专线等，形成数字化跨境电商供应链体系，打造智慧物流供应链服务平台，构筑面向全球发展的跨境电商物流服务体系，通过全供应链的物流服

① 李玫昌.数字化跨境电商赋能新零售供应链价值"智慧"升级探究[J].商业经济研究，2020（9）：150－153.

务，将物流服务的"触角"延伸至 C2B 生产线的所有环节。

其三，引导长三角跨境电商品牌集群发展。长三角已涌现出跨境电商龙头企业及服务配套企业，在长三角供应链跨区域发展，打造智慧供应链的基础上，围绕各地区资源禀赋、产业基础和通道优势，引导并鼓励企业坚持以客户需求为导向，大数据、云计算、智能算法等技术为支撑，调研各国市场需求，组建产品开发团队，研发和设计新产品，提升产品的质量，打造知名品牌，培育更多龙头企业及服务配套企业，打造跨境电商品牌集群，形成全球数字化供应链中心，提升长三角在国际上的竞争力。

在新的技术革命和产业变革深入发展的当下，产业数字化、数字产业化正在深入发展，新技术、新业态、新模式层出不穷，平台经济、网络经济成为新的经济形态，网络化、数字化和智能化，成为各行各业发展的大趋势，长三角区域作为互联网最为发达的区域，理应在产业数字化、数字产业化方面走在前列，起到示范带动作用。在这"两化"基础上，强化数字化治理，理顺数字经济生产力与生产关系的关系，使数字经济在健康的制度环境下发展。数字经济野蛮生长的时代已经结束，数字化治理将推进数字经济健康发展。从另一角度来看，数字经济时代最为重要的资源是大数据，要充分开发大数据的价值，在前"三化"基础上，再加上"数据价值化"，使得大数据能够真正为社会发现价值产生积极意义。人工智能时代的到来，很多商业规律发生了变革，各行各业都要把握住这一机遇，尽快实现升级转型，尤其是长三角区域，要在智能化时代起到率先示范作用。

第十二章

沪苏浙皖推进一体化
行动建议

2020年8月20日，习近平总书记在扎实推进长三角一体化发展座谈会上，首先肯定了长三角一体化发展的进展，指出"工作抓得紧，有不少亮点"。并强调："要深刻认识长三角区域在国家经济社会发展中的地位和作用，结合长三角一体化发展面临的新形势新要求，坚持目标导向、问题导向相统一，紧扣一体化和高质量两个关键词抓好重点工作，真抓实干、埋头苦干，推动长三角一体化发展不断取得成效。"长三角要"勇当我国科技和产业创新的开路先锋"，"加快打造改革开放新高地"。习近平总书记重要讲话为新时期我国推动长三角协同发展指明了方向，提供了根本遵循。

习近平强调："把长三角一体化发展放在国家区域发展总体战略全局中进行统筹谋划，扣紧了全国发展强劲活跃增长极、高质量发展样板区、率先基本实现现代化引领区、区域一体化发展示范区、改革开放新高地的战略定位。"长三角一体化发展关键在于产业协同创新发展。只有实现产业协同创新，长三角"一极三区一高地"的定位才能实现。沪苏浙皖应结合自身的资源禀赋和比较优势，按照"上海发挥龙头带动作用、苏浙皖各扬所长"的要求，科学把准定位，明确差异化产业分工协作，实现功能互补，共同推进长三角一体化高质量发展，在这一发展中要紧扣"一体化"和"高质量"两个关键词，通过方式方法创新、体制机制创新，围绕重点领域和重点区域进行突破，以点带面加快一体化进程。

第一节　长三角合作办推进
一体化行动建议

沪苏浙皖发展不平衡是一个客观现实，长三角一体化的一个重要目标就是要解决这一不平衡问题。由一市三省政府联合成立的长三角合作办重要任务就是要协调一市三省政府之间的关系，形成合力，共同推进长三角一体化发展。

一、强化长三角一体化发展体制机制创新

按照简·丁伯根（Jan Tinbergen，1903—1994）的一体化理论，消极一体化和积极一体化要并举，也即既要大力消除省市之间的行政性壁垒，让生产要素和商品自由流动，积极推进消极一体化；又要大力发挥政府的积极作用，及时纠偏自由市场经济所造成的区域分化和不平衡发展，极力推进积极一体化。创新长三角一体化合作机制，夯实合作新保障。其一，完善"三级运作"合作机制，充分发挥以"长三角地区主要领导座谈会"为决策层、"长三角地区合作与发展联席会议"为协调层、"联席会议办公室""重点合作专题组""城市经济合作组"为执行层的"三级运作"合作机制作用。发挥政府的推动作用，在转变政府职能、体制机制创新等方面先试先行。其二，构建区域利益协调机制，破除三省一市"一亩三分地"的短视思维，打破地区市场封锁，建立区域利益协调长效机制，促进生产要素自由流动、企业跨区经营、产品相互准入。沪苏浙皖应加强战略协作，共同以项目合作推进区域一体化，共享改革发展成果。其三，建立长效学习机制，一方面，三省一市要虚心彼此学习，学习在人才培育、财税共享、金融服务、行政审批等方面的好做法、好经验；另一方面，要积极向发达国家学习，学习产业协调布局和梯度化转移方面的成功经验，因地制宜，为长三角一体化高质量发展提供参考。其四，建立法治保障机制，争取国家层面出台一系列配套法律法规及规章制度，规范三省一市合作与协调行为，为长三角合作办等协调机构的良好运行提供有力的法治保障。习近平总书记特别强调："有关部门要针对欠发达地区出台实施更精准的举措，推动这些地区跟上长三角一体化高质量发展步伐。"并明确指出，一体化的一个重要目的是要解决区域发展不平衡问题。

二、优化长三角产业布局与互补合作

长三角一市三省要立足产业基础和资源禀赋，基于产业链合理分工，互补合作。习近平总书记特别指出："海纳百川，有容乃大。不同地区的

经济条件、自然条件不均衡是客观存在的，如城市和乡村、平原和山区、产业发展区和生态保护区之间的差异，不能简单、机械地理解均衡性。解决发展不平衡问题，要符合经济规律、自然规律，因地制宜、分类指导，承认客观差异，不能搞一刀切。"一是制定好"长三角产业地图"。沪苏浙皖要综合考虑各地产业比较优势，本着区域一体化"一盘棋"原则，共同谋划好产业错位布局，促进特色化发展。依据产业地图，引导各地在纵向产业链上优势互补、错位竞争、链接发展。鼓励企业总部、研发基地、生产基地等在三省一市协同布局，避免产业"同质化"。二是打造具有国际竞争力的功能平台。鼓励建立"共同开发、利税共享、联合招商、利益分享"的产业合作机制。做大做强皖江城市带产业转移示范区、张江平湖科技园、浙江临沪产业合作园区、苏皖合作示范区等重点产业合作平台，构建各地区间优势互补、特色鲜明的发展格局。三是有序推进产业升级和梯度转移。沪苏浙皖四地产业处于不同发展阶段，发达地区应以产业转移为契机，结合非核心功能疏解，加快产业转型升级，率先构建智慧型产业体系；欠发达地区要综合考虑环境保护和产业扶持等因素，利用好政策红利，积极承接适合本地发展的高层次战略性新兴产业，实现跨越式发展。考虑到产业转移中会涉及高污染、高耗能的产业，促进产业有序转移的同时，也要注重把产能指标相应地转移，尤其是皖北、苏北和浙西南，既要发展本地特色产业，又要重视承接劳动密集型产业，加快工业化进程并实现劳动力就地就近就业。完善跨省、跨区域对口支持与帮扶机制，探索产业园区共建，促进帮扶省市的相关产业向共建园区转移。四是切实做好生态环境补偿机制，目前生态补偿机制缺乏硬约束，新安江上游牺牲经济发展并花费大量资金治理污染，保障下游吃用上清洁干净的水，但是，转移支付的资金远抵不上上游治理大江大河费用，即便是区区转移支付资金也难以到位，导致上游市县财政吃紧。太湖流域也存在类似情形。因此，建议采取"水交易"方式，替代跨省市转移支付模式。总之，三年多来，长三角呈现出上海龙头高高引领、江浙两翼开合奋进、安徽强势发力的高质量发展态势。

三、建立长三角科技创新协同机制

技术是促进产业链稳健发展的条件。习近平总书记强调："创新主动权、发展主动权必须牢牢掌握在自己手中。三省一市要集合科技力量，聚焦集成电路、生物医药、人工智能等重点领域和关键环节，尽早取得突破。要支持一批中小微科技型企业创新发展。"同时指出："勇当我国科技和产业创新的开路先锋。当前，新一轮科技革命和产业变革加速演变，更加凸显了加快提高我国科技创新能力的紧迫性。上海和长三角区域不仅要提供优质产品，更要提供高水平科技供给，支撑全国高质量发展。"科技创新与产业协同发展密切相关，科技创新的"乘数效应"越大，一体化发展质量越高。科技创新是复合名词，包括科学、技术和创新三个层面，中国经济正在从"DUI（doing/using/interacting）模式"转向"STI（science/technology/innovation）模式"，长三角要率先实现转变，加大科研经费投入，加强科研活动尤其是企业的技术创新活动，加快创新能力形成，促进产业技术水平提高。其一，构建科技创新协同网络。打通各地区间的创新网络，构建创新资源自由流动、创新要素高效配置、创新主体开放共享的区域创新体系。构建以沪宁杭合为核心基地的长三角科技创新圈，推进G60科创走廊，聚焦创新平台及大科学中心建设，联合开展专项攻关。加强张江、苏南、杭州、合芜蚌等国家自主创新示范区合作互动，推动长三角协同创新网络建设。其二，提高科技创新协同效率。沪苏浙皖要打破地域、部门、行业分割，加强政府、企业、高校和科研机构之间联系，形成以市场为导向、企业为主体、科研院所共同参与的政产学研协调机制，提高科技创新协同效率。三省一市轮值定期主办创新创业大赛、科技成果拍卖会、两院院士走进G60、工匠技能大赛等活动，推动科技成果产业化。其三，加快科研成果就地转化。三省一市联手打造创新成果交易市场，"坚持科技设施通联、创新政策通兑、成果转化通用"，完善知识产权交易市场。以制度、政策为依托，完善科技人员创新激励机制，使科技创新成果、资本、市场需求有机衔接。其四，要加强"链合创新"，在产业链各环节都要协同创新，强化创新链与产业链的对接，尤其是在基础原料、基础材料、基础元器件、基础装备和基础软件等方面要有技术突破，实现产业链稳健可控。高度重视技术型创业或学术创业活动，让更多的技术人员和科研人员带着成果走向市场创新创业。加快科研成果区域内转化，为促进长三角产业一体化高质量发展提供保障。

四、营造长三角一体化一流发展环境

　　良好的环境是产业发展的重要保障，营造一流发展环境，对于加快长三角一体化协同发展至关重要。习近平总书记要求，长三角区域要率先形成新发展格局。在当前全球市场萎缩的外部环境下，我们必须集中力量办好自己的事，发挥国内超大规模市场优势，加快形成以国内大循环为主体、国内国际双循环相互促进的新发展格局。同时指出："要对标国际一流标准改善营商环境，以开放、服务、创新、高效的发展环境吸引海内外人才和企业安家落户，推动贸易和投资便利化，努力成为联通国际市场和国内市场的重要桥梁。"长三角区域要发挥人才聚集、科技水平高、制造业发达、产业链供应链相对完备和市场潜力大等诸多优势，积极探索形成新发展格局的路径。首先，畅通长三角一体化循环体系。加快长三角铁路、公路、水路一体化建设，打造高效联通、多式联合的区域综合交通体系。协同规划系统、长远的供应链战略，在物流标准化、重要产品追溯、供应链平台建设等方面进行跨区域协调联动。打造智慧物流供应链服务平台，构建立足长三角、面向全球的跨境电商高效物流服务体系。其次，打造一流"双创"环境。降低市场准入门槛，全面推进区域内企业简易注册、注销登记改革。联合举办创业企业路演平台，建立政府创投联合基金支持创新创业。完善政府采购创新产品和服务制度，对首台（套）重大技术装备等创新产品和服务实施政府首购、订购和优先采购。对区域内在科技项目联合申报、科技人才联合培养、科技企业联合培育等方面出台联合政策并给予资金支持，消除区域间政策制度壁垒，促进资金、技术和人才等要素的跨区域流通。运用大数据、云计算、区块链等信息技术搭建创新创业公共服务平台网络，促进城际"双创"服务资源的集成和共享。第三，强化资金支撑。建立长三角自然科学基金、科技重大专项基金、重点研发计划基金，为区域内协同开展重大项目和重点领域的合作创新提供资金保障。支持国有资本、运营公司等设立长三角一体化产业发展基金，加深区域内相关企业间的资本合作。创新银行、创投、担保、保险等金融服务模式，优化科技金融供给。最后，完善服务保障。积极运用"互联网+"技术进行在线识别、实时监测、源头追溯等，强化知识产权保护。大力弘扬企业家精神，充分尊重和保障企业家经营自主权，营造良好的市场秩序。

第二节 上海市推进一体化行动建议

上海已经成为国际化大都市，具有面向全球吸纳各类生产要素的能力和平台，尤其要在吸引国际人才方面起到引领作用。习近平总书记指出：国家之间的竞争根本上是人才的竞争。加快建设世界重要人才中心和创新高地，上海需要率先进行战略布局，发起国际大科学计划，为人才提供国际一流的创新平台。

一、加快推进全面创新改革试验

上海作为"一极三区"的领头雁，应围绕聚焦关键领域、增强辐射带动能力、建立统一大市场体系等方面加快改革步伐、闯出新路。加快出台科技创新中心建设条例，深化科技人才和科研院所管理体制机制改革。强化长三角协同创新产业体系总体方案设计，合力培育"长三角科创圈"，共同建设长三角科技创新共同体。加大国家重大科技基础设施开放共享力度，完善长三角科学仪器设备协作共用平台。积极构建长三角科技资源数据目录体系，推动建立区域科技资源共建共享服务机制。扩大外资参与科技创新中心建设的范围和领域，积极推动长三角优质科创企业在科创板上市。支持浦东在"改革系统集成协同高效、高水平制度型开放、增强配置全球资源能力"等方面先行先试，为长三角一体化高质量发展积累经验。持续推进上海自由贸易试验区临港新片区建设，充分发挥好自由贸易试验田作用。抓好上海国际金融中心建设，支持长三角产业一体化高质量发展。

二、推动上海非核心功能疏解

面临日益凸显的"大城市病"，上海疏解非核心功能的任务紧迫。上海要围绕建设"四个中心"及城市经济形态向高端化、集约化和服务化方向发展的要求，强化土地集约高效利用。上海的国土开发强度已经40%以上，要留出足够的空间，不能一味地追求制造粗放式扩张，而要大力发展高附加价值的产业，特别是能够在国际上具有竞争力的高技术产业和高附加值的现代服务业。加大非核心功能疏解的空间统筹，以模块式疏解替代分散自主疏解。引导一般性制造业特别是高消耗产业有序向苏北、浙西南、皖江皖北等周边城市梯度转移。完善产业转移和对接合作机制，研究提出产业转移税收利益共享机制，将腾出的土地用于发展中高端产业，形成以战略性新兴产业为引领，先进制造业、绿色产业为支撑，服务业为主体的产业体系。在经济发展过程中，上海可在乘数效应和溢出效应均较强的优势领域，如化学制品及电子产品制造业与苏浙皖地区建立企业分支机构、共建产业园区等多种模式拓展合作空间，促进产业协同发展。

三、打造科技创新新高地

上海拥有众多高能级、具有国际影响力的研发机构，应该把打造科技创新新高地摆在更加突出的位置，为国家创新体系建设做好"开路先锋"。一是加快重大科技基础设施项目建设。全力打造张江综合性国家科学中心，推动张江实验室创建为国家实验室，与安徽合肥共建量子信息科学国家实验室，积极开展若干重大科技基础设施储备项目前期研究工作。二是加大一市三省联合攻关力度。聚焦集成电路、人工智能、生物医药等重点领域，推动产学研用联合攻关。加快推动关键共性技术、前沿引领技术、现代工程技术和颠覆性技术不断取得新突破。三是夯实金融服务能力。通过实体化运营上海证券交易所资本市场服务G60基地、建立特色产业基金等方式，不断提高金融服务实体经济特别是科创型企业的成效。深化G60科创走廊政务服务，做好"一网通办"试点并积极推广到长三角区域，大力发展数字经济，在推动长三角政务服务一体化中发挥先行先试的区域作用。

四、提升制造业产业链水平

制造业是立国之本、强国之基，提升制造业产业链现代化水平是推动经济体系优化升级的重要保障。依托张江综合性国家科学中心，结合自身产业基础及优势，上海应聚焦集成电路、人工智能、生物医药等重点领域，推动产学研用联合攻关，加快推动关键共性技术、前沿引领技术、颠覆性技术不断取得突破。立足上海经济优势，聚焦研发设计、高端制造等环节，培育一批具有国际竞争力的龙头企业和"隐形冠军"企业，推动产业迭代升级和产业链延伸。要加快推动船舶、汽车、化工、钢铁等传统优势产业改造提升，推动生产方式向数字化、网络化、智能化、柔性化转变。加快建设全要素科技成果对接转化平台和产业协同创新中心，与苏浙皖共同打造长三角高端制造业主阵地。深化工业互联网标识解析国家顶级节点（上海）建设，做强工业互联网国家级新型工业化产业示范基地。发布工业互联网平台和专业服务商推荐目录，培育壮大专业运营商。深化国家智能网联汽车（上海）试点示范区建设，探索建立智能网联汽车一体化测试认证示范体系和产业发展标准。

五、促进高端服务业快速发展

着力促进制造业和服务业融合发展，推动制造业服务化和服务业制造化联动，助推长三角经济结构转型升级。一方面，发展高能级总部经济。上海具备一流的投资环境和硬件设施，作为中国及亚太地区的"指挥"中心，上海要加强与杭州、南京、合肥总部经济的合作，提升自身服务联通能力。同时，继续加大力度吸引国际金融组织、国外大型金融机构总部来沪建立全球资产管理中心。吸引国际航运组织、功能性机构和知名企业入驻，巩固世界级国际海空枢纽港地位。另一方面，拓展高端生产性服务业向专业化和高端化发展。加强生产性服务业功能区建设，引导高端生产性服务业加速集聚。此外，加快新一代信息技术在生产性服务业中的普及应用，打造平台经济、分享经济、体验经济和创新经济等新业态，引领服务业向专业化、高端化和国际化发展。

第三节   江苏省推进一体化行动建议

江苏人口数量与德国相当，经济实力也在持续提升，2021 年江苏人均GDP 突破 2 万美元，突破发达国家门槛，将向着中等发达经济体水平的目标迈进。然而，内部不平衡仍然存在，苏北地区还有待于进一步发展。在跨区域发展和对口支持落后区域发展上，还需要进一步加大力度。

一、推进跨区域合作共享

江苏作为传统工业强市，应加强与沪浙皖之间的跨区共建，推进合作共享。其一，积极加快毗邻区园区共建。推进苏宿合作实验区、沪苏大丰产业联动集聚区、中新苏滁中新嘉善等省际合作产业园区建设。承接上海产业转移，争取形成一批可复制可推广的经验，打造"飞地经济"江苏样板。其二，探索区域协同发展新机制。推进虹桥—昆山—相城深度合作，发展面向国际的总部经济和枢纽经济。以南京为依托，打造总部经济副中心，与上海高能级总部经济协同发展，分工协作，避免同质化竞争。对接"上海服务"品牌建设，协同浙江、安徽积极发展现代金融、现代物流、供应链服务、制造数字化服务等生产性服务业，促进先进制造业和现代服务业融合发展。支持南通沪苏跨江融合试验区建设，探索江海联动、跨江融合新模式，在基础设施、高端产业、要素流动、公共服务等方面加强协同共建，打造上海北翼门户。

二、建设协同创新产业体系

江苏要进一步向德国看齐，在制造业上能够走高质量发展道路。在制造业关键核心技术突破上下深功夫，以外资为牵动经济发展，如何向以关键核心技术突破上转变，还需要下很大的功夫。坚持走"科创+产业"道路，建设协同创新产业体系。首先，积极争取布局国家重大战略项目、国家科技重大专项，与上海、合肥、杭州加强协同合作，共同实施国际大科学计划和国际大科学工程。以上海为龙头，以南京、苏州、无锡、杭州、合肥为重要极点，以沿沪宁产业创新带、G60 科创走廊、宁杭生态经济带为支撑，推动原始创新、技术创新和产业创新，共同打造长三角科技创新共同体。其次，依托区域优势产业和创新型领军企业，发挥长三角双创示范基地联盟作用，加强跨区域"双创"合作，联合共建国家级科技成果孵化基地和双创示范基地。要依托苏南国家科技成果转移转化示范区，支持国家技术转移中心苏南中心建设，早日建成科研成果转移转化新高地。最后，积极发挥长三角技术交易市场联盟作用，推动技术交易市场互联互通，共建全球创新成果集散中心。同时，鼓励设立各类产业投资、创业投资、股权投资等引导基金，为科技成果落地转化提供有力支撑。

三、引导产业优化布局

推动江苏经济高质量发展离不开产业的优化布局，随着跨国公司在苏制造业基地转移，要加大制造业走科技创新发展道路，走制造业关键核心技术掌控的产业发展道路。要强化中心区产业集聚能力，推动重点产业加速发展。一方面，中心区域要重点布局总部经济、研发设计、高端制造、销售等产业链环节，大力发展创新经济、服务经济、绿色经济，打造具有全球竞争力的产业创新高地。加快推动中心区域重化工业和工程机械、轻工食品、纺织服装等传统产业向具备承载能力的苏北及皖北地区转移，重点推进沿江、环太湖区域钢铁、石化向沿海地区有序转移升级。同时，尽快建立与产业转移承接地之间利益分享机制，研究制定产业转移重大项目的土地、能耗、融资等支持政策。另一方面，推动传统产业转型升级，争创一批国家级、世界级先进制造业集群。一是加快新一代信息基础设施建设，围绕建设数字经济强省，打造数字长三角。深入推进 IPv6 规模部署，加快网络和应用升级改造，打造下一代互联网产业生态。大力发展无锡建设国家级车联网先导区、常州建设空间信息综合应用创新服务平台，加快构建产业生态，推动无人驾驶汽车实现产业化应用。二是加快"互联网+先进制造业"深度融合发展，合力建设跨行业跨领域跨区域工业互联网平台。推动工业互联网标识解析体系建设，促进各级节点的互联互通和业务协同。推动企业"上云用云"、工业 APP 应用和数字化转型，培育一批工业互联网示范平台和示范应用企业。

四、推进产业链、创新链、价值链深度融合

江苏最有条件率先实现产业链关键核心技术自主可控。坚持以产业链布局创新链、以创新链提升价值链，推进产业链、价值链、创新链深度融合，推动产业高质量发展。一是建强"产业链"，筑牢产业体系发展硬支撑。坚持"项目为王"不动摇，锚定主导产业、战略性新兴产业抓策划，聚焦资本招商、科技招商抓招引，紧扣开工竣工、投产达效抓推进，持续深化项目大提升。二是培育"创新链"，激发产业体系发展强动能。深入推进产学研协同创新，常态化开展"企业院校行""院校高港行"活动，实现院校科研成果与企业需求的无缝对接。强化企业创新主体地位，开展

创新苗圃集聚发展、高新技术企业"专精特新"培育工程、企业研发机构建设等行动，实施"雏鹰""瞪羚""准独角兽"企业培育计划，不断提高产业技术密度和企业核心竞争力。瞄准创新资源丰富的高校院所、高端产业集聚的重点区域，高标准打造科创平台。三是提升"价值链"，彰显产业体系发展含金量。大力实施"百企智能升级改造行动"，鼓励企业以技术革新、设备更新、产品创新为重点，加大技改投入，积极开展"机器换人""智能工厂""智能车间"建设，促进制造向"智"造转变。

第四节　浙江省推进一体化行动建议

浙江省持续推进"八八战略"指导发展，不断推进改革开放，全民创业深入人心，民营经济相当发达，浙商活跃于全球各地，数字经济领跑全国，人才新政取得明显效果，创新创业成绩斐然，全省域融入长三角一体化，"最多跑一次"改革和政府数字化转型牵引各领域改革取得重大突破，GNP明显大于GDP，率先推动全省人民走向共同富裕，但也存在着区域发展不平衡的现象，科技创新支撑高质量发展的动能不够强劲等问题，跨区域一体化发展仍有很艰巨的任务需要完成。

一、协同建设长三角重大创新平台

浙江是以民营经济为主的大省，虽然以企业为创新主体的特色明显，但科技力量尚不强大，需要全民推进科技创新。全面对接上海全球科创中心建设，加强与沪苏皖高端科研创新平台的全面合作，共同研究制订长三角区域全面创新改革试验方案。首先，合力争取国家重大科研任务落户长三角区域，共同承接国家科技创新 2030 重大项目和国家科技重大专项。积极推动之江实验室创建国家实验室，探索建立长三角跨区域联合实验室。其次，加快建设西湖大学、中科院宁波材料所、浙大杭州国际科创中心等重大创新平台，支持浙大国际联合学院建设国际科创城。加快推进杭州城西、嘉兴 G60 等科创大走廊建设，支持打造温州环大罗山、台州湾、绍兴等科创及绿色制造廊道。第三，促进科技创新资源开放共享，共同打造长三角区域面向全球的国际科创要素对接服务平台，构建一流创新创业生态环境。复制推广国家全面创新改革试验区经验，建立完善长三角科技资源共建共享和服务机制。积极探索在上海等地共建"创新飞地"，强化与省内孵化平台和产业化基地紧密联动。探索建立统一的区域性创新券服务平台，促进创新券在长三角区域更大范围通用通兑。

二、大力推动产业转型升级

浙江民营经济十分活跃，块状经济特色鲜明，虽然整体经济实力提升较快，但是转型升级的任务也十分艰巨。依托全省产业特色优势，围绕新一代信息技术、高端装备制造、新材料、智能交通等产业领域，与沪苏皖跨区域合作，共同打造现代化的产业创新体系和全产业链。其一，选择一批具备核心技术、产业链完整、骨干企业支撑的优势产业，共同培育打造若干世界级先进制造业集群。共同筹建长三角人工智能产业联盟，促进车联网、智慧健康、在线教育、新零售等新业态新模式培育和发展。其二，加快建设一批国家和省级产业基地及园区。集中建设一批高能级战略平台，率先打造杭州钱塘新区、宁波前湾新区、绍兴滨海新区、湖州南太湖新区等标志性大平台。加快建设一批省际产业合作园区，支持宁波前湾新区打造成沪浙产业合作发展区，支持中新嘉善现代产业合作园打造成智能传感谷，支持张江长三角科技城平湖园打造成跨行政区新型功能区，支持嘉定工业区温州园打造成上海科技产业转移重要承载区。进一步创新产业合作模式，推动产业深度对接和产城融合发展。此外，要积极借鉴国内外一流园区运营经验，提升合作园区开发建设和管理水平。其三，围绕服务业平台经济、分享经济、体验经济和创意经济等新业态，提升电子商务应用平台。推动服务业与制造业深度融合，支持制造业由生产型向生产服务型转变。

三、建设高端服务业集聚地

浙江利用沿海优势和港口经济，现代商贸服务业相当发达，但是，高端服务业仍然需要加快发展以适应整体经济转型升级的需要。首先，打造杭州、宁波两大现代服务业发展核心龙头。打造杭州、宁波成为总部经济副中心，吸引国内外大型企业或省内知名企业来此设立机构。以数字创新、文化旅游等为标志将杭州建设成具有国际竞争力的国际化大都市；以港航物流、数字贸易等为特色将宁波打造成国际港口名城。其次，聚力打造软件和信息服务业。浙江省数字经济具有领先优势，新产业、新技术、新业态、新模式"四新"平台企业不断涌现。以杭州、宁波为软件产业集聚区和自主软件推广应用示范区，逐步培育一批龙头企业，开发具有自主知识产权的软件品牌，加速软件与各行业领域的融合应用。第三，依托浙江文化创新产业的优势地位，建设一批国家和省级工业设计中心。支持工业设计向高端综合设计服务转变，打造具有时尚引领力的创意设计集聚平台。激励企业家以优势产业为重点，主动整合长三角文化创意产业的各类上下游资源，推动创意经济与传统产业融合发展。最后，加快推动生活性服务业向便利化、精细化和高品质提升。支持长三角品牌企业布局发展家政、文化旅游、体育等生活性服务业。推动阿里巴巴等消费互联网平台带动长三角企业布局全球市场，联通国内市场和国际市场，形成双边消费和双边出口的交易枢纽。

四、打造全球数字经济高地

以数字科技创新为关键动力，强化"云上浙江"和"数据强省"两大基础支撑，全力推进数字经济"一号工程"，共同把长三角区域打造成全球数字经济创新高地。首先，加快长三角新一代信息基础设施建设。共同加强长三角5G网络协同布局，加快下一代互联网（IPv6）规模部署和应用。统筹推进骨干网、城域网和接入网建设，推进杭州国家新型互联网交换中心建设，优化提升杭州、宁波互联网国际专用通道，争取嘉兴、义乌互联网国际专用通道建设。全面布局"云上浙江"，统筹规划建设安吉、淳安等若干超大规模高等级绿色云数据中心，搭建云计算、边缘计算等多元普惠计算设施。加快数字湾区建设，推进江海联运数据标准规范建设和长江沿江港口互联互通，促进江海联运信息共享。其次，共同打造长三角数字经济产业集群。加强长三角数字经济合作，大力发展大数据、人工智能、工业互联网、新一代集成电路等新技术产业，共同培育数字经济生态。支持杭州打造具有全球影响力的"互联网+"创新创业中心，加快培育形成万亿级数字经济产业集群。推动乌镇互联网创新发展综合试验区建设，加快建设梦想小镇、德清地理信息小镇，支持云栖小镇、人工智能小镇重点打造阿里云、卫星云、物联网芯片、5G和智能硬件创新生态，支持温州北斗产业基地建设，推动特色产业集聚发展。第三，加强重点领域智慧应用跨区域合作。推动物联网、大数据、人工智能和实体经济的深度融合，聚焦汽车、高端装备、电子信息、航空航天、船舶海工等重点产业领域，建设智能生产线、智能车间、智能工厂。全面推进长三角联网售票一网通、交通一卡通，实现区域内居民畅行长三角。支持有条件城市围绕城市公共管理、公共服务、公共安全等领域，建设基于人工智能和5G物联的城市大脑，推动长三角区域城市大脑集群建设。深化长三角数字经济领域开放合作，构建数字经济区域协同创新网络。

五、高水平推进大湾区建设

建设引领未来的现代化大湾区，打造深度参与长三角一体化发展主平台。推进高端产业、高能级平台、引领性项目向大湾区集聚，培育一批具有国际竞争力的现代产业集群。大力建设数字湾区，在新型基础设施建设、数字经济核心产业链培育、新型智慧城市建设等方面探路先行。在产业定位上，发挥地区比较优势，既对传统主导产业改造提升，又确保长三角产业协同发展，差异化布局。其中，钱塘新区围绕"长三角产城融合示范区"，布局下沙生命健康产业、江东未来产业、前进先进制造产业和临江优化提升产业；南太湖新区围绕"两山转化"做"绿"文章，积极构建数字经济、新能源、生物医药和现代金融、现代物流、旅游休闲等现代绿色产业体系；前湾新区锚定"世界级先进制造业基地"目标，重点在汽车制造、高端装备、生命健康、新材料、电子信息等领域招引项目；滨海新区作为全省传统产业转型升级示范区和浙江大湾区发展重要增长极，将重点发展集成电路、现代医疗、高端装备、新材料等战略性新兴产业。

第五节　安徽省推进一体化行动建议

安徽经济发展已经步入快车道，2021年GDP已经突破4万亿大关，正在向全国第一方阵冲刺，人均GDP也在大幅度向前推移。但是，与沪苏浙相比，差距仍然不小，经济基础还较为薄弱。在长三角一体化高质量发展的当下，拉高标杆，跨越赶超，任务十分艰巨。深化苏皖合作示范区建设，推动省际毗邻地区新型功能区建设取得突破性成果，全省各区域各领域都要与沪苏浙建立紧密型、互补型合作关系。紧密对接沪苏浙，尤其是在思想观念上，全省干部群众都要树立紧迫意识，坚定信心。"三地一区"新规划将指导安徽经济社会获得新的发展，在行动上奋力拼搏，学会用市场的逻辑、资本的力量和平台思维，调动一切可以调动的力量，依靠江淮儿女自己奋发努力，不等靠，不懈怠，才能够尽快缩小差距。

一、推动十大新兴产业高质量发展

产业的高质量发展，才会有经济的高质量发展，产业发展的核心在于制造业。安徽制造业发展取得了长足的进步。"铜铁煤电化"的传统制造业在全省制造业中的比重呈下降趋势，新兴产业有了很大发展。需要继续深化供给侧结构性改革，提升产业基础能力和产业链现代化水平。安徽省委要求："坚持高端引领、龙头带动，优化产业生态，促进产业链提质扩量增效，做强做优做大实体经济，加快打造制造强省。"第一，加快优势传统产业转型升级。积极引进优质产能，把好项目准入关、投资强度关和环境评价关，推动全省钢铁、化工、有色、建材等优势传统产业向高端化、智能化、绿色化、品牌化发展。第二，大力推进十大新兴产业发展。安徽已经启动"十大新兴产业"发展战略，构建了发展路线图，建立了十大专班推进产业高质量发展。"十四五"时期大力发展十大新兴产业，包括新一代信息技术产业、新能源汽车和智能网联汽车产业、数字创意产业、高端装备制造产业、新能源和节能环保产业、绿色食品产业、生命健康产业、智能家电产业、新材料产业和人工智能产业。积极争创国家级战略性新兴产业基地，共同打造长三角世界级制造业集群。第三，培育布局未来产业。把握科技变革大势和消费升级趋势，发挥产业创新优势，促进更多新兴产业资源集聚。实施"3+N"未来产业培育工程，前瞻布局量子科技、生物制造、先进核能等产业，充分发挥量子计算、量子通信、量子精密测量等研发领先优势，支持一批量子领域"独角兽"企业加快成长。加快生物基新型仿生材料、基因工程、再生医学等成果产业化落地，推动聚乳酸、呋喃聚酯、生物基尼龙等生物制造领域重点项目建设。此外，面向分布式能源、类脑科学、质子医疗装备等细分前沿领域，培育一批新兴产业，抢抓未来产业新高地。目前，新兴产业的"双招双引"正如火如荼开展，将会在未来若干年显示成效，安徽制造业将会在长三角一体化发展中呈现新的面貌。

二、构建高水平协同创新平台体系

　　安徽省委强调："坚持'四个面向'，强化人才强省、科技强省鲜明导向，加快科技创新攻坚力量和成果转化运用体系建设，把更多创新成果就地转化为现实生产力。"①明确提出："区域创新能力保持全国第一方阵，全社会研发经费投入年均增长9%左右，高新技术企业数达到1.5万家以上，科技创新主力军队伍建设取得重要进展。"着眼产业链部署创新链，推动创新链高效服务产业链。安徽应以"创新"为第一抓手，积极谋划，与沪苏浙加快构建高水平协同创新体系。首先，加强与上海协同发展，以合肥、上海张江综合性国家科学中心"两心共创"为牵引，以合肥滨湖科学城建设为重要载体，打造多点支撑、多层并进的创新平台体系。其次，以合肥为总部，统筹各方创新力量，集全省之力加快建设中国科学院量子信息与量子科技创新研究院，协同推进合肥综合性国家科学中心能源研究院、人工智能研究院建设。积极争取相关领域国家实验室在安徽落地，探索国家实验室运行建设模式。第三，加快实施重大科技基础设施集群建设工程，坚持高标准、高水平，分批次、分步骤推进安徽省实验室、安徽省技术创新中心建设。对标国家级科技创新基地创建标准，对省级重大科研平台进行优化布局，为培育国家级科技创新平台遴选"预备队"。此外，支持各市、区、县积极与长三角高校、科研院所开展合作，加快各类科技创新平台建设，为产业链协同发展提供高质量服务。已经提出："组建十大新兴产业综合性产业创新中心，完善十大新兴产业'双招双引'机制，引进更多头部企业和重大项目，培育更多'专精特新'企业和单项冠军企业，做强做大重大新兴产业基地，国家级战略性新兴产业集群达到6个以上，形成一批千亿乃至万亿级产业。"

三、深入推进"双招双引"做大安徽经济

　　安徽经济总量不足，市场主体不够多，大企名企相对较少，人才集聚难度大，产业结构转型依靠本地企业成长时间慢，"双招双引"是解决以

---

① 郑栅洁在中国共产党安徽省第十一次代表大会上的报告（2021年10月28日）。

上问题的关键抓手。从"双招双引"经验来看，大型企业或著名企业落地安徽，对快速增加产值、借助名企集聚人才、优化产业结构、形成安徽品牌效应有重要作用。但关键核心技术研发基地仍然不能够落地本省，甚至税收也难以在本地形成，亩均税收贡献不如意。该问题需要"双招双引"拿出相应对策。传统制造基地式招商，已属落后模式，占用大量土地，却难以带来高附加值；给了大量政策支持，税收回报却不高。因此，新一轮"双招双引"一定要注重税收缴纳所在地、研发基地的落地、关键核心技术突破能力的形成和发展，紧盯有关键核心技术突破能力的企业和人才队伍"招引"。高度重视"补链"、"强链"式"双招双引"。

四、加快推进"创业安徽"建设

"双招双引"是引入外部力量驱动安徽发展，"双创"是内在驱动力量。如合肥市经开区主要依赖"双招双引"，高新区主要依赖"创新创业"，从二十多年的发展来看，虽然经开区作出了重大贡献，但高新区的发展质量远高于经开区。市场主体承载着数亿人的就业创业。安徽市场主体数量不够，关键是未形成"铺天盖地"的创业现象，难以成长出"顶天立地"的优质企业；企业发展质量不高，关键在于企业二次创业欲望不强和创新不足，缺乏视野、动力和能力。十年之前不重视创业，十年后就难有成长性好的优质企业。考察当前经济要看规模以上企业数量和发展质量；考察未来发展关键要看新注册企业的数量和质量，特别是有技术含量的新注册企业数量。加快科技创新攻坚力量和成果转化运用体系建设，把更多创新成果就地转化为现实生产力，技术型创业或学术创业是第一路径。主动引导科研人员或技术人员积极参与创业，紧盯关键核心技术突破的创业型团队，给予大力支持。招引关键核心技术突破的创业型团队来皖创业，既是创业，也是"双招双引"的重要任务。尤其要大力支持本土和招引拥有关键核心技术突破的创业型团队在皖或来皖创业，这是推动关键核心技术突破的重要抓手和突破口，安徽要走出一条科技型"创业安徽"的科技策源地建设新路。

五、完善承接产业转移支撑体系

强化产业规划和政策引导，积极承接上海非大都市核心功能疏解和苏浙产业转移，完善承接产业转移支撑体系。一是推动皖江城市带联动发展，突出长三角中心区定位，对标江苏苏南、浙江杭嘉湖，加快建设成为长三角的"白菜心"。积极承接新兴产业布局和转移，力争在战略性新兴产业发展、传统产业转型升级、未来产业培育上不断突破，形成若干世界级先进制造业集群，打造皖江"智"造走廊。强化"一轴双核两翼"空间格局，进一步提升中心城市能级，推动城市跨江联动发展，形成多中心、多层级、多节点的网络型城市体系。二是高质量打造皖北承接产业转移集聚区，打造"6+2+N"产业承接平台。用足用好用地保障、人才培育引进、电力和天然气价格市场化改革等重大政策，完善园区供电、供热、给排水、燃气、污水处理等基础设施，加快布局新型信息基础设施，提升公共服务能力。推动承接平台提高空间集聚度，加速产业集群化发展，力争将皖北打造成长三角高质量承接产业转移优选地、中西部地区产业集聚发展样板区。三是创新产业承接模式，健全完善集聚区联动机制。推动集聚区采取园中园、委托管理、投资合作等模式与沪苏浙及合芜马等地共建合作园区，探索建立要素投入共担和财税利益共享机制，完善争端处理机制。搭建产业转移供需信息对接和磋商平台，建立健全信息沟通对接机制，推动全省与沪苏浙开展多种形式的产业合作，大力提升现有共建园区建设水平。

总之，长三角一体化过程是一个动态发展过程，既有行政区划本身所存在的治理难点，也有区域经济发展差异所造成的困难；既有行政性壁垒问题造成的一体化障碍，也有市场化演化所形成的梯度难题。长三角一体化战略实施，就是要尽可能地消除行政性壁垒障碍，也要充分纠正市场错误信号所引起的偏差。很多行政性壁垒不是地方政府能够解决的，还需要中央政府来协调解决；有些方面难以一体化是由于区域经济社会发展多层次性造成的，也不是短时间内就可以实现的；还有的事项，可能是市场发展本身规律性所造成，完全依赖行政性手段难以取得明显的效果。习近平总书记强调："要符合经济规律、自然规律、因地制宜、分类指导，承认客观差异，不能搞一刀切。"同时，也明确指出："长三角一体化发展不是一日之功，我们既要有历史耐心，又要有只争朝夕的紧迫感，既谋划长远，又干在当下。"长三角一体化既然是战略问题，那就要从战略的高度来认识，要在战略上做好顶层设计，明确目标，分步推进，首先保证第一个三年的行动计划得到顺利实施，在此基础上，再进一步推进完善，从而最终实现国家的战略意图。

后　记

　　本书是安徽省哲学社会科学基金重点项目：安徽制造业关键技术突破与高质量发展研究（编号：AHSKZ2019D005）的部分研究成果，安徽省社科联普及规划项目（编号：LZ201930）的研究成果。自1982年12月国务院成立"上海经济区"以来，长三角一体化发展就是区域经济学的重要议题，几十年来，理论界一直将此作为重要的研究主题，长三角各地政府也持续不断地在推进长三角一体化，直到2018年11月5日，习近平总书记从国家区域布局的战略高度提出将长江三角洲区域一体化发展上升为国家战略，长江三角洲区域一体化发展进入了新的发展阶段，经过三年多的推进，取得了令人瞩目的成绩。本书是聚焦于《长江三角洲区域一体化发展规划纲要》第四章内容（加强协同创新产业体系建设）展开研究而形成的研究成果，是中国科学技术大学管理学院、中国科学技术大学国际金融研究院、省重点培育智库安徽省发展战略研究会的智库成果。

　　本研究成果源自团队合作的力量，课题组成员长期从事产业经济、区域创新、技术创新、创新管理等领域的研究。全书由刘志迎教授负责框架结构设计、各章节学术观点梳理和研究内容选择，参与研究和书稿撰写的主要成员及分工如下：刘志迎、娄雯雯（中国科学技术大学）撰写第一章；宋艳（黄山学院）撰写第二、五、六、八、十一章；汤伟（铜陵学院）撰写第三、四、七、九、十章；刘志迎、娄雯雯、周勇（中国科学技术大学）撰写第十二章。全书主体部分由汤伟和宋艳完成，这也是他们俩在中国科学技术大学做学术进修访问期间所取得的主要学术研究成果。最后由刘志迎、宋艳负责内容修改和最终统稿，各章节的内容几易其稿，多次讨论和修改，前后历经近三年时间。

　　在书稿组织编撰过程中，得到了中国科学技术大学管理学院执行院长

（国际金融研究院院长）余玉刚教授、管理学院党委书记古继宝教授、管理学院副院长吴杰教授的指导和支持，在此表示感谢。

中国区域经济学创始人之一，原中国区域经济学会副会长，曾任安徽省社会科学界联合会党组书记，现任中国区域经济学会高级顾问、安徽时代战略研究院院长程必定研究员亲自为本书作序，对他的精彩点评和鼓励，在此表示衷心感谢。

本书编撰过程中，参考了大量的国内外论著、众多网站上的资料及政府的文件，在此对这些作者和网站资料收集者与提供者表示衷心感谢。

由于作者水平所限，时间仓促，难免有一些不成熟的观点和粗糙之处，敬请批评指正。

作者

2022 年 10 月